Teoria Geral
do Direito Administrativo:
temas nucleares

Teoria Geral do Direito Administrativo: temas nucleares

INSTRUMENTOS JURÍDICOS
DE ATUAÇÃO ADMINISTRATIVA

Mário Aroso de Almeida
Professor da Faculdade de Direito
da Universidade Católica Portuguesa

TEORIA GERAL DO DIREITO ADMINISTRATIVO: TEMAS NUCLEARES
AUTOR
Mário Aroso de Almeida
EDITOR
EDIÇÕES ALMEDINA, S.A.
Rua Fernandes Tomás, nºs 76, 78 e 79
3000-167 Coimbra
Tel.: 239 851 904 · Fax: 239 851 901
www.almedina.net · editora@almedina.net
DESIGN DE CAPA
FBA.
PRÉ-IMPRESSÃO
G.C. – GRÁFICA DE COIMBRA, LDA.
Palheira Assafarge, 3001-453 Coimbra
producao@graficadecoimbra.pt
Fevereiro, 2012
IMPRESSÃO E ACABAMENTO
PAPELMUNDE, SMG, LDA.
V. N. de Famalicão

Fevereiro, 2012
DEPÓSITO LEGAL
340575/12

Apesar do cuidado e rigor colocados na elaboração da presente obra, devem os diplomas legais dela constantes ser sempre objeto de confirmação com as publicações oficiais.
Toda a reprodução desta obra, por fotocópia ou outro qualquer processo, sem prévia autorização escrita do Editor, é ilícita e passível de procedimento judicial contra o infrator.

 | GRUPOALMEDINA

BIBLIOTECA NACIONAL DE PORTUGAL – CATALOGAÇÃO NA PUBLICAÇÃO
ALMEIDA, Mário de Aroso
Teoria geral do direito administrativo.
(Manuais universitários)
ISBN 978-972-40-4738-6
CDU 342

*Este livro é dedicado ao Doutor Rogério Ehrhardt Soares,
de quem tive a honra de ser aluno,
sob cuja coordenação iniciei a minha atividade docente
e que generosamente me dispensou inesquecíveis
gestos de estima e confiança.*

NOTA PRÉVIA

A generalidade do público leitor conhece-me dos textos que, na sequência do meu envolvimento na reforma do contencioso administrativo, tenho publicado em matéria de processo administrativo. A verdade, porém, é que o essencial da actividade universitária que, ao longo dos últimos vinte anos, tenho desenvolvido tem sido dedicado ao direito substantivo, e não ao direito processual.

Na verdade, foi à disciplina de Direito Administrativo que, em termos letivos, mantive mais estreita ligação ao longo de todo esse tempo, na Escola de Direito do Porto da Universidade Católica Portuguesa. E, desde que, em 1994, assumi a respectiva regência, cheguei mesmo a elaborar para essa disciplina uns sumários desenvolvidos, destinados a orientar os estudantes na preparação da matéria — sumários que nunca passaram disso mesmo e, por isso, optei por não publicar, por entender que, no essencial, careciam de originalidade.

Ao longo do tempo, fui, entretanto, publicando, de modo avulso, diversos textos sobre temas nucleares da teoria geral do Direito Administrativo, respeitantes aos instrumentos jurídicos de atuação administrativa: regulamentos, atos administrativos e contratos — sendo que a escolha da maioria dos temas abordados nesses textos foi orientada pelo propósito de ir enriquecendo o conteúdo dos referidos sumários, em resultado do aprofundamento do estudo dos temas versados em cada um deles.

No essencial, este livro é o resultado desse trabalho.

Na sua base, estão, pois, os referidos textos, revistos, atualizados e, em alguns aspetos, enriquecidos por aditamentos que se afiguraram úteis: como alguns desses textos não tiveram grande divulgação, atenta a natureza da publicação a que se dirigiram, pareceu-nos ser esta a forma mais adequada de os fazer chegar a um público mais vasto, numa versão revista e atualizada. A estrutura do livro reflete, entretanto, o critério que presidiu à escolha dos aspetos sobre que versam os diferentes textos, que foi o de percorrer, de modo sistemático, alguns dos temas nucleares da teoria geral do Direito Administrativo, atinentes aos instrumentos jurídicos de atuação administrativa. Em alguns pontos, o texto é, entretanto, completado por trechos provenientes dos próprios sumários a que se fez referência, e pontualmente, por passagens extraídas da minha dissertação de doutoramento, no que respeita à teoria do ato administrativo.

Não posso deixar de notar que este não é um livro de introdução à teoria geral do Direito Administrativo. Há, na verdade, pontos que, numa obra dessa natureza, não poderiam deixar de ser abordados e que, no presente livro, não o são. No que diz respeito aos temas abordados, a presente publicação é, em todo o caso, inspirada pelo propósito de fornecer ao leitor, de modo acessível, a informação essencial e, ao mesmo tempo, a posição do Autor em relação aos aspetos mais importantes.

Pode, assim, dizer-se que este livro contém uma introdução a um conjunto de temas nucleares da teoria geral do Direito Administrativo, *respeitantes aos* instrumentos jurídicos de atuação administrativa.

Por outro lado, não posso deixar de notar que, tendo sido elaborados em momentos e conjunturas diferentes, e para finalidades entre si diversificadas, os textos que estiveram na base deste livro não possuem uma configuração homogénea. Apesar do esforço de harmonização empreendido, é, por isso, natural que o leitor detete desequilíbrios entre diferentes trechos do livro, notando que, em alguns pontos, o discurso é mais denso do que noutros, ou que alguns aspectos são objeto de atenção superior àquela que é dedicada a outros.

Estes são traços genéticos deste livro, para os quais solicito a benevolência do leitor, na convicção, no entanto, de que, no seu conjunto, ele se apresenta como um todo coerente, apto a fornecer uma perspectiva transversal dos temas abordados e uma leitura pessoal de algumas das questões fundamentais que a seu respeito se colocam, numa abordagem sobretudo orientada para o estudo do vigente ordenamento jurídico nacional.

Em futuras edições, haverá oportunidade de, preenchendo as omissões e suprindo as deficiências mais evidentes, eliminar ou, pelo menos, minorar os desequilíbrios de que o presente texto enferma — designadamente quanto a um aspeto, apenas aflorado no ponto introdutório: o da influência que, ao longo das últimas décadas, o Direito anglo-saxónico tem exercido sobre o Direito Administrativo da tradição europeia continental, transformando-o em alguns dos seus traços identitários, e dos desafios que daí advêm, designadamente no que toca à necessidade de aprofundar as técnicas de controlo dos cada vez mais amplos poderes de apreciação da Administração Pública.

MÁRIO AROSO DE ALMEIDA

ABREVIATURAS

CCP Código dos Contratos Públicos
CPA Código do Procedimento Administrativo
CPTA Código de Processo nos Tribunais Administrativos
CRP Constituição da República Portuguesa
ETAF Estatuto dos Tribunais Administrativos e Fiscais

INTRODUÇÃO
Direito Administrativo, Administração Pública e Função Administrativa

— I —
Direito Administrativo, Administração Pública e Função Administrativa

1. O *Direito Administrativo* pode ser definido como o ramo de Direito que disciplina, por um lado, a organização da Administração Pública e, por outro lado, o quadro das relações jurídicas que se estabelecem no âmbito do exercício da função administrativa, as chamadas *relações jurídicas administrativas* ([1]).

A adequada compreensão desta definição depende da correta compreensão de cada um dos seus dois componentes.

Como facilmente se percebe, elementos nucleares da definição enunciada são, por um lado, o de *Administração Pública* e, pelo outro, o de *função administrativa*. É, na verdade, por referência a cada um destes

---

([1]) A definição enunciada no texto parte daquela que é proposta por DIOGO FREITAS DO AMARAL, *Curso de Direito Administrativo*, vol. I, 3ª ed., Coimbra, 2006, p. 140, mas retirando-lhe a carga estatutária, reportada à Administração Pública, que aquela contém. A definição que propomos parece, aliás, ajustar-se melhor à posição que, a pp. 154-155 da mesma obra, o mesmo Autor assume sobre a natureza do Direito Administrativo e com a qual concordamos, na medida em que, como adiante se verá, também para nós o Direito Administrativo não é, no seu conjunto, um ramo de Direito estatutário.

dois conceitos que são definidos os dois componentes em que a definição se desdobra.

O esclarecimento da definição proposta de Direito Administrativo passa, assim, por uma primeira referência aos conceitos fundamentais de *Administração Pública* e de *função administrativa* ([2]).

2. Etimologicamente, *administração* consiste no manejo, na utilização de certos meios, com vista a alcançar um determinado fim. A palavra é, no entanto, utilizada tanto para designar a atividade de administrar, como, também, para designar o organismo ou entidade que desenvolve essa atividade.

Cada um de nós administra o seu património, ou administra bens alheios por encargo ou procuração, e o mesmo sucede com a administração de uma sociedade. A partir do momento em que os homens e as mulheres vivem em comunidade, eles passam, porém, a sentir necessidades que, vivendo isolados, não sentiriam — como sucede, desde logo, com a necessidade de garantir a segurança de cada um contra os membros da comunidade que infringem as regras estabelecidas — ou que, em todo o caso, perdem a sua individualidade inicial, para passarem a ser consciencializadas e, portanto, assumidas como necessidades coletivas, *necessidades públicas* de segurança e bem-estar, moral e material — como sucede com a garantia da prestação de cuidados essenciais em domínios como o da educação, da saúde, da limpeza das ruas, etc.

Ora, a assunção destas necessidades como necessidades públicas faz com que a comunidade decida chamar a si a respetiva satisfação, em vez de optar por deixar essa satisfação entregue ao cuidado (ou às possibilidades...) de cada um. A tarefa de prosseguir a satisfação destas necessidades é assumida como algo que deve ser assegurado pela comunidade no seu conjunto e, portanto, como uma atividade de *administração pública*. Por isso, a comunidade vai organizar-se para assegurar que ela seja desenvolvida de modo regular, contínuo e adequado, afetando a isso grande parte dos recursos humanos e materiais de que dispõe.

([2]) No trecho imediatamente subsequente, acompanharemos a exposição de ROGÉRIO EHRHARDT SOARES, *Direito Administrativo*, lições policopiadas ministradas no Curso de Direito no Porto da Universidade Católica Portuguesa, s/d, nºs 1 a 5.

A actividade de *administração pública* vai ser, assim, desenvolvida por um conjunto de entidades, *pessoas coletivas de direito público*, integradas por um vasto conjunto de *serviços públicos*, especificamente instituídos para o efeito: ao conjunto destes serviços dá-se o nome de *Administração Pública*.

3. Do que acaba de ser dito resulta que ao conceito de *administração pública* podem ser atribuídos dois sentidos diferentes:

a) Por um lado, um *sentido material ou funcional,* mediante o qual se faz apelo à ideia de *administração* para referir a *atividade* que, numa comunidade politicamente organizada, é desenvolvida para assegurar a concreta satisfação, regular e contínua, das necessidades públicas de segurança e bem-estar, moral e material. Pode dar-se o nome de *função administrativa* ao exercício desta actividade.

b) Por outro lado, um *sentido orgânico ou organizatório,* no qual as palavras *administração* e *pública* são correntemente empregues com a utilização de maiúsculas *(Administração Pública)* e pelo qual se pretende fazer referência ao sistema complexo de pessoas coletivas públicas, integradas por serviços públicos, que, numa comunidade politicamente organizada, são instituídas para desempenhar tarefas de *administração pública*, necessárias à satisfação das necessidades públicas, ou seja, para exercer a *função administrativa*.

Como é evidente, estes dois sentidos do conceito estão intimamente relacionados entre si. Com efeito, é porque se entende que existe certo tipo de tarefas que correspondem a uma atividade de administração pública (o exercício da função administrativa) que se institui uma máquina organizatória pública, um conjunto de entidades, pessoas coletivas de direito público, integradas por serviços públicos, destinadas a desempenhar essas tarefas, a que é dado o nome de Administração Pública. A Administração Pública, enquanto aparelho de serviços públicos, só existe, na verdade, porque existem essas tarefas que devem ser desempenhadas.

Cumpre, porém, notar que daí não resulta que Administração Pública e função administrativa sejam indissociáveis. Na verdade, nem toda a atividade desenvolvida pelas entidades que integram a Administração Pública configura o exercício da função administrativa; e, por outro lado, a função administrativa não é exclusivamente exercida pelas entidades que integram a Administração Pública.

Este ponto reveste-se de importância fundamental, pois é ele que explica os termos dicotómicos em que, como vimos, pode ser definido o Direito Administrativo. Vejamos, pois.

4. Vimos que o Direito Administrativo pode ser definido como o ramo de Direito que disciplina, por um lado, a organização da Administração Pública e, por outro lado, o quadro das relações jurídicas que se estabelecem no âmbito do exercício da função administrativa, as chamadas relações jurídicas administrativas.

É, assim, possível desdobrar o Direito Administrativo em dois grandes setores de normas, de natureza muito distinta um do outro [3].

O primeiro desses setores é o do chamado *Direito Administrativo orgânico ou organizatório*, que compreende o conjunto das normas que disciplinam a organização da Administração Pública, instituindo as pessoas coletivas, os órgãos e os serviços que a integram.

Com efeito, subjacente à existência, em cada momento histórico e em cada comunidade concreta, de uma Administração Pública organizada está necessariamente uma ideia sobre o que, nessa comunidade e nesse momento, se considera serem (ou não) necessidades públicas e sobre o modo pelo qual elas devem ser satisfeitas. Como facilmente se compreende, é ao poder político, incumbido do exercício da função legislativa, que compete formular estas opções. Com efeito, é ele o responsável, em cada comunidade e em cada momento, pela definição das condições de que depende a realização do *bem comum*. Desde

---

[3] Tal como atrás sucedeu com a definição de Direito Administrativo, também para o desdobramento em dois grandes setores de normas partimos da tipologia de normas administrativas proposta por FREITAS DO AMARAL, *op. cit.*, pp. 142 segs. Na tripartição proposta pelo Autor, omitimos, no entanto, a categoria das normas funcionais, que não nos parece justificado autonomizar para o efeito a que nos reportamos no texto.

logo ao nível constitucional e, depois, no plano da produção legislativa ordinária, é ao legislador que compete identificar as necessidades públicas que a comunidade pretende ver satisfeitas pelos serviços da Administração Pública, no exercício da função administrativa, e, para o efeito, instituir as figuras organizatórias públicas a quem vai ser confiada a satisfação dessas necessidades, em nome e no interesse da coletividade.

As entidades que integram a Administração Pública são, por conseguinte, *instituídas* e *reguladas* pelo legislador, quanto à sua estrutura orgânica e modo de funcionamento dos órgãos e serviços que as integram. Este é o objeto do vasto conjunto de normas que integram o *Direito Administrativo orgânico ou organizatório*.

E, nesta perspetiva, pode dizer-se que o Direito Administrativo é, em parte, o ramo de Direito *estatutário* da Administração Pública, no sentido em que compreende no seu seio um vasto conjunto de normas que se reportam à Administração Pública e têm por objeto definir o seu *estatuto*, instituindo as entidades públicas que a integram, determinando a estrutura orgânica dessas entidades e regulando o modo próprio de funcionamento dos respetivos órgãos.

5. Mas, embora se possa dizer que o Direito Administrativo é, em parte, o ramo de Direito estatutário da Administração Pública, no específico sentido que acaba de ser explicitado, a verdade é que o Direito Administrativo não se esgota na dimensão do Direito Administrativo orgânico ou organizatório, mas também compreende, como já atrás foi referido, um grande setor de normas que disciplinam as relações jurídicas que se estabelecem no âmbito do exercício da função administrativa, as chamadas relações jurídicas administrativas. E, tal como sucede nos demais ramos de Direito, pode mesmo dizer-se que são deste tipo a maior parte das normas de Direito Administrativo [4].

---

[4] FREITAS DO AMARAL, *op. cit.*, p. 147, propõe a designação de *relacionais* para as normas que integram este segundo setor do Direito Administrativo. A expressão não é, no entanto, correntemente utilizada e não se vê necessidade em atribuir uma designação específica a normas cuja natureza corresponde à daquelas que integram a generalidade

É, com efeito, o caso, desde logo, e apenas para referir alguns dos domínios de maior relevância jurídica, das normas que regulam os termos do exercício dos poderes de autoridade da Administração Pública, instituindo os instrumentos de atuação jurídica de que ela pode lançar mão e estabelecendo os fins a prosseguir e porventura o conteúdo das medidas a adotar, ou das normas que impõem deveres, sujeições ou limitações específicas à Administração Pública ou aos particulares para com a Administração Pública, assim como das normas que formalmente reconhecem ou conferem direitos ou interesses aos particulares perante a Administração Pública ([5]).

Ora, sucede que, ao contrário do que se passa com as normas do Direito Administrativo orgânico ou organizatório, as demais normas de Direito Administrativo não tomam necessariamente a Administração Pública por referência, nem a têm necessariamente como destinatária. Com efeito: (i) nem todas as relações jurídicas que envolvem a Administração Pública são reguladas pelo Direito Administrativo; e (ii) nem todas as relações jurídicas reguladas pelo Direito Administrativo envolvem a Administração Pública. De onde resulta que, embora seja de admitir, como vimos, que o Direito Administrativo orgânico ou organizatório possa ser qualificado como estatutário da Administração Pública, a verdade é que o Direito Administrativo, no seu conjunto, não pode ser qualificado como um ramo de Direito estatutário da Administração Pública, que teria por objeto regular a Administração

---

dos ramos do Direito, que não compreendem um setor de normas estatutárias, de natureza orgânica ou organizatória, ou em que a dimensão e relevância de um setor de normas dessa natureza é desprezível.

([5]) Reconheça-se, *a latere*, que, pelo modo como se encontram tradicionalmente estruturadas, muitas das normas que acabam de ser referidas, por regularem o exercício de poderes de autoridade da Administração, não parecem regular verdadeiras relações jurídicas, mas ter apenas a Administração Pública como destinatária. A realidade, porém, é que também as normas que conferem poderes de autoridade à Administração Pública, ao definirem os condicionalismos de natureza substantiva de que depende o exercício desses poderes, conferem poderes de exigir — e, se for caso disso, de, *a posteriori*, reagir — aos eventuais interessados na observância desses condicionalismos, pelo que podem e devem ser objeto de uma leitura relacional.

Pública, não só quanto à sua estrutura e organização, mas também quanto ao quadro das relações jurídicas em que ela toma parte ([6]).

O Direito Administrativo não é, assim, o Direito da Administração Pública, mas o Direito da função administrativa ([7]).

6. Como foi dito, nem todas as relações jurídicas que envolvem a Administração Pública são reguladas pelo Direito Administrativo. O Direito Administrativo não é, com efeito, o ramo de Direito que, por definição, disciplina as relações jurídicas que envolvam a Administração Pública. O Direito Administrativo só disciplina a atividade que a Administração Pública desenvolve *no exercício da função administrativa*.

Pode, assim, dizer-se que o Direito Administrativo só é o ramo de Direito comum da Administração Pública *enquanto tal, nessa sua qualidade*, e, portanto, que ele apenas regula a atividade da Administração Pública na medida em que esta atua especificamente como Administração Pública que é, desenvolvendo uma atividade materialmente administrativa (ou seja, fazendo administração pública em sentido material), e já não quando ela atua como se de um sujeito privado se tratasse. Quando for este o caso, as relações jurídicas que as entidades administrativas estabelecem regem-se pelo ramo de Direito (privado) adequado à natureza dessas relações, e não por normas de Direito Administrativo.

Esta advertência justifica-se porque as entidades que integram a Administração Pública têm capacidade de gozo de direito privado, dentro dos limites que decorrem do princípio da especialidade. Daqui resulta que essas entidades podem ter património privado e dis-

---

([6]) No mesmo sentido, cfr. FREITAS DO AMARAL, *op. cit.*, pp. 154-155, onde se salienta que, por um lado, o Direito Administrativo não é o único ramo do direito aplicável à Administração Pública e, por outro lado, a presença da Administração Pública não é um requisito necessário para que exista uma relação jurídica administrativa, na medida em que pode haver relações jurídicas administrativas entre dois ou mais particulares sem qualquer presença da Administração Pública.

([7]) No sentido de que o Direito Administrativo é "o direito comum da função administrativa", pois assume "um âmbito regulatório que ultrapassa em muito o da mera definição do estatuto da administração pública", cfr. MARCELO REBELO DE SOUSA/ANDRÉ SALGADO DE MATOS, *Direito Administrativo Geral*, tomo I, 2ª ed., Lisboa, 2004, p. 53.

por dele, e, de uma maneira geral, que podem utilizar os instrumentos jurídicos que o Direito privado coloca à sua disposição, desde que isso não seja incompatível com a sua natureza nem com a prossecução das necessidades públicas que constituem o quadro das suas atribuições. Elas podem, portanto, tomar parte em relações jurídicas de Direito privado, em tudo idênticas àquelas que se estabelecem entre particulares. Estamos, nesse caso, no domínio do que, na nossa ordem jurídica, tem sido designado como *atuações de gestão privada* da Administração Pública ([8]).

Não pode deixar, em todo o caso, de se ter presente que, de acordo com o artigo 2º, nº 5, do CPA, "os princípios gerais da atividade administrativa constantes do presente Código e as normas que concretizam preceitos constitucionais são aplicáveis a toda e qualquer atuação da Administração Pública, ainda que meramente técnica ou de gestão privada". Daqui resulta que, mesmo à atividade de gestão privada da Administração Pública, são aplicáveis certos princípios de Direito Administrativo, e, portanto, que, em bom rigor, o âmbito de aplicação destes princípios vai para além do estrito âmbito do exercício da função administrativa pela Administração Pública, aplicando-se também à sua atividade de gestão privada ([9]).

A nosso ver, daí não resulta, no entanto, que a atividade de gestão privada da Administração Pública se rege pelo Direito Administrativo, pelo que o Direito Administrativo seria o Direito comum da Administração Pública, afinal de contas aplicável a todas as modalidades da sua atuação ([10]). Na verdade, a actividade de gestão privada da Administração Pública rege-se, em primeira linha, pelo direito privado, sendo que os referidos princípios só serão chamados a intervir para temperar as soluções que resultariam da estrita aplicação do

---

([8]) Cfr., por todos, FREITAS DO AMARAL, *op. cit.*, pp. 147-151.

([9]) Nesta estrita medida, tem, pois, razão PAULO OTERO, *Legalidade e Administração Pública*, Coimbra, 2003, pp. 311-312, quando nota que, em bom rigor, o âmbito de aplicação do Direito Administrativo também se estende à atividade de gestão privada da Administração Pública. Como de seguida se explica, a nosso ver, no entanto, este facto, embora amplie a dimensão estatutária do Direito Administrativo, não tem relevo suficiente para repercutir-se na definição proposta de Direito Administrativo.

([10]) No mesmo sentido, cfr. FREITAS DO AMARAL, *op. cit.*, pp. 153-154.

direito privado, impondo limites à liberdade de decisão que um privado teria, mas que não se mostre compatível com as exigências que, num Estado de Direito, devem ser impostas à Administração Pública.

A doutrina alemã fala, a este propósito, na aplicação de um Direito privado administrativo ([11]), para significar que, nesse domínio, a aplicação do direito privado será permeada pela aplicação de princípios gerais de Direito Administrativo e da afirmação da vinculação da Administração Pública aos direitos fundamentais. Na prática, porém, é limitada a relevância da tentativa da transposição para a nossa ordem jurídica do fenómeno, cuja efectividade, em última análise, depende, na ausência de legislação especial, da sensibilidade dos tribunais judiciais para aplicarem, sendo caso disso, princípios de Direito Administrativo em derrogação das regras de direito privado, quando sejam chamados a dirimir litígios emergentes da atividade de gestão privada da Administração Pública — litígios que, por regra, são submetidos à apreciação dos tribunais judiciais, e não dos tribunais administrativos ([12]).

7. Por outro lado, nem todas as relações jurídicas reguladas pelo Direito Administrativo envolvem a Administração Pública. Isto resulta da circunstância, cada vez mais comum, aliás, tanto entre nós, como no direito comparado, de que o exercício da função administrativa não está reservado, em exclusivo, às entidades públicas, que integram a Administração Pública. É, por isso, possível — e, aliás, cada vez mais frequente — depararmos com relações jurídicas administrativas estabelecidas entre entidades privadas, sem que nenhuma delas possua o estatuto de entidade pública, integrada na Administração Pública.

É, desde logo, o que sucede sempre que uma entidade pública, designadamente o Estado, confia a prossecução de atribuições públicas a uma entidade privada. Com efeito, a partir do momento em que,

---

([11]) Trata-se de uma construção doutrinal alemã. Na doutrina portuguesa, cfr., por todos, com referências, MARIA JOÃO ESTORNINHO, *A Fuga para o Direito Privado*, Coimbra, 1996, pp. 121 segs.; PAULO OTERO, *op. cit.*, pp. 51-52.

([12]) Por este motivo, não nos parece justificado refletir o aspeto em referência na definição proposta de Direito Administrativo, que, para efeitos pedagógicos, procura acentuar os traços identitários deste ramo do Direito, sem empolar de modo enganador a sua dimensão de Direito estatutário da Administração Pública.

através de um ato administrativo ou de um contrato, um particular é investido no exercício de funções públicas, designadamente através da concessão de poderes de administração de bens ou serviços públicos, ele passa a exercer a função administrativa, passando a ser destinatário das normas de Direito Administrativo que lhe são aplicáveis. É, na verdade, ao abrigo e na observância dessas normas que o particular vai exercer a função administrativa, tomando parte nas relações jurídicas administrativas correspondentes ([13]).

Mas, a nosso ver, é também o que sucede sempre que o próprio legislador opta por criar entidades privadas, incumbindo-as diretamente de gerir recursos públicos para prosseguir a satisfação de necessidades públicas, em vez de instituir entidades públicas para o efeito ([14]).

Com efeito, é ao legislador, ao nível, desde logo, da Constituição e, depois, no plano da produção legislativa ordinária, que, como já atrás foi recordado, compete, em cada momento histórico, identificar as necessidades públicas que a comunidade pretende ver satisfeitas pelos serviços da Administração Pública, instituindo as figuras organizatórias públicas a quem entende confiar a satisfação dessas necessidades e regulando a respetiva estrutura orgânica e modo de funcionamento dos seus órgãos e serviços através de normas de Direito Administrativo orgânico ou organizatório. Ora, importa ter presente que o fenómeno da existência, nas modernas sociedades ocidentais, de uma vasta Administração Pública, estruturada num amplo conjunto de pessoas coletivas de direito público, é o resultado de uma concepção geográfica e historicamente determinada sobre o que se considera se-

---

([13]) Para mais desenvolvimentos sobre a variadíssima plêiade de situações que podem dar origem ao fenómeno em referência no texto, cfr., por todos, PEDRO GONÇALVES, *Entidades privadas com poderes públicos*, Coimbra, 2005, pp. 651 segs.

([14]) Para a diferenciação, no sentido do texto, entre estas duas formas de *privatização*: privatização da gestão ou do exercício de uma função administrativa e privatização das formas de organização, cfr. PAULO OTERO, *op. cit.*, pp. 304 segs.; PEDRO FERNÁNDEZ SÁNCHEZ, *Os parâmetros de controlo da privatização administrativa*, Coimbra, 2008, pp. 36-37. Também PEDRO GONÇALVES, *op. cit.*, p. 550, enquadra ambas as situações referidas no texto (a que se refere, mais detalhadamente, a pp. 396 segs.) no fenómeno do "exercício privado da função administrativa" ou da "execução da função administrativa por entidades privadas".

rem necessidades públicas e sobre o modo pelo qual elas devem ser satisfeitas. Na verdade, em comunidades distintas e em diferentes momentos históricos, pode existir uma Administração Pública diminuta e insignificante ou uma Administração Pública vasta e poderosa: tudo depende do entendimento que, em cada contexto espácio-temporal, prevaleça sobre a questão de saber se, em que medida e por que meios, a comunidade deve tomar nas suas mãos a satisfação das necessidades coletivas, através da instituição de entidades públicas, criadas para a satisfação dessas necessidades.

Ora, ao longo das últimas décadas, tem vindo a assistir-se, nas sociedades ocidentais, a um fenómeno de multiplicação dos casos em que o legislador opta por confiar a gestão de recursos públicos para o exercício da função administrativa a entidades privadas, normalmente criadas para o efeito. A doutrina tem falado, a este propósito, de uma *mudança de paradigma*, que se concretiza numa *fuga para o direito privado* ([15]), indo mesmo ao ponto de perguntar se, pelo menos sem radical alteração do quadro constitucional, é ilimitada a liberdade de conformação do legislador nesta matéria, podendo ir mesmo ao ponto de eliminar de todo as modalidades de exercício da função administrativa segundo uma disciplina jurídica de Direito Administrativo, em favor da utilização de formas jurídicas de organização e de atuação regidas pelo direito privado, ou se, pelo contrário, existe uma *reserva constitucional de Direito Administrativo*, que imponha a existência de matérias inseridas na função administrativa que têm de ser objeto de disciplina jurídica pelo Direito Administrativo ([16]).

Pela nossa parte, quer-nos parecer que o fenómeno em causa evidencia que a prossecução da satisfação das necessidades públicas pode obedecer a modelos diferenciados e, designadamente, a modelos mistos, em que o papel das pessoas coletivas de direito público, instituídas e estruturadas em Administração Pública por normas de Direito

---

([15]) É inesgotável a bibliografia dedicada ao tema. Na doutrina portuguesa, cfr., por todos, MARIA JOÃO ESTORNINHO, *op. cit.*, pp. 35 segs.; ROGÉRIO EHRHARDT SOARES, *op. cit.*, nº 19; PAULO OTERO, *op. cit.*, pp. 310 segs., com outras referências.

([16]) Sobre o tema, entre nós, cfr., por todos, PAULO OTERO, *op. cit.*, pp. 8-10 e 814 segs., e FERNÁNDEZ SÁNCHEZ, *op. cit.*, pp. 91 segs., com amplas referências.

Administrativo orgânico ou organizatório, tende a ser relativizado pela emergência de soluções que envolvem a atribuição da gestão de recursos públicos para o exercício da função administrativa a entidades estruturadas segundo formas de direito privado.

A nosso ver, a mudança de paradigma concretiza-se, por isso, num fenómeno de relativização da Administração Pública, tal como ela foi entendida no modelo de Estado emergente da revolução francesa, e do seu papel para o Direito Administrativo, com a concomitante relativização do papel do Direito Administrativo orgânico ou organizatório, em benefício do Direito Administrativo das relações jurídicas administrativas, cada vez mais aplicável a entidades que, por serem privadas, não têm o seu estatuto definido por normas de Direito Administrativo, mas que nem por isso deixam de ser submetidas a normas de Direito Administrativo.

Na verdade, ao fenómeno da dita *fuga para o direito privado,* o Direito Administrativo tem respondido com a progressiva extensão a entidades privadas, em múltiplos domínios, da aplicabilidade de regras e princípios de Direito Administrativo, o que tem dado origem a um fenómeno, no que a essas entidades diz respeito, de permeabilização do direito privado pelo Direito Administrativo, na medida em que conduz à multiplicação de normas de Direito Administrativo dirigidas a disciplinar a conduta de entidades privadas, que, fora do âmbito de aplicação dessas normas, se regem pelo seu direito estatutário, que é o direito privado ([17]).

8. Em nossa opinião, o modo adequado de enquadrar o fenómeno da multiplicação das situações em que o legislador opta por confiar o exercício da função administrativa a entidades estruturadas segundo normas de direito privado, e não a entidades públicas, ajusta-se à contraposição atrás enunciada entre as normas de Direito Administrativo orgânico ou organizatório e aquelas que disciplinam as relações jurídicas que se estabelecem no âmbito do exercício da função administrativa.

([17]) Sobre o tema, cfr. MARIA JOÃO ESTORNINHO, *op. cit.,* pp. 159 segs.

a) Como resulta de tudo o que foi dito até aqui, em nosso entender, deve, assim, continuar a adotar-se um conceito restrito, orgânico e não funcional, de Administração Pública, sob pena de se diluir o conceito de Administração Pública, enquanto realidade organizatória de Direito Administrativo, no universo das entidades privadas que, de um modo ou de outro, podem ser incumbidas do exercício da função administrativa, e que só num demasiado abstrato sentido funcional podem ser reconduzidas à ideia de administração pública ([18]).

Por conseguinte, para nós, a Administração Pública corresponde ao conjunto das pessoas coletivas de direito público, cujo regime estatutário, respeitante ao modo de instituição, estrutura orgânica e modo de funcionamento interno, obedece a normas próprias específicas de Direito Administrativo orgânico ou organizatório, diferentes daquelas que regem a estrutura orgânica das pessoas coletivas de direito privado e que não são aplicáveis a estas. Como vimos, quando os órgãos e serviços das pessoas coletivas de direito público exercem a função administrativa, eles atuam ao abrigo das normas de Direito Administrativo disciplinadoras dos termos do exercício dessa função, tomando parte em relações jurídicas administrativas. Mas mesmo no âmbito da sua atividade de gestão privada, não deixam de estar submetidos à aplicação de certos princípios de Direito Administrativo e de estar vinculados aos direitos fundamentais.

b) A função administrativa pode ser, entretanto, exercida por pessoas coletivas de direito privado, que, embora sejam incumbidas de tal tarefa, não deixam, por isso, de ser entidades privadas, na medida em

---

([18]) Como, na verdade, nota PAULO OTERO, *op. cit.*, pp. 75 e 84, "é tudo menos indiferente saber se cada entidade administrativa que prossegue o interesse público tem uma natureza pública ou privada (isto é, se houve ou não uma privatização formal), se a gestão ou realização de uma tarefa administrativa é publicizada ou privatizada (isto é, se houve ou não uma privatização material) e, em consequência, se, por força da específica natureza de uma entidade administrativa ou das particularidades do interesse público que esta prossegue, o Direito "comum" aplicável à sua atividade é primariamente público ou privado", na medida em que "a opção de privatização implica a automática eleição do Direito Privado como parâmetro primário da atividade da entidade privatizada". No mesmo sentido, cfr. também PEDRO GONÇALVES, *op. cit.*, pp. 411-412.

que obedecem a um modelo de estruturação orgânico regulado por normas de direito privado e, no essencial, se regem pelo seu direito estatutário, que é o direito privado.

Com efeito, mesmo quando seja criada por uma entidade pública, uma entidade não é pública, mas privada, desde que a sua estrutura orgânica obedeça a um modelo configurado por normas de direito privado: é o que, paradigmaticamente, sucede com as sociedades comerciais de capitais públicos, que, mesmo quando são criadas pelo Estado, não deixam de ser sociedades comerciais, estruturadas segundo um dos modelos orgânicos que o Código das Sociedades Comerciais faz corresponder às entidades dessa natureza e que, no essencial, se relacionam com o Estado acionista em termos de direito privado [19]. Ora, como não existem normas de Direito Administrativo orgânico ou organizatório que disciplinem a estrutura organizatória destas sociedades em moldes distintos daqueles que correspondem às demais sociedades comerciais — e, portanto, elas não estão submetidas a um regime estatutário próprio específico, definido por normas de Direito Administrativo orgânico ou organizatório e diferente daqueles que disciplinam as suas congéneres de capital exclusivamente privado —, não se justifica, a nosso ver, autonomizar estas sociedades, no plano organizatório, para o efeito de as integrar na Administração Pública [20].

---

[19] Como, na verdade, nota PEDRO GONÇALVES, *op. cit.*, p. 413, "salvo se outra coisa resultar expressamente da lei, a criação, por iniciativa pública, de uma entidade num formato de direito privado (sociedade comercial, associação ou fundação) irá naturalmente remeter para a esfera do *direito privado* a missão de regular o processo de relacionamento jurídico que se desenvolve entre essa entidade privada e a entidade pública detentora do controlo ou de influência dominante sobre ela: no silêncio da lei, o controlo e a influência assumem--se e efetivam-se nos termos (de direito privado) previstos no Código das Sociedades Comerciais ou no Código Civil". Entretanto, cfr. também PEDRO GONÇALVES, "Natureza jurídica das sociedades de capitais maioritária ou exclusivamente públicos", *Cadernos de Justiça Administrativa* nº 84, pp. 27-29.

[20] Em sentido contrário, a doutrina tende, hoje, a integrar as entidades em referência num conceito amplo de Administração Pública, falando, a seu respeito, de *entidades administrativas privadas* e, portanto, de uma *Administração indireta privada*, ou de uma *Administração Pública em forma privada* ou *sob formas privadas:* cfr., por exemplo, PEDRO GONÇALVES, *Entidades privadas com poderes públicos*, pp. 396 segs.; JOÃO CAUPERS, *Introdução ao Direito Administrativo*, 10ª ed., Lisboa, 2009, p. 123; PAULO OTERO, *op. cit.*, pp. 304-307, e

Trata-se, em todo o caso, de entidades que, embora não estando submetidas, no plano orgânico ou organizatório, a um regime esta-

---

Vinculação e liberdade de conformação jurídica do setor empresarial do Estado, Coimbra, 1998, pp. 228-230, para quem "a existência de uma tal Administração indirecta privada acarreta uma inevitável reformação do conceito orgânico-subjetivo de Administração Pública, hoje suscetível, por consequência, de comportar pessoas coletivas privadas sujeitas a um controlo ou influência dominantes dos poderes públicos".
Pela nossa parte, não nos parece, porém, de acompanhar essa tendência, porque, a nosso ver, e salvo o devido respeito, ela mistura o plano orgânico com o plano funcional, num domínio em que do que se trata é de proceder a uma classificação organizatória, e não funcional, e é do ponto de vista funcional, e não organizatório, que as entidades em causa podem ser qualificadas como públicas, por estarem incumbidas do exercício de funções de natureza pública.
É verdade que, por influência do Direito da União Europeia, o Decreto-Lei nº 558/99, de 17 de Dezembro, adota um conceito amplo de *empresa pública*, que compreende no seu seio, tanto pessoas coletivas de direito público, as chamadas *entidades públicas empresariais*, como sociedades de capitais públicos e de interesse coletivo, que são sociedades comerciais, em que o Estado intervém como acionista. De acordo com a terminologia adotada pela lei, pode, assim, dizer-se que existem empresas públicas sob forma privada e empresas públicas sob forma pública (cfr., por todos, FREITAS DO AMARAL, *op. cit.*, p. 390; JOÃO CAUPERS, *op. cit.*, p. 129). A verdade, porém, é que o referido diploma só define o estatuto organizatório das entidades públicas empresariais: do ponto de vista organizatório, só estas entidades são, por isso, legalmente instituídas como uma categoria de pessoas colectivas públicas, sujeitas a um regime específico de criação (que se processa por Decreto-Lei) e organização interno de Direito público; só elas são, assim, objeto de normas de Direito Administrativo orgânico ou organizatório, que as submetem a um regime estatutário específico, como é próprio das entidades que integram a Administração Pública. Já da qualificação legal de outras entidades como empresas públicas não resulta o seu enquadramento na Administração Pública, como parece, aliás, resultar, tanto do nº 2 do artigo 2º do CPA (cfr. LUÍS FÁBRICA, "Âmbito de aplicação do Código do Procedimento Administrativo", *Cadernos de Justiça Administrativa* nº 82, p. 11), como, com clareza, do nº 1 do artigo 18º do Decreto-Lei nº 558/99 (cfr. CARLOS FERNANDES CADILHA, *Regime da Responsabilidade Civil Extracontratual do Estado e demais entidades públicas anotado*, 2ª ed., Coimbra, 2010, p. 39). Aliás, Autores como PEDRO GONÇALVES, *Entidades privadas com poderes públicos*, pp. 401-402, recusam integrar no conceito orgânico de Administração Pública as empresas públicas que tenham capital maioritariamente privado, apesar da sua qualificação legal como empresas públicas, sustentando que essas entidades "são (materialmente) entidades particulares e [...] como tal devem ser consideradas, salvo para efeitos da aplicação da LSEE [Lei do Setor Empresarial do Estado] e de regras nacionais de transposição de disposições de direito comunitário dirigidas a empresas públicas".

tutário de Direito Administrativo, não deixam de ser submetidas, no plano funcional, à aplicação de normas de Direito Administrativo, na medida em que gerem recursos públicos para a satisfação de necessidades que correspondem ao exercício da função administrativa [21].

Com efeito, como estão incumbidas do exercício da função administrativa, estas entidades estão, desde logo, submetidas às normas de Direito Administrativo que disciplinam os termos do exercício dessa função e as relações jurídicas em que, no âmbito desse exercício, tomam parte. Pode, assim, desde logo dizer-se que elas atuam *ao abrigo* de normas de Direito Administrativo, na medida em que é em normas de Direito Administrativo que encontram o fundamento para o exercício da sua atividade materialmente administrativa: é o que, em primeira linha, sucederá no que respeite ao eventual exercício de poderes de autoridade pública, pois só mediante habilitação legal expressa poderão estas entidades ser admitidas a exercer tais poderes [22].

---

[21] Nesta perspetiva devem ser, quanto a nós, encaradas disposições como as que, no Decreto-Lei nº 558/99, de 17 de dezembro, disciplinam o exercício da *função acionista do Estado* e instituem mecanismos específicos de influência e controlo do Estado em relação às sociedades comerciais de capitais públicos e de interesse coletivo. Com efeito, disposições deste tipo não têm por objeto disciplinar a estrutura orgânica das sociedades em causa: essa é matéria que o diploma em causa dá por resolvida pelo Direito das Sociedades Comerciais, de onde resulta, como vimos, que estas entidades são pessoas coletivas de direito privado, e é, aliás, por estar em causa a definição do rumo de entidades com o estatuto e estrutura jusprivatísticos das sociedades comerciais, que o legislador assume ser na qualidade de acionista que o Estado pode influenciar esse rumo, intervindo na respetiva assembleia geral. Mas nem por isso as disposições em referência deixam, naturalmente, de ser disposições de Direito Administrativo, que disciplinam segundo critérios próprios de Direito Administrativo a relação jurídica que se estabelece entre o Estado e as sociedades em causa.

[22] Como, na verdade, recorda PAULO OTERO, *Legalidade...cit.*, p. 87, as entidades dotadas de personalidade privada, "estando dependentes da atribuição específica de poderes públicos para a definição unilateral e autoritária de situações jurídicas concretas, praticarão um mero ato jurídico de Direito Privado se emitirem (pretensos) atos administrativos fora das competências que são conferidas aos seus órgãos". Em sentido limitativo quanto à possibilidade da atribuição de poderes de autoridade às entidades que qualifica como entidades administrativas privadas, cfr., entretanto, PEDRO GONÇALVES, *Entidades privadas com poderes públicos*, pp. 406-407, com outras referências.

Mas, por outro lado, elas também têm de atuar *em conformidade* com normas de Direito Administrativo, que lhes são genericamente aplicáveis, independentemente do tipo concreto de atuação que possa estar em causa.

É o que, desde logo, sucede com os princípios fundamentais de Direito Administrativo, que são genericamente aplicáveis à atividade materialmente administrativa destas entidades, assim como, nesse domínio, se lhes impõe uma específica vinculação aos direitos fundamentais, que lhes limita a liberdade de decisão: esta é a consequência que decorre da aplicabilidade do Direito Administrativo, enquanto Direito comum da função administrativa, a quem quer que a exerça, independentemente do seu estatuto orgânico ([23]).

Por outro lado, como já foi referido, o Direito Administrativo tem respondido ao fenómeno da chamada *fuga para o direito privado* através da extensão, sempre que o interesse público o justifica, da aplicabilidade de regras e princípios de Direito Administrativo, concebidos por referência às entidades que integram a Administração Pública, a entidades privadas que, para esse efeito, àquelas são, em maior ou menor medida, equiparadas. Ora, nesse sentido, têm-se multiplicado, no nosso ordenamento jurídico, as disposições legais que têm determinado a extensão do âmbito de aplicação de regimes normativos de Direito Administrativo (e de Direito Processual Administrativo) a entidades privadas ([24]).

([23]) A nosso ver, o que é dito no texto só vale, em princípio, para a atuação de gestão pública, mas já não para a atuação de gestão privada das entidades em referência, na medida em que, por se tratar, como vimos, de entidades privadas, o normal é que elas tenham um âmbito de gestão privada muito mais alargado do que as entidades públicas e que, nesse âmbito, atuem em conformidade com o seu direito estatutário, que é o direito privado. Impõe-se, no entanto, neste domínio, o maior cuidado, na medida em que gestão pública não é sinónimo de exercício de poderes de autoridade, pelo que, por exemplo, atividades concretizadas na realização de prestações individualizadas aos cidadãos, desde que exprimam o exercício da função administrativa por parte das entidades em causa, estão submetidas a regras e princípios de Direito Administrativo.

([24]) Para a circunstanciada referência a algumas das manifestações de vinculação jurídico--pública das entidades privadas que exercem a função administrativa, cfr. MARIA JOÃO ESTORNINHO, *op. cit.*, pp. 167 segs.

Neste sentido, os atos jurídicos que entidades privadas praticam no exercício de poderes de autoridade pública que lhes sejam conferidos são equiparados, para efeitos contenciosos, aos correspondentes atos praticados pelas entidades públicas (cfr. artigo 4º, nº 1, alínea d), do ETAF, e artigos 51º, nº 2, e 100º, nº 3, do CPTA). Por via disso, tem sido, entretanto, reconhecida a necessidade de equiparar a atos administrativos, também para o efeito da aplicação do regime substantivo do CPA, as decisões concretas emitidas por entidades privadas no exercício de poderes de autoridade ao abrigo de normas de Direito Administrativo ([25]).

A nosso ver, na mesma linha deve ser lida a previsão do artigo 1º, nº 5, do regime da responsabilidade civil extracontratual do Estado e demais entidades públicas, aprovado pela Lei nº 67/2007, de 31 de dezembro, na parte em que se refere às condutas de pessoas coletivas de direito privado "que sejam reguladas por disposições ou princípios de direito administrativo".

Com efeito, como este preceito se limita a reproduzir a definição contida no nº 2 do mesmo artigo sobre o que se deve entender pelo exercício da função administrativa, parece-nos que a fórmula utilizada deve ser objecto de uma interpretação que, excluindo as situações em que qualquer particular esteja sob a alçada da aplicação de normas ou princípios de Direito Administrativo (basta pensar no exemplo do particular que construa a sua casa em violação de condições impostas pela licença de construção), circunscreva a aplicação do preceito às hipóteses em que condutas lesivas adoptadas por entidades privadas tenham sido adotadas no exercício da função administrativa e por causa desse exercício, sendo, assim, reguladas por disposições ou princípios de Direito Administrativo impositivos de deveres ou restrições especiais, de natureza especificamente administrativa, que não se aplicam à atuação das entidades privadas: na verdade, só nesse caso faz sentido

---

[25] Por este motivo, a doutrina tem vindo a evoluir no sentido de abandonar o elemento orgânico na definição de ato administrativo: cfr. DIOGO FREITAS DO AMARAL, *Curso de Direito Administrativo*, vol. II, 2ª ed., Coimbra, 2011, pp. 245-246; JOÃO CAUPERS, *op. cit.*, p. 231; SÉRVULO CORREIA, *Direito do Contencioso Administrativo*, vol. I, Lisboa, 2005, pp. 710-711.

submeter entidades privadas a um regime de responsabilidade civil extracontratual de Direito Administrativo ([26]).

Com âmbito mais geral, deve ser, entretanto, referido, de modo paradigmático, o que, em grande medida por impulso do Direito da União Europeia, sucede no domínio da contratação pública, em que, para certos efeitos, o legislador equipara a entidades públicas certas categorias de entidades privadas, que gerem recursos públicos ou beneficiam de financiamentos públicos (cfr. artigos 2º, nº 2, e 7º do CCP), submetendo-as a regras de Direito Administrativo.

Por outro lado, também foi objeto de alargamento o âmbito das entidades sujeitas ao controlo financeiro do Tribunal de Contas, e, no que respeita às sociedades comerciais que o Decreto-Lei nº 558/99 qualifica como empresas públicas, este diploma estabelece um regime específico de orientação e controlo dessas entidades por parte do Estado ([27]).

([26]) A necessidade de tal precisão resulta da circunstância de que, ao contrário do que tínhamos preconizado na primeira proposta de lei sobre a matéria, o artigo 1º, nº 2, do Regime da responsabilidade civil extracontratual do Estado e demais entidades públicas acabou — a nosso ver, mal — por não definir o exercício da função administrativa especificamente por referência às ações e omissões reguladas por normas e princípios de Direito Administrativo *"impositivos de deveres ou restrições especiais, de natureza especificamente administrativa, que não se aplicam à atuação das entidades privadas"*. Assinalando o facto, também em sentido crítico, cfr. VIEIRA DE ANDRADE, "A responsabilidade por danos decorrentes do exercício da função administrativa na nova lei sobre responsabilidade civil extracontratual do Estado e demais entidades públicas", in *Revista de Legislação e de Jurisprudência* nº 3951, p. 360, nota 5.

([27]) Nesse sentido, a lei impõe ao Estado (e aos municípios, no caso das empresas municipais), o dever de estabelecer orientações estratégicas, definidoras dos objetivos a prosseguir pela empresa, que devem obrigatoriamente conter metas quantificadas. Estas orientações estratégicas devem refletir-se nas orientações anuais da empresa, que ao sócio público único ou maioritário cumpre fazer aprovar na assembleia geral da sociedade. Estas orientações devem, entretanto, prever a celebração de contratos entre o Estado (ou o município) e a empresa, nos quais se devem concretizar os objetivos, definir parâmetros e padrões de eficácia e eficiência, e identificar indicadores e referenciais que permitam medir a realização dos objetivos. Por outro lado, a avaliação do desempenho dos gestores da empresa também deve depender da celebração de contratos de gestão, funcionalizados à realização dos objetivos fixados. Cfr., a respeito, PEDRO GONÇALVES, *Entidades privadas com poderes públicos*, pp. 417-418, que vê neste regime o embrião, na ordem jurídica portuguesa, de um *direito societário administrativo*, e, a propósito das empresas municipais, cfr. PEDRO GONÇALVES, *Regime jurídico das empresas municipais*, Coimbra, 2007, pp. 192-195. Não podemos deixar, em todo o caso, de reconhecer, com o Autor (a pp. 415-417 da primeira das obras citadas), que, em termos gerais, não está assegurada, no nosso ordenamento jurídico, a existência de um regime geral que assegure, em termos de direito público, uma influência e controlo públicos sobre o que qualifica como entidades administrativas privadas — o que nos conforta no entendimento de que estas entidades não devem ser qualificadas como Administração Pública em sentido orgânico ou organizatório.

— II —
Princípio da legalidade e boa administração: dificuldades e desafios

1. Princípio da legalidade e controlo principialista da atividade administrativa

9. Num Estado de Direito, é afirmada a existência de um *princípio da legalidade da Administração Pública*. Como estabelece o artigo 266º, nº 2, da CRP, "os órgãos e agentes administrativos estão subordinados à Constituição e à lei". Ora, o princípio da legalidade administrativa é, hoje, associado a uma exigência de *precedência de lei*, de acordo com a qual o exercício de poderes por parte dos órgãos da Administração Pública — e entidades equiparadas para o efeito — pressupõe a existência de uma base normativa, isto é, de uma fonte de Direito, na qual, em última análise, radicarão os efeitos jurídicos a introduzir [28].

---

[28] Cfr. SÉRVULO CORREIA, *Legalidade e autonomia contratual nos contratos administrativos*, Coimbra, 1986, pp. 297-298.

Significa isto que a lei não é apenas o limite, mas o pressuposto e o fundamento de toda a atividade administrativa, pelo que não existe Administração Pública, nem exercício da função administrativa, sem lei, sem norma legal que o fundamente. E isto, sem que se possa ou deva distinguir consoante as matérias ou domínios de atuação da Administração Pública.

No que se refere ao poder normativo da Administração, da consagração deste princípio parece resultar que, mesmo quando não se trate de dar execução ou de completar um ato legislativo anterior, mas de introduzir disciplina nova, regulando de início as relações sociais, as normas ditadas pela Administração, os *regulamentos*, devem ser precedidos de um ato legislativo, de uma norma legal de habilitação, que pelo menos fundamente "a competência objetiva e subjetiva" para a sua emissão — a seu tempo regressaremos ao tema (cfr. *infra*, nºs 33 e 34).

Já no que diz respeito às decisões concretas da Administração, os *atos administrativos*, deve entender-se que do mesmo princípio decorre uma *reserva absoluta de norma jurídica* e, portanto, um *princípio de precedência direta ou indireta de ato legislativo*. Isto significa que só podem ser tomadas decisões de autoridade correspondentes a tipos previstos em normas de Direito Administrativo: seja directamente em atos legislativos, seja em regulamentos, emanados pela própria Administração Pública, ao abrigo da Constituição e das leis ([29]).

Coloca-se, entretanto, a questão de saber qual a densidade exigível às normas em que, de harmonia com o princípio da legalidade, deve fundar-se a emissão das decisões de autoridade da Administração Pública, designadamente quando diretamente contendem com os direitos fundamentais dos particulares. E a questão coloca-se com cada vez maior acuidade, na medida em que, nos tempos de globalização em que vivemos, se tem vindo a assistir a um fenómeno de progressiva erosão, que resulta da tendencial redução da densidade do conteúdo da regulação normativa dos poderes de autoridade que a lei formalmente confere à Administração — com a concomitante atenuação da intensidade do controlo jurisdicional que pode ser exercido sobre os

---

([29]) Cfr., por todos, SÉRVULO CORREIA, *Legalidade e autonomia contratual...*, pp. 284 segs.

atos jurídicos em que se concretiza o exercício desses poderes, na medida em que, como é sabido, a maior ou menor intensidade do controlo jurisdicional depende da maior ou menor densidade da regulação normativa.

A questão está longe de esgotar-se nesse plano, mas coloca-se com particular intensidade nos domínios da chamada *regulação administrativa* ([30]), em que se assiste a um interessantíssimo fenómeno de convergência de um conjunto de tendências que, por porem directamente em causa os postulados em que assenta a afirmação do princípio da legalidade administrativa, constituem objeto privilegiado de análise.

10. Cumpre começar por referir que, tal como sucede noutros países europeus, também em Portugal a regulação administrativa é um fenómeno recente, mas em franca expansão. São hoje vários os setores em que, designadamente por impulso da União Europeia, foram, com efeito, instituídas entidades administrativas independentes do Governo, dotadas de poderes de regulação ([31]), e a doutrina vem dedicando ao

---

([30]) O conceito de *regulação* não é entendido de modo unívoco na doutrina comparada. Ainda que, no entanto, nele se entenda incluir uma dimensão legislativa, consubstanciada nas normas legais instituidoras dos sistemas regulatórios públicos e disciplinadoras da atuação das entidades administrativas reguladoras e dos agentes por elas regulados, a *regulação administrativa* há de reportar-se à atividade que as entidades reguladoras desenvolvem no exercício das suas funções. Sobre estes conceitos, na doutrina portuguesa, cfr., por todos, VITAL MOREIRA, *Autorregulação profissional e Administração Pública*, Coimbra, 1997, pp. 34 segs., e "Regulação económica, concorrência e serviços de interesse geral", in *Estudos de Regulação Pública*, vol. I, Coimbra, 2004, pp. 547 segs.; PEDRO GONÇALVES, "Direito Administrativo da Regulação", publicado nos *Estudos em Homenagem ao Professor Doutor Marcello Caetano*, vol. II, Coimbra, 2006, pp. 535 segs., e republicado no livro do mesmo Autor *Regulação, Eletricidade e Telecomunicações — Estudos de Direito Administrativo da Regulação*, Coimbra, 2008, pp. 7 segs.

([31]) As principais manifestações do fenómeno, no ordenamento jurídico português, correspondem à regulação da concorrência pela Autoridade da Concorrência, do setor bancário pelo Banco de Portugal, das seguradoras pelo Instituto de Seguros de Portugal (ISP), do setor dos valores mobiliários pela Comissão do Mercado de Valores Mobiliários (CMVM), do setor da energia pela Entidade Reguladora dos Serviços Energéticos (ERSE), do setor das comunicações e serviços postais pela Autoridade Nacional das Comunicações (ANACOM), do setor da água e dos resíduos pelo Instituto Regulador das Águas e Resíduos, do setor dos transportes ferroviários pelo Instituto Nacional do Transporte

tema uma atenção crescente (³²). Só há relativamente pouco tempo começou, no entanto, a desenhar-se, no panorama doutrinal português, a tentativa de estruturar um pensamento sistemático sobre o Direito Administrativo da Regulação, designadamente do ponto de vista da análise das especificidades com que, nesse domínio, se concretiza a aplicação dos conceitos e princípios enformadores da teoria geral do Direito Administrativo (³³).

Ora, para os efeitos que interessam à presente análise, os aspetos em que, a exemplo do que tem sucedido noutros países, também entre nós têm sido identificadas tendências específicas de evolução no domínio da regulação dizem, fundamentalmente, respeito à *retração do princípio da legalidade*, à *intensificação dos poderes inspetivos e sancionatórios* e à *atenuação do controlo jurisdicional* (³⁴).

Com efeito, se a diminuição da intensidade da disciplina legal dos poderes da Administração é, hoje, identificada pela doutrina como uma tendência de âmbito geral, a verdade é que o fenómeno avulta

---

Ferroviário, do setor da aviação civil pelo Instituto Nacional da Aviação Civil, do setor das obras públicas pelo Instituto dos Mercados das Obras Públicas e Particulares e do Imobiliário (IMOPPI), do setor da saúde pela Entidade Reguladora da Saúde (ERS) e do setor da comunicação social pela Entidade Reguladora para a Comunicação Social (ERC).

(³²) Merece referência especial o trabalho que, no âmbito da Faculdade de Direito da Universidade de Coimbra, tem sido desenvolvido pelo Centro de Estudos de Direito Público e Regulação (CEDIPRE). Cfr., por exemplo, VITAL MOREIRA/FERNANDA MAÇÃS, *Autoridades reguladoras independentes — Estudo e Projeto de Lei-Quadro,* Coimbra, 2003; *Estudos de Regulação Pública,* vol. I (coordenação de Vital Moreira), Coimbra, 2004; PEDRO GONÇALVES, *Regulação, Eletricidade e Telecomunicações — Estudos de Direito Administrativo da Regulação,* Coimbra, 2008; MARIA FERNANDA MAÇÃS, "O controlo jurisdicional das autoridades reguladoras independentes", in *Cadernos de Justiça Administrativa* nº 58, pp. 21 segs.

(³³) O mais consistente estudo orientado nesta perspetiva é o de PEDRO GONÇALVES, "Direito Administrativo da Regulação", já atrás referenciado.

(³⁴) Sem prejuízo de anteriores abordagens parcelares, são estes os aspetos com relevo para o objeto da nossa análise identificados por PEDRO GONÇALVES no seu citado estudo "Direito Administrativo da Regulação", que acompanharemos de perto no subsequente trecho da exposição (as referências indicadas reportam-se à republicação incluída em PEDRO GONÇALVES, *Regulação, Eletricidade e Telecomunicações — Estudos de Direito Administrativo da Regulação,* pp. 7 segs.).

com particular nitidez no domínio da regulação, em que, mais do que em nenhum outro, se multiplicam as manifestações de *autocontenção do legislador*, mediante as quais a lei tende a limitar-se a conferir às entidades reguladoras a *habilitação formal* para a emissão de regulamentos e mesmo para a prática de atos administrativos, sem se pronunciar sobre a substância dos poderes de autoridade que confere.

O ponto avulta, desde logo, no que respeita ao poder regulamentar. Com efeito, a generalidade dos regulamentos emanados pelas entidades reguladoras são *regulamentos independentes*, que introduzem disciplina inovadora sobre as matérias a que respeitam, sem se reportarem ao conteúdo de uma lei anterior, sendo apenas precedidos de uma pura *norma de produção normativa*, isto é, de uma lei que se limita a atribuir a competência objetiva e subjetiva para a sua emissão.

Mas também no que respeita à prática de atos administrativos, tem sido assinalada a tendência do legislador para se limitar "a definir os *objetivos públicos* e os *resultados* a atingir", confiando às entidades reguladoras "uma ampla liberdade de escolha das medidas que, em concreto, se mostrem *adequadas, eficazes e eficientes* para a produção dos efeitos desejados", com o que se abre espaço à adoção de *atos administrativos atípicos*, em relação aos quais a lei se limita a conferir a habilitação formal para a sua emissão, sem pré-determinar minimamente o respetivo conteúdo ([35]).

Em contrapartida, são intensos os poderes que a lei confere às entidades reguladoras, designadamente poderes de inspeção, que compreendem a possibilidade de realizar buscas e apreender documentos nas instalações dos agentes regulados, e poderes sancionatórios, que envolvem o poder de aplicar sanções pecuniárias de montante extremamente elevado (e muito superior àquele que a lei, de um modo geral,

---

([35]) Afiguram-se, a este propósito, particularmente ilustrativos os exemplos apontados por PEDRO GONÇALVES, "Direito Administrativo da Regulação", p. 45, do poder que a lei confere à Entidade Reguladora para a Comunicação Social (ERC) de "adotar decisões em relação a uma entidade individualizada que prossiga atividades de comunicação social" e de "proceder à identificação dos poderes de influência sobre a opinião pública, na perspetiva da defesa do pluralismo e da diversidade, podendo adotar as medidas necessárias à sua salvaguarda"; e o poder da Autoridade Nacional das Comunicações (ANACOM) de "tomar as medidas adequadas e proporcionais" para garantir o cumprimento de certas obrigações por parte dos agentes regulados.

faz corresponder aos ilícitos administrativos cometidos nos demais setores de atividade), sanções acessórias, como a imposição da inibição do exercício de atividades, e sanções pecuniárias compulsórias.

Na prática, a propensão do legislador para a adoção de uma postura de autocontenção neste domínio tem conduzido, entretanto, a uma atenuação do controlo jurisdicional. Na verdade, como a maior intensidade do controlo jurisdicional depende da maior densidade da regulação normativa, quanto maior a abertura do quadro normativo, menos intensa é a vinculação das autoridades administrativas ao princípio da legalidade e, por conseguinte, mais rarefeito é o controlo jurisdicional, à míngua de padrões suficientemente precisos de aferição da conformidade da atuação administrativa [36].

11. É preocupante a vertigem com que, neste domínio, têm sido paulatinamente postos em causa os principais postulados em que assenta a afirmação do princípio da legalidade administrativa [37]. Não pode, na verdade, perder-se de vista que, num Estado de Direito, o pressuposto fundamental da própria admissibilidade do exercício de poderes de autoridade pelas autoridades públicas assenta na delicada conjugação de um conjunto de fatores, que, na exemplar síntese de *José Carlos Vieira de Andrade* [38], podem ser enunciados do seguinte modo:

a) "Em primeiro lugar, a admissibilidade abstrata de uma posição de superioridade (nesse sentido, de autoridade) da Administração na sua relação com os cidadãos, determinando unilateralmente efeitos (ainda que desfavoráveis) na esfera jurídica deles, justifica-se, no

---

[36] Como reconhece FERNANDA MAÇÃS, *op. cit.*, p. 49, "as caraterísticas mencionadas a propósito do direito que rege a atuação das autoridades reguladoras independentes [ARI] não pode deixar de ter consequências no controlo jurisdicional dos seus atos. A complexidade técnica e a indeterminação das normas e atos das ARI associadas à falta de preparação técnica dos magistrados contribui para que o controlo judicial dos seus atos de autoridade se torne uma questão delicada e difícil, não permitindo em muitas situações senão um controlo limitado ou atenuado".

[37] Cfr., designadamente, PEDRO GONÇALVES, *op. loc. últ. cits.*; FERNANDA MAÇÃS, *op. cit.*, pp. 24-26.

[38] Cfr. VIEIRA DE ANDRADE, "Algumas reflexões a propósito da sobrevivência do conceito de ato administrativo", in *Estudos em Homenagem ao Prof. Doutor Rogério Soares*, Coimbra, 2001, p. 1197.

sistema de administração executiva, pela circunstância de a atuação administrativa ser precedida de uma decisão legislativa substancial, isto é, de ser, genericamente, uma atividade de aplicação da lei. De facto, nos sistemas do continente europeu, a lei fixa previamente e em abstrato as condições de realização do interesse público, constituindo assim, para a comunidade, uma caução de democraticidade e de racionalidade, e, para os cidadãos, uma garantia de previsibilidade e de segurança";

b) "Por outro lado, a admissibilidade do poder de decisão unilateral da Administração também se justifica pelo facto de a atividade administrativa estar sujeita a um controlo judicial aposteriorístico, garantido por um direito de impugnação dos cidadãos, que assegura o cumprimento das condições estabelecidas pela lei e, nos espaços discricionários, o respeito pelos princípios jurídicos que regem as atuações públicas";

c) Por último, impõe-se falar "da autolegitimação da Administração e da actividade administrativa: quer da legitimidade democrática própria que agora tem de reconhecer-se ao poder administrativo (indireta, nas administrações estaduais, direta, nas administrações autónomas), quer da legitimidade que resulta de procedimentos abertos à participação dos particulares interessados".

Ora, se bem se reparar, todos estes fatores são postos em causa no domínio da regulação administrativa. Senão, vejamos.

a) Em primeiro lugar, e mercê da mencionada propensão do legislador para a adoção de uma postura de autocontenção, mediante a qual se demite das suas responsabilidades do ponto de vista da regulação mínima dos aspetos substantivos do exercício dos poderes de autoridade das entidades reguladoras, falece "a caução de democraticidade e de racionalidade, e, para os cidadãos, a garantia de previsibilidade e de segurança", que, num Estado de Direito, deveria resultar da "circunstância de a atuação administrativa ser precedida de uma decisão legislativa substancial, isto é, de ser, genericamente, uma atividade de aplicação da lei" — circunstância tanto mais gravosa dada a intensidade dos poderes inspetivos e sancionatórios que, como vimos, são atribuídos às entidades reguladoras.

b) Como já foi explicado, esta circunstância fragiliza a sujeição da atuação das entidades reguladoras a um efetivo controlo jurisdicional aposteriorístico. Como, na verdade, já atrás foi recordado, a maior intensidade do controlo jurisdicional depende da maior densidade da regulação normativa, na medida em que, quanto maior a abertura do quadro normativo, mais rarefeito se torna o controlo jurisdicional, à míngua de padrões suficientemente precisos para aferir da conformidade da atuação administrativa.

c) Por outro lado, a tendência para a atenuação do princípio da legalidade no domínio da regulação administrativa reveste-se de tanto maior gravidade na medida em que a maior parte das entidades reguladoras independentes não gozam da autolegitimação que, de um modo ou de outro, resulta, para as autoridades administrativas clássicas, da legitimidade democrática de que, direta ou indiretamente, elas são investidas. Esse é, na verdade, o preço do fenómeno de *desgovernamentalização*, que está associado à maior parte das formas de regulação administrativa e que assenta numa *lógica de separação entre política e administração* ([39]), que, inspirada pelo propósito de obter uma administração asséptica, neutral, quimicamente pura, de base tecnocrática, cuja competência e profissionalismo seriam o fundamento da sua própria autolegitimação, tem vindo a proliferar nas sociedades ocidentais, em que a política está desacreditada e o mercado tem sido o alfa e o ómega.

Tem, na verdade, prevalecido na doutrina, neste domínio, o discurso de que o poder político se deve confinar à identificação dos fins e objetivos da ação pública, deixando para a competência dos tecnocratas a concretização e a prossecução desses fins. Não pode, porém, esquecer-se que a concretização dos fins, quando envolve o exercício de poderes de autoridade, designadamente no domínio da prática de atos

---

([39]) Sobre este ponto, na doutrina portuguesa, veja-se ainda PEDRO GONÇALVES, "Direito Administrativo da Regulação", pp. 26 segs.

impositivos e sancionatórios, é criação de Direito, que, num Estado de Direito democrático, não pode deixar, em última análise, de encontrar a sua legitimação, ainda que indireta, na sede do poder, que reside no Povo.

12. Como já foi assinalado, os problemas decorrentes do fenómeno da crescente indeterminação do conteúdo das normas que disciplinam o exercício dos poderes da Administração Pública não se colocam apenas no plano da regulação administrativa, embora, nesse domínio, apresentem especificidades que, como vimos, lhes conferem maior acuidade. E, a nosso ver, são o resultado da influência que, nos tempos de globalização em que vivemos, o Direito anglo-saxónico tem exercido sobre o Direito Administrativo da tradição europeia continental, transformando-o quanto a alguns dos seus traços identitários.

Senão, vejamos.

Como muito pertinentemente fez, entre nós, notar *Paulo Otero*, o "milagre", de que falava *Prosper Weil*, do surgimento do Direito Administrativo, tal como o entendemos durante parte significativa do século XX, foi o resultado de um fenómeno muito particular, e historicamente condicionado, de construção jurisprudencial pretoriana, pelo Conselho de Estado francês, de todo um corpo de regras, que, na prática, transformaram o que, à partida, seria o ramo de Direito dos privilégios da Administração Pública num ramo de Direito (também) dos deveres específicos da Administração Pública e dos correspondentes direitos dos administrados. Ao longo das últimas décadas, contudo, tem-se assistido a um retrocesso nesta matéria, que, em bom rigor, se consubstancia num paulatino *regresso* da Administração Pública aos tempos que precederam a sua subordinação a regras impositivas de deveres específicos ([40]).

Ora, a nosso ver, para isso tem contribuído o fenómeno da globalização, que, neste domínio, tem conduzido a uma dinâmica de confluência com o Direito anglo-saxónico, que, na transição do século XIX para o século XX, não conheceu o Direito Administrativo, tal como

---

([40]) Cfr. PAULO OTERO, *Legalidade e Administração Pública*, pp. 275 segs.

nós os entendemos, nem instituiu um sistema de controlo substantivo da observância de um tal Direito.

Como, na verdade, fez, entre nós, notar *Rogério Ehrhardt Soares* de modo exemplar, a tradição europeia continental do Direito Administrativo caracterizou-se, entre outros aspetos, pela subordinação da Administração Pública a regras substantivas densificadas e a uma fiscalização progressivamente mais exigente da observância dessas regras por tribunais especializados, que, tendo nascido da própria estrutura da Administração Pública, desenvolveram técnicas específicas para aprofundar o controlo da substância das decisões administrativas. Pelo contrário, a tradição do Direito anglo-saxónico caraterizou-se, entre outros aspetos, pela ausência de regras substantivas densificadas e de técnicas de controlo aprofundado da substância das decisões administrativas, a cargo de tribunais especializados — o que, no mundo anglo-saxónico, de algum modo se procurou compensar através da valorização do direito das formas, da procedimentalização da atividade administrativa e da afirmação da legitimação do *decison making process* da Administração Pública através da publicidade e da participação dos cidadãos ([41]).

Ora, o que, ao longo das últimas décadas, tem sucedido com o Direito Administrativo europeu continental é que ele tem evoluído num sentido de convergência com o modelo anglo-saxónico, que, naturalmente, se evidencia no âmbito da regulação administrativa, que resulta precisamente da adoção do modelo norte-americano das *agencies*, mas, como já foi dito, nele não se esgota.

13. Em nossa opinião, sobre os cultores do Direito Administrativo impende o imperativo ético de exigirem do legislador um esforço no sentido da maior densificação das normas disciplinadoras do exercício dos poderes da Administração, pelo menos nos domínios em que esses poderes são mais intensos e contendem com valores fundamentais e, em particular, com o conteúdo essencial de direitos, liberdades e

---

([41]) Cfr. ROGÉRIO EHRHARDT SOARES, "A propósito dum projeto legislativo: o chamado Código de Processo Administrativo Gracioso", in *Revista de Legislação e de Jurisprudência* nº 3699, pp. 177 segs..

garantias, domínio em que se deve mesmo entender que a abertura das normas deve ser reduzida a um *"mínimo incomprimível"*, com a inerente compressão dos poderes discricionários da Administração e o concomitante reforço da efetividade do controlo jurisdicional [42].

Por outro lado, o fenómeno da crescente indeterminação do conteúdo das normas que procedem à identificação dos pressupostos de que depende o exercício dos poderes da Administração Pública coloca o intérprete e aplicador das normas perante o desafio de lançar mão de novos instrumentos e desenvolver técnicas mais apuradas, no sentido de aprofundar o controlo jurisdicional sobre os atos que exprimem o exercício de poderes cada vez mais discricionários da Administração.

Na síntese feliz de *Fernanda Maçãs*, "o aparecimento das autoridades reguladoras independentes veio acentuar as críticas e fortalecer as vozes daqueles que apontam o direito administrativo clássico como um obstáculo à eficiência e racionalidade da actuação da Administração Pública. Em nome do interesse público, verifica-se uma tendência para privilegiar a eficácia e a funcionalidade, assistindo-se não só à deriva generalizada para o direito privado, o que coloca questões relevantes no plano da tutela dos direitos fundamentais e das garantias procedimentais, mas também à reivindicação de um direito administrativo que se afasta do clássico. Em nome da operacionalidade e da eficácia, fala-se de um direito público especial que mantém as prerrogativas de autoridade, mas requer flexibilidade, celeridade e espaço para o consenso e a concertação. Trata-se de um direito caraterizado pelo apagamento da racionalidade jurídica em favor da racionalidade funcional e técnica, o que significa, em última instância, o privilegiar da eficácia em detrimento das garantias inerentes ao Estado de direito" [43].

É a esta nova realidade que o intérprete e aplicador das normas deve procurar responder, desenvolvendo os instrumentos e técnicas adequados para evitar que o Direito fique à margem da evolução. No debate que, na doutrina comparada, tem sido travado em torno da

---

[42] Cfr. SÉRVULO CORREIA, *Legalidade e autonomia contratual...*, pp. 335-340. Cfr. também VIEIRA DE ANDRADE, "O ordenamento jurídico administrativo português", in *Contencioso Administrativo*, Braga, 1986, pp. 38-40.

[43] Cfr. FERNANDA MAÇÃS, *op. cit.*, p. 48.

questão da intensidade do controlo jurisdicional no domínio específico da regulação administrativa, tem sido defendida a necessidade de reforçar o controlo nesse domínio ([44]). Como tem defendido a melhor doutrina, não nos parece, no entanto, que a questão da intensidade do controlo jurisdicional se coloque, no domínio da regulação administrativa, em moldes qualitativamente diferentes daqueles em que se coloca noutros domínios, em que, ainda que em menor grau, também se tem assistido, como já foi notado, a uma evolução marcada pela crescente abertura do quadro normativo, com concomitante atribuição às autoridades administrativas de amplos poderes de apreciação próprios. Os novos tempos exigem, por isso, em termos gerais, um esforço no sentido do aprofundamento do controlo jurisdicional dos poderes discricionários da Administração Pública.

Como já há mais de trinta anos fazia notar *Rogério Ehrhardt Soares*, em texto precursor na doutrina portuguesa ([45]), as profundas transformações pelas quais passou o Direito Administrativo desde meados do século passado constituem "um desafio à ciência do Direito Administrativo para que ela encontre a possibilidade de converter os velhos esquemas às exigências atuais. Mas muito mais do que isso: para que tenha a ousadia de procurar novos meios, que hoje devem dirigir-se fundamentalmente à garantia do cidadão em face dum Administrador desejoso de compensar o cansaço de encargos diariamente acrescentados com uma liberdade e indiscutibilidade dos seus comportamentos".

Ora, o caminho que, neste contexto, o ilustre Autor aponta é o de que, como os novos tempos não se compadecem com a "sobrevivência duma preocupação positivista", apenas concebível num "quadro de Estado estável e comprimido nas suas intenções perante uma sociedade estável no seu equilíbrio económico", "a ordenação da sociedade num constante devir reclama a comunicação mais profunda com a ideia de Direito que salve o homem cercado pela inundação de prin-

---

([44]) Também há, por outro lado, quem sustente que ele deve ser atenuado. Como facilmente se compreende pelo contexto da exposição, tal entendimento parece-nos inteiramente inaceitável. Para a respetiva crítica, cfr. PEDRO GONÇALVES, "Direito Administrativo da Regulação", p. 61.

([45]) Cfr. EHRHARDT SOARES, *Direito Administrativo*, lições policopiadas ministradas no Curso de Direito no Porto da Universidade Católica Portuguesa, s/d, nº 19.

cípios de simples oportunidade técnica". Perante a crescente abertura dos quadros normativos que conferem poderes à Administração Pública, há, assim, que zelar por "manter vivos *princípios fundamentais* que se impõem à Administração e garantem que a maior liberdade, de que tem de dispor por força da natureza das coisas, não se transforme em atropelo do direito".

Neste quadro de ideias, "o que está agora em causa não é a manifestação da dependência umbilical da Administração à lei, nos esquemas do princípio do século [XX]; mais importante é postular uma subordinação da Administração ao Direito", de acordo com uma visão *principialista*, que "exige da parte da doutrina uma sensibilidade mais aguda e disposição para não se comprometer com soluções geométricas; e pede à jurisprudência a coragem de tomar decisões sem o arrimo total num preceito jurídico legislado, que aplique como receita de farmácia; mas, ao mesmo tempo, a humildade de reconhecer que, ao seu lado, a Administração é também um poder a quem igualmente cabe uma parte importante da realização da ideia de Direito" ([46]).

Na verdade, cumpre reconhecer que, embora tributários do modelo garantístico perante a Administração Pública herdado do Estado liberal, textos constitucionais como o nosso procuram a síntese com novas exigências de programas legislativos de intervenção administrativa em matéria económica e social, que não se compadecem com definições rígidas por parte da lei e antes exigem a atribuição à Administração Pública da tarefa de as optimizar, para o que se torna necessário reconhecer-lhe um espaço próprio de autonomia, mediante o qual ela estabeleça uma relação funcional, que não estritamente formal, com a lei.

A questão que se coloca é, pois, a de determinar a justa medida a que deve corresponder esse espaço próprio de autonomia da Administração Pública. Ora, o caminho parece dever passar, em primeiro lugar, pela redução da discricionariedade administrativa às devidas

---

([46]) Todas as citações são extraídas do texto de EHRHARDT SOARES, *op. cit.*, nº 19. Na doutrina mais recente, assinalando também que o fenómeno de erosão do princípio da legalidade conduz a uma transfiguração material da legalidade, conducente à afirmação de uma "normatividade principialista", cfr. PAULO OTERO, *op. cit.*, pp. 152 sgs. e 162 sgs.

proporções e, por outro lado, pela intensificação do controlo da observância pela Administração Pública de um elenco de princípios jurídicos de conteúdo cada vez mais densificado e exigente.

No primeiro dos planos referidos, há, na verdade, que começar, a nosso ver, por limitar o âmbito da chamada *discricionariedade técnica*, em nome da qual os nossos tribunais administrativos tradicionalmente se furtam ao dever que se lhes impõe e deles deve ser veementemente exigido de, recorrendo à prova pericial, sindicarem os juízos técnicos da Administração que, por não envolverem prerrogativas de avaliação valorativa ou de prognose, não exprimam o exercício de verdadeiro poder discricionário ([47]).

Por outro lado, como tem defendido *Diogo Freitas do Amaral*, "a única forma ampla e eficaz de criar condições para um controlo efetivo do exercício do poder discricionário da Administração está no aumento do número de vinculações legais, isto é, de aspetos vinculados, no exercício de poderes administrativos". Neste plano, o caminho passa, pois, por "sujeitar progressivamente novos aspetos da atividade da Administração a princípios e critérios jurídicos que a vinculem, de tal modo que os tribunais os possam abranger — sem qualquer entorse ao princípio da separação de poderes — no âmbito de um normal controlo jurisdicional de legalidade" ([48]).

Ao longo das últimas décadas, o ordenamento jurídico português deu importantes passos neste sentido, ao reconhecer que a justiça e os seus corolários não são critérios de mérito, mas padrões de juridicidade da atuação administrativa ([49]). Há, pois, que aprofundar esse caminho, investindo um esforço crescente na concretização das exigências que, em cada caso, para a Administração Pública decorrem do princípio da justiça e dos seus corolários, consagrados no nº 2 do artigo 266º da

---

([47]) Para a correta colocação da questão nestes termos, cfr. SÉRVULO CORREIA, "Conceitos jurídicos indeterminados e âmbito do controlo jurisdicional", in *Cadernos de Justiça Administrativa*, nº 70, p. 38.

([48]) Cfr. FREITAS DO AMARAL, *Curso...*, vol. II, pp. 115-116.

([49]) Sobre este ponto, cfr. DIOGO FREITAS DO AMARAL, "A evolução do Direito Administrativo em Portugal nos últimos 10 anos", in *Contencioso Administrativo*, Braga, 1986, pp. 10 segs., e *Curso...*, vol. II, pp. 109-111.

CRP — sendo que, de entre eles, o *princípio da proporcionalidade* é, claramente, aquele que apresenta maior capacidade expansiva.

A nosso ver, um ordenamento jurídico em que é reconhecida a força suprema da Constituição e a aplicabilidade direta dos direitos, liberdades e garantias é, na verdade, incompatível com um modelo de Administração Pública poderosa e incontrolada, em que quadros normativos tendencialmente abertos investem a Administração Pública na titularidade de poderes mais vastos e incisivos do que nunca de intervenção e conformação da vida dos cidadãos, sem que, em contraponto, se reconheça e imponha com toda a veemência aos tribunais administrativos o poder e o dever de imputarem o máximo alcance prático possível, em função das circunstâncias de cada caso concreto, aos princípios jurídicos conformadores da atuação administrativa, em particular nos domínios em que disso dependa a efetividade dos direitos fundamentais dos cidadãos: em prol de uma *boa administração*.

2. Princípio da legalidade e boa administração

Em estreita conexão com a questão abordada no ponto anterior está a análise do conceito de *boa administração*. Vejamos em que termos.

1. *Conceito tradicional de boa administração*

14. O conceito de *boa administração* tem tradição no nosso panorama doutrinal [50]. Em tempos recentes, a elaboração, entre nós, do conceito tem sido, sobretudo, tributária da doutrina italiana [51]. O que não surpreende. Com efeito, a doutrina italiana tem sido aquela

---

[50] Para a sua circunstanciada caraterização, cfr., por todos, ROGÉRIO EHRHARDT SOARES, *Interesse público, legalidade e mérito*, Coimbra, 1955, designadamente a pp. 179 segs.

[51] Veja-se a marcada influência da doutrina italiana, não só na obra citada na nota anterior, mas também nas obras gerais que, mais recentemente, se têm debruçado sobre o tema, como, por exemplo, a de PAULO OTERO, *O poder de substituição em Direito Administrativo*, vol. II, Lisboa, 1995, designadamente a pp. 638 segs.

que, no conjunto dos países europeus, maior atenção tem dedicado ao tema (^{52}).

A elaboração do conceito tem assentado na clássica contraposição entre legalidade e mérito e, nessa perspetiva, na configuração da boa administração como um dever que se concretiza na observância de parâmetros de natureza extrajurídica — as chamadas *regras* ou *princípios de boa administração* (^{53}).

O conteúdo do conceito é, assim, associado à ideia de que a Administração Pública tem o dever de prosseguir sempre da melhor maneira possível o interesse público, a satisfação das necessidades coletivas postas a seu cargo (^{54}), adotando, para o efeito, as melhores soluções possíveis, do ponto de vista administrativo (técnico e financeiro) (^{55}).

A ideia de boa administração tem sido, por isso, associada à ideia de eficácia e eficiência da Administração Pública (^{56}). Neste sentido, define-se o dever de boa administração como o "dever de a Administração prosseguir o bem comum da forma mais eficiente possível" (^{57}) — e até se fala, indiferenciadamente, num *princípio da boa administração, do mérito ou da eficiência* (^{58}).

(^{52}) Cfr., por todos, GUIDO CORSO, "Le norme costituzionali sull' organizzazione" e WALDEMARO MORGESE, "Buon andamento e imparzialità della pubblica amministrazione: considerazioni in ordine al controllo dell'azione amministrativa", ambos in *La pubblica amministrazione nella Costituzione — Riflessioni e indicazioni di riforma*, Milão, 1995. O conceito de boa administração já é desde há muito objeto de atenta elaboração doutrinal: cfr., por exemplo, o clássico escrito de RAFFAELE RESTA, "L' onere di buona amministrazione", in *Scritti in onore di Santi Romano*, Pádua, 1940, pp. 103 segs.

(^{53}) Cfr., por todos, EHRHARDT SOARES, *op. cit.*, designadamente a pp. 201 segs.

(^{54}) Cfr. FALZONE, *Il dovere di buona amministrazione*, Milão, 1953, p. 128; entre nós, MARCELO REBELO DE SOUSA/ANDRÉ SALGADO DE MATOS, *Direito Administrativo Geral*, tomo I, 2ª ed., Lisboa, 2006, p. 205.

(^{55}) DIOGO FREITAS DO AMARAL, *Curso de Direito Administrativo*, vol. II, 2ª ed., Coimbra, 2011, p. 46.

(^{56}) Cfr., entre tantos, BARONE, *L'intervento del privato nel procedimento amministrativo*, Milão, 1969, pp. 79 segs.; TRIMARCHI, *Funzione consultiva e amministrazione democratica*, Milão, 1974, pp. 119 segs.

(^{57}) FREITAS DO AMARAL, *op. cit.*, p. 46.

(^{58}) MARCELO REBELO DE SOUSA, *Lições de Direito Administrativo*, vol. I, Lisboa, 1999, p. 114.

O conceito de *boa administração* surge, pois, neste contexto, associado à afirmação de um *princípio* ou de um *dever*, a cargo da Administração Pública, que se carateriza por possuir um conteúdo vago e flexível, de contornos imprecisos, a partir da ideia de que a atividade administrativa deve traduzir-se em atos cujo conteúdo seja também inspirado pela necessidade de satisfazer da forma mais expedita e racional possível o interesse público constitucional e legalmente fixado ([59]); e por ser "uma situação ativa a que não corresponde nenhuma situação passiva", um "dever em sentido estrito", de caráter *objetivo*, na medida em que ao dever de boa administração que é posto a cargo das entidades públicas não correspondem situações jurídicas subjetivas na esfera jurídica de eventuais interessados ([60]) — numa palavra: por ser um *dever objetivo*, a que não corresponde qualquer direito subjetivo ([61]).

2. Conceito de boa administração no âmbito do Direito da União Europeia

15. O conceito de *boa administração* tem sido, entretanto, objeto, designadamente no âmbito do Direito da União Europeia, de uma abordagem que se afasta daquela de que, em termos necessariamente sintéticos, se acaba de dar conta e que, ao que julgamos, não tem tido o devido eco na doutrina administrativa portuguesa.

Essa abordagem parte da afirmação da *boa administração* como um *valor jurídico* e, portanto, da assunção de uma *conceção jurídica* da ideia de *boa administração* e veio a culminar no artigo 41º da Carta dos Direitos Fundamentais da União Europeia, em cuja epígrafe se faz referência a um *direito à boa administração* dos cidadãos europeus perante a Administração da União.

O conteúdo deste artigo da Carta foi deduzido do *case law* do Tribunal de Justiça em torno de alguns dos princípios que, ao longo do tempo, aquele tribunal foi qualificando como *princípios de boa administração* e

---

([59]) FREITAS DO AMARAL, *op. cit.*, p. 46.

([60]) Cfr. ainda EHRHARDT SOARES, *op. cit.*, pp. 179 segs.

([61]) Este ponto foi, designadamente, assinalado, no âmbito de uma Conferência Europeia organizada pelo Conselho da Europa, em Varsóvia, em dezembro de 2003, por PIERRE DELVOLVÉ, no seu relatório geral sobre "Le droit à une bonne administration", a p. 131 das Atas da Conferência (versão francesa).

concretiza-se na consagração de um direito dos cidadãos europeus à tomada de decisões imparciais, equitativas e em prazo razoável por parte dos órgãos da União, do direito à informação e audiência prévia no âmbito dos procedimentos e no direito à fundamentação das decisões ([62]).

Ainda no âmbito do Direito da União Europeia, o Tratado de Maastricht tinha, entretanto, instituído a figura do Provedor de Justiça Europeu, com o assumido propósito de combater a *má administração (maladministration)* no âmbito da atividade das instituições e organismos comunitários. E o artigo 43º da Carta dos Direitos Fundamentais da União Europeia também consagrou o direito dos cidadãos europeus de apresentarem petições ao Provedor de Justiça Europeu, respeitantes a casos de *má administração*.

Desde o início de funções do Provedor Europeu, colocou-se a questão de saber qual o sentido e alcance do conceito de *má administração*, para o efeito de se delimitar o campo de intervenção do Provedor, na sua função de dar resposta às queixas que lhe sejam dirigidas. No Relatório Anual que apresentou ao Parlamento Europeu em 1997, o primeiro titular do cargo, *Jacob Söderman*, propôs a seguinte definição: "A má administração ocorre quando um organismo público não atua em conformidade com uma regra ou princípio a que está vinculado". E explicou: "A legislação é o ponto de partida da atividade de todas as instituições e organismos criados pelos Tratados europeus ou ao abrigo destes. Como sublinhou o Tribunal de Justiça em numerosas ocasiões, a Comunidade Europeia é uma Comunidade de direito. Por conseguinte, quando o Provedor de Justiça Europeu procede a um inquérito para apurar se uma instituição ou organismo comunitário atuou em conformidade com as normas e princípios a que está vinculado, a sua tarefa fundamental consiste em determinar se atuou de harmonia com o direito comunitário" ([63]). A definição foi aprovada pelo Parlamento Europeu.

([62]) Cfr. Acórdãos do Tribunal de Justiça de 15.10.1987, Proc. 222/86, *Colect.* 1987, p. 4097; de 18.10.1989, Proc. 374/87, *Colect.* 1989, p. 3283; de 21.11.1991, Proc. C-269/90, *Colect.* 1991, I-5469; e de 31.3.1992, Proc. C-255/90, *Colect.* 1992, I-2253.

([63]) O Provedor Europeu já anteriormente tinha expresso o entendimento de que "existe má administração quando uma instituição ou organismo da Comunidade não atua de acordo com o Tratado e os atos da Comunidade que o vinculam ou não observa as

Por outro lado, o Provedor Europeu defendeu, no mesmo Relatório, que a questão de saber o que constitui, na prática, má administração pode ser esclarecida "mediante a adoção de uma lei ou de um código de conduta referente à boa prática administrativa, como acontece em muitos Estados-Membros". E exprimiu a opinião de que "a publicação de um código de boa prática administrativa permitiria informar os funcionários sobre os serviços que devem prestar e os cidadãos sobre os direitos que lhes assistem. Esta medida contribuiria para melhorar a qualidade do trabalho administrativo e as relações com os cidadãos".

Na sequência disto, o Provedor de Justiça Europeu procedeu à elaboração de um Código Europeu de Boa Conduta Administrativa, com o assumido propósito de compilar as principais regras e princípios cuja infração deve ser qualificada como *má administração*, para o efeito de habilitar os eventuais interessados à apresentação de uma queixa junto do Provedor de Justiça Europeu, tendo esclarecido, a propósito, que "os funcionários que o sigam poderão estar seguros de que evitarão instâncias de má administração".

O Código consagra princípios como os da legalidade (artigo 4º), igualdade (ou ausência de discriminação: artigo 5º), proporcionalidade (artigo 6º), vinculação ao fim legal (ou ausência de abuso de poder: artigo 7º), imparcialidade e independência (artigo 8º), objectividade (artigo 9º), protecção da confiança e colaboração com os particulares (ou respeito pelas expectativas legítimas, coerência e consultoria: artigo 10º), justiça (artigo 11º) e cortesia (artigo 12º); direitos como os de participação e audiência (direito a ser ouvido e prestar declarações: artigo 16º), à notificação das decisões (artigo 20º) e à informação (artigo 22º) e consulta de documentos (artigo 23º); e deveres como os de adotar as decisões dentro dos prazos (artigo 17º), de indicar a respetiva fundamentação (artigo 18º) e as vias de impugnação a que podem

---

regras e princípios jurídicos estabelecidos pelo Tribunal de Justiça e pelo Tribunal de Primeira Instância", manifestando a convicção de que "a jurisprudência dos tribunais do Luxemburgo e a literatura do Direito Administrativo Europeu, assim como ao nível nacional, hão de guiar com segurança o navio do Provedor pelo mares revoltos da boa e da má administração": cfr. SÖDERMAN, "A thousand and one complaints: the European Ombudsman *en Route*", *European Public Law*, vol. 3, p. 354.

ser submetidas (artigo 19º), e de privacidade na manipulação de dados pessoais (proteção de dados: artigo 21º).

3. *Apreciação crítica*

16. Como se pode verificar, a utilização que, designadamente ao nível do Direito da União Europeia, tem sido dada aos conceitos de *boa* e *má administração*, nos moldes que, em temos sempre sintéticos, se acabam de descrever, atribui-lhes um sentido e alcance que se afasta do modo tradicional como, designadamente entre nós, tem sido concebido o dever de boa administração a cargo das entidades públicas.

Com efeito, trata-se, no essencial, de configurar a *boa administração* como um *dever jurídico*, que se concretiza na observância de parâmetros de natureza jurídica, de *regras* ou *princípios jurídicos*, com o que o conceito de *boa administração* vem a ser utilizado como uma *fórmula de síntese*, sob a capa da qual se reúne um conjunto de regras e princípios de indiscutível natureza jurídica, dos quais resultam deveres jurídicos perfeitos, cujo cumprimento pode ser exigido perante os tribunais, e que, de um modo geral, se encontram consagrados na legislação interna dos Estados europeus mais avançados [64].

17. Isto afigura-se, desde logo, evidente relativamente ao artigo 41º da Carta dos Direitos Fundamentais da União Europeia, cujo conteúdo se concretiza, como já foi referido, na consagração do direito dos cidadãos europeus à tomada de decisões imparciais, equitativas e em prazo razoável por parte dos órgãos da União, do direito à informação e audiência prévia no âmbito dos procedimentos que por eles são conduzidos e do direito à fundamentação das decisões que são tomadas no âmbito desses procedimentos.

---

[64] O ponto foi claramente assumido, tanto, por LEON KIERES, na sua intervenção "Les fondements du droit à une bonne administration", a p. 15 das Atas da já citada Conferência de Varsóvia (versão francesa), como por THEODORE FORTSAKIS, na sua intervenção "Les principes gouvernant une bonne administracion", a p. 34 das mesmas Atas, onde se refere ao "direito a uma boa administração" como "um teto sob o qual são juntas regras dispersas, reunidas na base da ideia comum que as inspira" e que é a da proteção (designadamente, ao nível judicial) dos cidadãos perante a Administração.

Com efeito, os deveres que, neste artigo, são impostos aos órgãos comunitários são *deveres jurídicos*, que, aliás, correspondem a direitos daqueles que se encontrem em posição de exigir o respetivo cumprimento. Deduzidos, como foi referido, a partir do *case law* do Tribunal de Justiça, apenas recolhem alguns dos princípios que, ao longo do tempo, aquele tribunal foi qualificando como *princípios de boa administração* ([65]) — aqueles que se terá entendido serem dotados de uma maior *densidade jurídica*, no conjunto de uma jurisprudência pretoriana, que tem, por vezes, avançado para aspetos que ultrapassam as fronteiras do estritamente jurídico ([66]). Por isso mesmo, trata-se, no essencial, de deveres que, de um modo geral, se encontram consagrados, na ordem interna dos Estados membros da União, como deveres jurídicos que se impõem às respetivas Administrações ([67]) e podem ser objeto de tutela judicial.

A nosso ver, a análise do artigo 41º da Carta dos Direitos Fundamentais da União Europeia justifica, entretanto, a formulação de duas ordens de observações.

a) A primeira, de sentido positivo, para assinalar a relevância de que, do ponto de vista jurídico-comunitário, se revestiu a inclusão deste artigo na Carta. Num plano mais geral de análise, porque se trata de reconhecer direito de cidadania, no plano da sua afirmação como parte integrante do património jus-fundamental europeu, a um conjunto de direitos de que os cidadãos são especificamente titulares

---

([65]) Cfr. também KLARA KANSKA, "Towards Administrative Human Rights in the EU. Impact of the Charter of Fundamental Rights", *European Law Journal*, vol. 10 (2004), p. 304, e pp. 299-300, onde faz notar que o conceito de boa administração do artigo 41º da Carta se funda no princípio da legalidade *(rule of law)*, invocando, a propósito, o seguinte passo das Explicações *(Explanations)* sobre o texto da Carta que foram apresentadas pelo *Praesidium* : "O artigo 41º é baseado na existência de uma Comunidade sujeita ao princípio da legalidade *(rule of law)*, cujas características foram desenvolvidas no *case law* que consagrou *inter alia* o princípio de boa administração".

([66]) Cfr., por exemplo, as referências em JULI PONCE SOLÉ, *Dever de buena administración y derecho al procedimiento administrativo debido*, Madrid, 2001, pp. 143-146.

([67]) Neste sentido, escreve KLARA KANSKA, *op. cit.*, p. 307, que "o direito à boa administração é uma compilação de princípios desenvolvidos pelos Estados membros e talhado à medida das necessidades da Comunidade".

no âmbito das suas relações com a Administração Pública e que, deste modo, são definitivamente elevados, no panorama jurídico europeu, ao estatuto de direitos fundamentais — o que, na doutrina, já levou a que fossem qualificados como uma nova categoria de direitos fundamentais, os *direitos humanos administrativos*, por "fazerem parte de uma nova dimensão da cidadania", acrescentando uma nova dimensão (supranacional) à noção de cidadania europeia introduzida pelo Tratado de Maastricht ([68]).

Num plano já mais concreto de análise, merece ser sublinhada a circunstância de, no artigo 41º, nº 1, se consagrarem como direitos fundamentais e, portanto, *traduzirem para a linguagem dos direitos dos cidadãos* ([69]) os valores da imparcialidade, da justiça e da observância de um prazo razoável, por parte da Administração, na tomada das decisões — o que, do ponto de vista do nosso próprio quadro constitucional interno, não deixa de constituir um avanço e, portanto, um alargamento do catálogo dos direitos fundamentais perante a Administração.

No que se refere aos restantes direitos consagrados no artigo ora em análise, no essencial, eles encontram correspondência, no plano do nosso direito interno, no artigo 268º, da CRP, que os consagra como direitos de natureza análoga aos direitos, liberdades e garantias. Merece, ser, no entanto, sublinhada a expressa consagração como direito fundamental, no artigo 41º, nº 2, do direito à audiência prévia — o que, com a extensão que lhe é dada, constitui uma novidade, mesmo em relação ao *case law* do Tribunal de Justiça ([70]). Como é sabido, este direito não se encontra expressamente consagrado, enquanto tal, na CRP — razão pela qual não tem sido reconhecido, pela jurisprudência, como um direito fundamental, cuja preterição implique a nulidade das decisões que venham a ser tomadas. O artigo 41º, nº 2, da Carta poderá impulsionar uma evolução nesta matéria.

([68]) Cfr. ainda KLARA KANSKA, *op. cit.*, pp. 302-303.
([69]) Para utilizar a expressão de Eduardo García de Enterría, importada da intervenção de ENRIQUE MÚGICA HERZOG *in Ombudsman — Novas Competências, Novas Funções — VII Congresso Anual da Federação Iberoamericana de Ombudsman*, Lisboa, 2002, p. 112.
([70]) Cfr. KLARA KANSKA, *op. cit.*, p. 315.

b) A segunda ordem de considerações, já de sentido negativo, prende-se, entretanto, com a referência que, na epígrafe do artigo, é feita a um pretenso *direito à boa administração*. A nosso ver, esta referência deve ser, na verdade, desvalorizada, por possuir um sentido e alcance político, e não propriamente técnico-jurídico.

Com efeito, não se vê, desde logo, que haja necessidade ou conveniência, de um ponto de vista estritamente técnico-jurídico, em arrumar sob uma única designação e, portanto, conglobar artificialmente num único pretenso (super)direito, os diferentes direitos e garantias que, no seu conjunto, e pese embora a epígrafe, aquele artigo consagra [71]. Ainda que com várias diferenças de conteúdo, o artigo 41º da Carta dos Direitos Fundamentais da União Europeia possui uma intencionalidade equivalente à do artigo 268º da CRP. Uma epígrafe do género daquele que este último artigo apresenta — tal como *direitos perante a Administração Pública* — afigurar-se-ia, pois, muito mais adequada à heterogeneidade do respectivo conteúdo.

Por outro lado, não se nos afigura adequada a designação encontrada: *direito à boa administração*. Com efeito, essa opção debate-se, a nosso ver, com uma enorme dificuldade. E essa dificuldade tem que ver com a questão fundamental de saber se a boa administração é um valor passível de ser subjetivado, isto é, se se trata de um dever, a cargo da Administração, a que possa corresponder um direito na esfera jurídica de certos e determinados particulares. E, portanto, com a questão de saber se fará, na verdade, sentido falar-se de um *direito à boa administração* — pelo menos, sem o risco de se cair numa construção de tal modo abstrata que não possa ter qualquer operacionalidade, tal como, historicamente, sucedeu com a mirífica construção de um direito à legalidade das atuações administrativas.

Ora, a nossa resposta é negativa [72]. Como adiante melhor se verá, é, para nós, evidente que o conceito de *boa administração*, pela amplitude e heterogeneidade das tarefas que oneram a Administração Pública

---

[71] Assinalando o ponto, cfr. PIERRE DELVOLVÉ, *op. cit.*, p. 132. A heterogeneidade do conteúdo do artigo 41º também é assinalada por KLARA KANSKA, *op. cit.*, a p. 301 e a p. 320, onde procede ao confronto do direito à compensação de danos causados pela Comunidade com os outros direitos reunidos no artigo em análise.

[72] Em sentido igualmente crítico em relação à construção de um direito à boa administração, cfr., por exemplo, E. M. HERZOG, *op. cit.*, pp. 112 segs.

nas sociedades modernas, faz apelo à satisfação de uma multiplicidade de valências que não podem ser, todas elas, traduzidas em direitos subjetivos ([73]).

E é por isso que, quando, uma vez lida a epígrafe, se avança para a leitura do conteúdo do artigo 41º da Carta, não pode deixar de sentir-se uma indisfarçável sensação de desconforto.

Com efeito, na epígrafe, a Carta proclama um *direito à boa administração* — o que, como assinalou o Provedor de Justiça Europeu Jacob Söderman, constitui (sintomaticamente, acrescentaríamos nós...) uma novidade absoluta em todo o mundo ([74]). Mas a verdade é que, quando, depois, se trata de concretizar o conteúdo desse direito — ou seja, de traduzir o conceito de *boa administração* para a *linguagem dos direitos subjetivos* —, o resultado não pode deixar de ser altamente redutor e, por isso, de conduzir à completa adulteração da ideia de partida.

Com efeito, "se a ideia de um autónomo direito à boa administração é uma ideia nova, o seu conteúdo, tal como expresso no artigo 41º, reconduz-se a várias fontes já existentes" ([75]); por outro lado, as soluções consagradas partem — como não poderia deixar de ser, atenta a natureza e função da Carta, enquanto instrumento de declaração de direitos — de uma *perspetiva subjetivizante, garantística*, direccionada para a proteção dos particulares perante a Administração. Ora, uma

---

([73]) No mesmo sentido, cfr. PIERRE DELVOLVÉ, a pp. 131-132 das Atas da já citada Conferência de Varsóvia (versão francesa): "Pode concordar-se em reconhecer que todos podem reclamar que a administração seja organizada e funcione de maneira satisfatória: a má administração afeta a coletividade inteira e cada um dos seus membros. Isso não basta para dar a cada um um direito subjetivo, independentemente da situação que lhe é própria [...] Independentemente de uma prescrição precisa ou de uma prestação direta, o direito a uma boa administração, na sua generalidade, não pode ser um direito subjetivo [...] Pode dizer-se o mesmo do aspeto de uma boa administração atinente a que ela respeite de maneira geral a regra de direito. Ainda a este propósito, a submissão da administração ao direito, por necessária que seja, não pode ser reivindicada por cada um como uma exigência que lhe diga pessoalmente respeito, independentemente da sua situação própria: para justificar a contestação de uma ilegalidade, há que poder invocar, senão um direito adquirido, pelo menos um interesse próprio".

([74]) Cfr. "The Struggle for Openness in the European Union", discurso proferido em 21 de março de 2001.

([75]) Cfr. KLARA KANSKA, *op. cit.*, p. 303.

tal perspetiva, pelas óbvias limitações que são inerentes ao caráter *unilateral* do prisma com que encara o fenómeno administrativo, não pode conduzir à definição do que deve ser a *boa administração*.

Com efeito, "a julgar pelas palavras da Carta, poderia chegar-se à conclusão de que a Administração é 'boa' se proteger os direitos dos indivíduos. [...] A Carta nada diz, não só sobre a prossecução do interesse público, como também sobre efetividade e economia" [76]. Ora, seja qual for o entendimento de que se parta do conceito de *boa administração*, sempre se terá de reconhecer que é pelo menos redutor associar esse conceito ao mero cumprimento, por parte da Administração, dos deveres que lhe impõem os vários preceitos que compõem o artigo 41º da Carta. A haver um direito à boa administração, ele teria necessariamente que ter, a nosso ver, um alcance muito mais vasto.

Num esforço bem intencionado de salvar a epígrafe, pode, naturalmente, admitir-se que, na casuística do Tribunal de Justiça, o alcance do artigo possa vir a ser aprofundado, para além do que nele se encontra escrito. E é mesmo natural que, no futuro, o Tribunal de Justiça, no normal desenvolvimento do *case law* que, ao longo de décadas, já vinha produzindo a partir do princípio da boa administração — configurado como um *princípio guarda-chuva*, do qual foi extraindo direitos e deveres —, passe a fazer menção à apelativa fórmula do *direito à boa administração*, com referência à epígrafe do artigo 41º da Carta [77].

A nosso ver, também essa evolução não terá, porém, consequências no plano técnico-jurídico. Não será, na verdade, por vir a ser utilizada a despropósito a fórmula do *direito à boa administração* que a realidade deixará de ser o que é e, portanto, que os deveres objetivos de boa administração que o Tribunal de Justiça já vinha reconhecendo que vinculavam as instituições e organismos comunitários — sem nunca os ter configurado como corretivos de um qualquer direito à boa administração, cuja existência o Tribunal de Justiça nunca tinha afirmado [78] — passarão a ser necessariamente passíveis de uma leitura subjetiva, do

---

[76] Cfr. KLARA KANSKA, *op. cit.*, p. 324.
[77] Com o que se confirmará que o direito à boa administração não será, na verdade, mais do que "a general, catch-all phrase" (KLARA KANSKA, *op. cit.*, p. 325).
[78] Cfr., a propósito, KLARA KANSKA, *op. cit.*, p. 304.

ponto de vista de darem lugar à titularidade de verdadeiros direitos subjetivos, dotados de um conteúdo suficientemente preciso para terem verdadeira operacionalidade jurídica.

Reitera-se, por isso, o entendimento de que a *boa administração* deve continuar a ser vista como um dever cuja concretização se impõe à Administração e como uma legítima aspiração da comunidade, no seu conjunto — mas não faz sentido configurá-la como o objeto de um pretenso direito subjetivo, porque diz respeito a um bem que não é passível de apropriação individual [79].

18. Quanto ao Código Europeu de Boa Conduta Administrativa, ele foi elaborado, como foi dito, com o assumido propósito de compilar as principais regras e princípios cuja infração deve ser qualificada como *má administração,* para o efeito de habilitar os eventuais interessados à apresentação de uma queixa junto do Provedor de Justiça Europeu. O essencial do seu conteúdo concretiza-se, assim, na imposição, a nível comunitário, da observância de um conjunto de regras e princípios jurídicos a que, de um modo geral, os organismos públicos estão vinculados e cuja violação é, também de um modo geral, passível de controlo judicial [80].

Também a propósito deste Código se justifica, a nosso ver, a formulação de duas ordens de observações, cujo sentido acompanha, aliás, com relativa simetria, o daquelas que foram deduzidas a propósito do artigo 41º da Carta dos Direitos Fundamentais da União Europeia.

---

[79] Após muitas hesitações, também KLARA KANSKA, *op. cit.,* p. 326, parece acabar por chegar à conclusão de que "a 'boa administração' devia permanecer ao nível de um *princípio,* em vez de ser transformada num *direito* subjetivo", sugerindo que "melhor opção teria sido a de aprovar um código de procedimento administrativo da Comunidade, que estabelecesse o balanço da necessidade de proteção dos indivíduos com a eficiência administrativa e providenciasse a representação de interesses públicos não-governamentais".

[80] A ideia da elaboração do Código pelo Provedor de Justiça Europeu — inicialmente avançada, no Parlamento Europeu, pelo Deputado Roy Perry, em 1998 — poderá ter sido influenciada por um importante relatório, publicado em Inglaterra em 1988 e, desde então, muito debatido naquele país, no qual se defendeu que o Provedor de Justiça inglês (*Parliamentary Comissioner for Administration*) procedesse à codificação de um conjunto de *princípios de boa administração,* cuja violação deveria ser submetida a controlo judicial: cfr. *Administrative Justice. Some Necessary Reforms,* Oxford, 1988, pp. 21-23.

a) A primeira, de sentido positivo, é para assinalar a relevância de que, do ponto de vista jurídico-comunitário, se revestiu a elaboração deste Código, cuja importância tem sido justamente reconhecida.

Na ausência, no âmbito do Direito da União Europeia, de um quadro normativo completo e uniforme, destinado a regular os procedimentos administrativos ([81]), é útil estabelecer uma clara base legal para um direito administrativo europeu, igualmente aplicável a todas as instituições e organismos da União. O Código tem, pois, o importante mérito de reunir — aliás, de maneira que se afigura feliz — o essencial do acervo dos princípios fundamentais, de índole eminentemente garantística das esferas jurídicas privadas, que integram a Parte Geral do *Direito Administrativo Europeu* ([82]). Por esta razão, o Código foi encarado como um relevante passo no sentido da *codificação*, com efeito vinculativo para todas as instituições e organismos comunitários, dos princípios do Direito Administrativo Europeu, e, nessa perspetiva, o embrião de um Código de Princípios do Procedimento Administrativo Europeu.

Num ou noutro ponto, o seu conteúdo pode ser, entretanto, fonte de inspiração para eventuais aperfeiçoamentos a introduzir no nosso CPA — no que, ao que julgamos, poderia constituir mais um passo na caminhada que, entre nós, tem sido trilhada, desde a aprovação da CRP, no sentido da progressiva codificação (e, por essa via, também, em grande medida, juridificação) de exigências que se impõem à Administração Pública nos modernos Estados de Direito democráticos.

([81]) Cfr. K. LENAERTS/J. VANHAMME, "Procedural rights of private parties in the Community Administrative Process", *Common Market Law Review*, vol. 34 (1997), p. 531.

([82]) Como é sabido, o Direito Administrativo Europeu tem sido construído a partir da dedução, muito impulsionada pela casuística do Tribunal de Justiça, do acervo de regras e princípios que constituem o denominador comum aos Direitos Administrativos dos ordenamentos jurídicos dos Estados membros da União Europeia: para além da obra fundamental de JÜRGEN SCHWARZE, *Europäische Verwaltungsrecht*, publicada em várias línguas e edições, cfr., por exemplo, FLOGAÏTIS, "Droits fondamentaux et principes généraux du droit administratif dans la jurisprudence de la Cour de Justice", *European Review of Public Law*, vol. 4 (1992).

b) A segunda ordem de considerações, já de sentido negativo, prende-se, entretanto, mais uma vez, com as referências que, a propósito deste Código, são feitas ao conceito de *boa administração*.

Como já foi dito, o Código Europeu de Boa Conduta Administrativa foi elaborado com o assumido propósito de compilar as principais regras e princípios cuja infracção deve ser qualificada como *má administração*, para o efeito de habilitar os eventuais interessados à apresentação de uma queixa junto do Provedor de Justiça Europeu. Nele surge, portanto, associada a ideia de *má administração* à violação das regras e princípios — dir-se-á, de *boa administração* — que se impõem à Administração e, portanto, a ideia de *boa administração* — deduzida pela negativa, a partir da ideia de *má administração* — à observância dessas regras e princípios. Por outro lado, nele se associa o papel do Provedor de Justiça Europeu ao de guardião do respeito pelo Código e, portanto, pela *boa administração* que nele está consagrada.

Ora, esta linha de raciocínio possui um mérito que, a nosso ver, deve ser reconhecido, mas comporta riscos que importa assinalar.

O mérito reside, quanto a nós, em que, deste modo, se supera o tradicional divórcio entre a ideia de *boa administração* e a do respeito pelas regras e princípios jurídicos que vinculam a Administração e, em especial, daqueles que o ordenamento jurídico lhe impõe para proteção dos direitos e interesses dos particulares. Consideramos, na verdade, positiva a tendência — que, aliás, se tende a expandir em tempos recentes nos diferentes países europeus — para um entendimento da ideia de *boa administração* que não abstrai — e muito menos se coloca em contraposição — à ideia do respeito pelos princípios do Estado de Direito democrático; e, portanto, a assunção de que a *boa administração* (também) passa pelo cumprimento pelas exigências que decorrem desses princípios.

Importa, porém, notar que dizer que a *boa administração* (também) passa pelo respeito das regras e princípios jurídicos não é o mesmo que dizer que a *boa administração* se concretiza ou esgota nessa dimensão e que a garantia de uma *boa administração* se resume, portanto, à garantia do respeito pelas regras e princípios jurídicos que se impõem à Administração. E é neste plano que, a nosso ver, surgem os riscos.

Pelo modo como é apresentado, o Código Europeu de Boa Conduta Administrativa corre, na verdade, o risco de induzir nos menos prevenidos a ideia de que a observância das regras e princípios nele consagrados, evitando a *má administração*, assegura a *boa administração* — com o que tenderá a formar-se um entendimento redutor do conceito de *boa administração*, identificado com o respeito pelas regras e princípios jurídicos consagrados no Código; por outro lado, como o Código foi elaborado pelo Provedor de Justiça Europeu e por ele apresentado como ponto de referência para a sua intervenção em defesa de quem se lhe dirija invocando situações de *má administração*, o Código também corre o risco de induzir nos menos prevenidos a ideia de que o papel do Provedor de Justiça, enquanto guardião da boa administração, se esgota em zelar pelo cumprimento das regras e princípios consagrados no Código — com o que também se tenderá a formar um entendimento redutor do papel do Provedor de Justiça, identificado com a mera garantia do respeito pelas regras e princípios jurídicos que obrigam a Administração.

Ora, pela nossa parte, é importante evitar estes riscos. O que, a nosso ver, facilmente se consegue desde que, afastando os equívocos, se reconheça que este tipo de Códigos deve ser encarado como um instrumento útil de sedimentação das exigências que o ordenamento jurídico impõe à Administração Pública nos modernos Estados de Direito democráticos. Corporiza, portanto, *(i) uma parcela* do que é necessário para que haja *boa administração* e *(ii) uma parcela* daquilo que, no caso de faltar, pode motivar uma intervenção do Provedor de Justiça. A existência deste tipo de Códigos e a garantia do respectivo cumprimento *concorre* ou *contribui*, pois, para que haja *boa administração*, mas, só por si, não garante a sua existência.

Na verdade, a abordagem de que, num desenvolvimento a partir da casuística do Tribunal de Justiça, o conceito de *boa administração* tem sido objeto no âmbito do Direito da União Europeia, parte da afirmação da *boa administração* como um *valor jurídico* e, portanto, da assunção de uma *conceção jurídica* da ideia de *boa administração*. Essa é uma tendência que, também induzida por diversos documentos do Conselho da Europa e pela jurisprudência do Tribunal Europeu dos Direitos do Homem, se vem afirmando no panorama europeu e que, em si mesma, se nos afigura positiva. Cumpre, porém, encontrar, neste domínio, o adequado ponto de equilíbrio, que, a nosso ver, não deve passar por uma conceção estritamente jurídica da ideia de *boa administração*, mas por uma perspetiva que, procurando a síntese entre componentes jurídicos e componentes extrajurídicos, possa servir como ponto de referência orientador da conduta da Administração Pública, a quem se impõe realizar a boa administração.

4. Por um novo conceito de boa administração.

4.1. Contra um conceito estritamente jurídico de boa administração

19. Como vimos, tem feito caminho no panorama doutrinal europeu o entendimento de que, para que o princípio de boa administração, do ponto de vista jurídico, tenha um alcance útil — o que tende a confundir-se com a possibilidade de ser objeto de tutela judicial —, ele deve ser densificado por referência a regras precisas e, portanto, o seu conteúdo deve ser reconduzido à imposição de um conjunto de deveres jurídicos [83]. Esses deveres hão de ser aqueles cuja observância se considera que cria condições para a tomada de boas decisões, com o que, a nosso ver, se desloca o ponto de referência da definição da boa administração, da substância das decisões — e, em geral, dos resultados da atuação administrativa, em si mesmos considerados —, para as exigências que, no desenvolvimento da função, se entende que devem ser observadas para potenciar a tomada de boas decisões, ou, em geral, o atingimento de bons resultados.

Nesta perspetiva, o imperativo da *boa administração* não exige, portanto — pelo menos, no plano jurídico —, que a Administração administre bem, do ponto de vista da substância do que decide ou dos resul-

---

[83] O ponto é, por exemplo, claramente assumido na já oportunamente citada intervenção de FORTSAKIS na Conferência de Varsóvia, a p. 34 das respetivas Atas (versão francesa); mas também está subjacente à exposição de DELVOLVÉ, que, na segunda parte do seu relatório geral (a pp. 132 segs., na versão francesa das Atas), se pronuncia sobre o conteúdo do direito a uma boa administração a partir de uma perspetiva centrada na possibilidade da existência de controlo judicial.

tados práticos que resultam da sua ação. Para que se considere que há *boa administração* — *rectius,* que não há *má administração,* já que, nesta perspetiva, mais não se faz do que definir a boa administração pela negativa, a partir do conceito de má administração, como aquilo que existe quando não se identifiquem situações de má administração —, basta que — para além das eventuais regras que lhe imponham vinculações estritas — ela observe os princípios jurídicos dirigidos a criar as condições para que administre da melhor maneira.

Tal como, neste sentido, tem sido sustentado no próprio panorama doutrinal italiano ([84]), trata-se, assim, de substituir uma conceção extrajurídica (de cariz economicista ou, em todo o caso, técnico-administrativo) de *boa administração,* "pouco significativa do ponto de vista jurídico", por uma conceção jurídico-administrativa de *boa administração* ([85]) — no pressuposto de que, como, do ponto de vista jurídico, não é possível, nos domínios em que a Administração não se encontre vinculada por regra estrita, dizer propriamente se uma dada decisão é boa ou má, o que importa é assegurar que essa decisão é produzida no respeito pelos princípios jurídicos que potenciam a tomada de boas decisões e, portanto, promovem a consecução de uma *boa administração* ([86]). Com a alegada vantagem de que, deste modo, se assegura a *judicialização da boa administração* — que, afinal, em mais não consiste do

---

([84]) Com efeito, mesmo na doutrina italiana, tem sido sustentada, em certos setores da doutrina, a necessidade de se precisar o conteúdo do princípio constitucional do bom andamento da administração como princípio jurídico, por forma a dar-lhe uma maior operacionalidade, para o que se defende que ele deve ser afastado de conceitos extrajurídicos como a eficácia e a eficiência, e densificado por referência a exigências sobretudo de caráter procedimental: cfr., por todos, ANDREANI, *Il principio costituzionale di buon andamento della pubblica amministrazione,* Pádua, 1979, pp. 22 segs.

([85]) Neste sentido, MARCOS GÓMEZ PUENTE, *La inactividad de la administracion,* Madrid, 2000, p. 48; PONCE SOLÉ, *op. cit.,* p. 141.

([86]) Nesta perspetiva, o dever de boa administração reconduz-se ao dever de a Administração, observando princípios jurídicos como aquele que exige que ela tenha em devida conta todos e cada um dos interesses em presença, se colocar nas melhores condições — sobretudo do ponto de vista da observância de regras e princípios procedimentais — para decidir o melhor para o interesse geral: cfr. PONCE SOLÉ, *op. cit.,* designadamente a pp. 130 segs. e 146-147.

que no normal controlo judicial do respeito pelos referidos princípios jurídicos ([87]).

Mas, do mesmo passo, trata-se, a nosso ver, de adotar um conceito *formalizado* de *boa administração*, assente na substituição do objetivo (*finalístico*) da *boa administração* propriamente dita — que se concretiza na tomada das melhores decisões e na obtenção dos melhores resultados —, pelo objetivo (*instrumental*) da observância das regras e princípios jurídicos dirigidos a promover uma *boa administração* ([88]).

Dir-se-á que, se a Administração observar todas as regras e princípios jurídicos que se lhe impõem, haverá todas as condições para que a administração que produz seja boa — e, portanto, que a administração é "boa" se cumprir as regras e princípios de garantia dos cidadãos. Mas, a nosso ver, dizendo isso, apenas se diz uma parte da verdade, na medida em que a estrita observância das regras e princípios jurídicos não garante, só por si, a *boa administração*, na medida em que, para nós, existem problemas de *má administração* que se colocam noutros planos e, por isso, só se resolvem mediante a intervenção de considerações que ultrapassam, claramente, as fronteiras do jurídico ([89]).

([87]) Cfr. ainda PONCE SOLÉ, *op. cit.*, pp. 160-161. O ponto é claramente assumido por FORTSAKIS, *op. cit.*, pp. 34-35.

([88]) Claramente nesta perspetiva, PONCE SOLÉ, *op. cit.*, p. 132, onde se sustenta que, como "não existe um critério jurídico para estabelecer o que seja de interesse geral e a aplicação de critérios extrajurídicos não conduz a uma solução unívoca sobre o que seja melhor, mais oportuno ou mais adequado ao serviço dos interesses gerais", deve entender-se que o dever de boa administração "não vai dirigido tanto ao resultado final [...] como ao iter de elaboração do mesmo, ao *modo de desenvolvimento da função administrativa*". Também FORTSAKIS, *op. cit.*, p. 39, se pronuncia no sentido de que a evolução comunitária do conceito de boa administração sugere a tendência para que "o acento [seja] colocado não mais no produto da ação administrativa (resultado), mas no comportamento da administração (funcionamento)". Também KLARA KANSKA, *op. cit.*, parece transparecer, designadamente a p. 320, a propósito do confronto entre o direito à compensação de danos e os demais direitos consagrados no artigo 41º da Carta de Direitos Fundamentais da União Europeia, um entendimento que associa o direito à boa administração à titularidade de situações subjetivas de índole procedimental.

([89]) Nas palavras de PONCE SOLÉ, *op. cit.*, p. 127, "o ordenamento jurídico deseja que a Administração tome decisões que não o vulnerem, mas quer também que a Administração adote boas decisões, que administre bem, em definitivo. Que quando decida o faça para servir da melhor maneira possível os interesses gerais".

Com efeito, quer-nos parecer que, subjacente à construção em análise, está uma perspectiva do fenómeno administrativo que é tendencialmente redutora, na medida em que tende a encará-lo numa perspetiva excessivamente jurídica — e isto, a um duplo título.

Por um lado, porque tende a centrar-se excessivamente na administração burocrática e, portanto, no procedimento administrativo, dirigido à tomada de decisões de autoridade ([90]). A verdade, porém, é que *boa administração* é dar a mais adequada satisfação às necessidades coletivas, e isso passa, nos Estados modernos, por muitos campos de intervenção da Administração, que não se esgotam, longe disso, na prática de atos administrativos ([91]). De um modo geral, existe *má administração* sempre que existam *disfunções, mau funcionamento dos organismos e serviços públicos* — realidade de amplo espectro, que cobre um universo heterogéneo de situações, que podem ir da prática de um ato administrativo vinculado ilegal até à existência de uma situação de mau funcionamento generalizado de todo um serviço ou departamento público (seja, v. g., por injustificada morosidade sistemática na atribuição de pensões por um determinado serviço, ou por inaceitável estado de conservação das estradas em determinada região, causador de reiteradas situações lesivas). As disfunções, da mais variada índole, não decorrem, normalmente, da específica violação de princípios jurídicos, proclamados em letra de forma.

Por outro lado, porque a perspetiva em análise conduz à tendencial identificação do conceito de *boa administração* com o de *juridicidade* (e

---

([90]) O que se compreende quando a questão é colocada ao nível das instituições europeias, como sucede no âmbito de instrumentos como a Carta de Direitos Fundamentais da União Europeia e o Código Europeu de Boa Conduta Administrativa, a que oportunamente nos reportámos, atendendo ao âmbito circunscrito e especializado de funções que a administração europeia desenvolve.

([91]) Chamando a atenção para este ponto, cfr. DELVOLVÉ, *op. cit.*, pp. 129-130, que dá o exemplo da *voirie*: "a sua gestão, sua manutenção relevam da boa administração. Para as assegurar, basta — mas é necessário — que sejam reparados os buracos na calçada, alargadas as ruas e as estradas, rebaixados os passeios, para não dar senão exemplos elementares. Estes podem ser estendidos ao domínio dos transportes, ao dos socorros, da recolha dos detritos, para nos limitarmos ainda aos serviços essenciais. O desenvolvimento das sociedades modernas conduz a acrescer-lhes o número em quantidade e as exigências em qualidade".

de *judicialidade*), enquanto conformidade às normas jurídicas (e sindicabilidade pelos tribunais). Ora, se, do ponto de vista da definição dos domínios da atuação administrativa que devem estar submetidos ao controlo judicial, não nos suscita, naturalmente, qualquer reserva a adoção de um critério de *juridicidade* ([92]), já nos parece que o conceito de *boa administração* não deve ser definido de acordo com esse critério, pela simples razão de que a Administração Pública não está colocada perante o imperativo da *boa administração* na posição que corresponde ao Poder Judicial.

4.2. *Por um conceito amplo de boa administração, integrado por componentes jurídicos e não jurídicos*

20. De tudo o que acaba de ser dito decorre que, em nossa opinião, o conceito de *boa administração* não deve ser re(con)duzido, em nome da pretensa necessidade de uma maior operacionalidade jurídica, ao de *juridicidade*. Essa solução tem, na verdade, o inconveniente de conduzir a uma desnecessária duplicação de conceitos e, do mesmo passo, de ser redutora, do ponto de vista do que, efetivamente, se deve entender por *boa administração*.

Mas daí não resulta, só por si, que, a nosso ver, não possa e não deva ser adotada uma *conceção jurídica* da ideia de *boa administração*, que, como já atrás foi antecipado, buscando a síntese entre componentes jurídicos e extrajurídicos, possa servir como ponto de referência orientador da conduta da Administração Pública, a quem se impõe realizar a boa administração.

Pelo contrário, parece-nos possível e desejável tentar reconstruir, nessa perspetiva, o conceito de *boa administração* em novos e mais amplos moldes, como um conceito capaz de abarcar e, ao mesmo tempo, de transcender, tanto o conceito de *juridicidade (= conformidade ao Direito)*, como os de *eficácia* e *eficiência* da Administração. Esta parece ser,

---

([92]) Recorde-se que, de acordo com o artigo 3º do Código de Processo nos Tribunais Administrativos, "os tribunais administrativos julgam do cumprimento pela Administração das normas e princípios jurídicos que a vinculam e não da conveniência ou oportunidade da sua atuação". Exercem, portanto, um controlo de estrita *juridicidade* da atuação administrativa.

na verdade, a única maneira de fazer corresponder do modo mais adequado o continente ao conteúdo: acima de todas as regras e de todos os princípios, jurídicos e não-jurídicos, a que a Administração deve obediência no desenvolvimento da sua atividade (entre os quais se há de incluir, portanto, o da eficácia ou da eficiência, com a sua identidade própria), está o *superconceito* de boa administração. A boa administração haverá, pois, de resultar do equilíbrio entre as exigências de uma eficiência economicista e as exigências de juridicidade que são próprias de uma visão constitucionalmente adequada em função de ingredientes democráticos, participativos e axiológicos.

a) Foi sensivelmente nesta linha que se orientou o grupo de trabalho, que tivemos a honra de integrar, que, no âmbito do Conselho da Europa, se debruçou sobre o tema, tendo elaborado uma recomendação acompanhada de um modelo de código de boa administração [93].

Na verdade, ao procurar identificar as linhas de tendência que se vêm desenhando sobre a matéria nos diferentes países europeus, o trabalho que, nessa sede, foi desenvolvido conduziu ao reconhecimento de que a boa administração é uma exigência que se impõe nas modernas sociedades democráticas, constitui um elemento essencial da ideia de *boa governação* e, por isso, desdobra-se num componente jurídico e num componente não jurídico.

O conceito de *boa governação (bonne gouvernance, good government)* desempenha, neste contexto, um papel central. Trata-se de um conceito que é frequentemente utilizado, designadamente no âmbito de organizações internacionais como o Fundo Monetário Internacional e o Banco Mundial, como um critério de aferição da conformidade de cada Estado com um sistema móvel de padrões *(standards)* que, no seu conjunto, revelam a existência, nesse Estado, de uma cultura democrática, de respeito pela lei e de adequada *performance* das instituições públicas, apta a promover o desenvolvimento económico e social. E, por isso, entende-se que as estruturas políticas de cada Estado devem adotar as medidas necessárias para perseguir o preenchimento

---

[93] Referimo-nos à Recomendação CM/Rec(2007)7, adotada pelo Comité de Ministros do Conselho da Europa em 20 de junho de 2007.

destes padrões. Os padrões em causa são os seguintes: qualidade da legislação, legalidade das atuações, participação e transparência nos processos de decisão, acesso à informação, qualidade da organização, qualidade dos recursos humanos, qualidade da gestão financeira e orçamental, efetividade das políticas, instâncias de controlo *(accountability)* e supervisão.

A boa administração é, portanto, um elemento muito importante da boa governação. É sabido como, no quadro do Estado de Direito emergente das duas guerras mundiais, em que se faz sentir a tendência do legislador para proceder a uma definição aberta dos programas de intervenção do Estado em matéria económica e social, deixando ao executivo o poder de identificar o modo ótimo de os concretizar com a máxima rentabilização dos meios, se acentuou fortemente o papel da Administração Pública, designadamente como instrumento de efetivação dos direitos fundamentais dos cidadãos.

Nesta perspetiva, a boa administração, enquanto elemento da boa governação, exige, portanto, uma Administração que, ao mesmo tempo que respeita os direitos dos particulares, providencie serviços públicos eficientes, através da utilização de adequados métodos de gestão. Daí a imprescindibilidade do componente jurídico e do componente não jurídico, que correspondem, respetivamente, a exigências de *legalidade, participação* e *transparência*, e a exigências de *performance* e *controlo*:

(*i*) Constituem, assim, padrões jurídicos de boa administração, deduzidos das diferentes recomendações e resoluções produzidas, ao longo dos anos, pelo Conselho da Europa, os princípios jurídicos fundamentais que se impõem à Administração nos modernos Estados de Direito, tais como o princípio da igualdade e não discriminação, da neutralidade ou objetividade, da imparcialidade, do respeito pelos direitos de defesa, da proporcionalidade, da proteção da confiança e da boa fé; o direito à tomada de decisões em prazo razoável; o direito a ser ouvido e participar nos procedimentos administrativos; o dever de fundamentação das decisões administrativas e de indicarem as vias de impugnação utilizáveis e respetivo prazo; o direito à notificação das decisões; o direito de recurso contra as decisões administrativas; o direito à proteção da privacidade dos dados pessoais; o direito à prestação de informações e o direito geral de acesso aos documentos.

(*ii*) Constituem, entretanto, padrões não jurídicos de boa administração, também deduzidos das recomendações e resoluções do Conselho da Europa, a acessibilidade dos serviços públicos, a efetividade — continuidade e flexibilidade dos serviços públicos, produtividade no cumprimento das tarefas administrativas, em conformidade com os objetivos politicamente traçados —, a adequada formação dos agentes públicos, a qualidade da regulamentação produzida pela Administração — do ponto de vista da sua simplicidade, compreensibilidade e permanente atualização —, a manutenção, proteção e preservação dos bens públicos, a simplificação e flexibilidade dos procedimentos — designadamente, através da coordenação das diferentes entidades e organismos que neles devam tomar parte ([94]).

b) A nosso ver, o conceito proposto de *boa administração* pode ser, entretanto, deduzido, na ordem jurídica interna portuguesa, do artigo 266º, nº 1, da CRP, de acordo com o qual "a Administração Pública visa a prossecução do interesse público, no respeito pelos direitos e interesses legalmente protegidos dos cidadãos".

Com efeito, é possível deduzir deste preceito que a *boa administração* é aquela que assegura a eficaz e eficiente satisfação das necessidades coletivas que a Constituição e a lei põem a seu cargo (nisso se concretiza a correta *prossecução do interesse público*) ([95]), sem, para o efeito, atropelar as exigências que, no plano jurídico, lhe são impostas para

---

([94]) Na doutrina portuguesa, PAULO OTERO, *op. cit.*, pp. 638 segs., concretiza o imperativo da eficiência administrativa na observância das regras técnicas, de experiência e de racionalidade aptas a assegurar a adequação, a economicidade, a rentabilidade, a simplicidade e a prontidão da atividade administrativa.

([95]) Neste sentido, cfr. DIOGO FREITAS DO AMARAL, *op. cit.*, p. 46. Também no sentido de que, como a Constituição fixa imperativos teleológicos de ação para a Administração, não lhe é indiferente o modo de concretização desses imperativos, pelo que exige que a Administração procure as medidas mais adequadas e escolha as melhores soluções para realizar o modelo de bem-estar em condições de efetividade do resultado e, portanto, de otimização na concretização do interesse público, cfr. PAULO OTERO, *op. loc. cits.*.

proteção dos direitos e interesses dos particulares (nisso se concretiza o *respeito pelos direitos e interesses legalmente protegidos dos cidadãos*). Nesta síntese, encontra-se "retratada a essência do Direito Administrativo, que se carateriza pela necessidade permanente de conciliar as exigências do interesse público com as garantias dos particulares" ([96]).

Nesta perspetiva, a dimensão da eficácia e eficiência da Administração está presente, pois não é boa a administração que, embora no respeito pelas exigências formais que o ordenamento jurídico lhe impõe, não assegure a eficaz e eficiente satisfação das necessidades postas a seu cargo ([97]). Mas a dimensão do respeito pelos direitos e interesses dos particulares não deixa igualmente de ser vista como uma das dimensões da boa administração num Estado de Direito democrático, pelo que também não é boa a administração que, embora sendo porventura eficaz na prossecução dos seus fins, o faça sem observância das exigências que o ordenamento jurídico lhe impõe e, em particular, daquelas que decorrem do dever de respeito pelos direitos e interesses dos particulares.

Deste modo se afasta a (clássica) perspetiva de que o valor da garantia dos direitos e interesses dos particulares — e, portanto, da observância das normas, designadamente de forma e de procedimento, que impõem vinculações à Administração em função da respetiva proteção — e o da boa administração — tradicionalmente entendida, em sentido estrito, como a mais eficaz e eficiente prossecução do interesse público, nos moldes em que a Administração a concretiza, no exercício do espaço próprio de que dispõe de conformação da sua atuação — se encontrariam colocados numa relação de *tensão dialética* ([98]).

([96]) FREITAS DO AMARAL, *op. cit.*, p. 71.
([97]) Assinalando este ponto, cfr. KLARA KANSKA, designadamente a pp. 324-325. Na doutrina portuguesa, cfr. ainda PAULO OTERO, *op. loc. cit.*.
([98]) A perspetiva pode ser surpreendida, por exemplo, na Resolução 77 (31) do Conselho da Europa, sobre a proteção do indivíduo em relação aos atos das autoridades administrativas, adotada pelo Conselho de Ministros em 26 de setembro de 1977, em que os direitos a ser ouvido, de acesso à informação, de assistência e representação, de participação e à indicação das vias de impugnação nas decisões administrativas eram preconizados sem prejuízo da devida consideração pelas "exigências da boa e eficiente administração".

Não custa, naturalmente, admitir que existe uma tensão dialética entre os valores da eficácia e da eficiência da atuação administrativa e os valores que as exigências de forma e de procedimento visam garantir, na medida em que, muitas vezes, a necessidade de cumprir formalidades pode colidir com a necessidade de acorrer em tempo útil a necessidades que o interesse público coloca. O que custa a aceitar é que a ideia de boa administração deva estar envolvida na contenda. A boa decisão administrativa é, na verdade, uma decisão esclarecida e ponderada, para o que pode concorrer a observância, por parte da Administração, de deveres legalmente impostos no interesse dos particulares. A *boa administração* há de, por isso, resultar do necessário equilíbrio entre valores tendencialmente conflituantes ([99]).

4.3. *Eficiência e legalidade da atuação administrativa*

21. Ao que acaba de ser dito deve ser, entretanto, acrescentado que, em nossa opinião, também à eficácia e à eficiência da Administração Pública deve ser reconhecida uma dimensão com relevância jurídica, que, dependendo das circunstâncias, poderá mesmo concretizar-se numa dimensão de tutela subjectiva, no sentido de que se poderão constituir situações jurídicas subjetivas, passíveis de serem acionadas nos tribunais administrativos, dirigidas a exigir atuações concretas da Administração em conformidade com critérios de eficácia e eficiência, designadamente quando esteja em causa a efetividade dos direitos fundamentais dos particulares, ou a contestar atuações concretas por desconformidade com esses critérios.

Nesse sentido, tem sido defendido em certos quadrantes que, na perspectiva do esforço de aprofundamento da extensão e intensidade

---

([99]) No mesmo sentido, escreve GÓMEZ PUENTE, *op. cit.*, p. 48, que, como, "na lógica do Estado social de Direito não vale um resultado a qualquer preço", "numa boa administração pública, em sentido material ou objetivo, a eficácia na consecução do interesse público definido pela lei (ou pela Administração, de acordo com ela) deve articular-se com o respeito dos interesses particulares eventualmente afetados e objeto de proteção (por vezes insuficientemente e não por falta de vontade), ou sacrifício, nos termos legalmente previstos, mas presente por meio de um sistema de garantias que permite avaliar se a Administração resolve corretamente o conflito de interesses".

do controlo principialista da actividade da Administração que, em resposta à crescente abertura dos quadros normativos aplicáveis, parece ser, hoje, exigível dos tribunais administrativos, deve ser perspectivado o controlo jurisdicional da eficiência da atividade administrativa, desse modo erigida em novo padrão jurídico da atividade administrativa [100].

O tema é delicado, pelo que mereceria atenção mais circunstanciada do que aquela que, neste momento, aqui lhe podemos dedicar. Sempre adiantaremos, no entanto, que, a nosso ver, impõe-se algum cuidado na diferenciação dos planos em que, nesta perspetiva, a questão deve ser colocada.

Com efeito, não temos dúvidas quanto ao mérito da evolução, a que já atrás nos referimos, no sentido da crescente juridificação da atuação administrativa, que resulta da identificação, ao longo do tempo, de novos padrões de juridicidade, decorrentes de princípios jurídicos cuja afirmação possibilita a extensão do controlo jurisdicional do exercício dos poderes discricionários a domínios que tradicionalmente eram tidos como não jurídicos, reservados ao mérito administrativo. Mas não aceitamos que aos tribunais seja reconhecido o poder de controlar, ainda que dentro dos limites correspondentes a uma *zona de certeza negativa*, as escolhas concretas da Administração Pública, para o efeito de censurar tais escolhas quando entendam que não correspondem à melhor solução.

Do ponto de vista substantivo, não temos dúvidas em reconhecer que, como a Administração Pública deve cumprir os seus deveres com

---

[100] Este entendimento tem sido sustentado no argumento de que o reconhecimento da força normativa da Constituição e, em particular, da aplicabilidade direta dos direitos fundamentais teria o alcance de permitir que, em nome da Constituição, o Poder Judicial interfira sobre o núcleo essencial do exercício da função administrativa, para assegurar a realização da finalidade maior, constitucionalmente assumida, de maximizar a prossecução administrativa do bem comum. Sensivelmente neste sentido, cfr. ONOFRE BATISTA JUNIOR, *Princípio Constitucional da Eficiência Administrativa*, ed. Mandamentos, Belo Horizonte, 2004. Sobre o tema, cfr. também, por exemplo, EMERSON GABARDO, *Princípio constitucional da eficiência administrativa*, ed. Dialética, São Paulo, 2002, pp. 128 segs.; JUAREZ FREITAS, *Discricionariedade administrativa e o direito fundamental à boa administração pública*, ed. Malheiros, São Paulo, 2007, pp. 28 segs.

a máxima eficiência, os poderes discricionários concretizam-se no dever do agente administrativo de identificar a melhor solução em cada caso concreto, a solução ótima para a prossecução do bem comum, no respeito pelos direitos e interesses legalmente protegidos dos particulares. E, nesse sentido, também não temos dúvidas em reconhecer o alcance do imperativo da eficiência, para a Administração Pública, como um verdadeiro princípio jurídico, ainda que imperfeito.

A questão que, no entanto, se coloca é a da possibilidade — ou melhor, quanto a nós, da extensão — da sindicância da observância das exigências que decorrem deste princípio em cada caso concreto pelos tribunais administrativos. E, nesse plano, não podemos deixar de reconhecer a necessidade de preservar o núcleo irredutível do mérito, no âmbito do qual se deve admitir que as escolhas da Administração Pública se devem pautar por critérios não juridicizados e, como tal, insindicáveis pelos tribunais, sob pena de se promover a mera substituição de uma subjetividade por outra. A nosso ver, da imposição constitucional à Administração Pública do imperativo da boa prossecução do interesse público não resulta, na verdade, a atribuição aos juízes administrativos do poder de determinarem a solução que melhor realiza o interesse público em cada caso ([101]).

Daí não resulta, porém, a nosso ver, que em absoluto se recuse a relevância jurídica dos valores da eficácia e da eficiência no âmbito da atividade administrativa. E não só no estrito âmbito da própria esfera administrativa, para efeitos disciplinares e em sede de impugnações administrativas ([102]), mas também, desde logo, para o efeito de admitir a constituição das entidades administrativas em responsabilidade civil extracontratual, sempre que a sua conduta viole referenciais de eficiência, que, na ausência de outros parâmetros, possam ser identificados por referência a cânones de experiência e às praxes administrativas.

Neste sentido parece, na verdade, apontar a previsão dos nºs 3 e 4 do artigo 7º do Regime da responsabilidade civil extracontratual do Estado e demais entidades públicas, que admite a constituição das entidades públicas em responsabilidade civil pelas suas condutas de

---

([101]) No mesmo sentido, cfr. FREITAS DO AMARAL, *op. cit.*, p. 47.
([102]) Cfr. também FREITAS DO AMARAL, *op. cit.*, p. 47.

que resulte a ofensa de direitos ou interesses legalmente protegidos quando a produção dos danos deva ser imputada a um funcionamento anormal do serviço, entendendo-se que "existe funcionamento anormal do serviço quando, atendendo às circunstâncias e a padrões médios de resultado, fosse razoavelmente exigível ao serviço uma atuação suscetível de evitar os danos produzidos".

Como claramente resulta da contraposição que, no artigo 9º do mesmo Regime jurídico, é estabelecida entre o nº 1 e o nº 2, o juízo de ilicitude em que assenta o reconhecimento da existência de um "funcionamento anormal do serviço" é distinto, e, por isso, complementar daquele que resulta da pura "violação de disposições ou princípios constitucionais, legais ou regulamentares" ou da infração de "regras de ordem técnica ou deveres objectivos de cuidado". Nas situações de "funcionamento anormal do serviço", a existência de ilicitude é extraída do reconhecimento de que, nas circunstâncias do caso, era exigível *a um serviço que funcionasse bem*, ou seja, que funcionasse *segundo adequados referenciais de eficiência*, que tivesse atuado de outro modo — o que, dependendo das circunstâncias, pode significar, v.g., que ele deveria ter atuado com maior rapidez, que deveria ter atuado quando não atuou ou que deveria ter adotado medidas diferentes daquelas que adotou, em ordem a evitar o resultado danoso.

Como já atrás antecipámos, não excluímos, entretanto, que, dependendo das concretas circunstâncias do caso e do respetivo enquadramento normativo, o imperativo jurídico da eficácia e da eficiência — que, como vimos, para a Administração Pública decorre do dever constitucional que se lhe impõe de prosseguir a eficaz e eficiente satisfação das necessidades coletivas que a Constituição e a lei colocam a seu cargo, no respeito pelos direitos e interesses legalmente protegidos dos particulares — possa ser invocado para exigir a adopção em tempo útil de actuações administrativas concretas, designadamente prestações individualizadas, cuja adoção não seja legalmente vinculada quanto à oportunidade, designadamente quando esteja em causa a efectividade de direitos fundamentais dos particulares.

Quanto ao mais, o juízo sobre a eficiência administrativa pode, em muitos casos, relevar como elemento auxiliar da fiscalização jurisdicional da observância de princípios como o da proporcionalidade, na medida em que o reconhecimento da vinculação da Administração Pública por este princípio teve o efeito de fazer transitar parcialmente do plano do mérito das decisões administrativas para o plano da sua legalidade em sentido amplo as considerações envolvidas na escolha discricionária dos meios adequados e necessários à prossecução do interesse público ([103]) — sendo que, como já atrás foi assinalado, este princípio, pela sua capacidade expansiva, nos parece ser a via pela qual deve sobretudo passar a intensificação do controlo da observância pela Administração Pública, no exercício dos seus poderes discricionários, de princípios jurídicos de conteúdo cada vez mais densificado e exigente.

([103]) Na verdade, afigura-se-nos que a aplicação do princípio da proporcionalidade permite dar resposta a grande parte das situações — diríamos, às situações em que a questão se coloca de modo mais pertinente — em que a doutrina atrás mencionada preconiza a fiscalização jurisdicional concreta de decisões administrativas por referência ao princípio da eficiência. A nosso ver, é, a este propósito, pertinente a advertência de FREITAS DO AMARAL, *op. cit.*, p. 48, na medida em que nos parece ser por descurar que "certos parâmetros outrora considerados fora do mundo da juridicidade estão hoje dentro dele" pela via do princípio da proporcionalidade que alguma doutrina procura configurar certas categorias de situações como violações do princípio da eficiência.

I
Regulamentos

1. Conceito de regulamento — regulamento e ato administrativo

22. Dá-se o nome de *regulamentos* aos *atos normativos* — isto é, aos atos jurídicos contendo normas — que são emanados no exercício da função administrativa ([104]). Tradicionalmente, ao lado dos regulamentos, também se fala de "outras normas emitidas no desempenho da função administrativa", para referir atos como os estatutos das entidades corporativas e os regimentos dos órgãos colegiais de natureza administrativa. Não parece, contudo, justificada a distinção, afigurando-se que o conceito de regulamento pode abranger figuras como as dos referidos estatutos e regimentos, que por ele devem, por isso, considerar-se abrangidas ([105]).

O *regulamento* diferencia-se das demais manifestações jurídicas da Administração Pública — e, em particular, do *ato administrativo* — pelo seu *conteúdo normativo*. O regulamento é *fonte de direito*: contém *normas*, disposições com *caráter geral e abstrato*, às quais é inerente uma pretensão de validade para todos os casos da mesma espécie, dentro do respetivo âmbito temporal e espacial de aplicação ([106]).

([104]) Cfr., por todos, DIOGO FREITAS DO AMARAL, *Curso de Direito Administrativo*, vol. II, 2ª ed., Coimbra, 2011, pp. 177 segs.; AFONSO RODRIGUES QUEIRÓ, "Teoria dos Regulamentos" in *Revista de Direito e Estudos Sociais*, Ano XXVII, pp. 1 segs; JORGE MIRANDA, "Regulamento" in *Enciclopédia Polis*, vol. V, p. 266.

([105]) Neste sentido, cfr. MARCELO REBELO DE SOUSA/ANDRÉ SALGADO DE MATOS, *Direito Administrativo Geral*, vol. III, 2ª ed., Lisboa, 2006, pp. 257 e 258.

([106]) Para além das referências já indicadas, cfr. também, com outras indicações, ANA RAQUEL GONÇALVES MONIZ, "A titularidade do poder regulamentar no Direito Admi-

A questão da delimitação conceptual das figuras do *regulamento* e do *ato administrativo* não se apresenta, contudo, pacífica na doutrina ([107]).

Todos concordam que os comandos gerais e abstratos são regulamentos e que os comandos individuais e concretos são atos administrativos — neste último sentido concorrendo, aliás, a definição do *ato administrativo* como decisão *individual* e *concreta*, que consta do artigo 120º do CPA.

A questão coloca-se, entretanto, em relação às manifestações jurídicas que não correspondem, por inteiro, a nenhum destes dois paradigmas. Discute-se, assim, se devem ser assimilados ao conceito de regulamento ou de ato administrativo os comandos individuais, mas abstratos. E também se questiona se devem ser assimilados a uma ou a outra figura os comandos que, por não identificarem ou individualizarem os respetivos destinatários, não parecem dever ser qualificados como *individuais*, mas como *gerais*, mas aos quais, pelo seu caráter *concreto*, falta a nota da *abstração*.

Tradicionalmente, procedia-se à assimilação destas situações, consideradas híbridas, à figura cujo regime jurídico se considerava mais adequado e que tendia a ser a do *ato administrativo*, sobretudo por razões de ordem processual, relacionadas com o facto de ser tradicionalmente mais amplo o acesso dos interessados à impugnação de atos administrativos do que de regulamentos ([108]).

Na doutrina mais recente, parece afirmar-se, entretanto, a tendência para erigir em critério decisivo, neste domínio, o da *determinabilidade* ou *indeterminabilidade* dos destinatários do comando cujo regime se trata de apurar, para o efeito de se assimilarem à figura do ato

---

nistrativo português", in *Boletim da Faculdade de Direito da Universidade de Coimbra*, vol. LXXX (2004), p. 486.

([107]) Para um panorama geral recente, cfr. ANA GONÇALVES MONIZ, *op. cit.*, pp. 487 segs.

([108]) A título paradigmático, veja-se, a propósito, ROGÉRIO EHRHARDT SOARES, *Direito Administrativo*, policop., Coimbra, 1978, pp. 79 segs., e, por último, a posição de MÁRIO ESTEVES DE OLIVEIRA/PEDRO GONÇALVES/PACHECO DE AMORIM, *Código do Procedimento Administrativo Comentado*, 2ª ed., Coimbra, 1997, p. 566, que, admitindo embora que, do ponto de vista teórico, a solução mais lógica seria a de configurar os comandos individuais, mas abstratos, como normas, se remetem, por razões pragmáticas, ao critério da assimilação à figura do ato administrativo.

administrativo os comandos cujos destinatários sejam determinados ou determináveis e à figura do regulamento os comandos cujos destinatários não sejam determinados nem determináveis — com o que, por referência aos binómios *geral/abstrato* e *individual/concreto*, tende a fazer-se prevalecer o primeiro dos termos de cada um dos binómios sobre o segundo.

Nessa perspetiva pode ser, quanto a nós, desde logo encarada a tendência para a assimilação à figura do ato administrativo dos comandos que preveem a ocorrência de um tipo abstrato de situações, mas reportado a uma pessoa ou a um conjunto determinável de pessoas [109].

No mesmo sentido parece concorrer, entretanto, a tendência para se reconduzirem à figura do regulamento certos comandos que, embora destinados a ser objeto de aplicação concreta, têm, à partida, por destinatários uma pluralidade indeterminável de indivíduos [110].

Já no que diz respeito aos comandos de aplicação concreta, mas que têm por destinatários um grupo circunscrito de pessoas, que, embora não sejam por eles individualizadas, são determinadas ou determináveis, parecem perfilar-se dois entendimentos diferentes na doutrina.

Para um desses entendimentos, a generalidade das normas decorre do facto de os seus destinatários não serem individualizados, mas nelas apenas surgirem definidos por referência a conceitos ou cate-

---

[109] No sentido da equiparação aos atos concretos dos atos abstratos, mas individuais, cfr., por exemplo, R. EHRHARDT SOARES, *op. cit.*, p. 80; SÉRVULO CORREIA, *Noções de Direito Administrativo*, vol. I, Lisboa, 1982, p. 270; J. C. VIEIRA DE ANDRADE, "O ordenamento jurídico administrativo português", in *Contencioso Administrativo*, Braga, 1986, p. 60.

[110] Certa doutrina autonomiza, a este específico propósito, uma categoria de *atos genéricos*: cfr. FREITAS DO AMARAL, *op. cit.*, pp. 198 e 258; MÁRIO ESTEVES DE OLIVEIRA/RODRIGO ESTEVES DE OLIVEIRA, *Código de Processo nos Tribunais Administrativos,* vol. I, Coimbra, 2004, p. 356. Se se entender, como parece correto, que as determinações neles contidas se reportam a situações concretas, a qualificação dos programas de concursos como atos de caráter regulamentar, que hoje resulta do artigo 41º do CCP, pode assentar na recondução desses atos a esta categoria dos atos genéricos — defendendo, contudo, o caráter, não só geral, mas também abstrato, das determinações contidas nos programas de concursos, na medida em que regulam "uma imensidade de hipóteses indeterminadas e indetermináveis no momento em que a Administração os emite, não se esgotando, desse modo, na sua aplicação a um único caso concreto", cfr. MARGARIDA OLAZABAL CABRAL, *O concurso público nos contratos administrativos,* Coimbra, 1997, p. 241.

gorias universais (¹¹¹). Portanto, desde que um comando unilateral produzido pela Administração Pública, no exercício da função administrativa, não individualize os seus destinatários, mas os defina por referência a conceitos ou categorias universais, tal comando deve ser qualificado como geral. Ora, como os atos administrativos são, não apenas concretos, mas também individuais, este tipo de comandos deve ser reconduzido à figura do regulamento, e não do ato administrativo (¹¹²).

Para o segundo dos entendimentos referidos, pelo contrário, a generalidade das normas não decorre apenas do facto de os seus destinatários não serem por elas individualizados, mas também do facto de eles não serem *determináveis* à face do que nelas se dispõe. Portanto, os comandos que, embora não individualizem os seus destinatários, permitam que se proceda à respetiva determinação devem ser reconduzidos à figura do ato administrativo, e não do regulamento (¹¹³).

Pense-se no exemplo do comando que, em determinado momento, promova a uma categoria superior todos os atuais funcionários de uma Direcção Geral ou imponha a todos os produtores de lacticínios de determinada região o dever de se concentrarem numa única empresa (¹¹⁴): para a primeira das correntes referidas, este tipo de comando deve ser reconduzido à figura do regulamento (¹¹⁵); para a segunda corrente, o mesmo tipo de comando equivale a um feixe de decisões individuais, razão pela qual deve ser reconduzido à figura do ato administrativo (¹¹⁶).

(¹¹¹) Cfr. FREITAS DO AMARAL, *op. cit.*, p. 197.
(¹¹²) Neste sentido, cfr. FREITAS DO AMARAL, *op. cit.*, p. 198.
(¹¹³) Cfr. REBELO DE SOUSA/SALGADO DE MATOS, *op. cit.*, p. 82; ANA GONÇALVES MONIZ, *op. loc. cits.*
(¹¹⁴) Para os exemplos, clássicos na doutrina portuguesa, cfr. MARCELLO CAETANO, *Manual de Direito Administrativo*, 10ª ed., vol. I, Coimbra, 1973, pp. 436-437; SÉRVULO CORREIA, *op. cit.*, pp. 269 e 270; MÁRIO ESTEVES DE OLIVEIRA, *Direito Administrativo*, vol. I, Coimbra, 1980, pp. 104-105.
(¹¹⁵) Cfr. a menção aos exemplos indicados no texto em FREITAS DO AMARAL, *op. cit.*, pp. 198 e 258, nota 440.
(¹¹⁶) Cfr. REBELO DE SOUSA/SALGADO DE MATOS, *op. cit.*, p. 82. Faça-se notar que o apelo à ideia do tradicionalmente chamado ato administrativo geral como um feixe de decisões individuais e concretas também surge em FREITAS DO AMARAL, *op. cit.*, p. 258. O

Sem nos pretendermos alongar quanto a este ponto, não podemos deixar de dizer que, pela nossa parte, ambos os entendimentos que acabam de ser referidos a respeito da questão do chamado *ato administrativo geral* nos suscitam fundadas reservas.

Concordamos com o segundo, na parte em que assume que o ato concreto com destinatários determináveis não possui conteúdo normativo e, portanto, não deve ser assimilado à figura do regulamento, mas do ato administrativo. Era este, de resto, o entendimento tradicional. Mas, precisamente em conformidade com o entendimento tradicional, cumpre acrescentar que, para nós, não deixa de existir generalidade num ato jurídico pelo facto de os destinatários desse ato serem determináveis à face dele: para que exista generalidade, basta, a nosso ver, que os destinatários não sejam concretamente identificados pelo ato, mas nele apenas surjam definidos por referência a conceitos ou categorias universais ([117]).

Neste entendimento assenta, aliás, a tradicional recondução das situações do tipo em análise ao conceito de *ato administrativo geral*, cuja pertinência, no vigente direito português, se afigura inquestionável: de outro modo, sempre se deveria ter, na verdade, assumido, pura e simplesmente, que os comandos cujos destinatários não eram individualizados pelo ato, mas que eram determináveis à face dele, não eram, afinal, atos gerais, mas atos individuais ([118]).

Ao contrário do que, contudo, sustenta o primeiro dos entendimentos expostos ([119]), para nós, a generalidade não deve, entretanto, bastar para que se deva admitir a existência de uma norma: pelo con-

---

autor circunscreve, porém, o conceito a um âmbito muito limitado de situações, que faz corresponder aos atos que individualizam um conjunto de destinatários ou permitem a respetiva individualização *in loco*, em termos que não parecem cobrir os exemplos indicados no texto (a p. 231 da 1ª ed., para a qual remete a p. 258, nota 440, da 2ª ed., o Autor exclui, aliás, expressamente da categoria do ato administrativo o segundo dos exemplos apontados).

([117]) Neste sentido, cfr. FREITAS DO AMARAL, *op. cit.*, p. 197.
([118]) A nosso ver, a exposição de REBELO DE SOUSA/SALGADO DE MATOS, *op. cit.*, p. 82, peca, precisamente, quanto a este ponto, por alguma ambiguidade quanto à distinção entre ato administrativo geral e individual.
([119]) Cfr., em particular, FREITAS DO AMARAL, *op. cit.*, p. 255.

trário, para que um comando geral seja uma norma, deve, quanto a nós, exigir-se-lhe que à generalidade associe a abstração, de modo a que não diga exclusivamente respeito à produção de um único efeito jurídico, no qual se esgote, mas seja passível de aplicação ao longo do tempo ([120]).

A nosso ver, portanto, o comando que, sendo embora geral, por não individualizar os seus destinatários, não seja abstrato, não deve ser qualificado como regulamento — e isto, independentemente da questão (que pode ser, aliás, de muito difícil averiguação casuística) de saber se os seus destinatários são ou não determináveis à face do ato. Como não se trata de um comando individual, mas geral, cumpre reconhecer que ele não corresponde ao conceito de ato administrativo do artigo 120º do CPA. A admitir-se, porém, que essa circunstância constitua um obstáculo à qualificação destes comandos como atos administrativos, eles não deverão deixar, em todo o caso, de ser equiparados a atos administrativos, para o efeito de serem submetidos à aplicação do correspondente regime legal.

Resta acrescentar que, subjacente à posição que acabamos de exprimir, está o entendimento de que a contraposição entre regulamento e ato administrativo não deve partir do conceito de *ato administrativo*, mas do conceito de *regulamento*, entendido como *ato normativo*, integrado por disposições *gerais* e *abstratas;* e, por conseguinte, de que não devem ser assimilados à figura do regulamento, mas do ato administrativo, os comandos cujas determinações não reúnam, cumulativamente, as características da generalidade e da abstração ([121]).

([120]) Já neste sentido, cfr. MÁRIO AROSO DE ALMEIDA, *O Novo Regime do Processo nos Tribunais Administrativos,* 4ª ed., Coimbra, 2005, pp. 166-167. Na mesma linha, que, aliás, corresponde, a nosso ver, ao entendimento mais clássico e divulgado na doutrina, cfr., entretanto, MARCELLO CAETANO, *op. cit.,* p. 436; AFONSO QUEIRÓ, *op. cit.,* p. 1; SÉRVULO CORREIA, *op. cit.,* p. 271; MARGARIDA CABRAL, *op. cit.,* pp. 238-239.
Para a defesa da generalidade e abstração das normas jurídicas, enquanto atos impositivos de regras de conduta, cfr. RUI MEDEIROS, *A Decisão de Inconstitucionalidade,* Lisboa, 1999, pp. 94-96, com referências doutrinais e jurisprudenciais, como o Acórdão nº 70/92 do Tribunal Constitucional.

([121]) Cfr. MÁRIO AROSO DE ALMEIDA, *op. loc. últs. cits.* Cfr. também SÉRVULO CORREIA, *op. cit.,* p. 271; MARGARIDA CABRAL, *op. cit.,* p. 239.

23. Embora a distinção tenha sido, para o efeito, recentemente posta em causa na doutrina ([122]), o estudo da *teoria dos regulamentos* tem partido da distinção que contrapõe os *regulamentos internos* aos *regulamentos externos* ([123]).

Na verdade, entendia-se, até ao século XX, que o funcionamento interno da Administração não tinha relevância jurídica. Como se identificava *juridicidade* com *judicialidade*, entendia-se que, como a regulamentação interna da Administração só vinculava os órgãos da Administração e não era objecto de aplicação nem de controlo judicial, não era jurídica, não tinha natureza jurídica.

Por este motivo, na senda da doutrina alemã, contrapunham-se aos *regulamentos jurídicos*, que eram os regulamentos externos, cujos efeitos se projetavam para fora da esfera jurídica da entidade que os emanava, os chamados *regulamentos administrativos*, que se caraterizariam pelo facto de se limitarem a produzir efeitos internos ao aparelho administrativo.

Hoje, entende-se, porém, que todos os regulamentos são jurídicos, havendo apenas que distinguir consoante os efeitos das normas se esgotam no ordenamento jurídico interno à própria Administração, que esta cria, observa e sanciona sem intervenção judicial (*regulamentos internos*), ou se projetam no ordenamento jurídico geral, tocando a esfera jurídica de sujeitos jurídicos distintos da entidade que os emanou (*regulamentos externos*).

Reconhece-se, entretanto, que um regulamento pode ser, deste ponto de vista, um *regulamento misto*, quando contenha normas de caráter *interno*, que, disciplinando matéria orgânica e funcional, se limitem a ser fonte de direito interno à própria Administração, e normas de caráter *externo*, que definam o estatuto ou de algum modo conten-

---

([122]) Cfr. REBELO DE SOUSA/SALGADO DE MATOS, *op. cit.*, p. 251, para quem a expansão do princípio da legalidade a todas as esferas da atividade administrativa no Estado de direito social implica que se reconheça que os regulamentos internos não decorrem de poderes imanentes de direção ou de auto-organização, mas de poderes legalmente conferidos.

([123]) Cfr., por todos, FREITAS DO AMARAL, *op. cit.*, pp. 189 segs.; AFONSO QUEIRÓ, *op. loc. cits.*; VIEIRA DE ANDRADE, *op. cit.*, pp. 60-62. E, por exemplo, os Acórdãos do Tribunal Constitucional nº 319/94, 375/94, 158/96 e 347/97.

dam com a esfera jurídica de sujeitos jurídicos distintos da entidade que emanou o regulamento ([124]).

O tantas vezes chamado *"regulamento interno"* de uma escola ou de um hospital pode, assim, conter normas com eficácia externa, respeitantantes, por exemplo, ao estatuto (direitos e deveres) dos estudantes da escola, dos utentes do hospital ou do pessoal administrativo de qualquer uma das instituições. Quando for este o caso, esse regulamento é qualificado, nessa parte, como um *regulamento externo*.

A relevância desta qualificação projeta-se, desde logo, no fundamento do poder regulamentar da Administração: os regulamentos internos, que não contendem com a esfera jurídica de ninguém, são emanados com fundamento no genérico *poder de auto-organização interna* que assiste a todas as estruturas organizadas, pelo que não carece de previsão legal que os legitime ([125]).

Pelo contrário, os regulamentos externos, como contendem com a esfera jurídica de outrem, têm de ter o seu fundamento na lei, nos termos que adiante se verão. Por conseguinte, ao contrário do que sucede com os regulamentos internos, é possível formular um juízo de legalidade sobre os regulamentos externos e, com base nesse juízo, promover a fiscalização da legalidade destes regulamentos junto dos tribunais administrativos. O regime de impugnação de normas que o CPTA estabelece nos artigos 72º e segs. tem, pois, apenas em vista os regulamentos externos.

Também se reporta apenas a eles a exposição subsequente.

2. Fundamento do poder regulamentar: lei e regulamento

24. Com a instituição do Estado de Direito e a afirmação dos Parlamentos como o centro do poder do Estado, terá havido de início a tentação de se concentrar a produção normativa no Parlamento, pro-

---

([124]) Ilustrando a situação, veja-se, na jurisprudência do Tribunal Constitucional, o exemplo do Acórdão nº 673/96.

([125]) Em sentido cratico, como já foi referido, cfr. REBELO DE SOUSA/SALGADO DE MATOS, *op. cit.*, p. 251.

curando que ele próprio ditasse instruções atinentes ao desenvolvimento e execução das suas leis. Mas depressa se verificou que era impossível prescindir da atribuição de poder normativo à Administração, incumbida de ditar regulamentos para executar as determinações do Parlamento.

Por conseguinte, a Constituição francesa de 1814 apressou-se a reconhecer formalmente à Administração poderes normativos para "a boa execução das leis", independentemente da necessidade, para o efeito, de referência expressa em cada lei. A mesma fórmula ainda hoje é utilizada na alínea c) do artigo 199º da CRP. Deste preceito decorre que o poder regulamentar para a execução das leis é um poder próprio do Governo, atribuído diretamente pela Constituição, que não depende, para o seu válido exercício, de determinação legal concreta.

A explicação para este fenómeno assenta no reconhecimento de que os Parlamentos, pelas suas características, não podem corresponder a todas as exigências que se impõem ao poder normativo do Estado. O regulamento surge, assim, como um meio de o legislador se libertar das tarefas normativas de que não se deve ocupar, pelo seu menor relevo, maior complexidade técnica ou especificidade regional ou local, guardando-se para as que são mais importantes para a comunidade no seu conjunto.

Numa primeira fase, esta circunstância evidencia-se nos domínios clássicos de intervenção administrativa e conduz ao reconhecimento da existência de regulamentos de mera execução das leis. O progressivo reconhecimento da necessidade de atribuir ao executivo um cada vez mais amplo poder normativo resulta, entretanto, da transição do Estado de Direito Liberal para o Estado de Direito Social e, com ela, da assunção, por parte dos poderes públicos, do compromisso de garantirem uma existência humana digna e um mínimo existencial económico, social e ecológico a todos os cidadãos.

Sucede, porém, que os Parlamentos não foram concebidos nem estruturados com o objetivo de produzir normas com a rapidez, quantidade e tecnicidade exigidas pelas sociedades contemporâneas. As leis dos Parlamentos tendem, por isso, a ser esquemáticas, não podendo ir, muitas vezes, para além do mero enunciado de grandes linhas e princípios. E, neste contexto, os regulamentos, normas mais ágeis e polivalentes do que a lei, aparecem como a única forma de a Administração Pública poder prosseguir com eficiência e justeza os interesses públicos, sobretudo em áreas em que a dinâmica da sociedade não se compadece com os inevitáveis entraves do procedimento legislativo parlamentar.

Pode, assim, dizer-se que o reconhecimento ao executivo da titularidade de poderes normativos autónomos, a que, um pouco por todo o lado, se assistiu ao longo do século XX, fez com que os regulamentos se transformassem nos instrumentos operativos por excelência em que assenta o quotidiano da vida jurídica dos Estados modernos ([126]).

Nesse sentido concorre, de resto, a circunstância de, nos modernos Estados democráticos, todos os poderes do Estado resultarem da Constituição democrática e o executivo ser legitimado, direta ou indiretamente, pelo voto popular. Na verdade, a partir do momento em que os titulares do poder executivo são eleitos por sufrágio direto ou por emanação dos Parlamentos, não se justifica que se lhe oponham as objeções e desconfianças que, no contexto histórico em que nasceu o Estado de Direito, suscitava a Administração Pública dirigida pelo Monarca, cuja legitimidade se contrapunha à legitimidade democrática da qual o Parlamento era exclusivo titular ([127]).

25. Os fatores que acabam de ser referidos levaram as diferentes Constituições, ao longo do século XX, a reconhecer com crescente frontalidade e abertura a inviabilidade da instituição de um monopólio parlamentar do poder normativo do Estado. Isso passou, naturalmente, pelo reconhecimento de que a Administração pode criar normas "para a boa execução das leis"; mas, mais do que isso, pelo reconhecimento ao executivo do poder de criar normas inovadoras, de exercer um poder de normação primária, independente da lei. É o que naturalmente re-

---

([126]) Cfr. MANUEL AFONSO VAZ, *Lei e Reserva da Lei: a causa da Lei na Constituição da República Portuguesa de 1976*, Porto, 1992, pp. 59-60; SÉRVULO CORREIA, *Legalidade e autonomia contratual nos contratos administrativos*, Coimbra, 1986, pp. 50-51.

([127]) Sobre este ponto, cfr., por todos, ROGÉRIO EHRHARDT SOARES, "Princípio da legalidade e administração constitutiva", in *Boletim da Faculdade de Direito da Universidade de Coimbra*, vol. LVII (1981), pp. 169 segs.; JORGE MIRANDA/RUI MEDEIROS, *Constituição Portuguesa Anotada*, tomo II, Coimbra, 2006, p. 712, com outras referências.

sulta da tradição alemã, mas é também o que decorre, com extraordinária clareza (embora por influência de específicos condicionalismos históricos), da Constituição Francesa de 1958, que estabelece mesmo, num amplo conjunto de matérias, uma reserva de poder normativo independente em favor do executivo.

Ora, é importante notar que o sistema português se reveste, neste contexto, de uma especificidade "sem paralelo em qualquer outra experiência constitucional europeia de matriz democrática" ([128]), que resulta da circunstância de a CRP não reservar o exercício da função legislativa ao Parlamento (a Assembleia da República), mas atribuir diretamente ao executivo (ao Governo, que emana da Assembleia da República) amplas competências legislativas próprias, que, no essencial, lhe cabe exercer em concorrência com a Assembleia da República (cfr. artigo 198º da CRP), através da emanação de *decretos-leis*, que a Constituição qualifica formalmente como *atos legislativos* (cfr. artigo 112º, nº 1, da CRP). Essas competências incidem sobre todas as matérias, encontrando apenas o seu limite nas matérias de reserva, absoluta ou relativa, de competência legislativa da Assembleia da República, enunciadas nos artigos 164º e 165º da CRP, em que o Governo não pode produzir decretos-leis (reserva absoluta: artigo 164º) ou só o pode fazer mediante autorização legislativa da Assembleia da República (reserva relativa: artigo 165º) ([129]).

No ordenamento jurídico português, o campo de intervenção do poder regulamentar, que é imputado à Administração Pública no exercício da função administrativa, é, por conseguinte, mais limitado do que noutros ordenamentos jurídicos. Na verdade, nos amplos domínios de intervenção do *decreto-lei*, é através deste instrumento, e não de regulamentos, e, portanto, no exercício de competências legisla-

---

([128]) Cfr. PAULO OTERO, *Legalidade e Administração Pública*, Coimbra, 2003, p. 126; JORGE MIRANDA/RUI MEDEIROS, *op. cit.*, p. 692.

([129]) Esta solução radica na Constituição Política de 1933, após a Revisão Constitucional de 1945, que marcou uma rutura com o modelo, de matriz francesa, que até então tinha sido adotado em Portugal. Para a mais detida caracterização do sistema mencionado no texto, cfr., por todos, MANUEL AFONSO VAZ, *op. cit.*, pp. 47 e 51; SÉRVULO CORREIA, *Legalidade...cit.*, pp. 179-182 e 186-187; PAULO OTERO, *op. cit.*, pp. 121 segs.

tivas, e não de competências administrativas, que o Governo exerce o seu poder normativo.

É assim que, no ordenamento jurídico português, não existem *regulamentos delegados* ou *autorizados*, isto é, regulamentos através dos quais o Governo, mediante autorização do Parlamento, emana normas inovadoras dotadas de força de lei e, por isso, capazes de derrogar, modificar, suspender ou revogar normas contidas em atos legislativos ([130]).

Com efeito, a existência de regulamentos desse tipo não se justifica, num sistema em que a CRP atribui directamente ao Governo o poder de emanar normas inovadoras através de uma categoria de atos, os decretos-leis, que são, precisamente, decretos com força de lei, que a CRP qualifica formalmente como atos legislativos (cfr. artigo 112º, nº 1, da CRP). E por isso mesmo a CRP, no artigo 112º, nº 5, proíbe expressamente a lei de "criar outras categorias de atos legislativos", para além daquelas que se encontram previstas no artigo 112º, nº 1, assim como de "conferir a atos de outra natureza [o que inclui os regulamentos] o poder de, com eficácia externa, interpretar, integrar, modificar, suspender ou revogar qualquer dos seus preceitos" ([131]).

26. Verifica-se, pois, que, no ordenamento jurídico-constitucional português, o Governo emana dois tipos diferentes de atos normativos: decretos-leis, que são atos legislativos, emanados no exercício da função legislativa, e regulamentos, que são atos normativos de administração pública, emanados no exercício da função administrativa.

Poderia, por isso, pensar-se que a CRP consagraria um critério material de distinção das funções, no plano da criação das normas, mediante o qual reservaria para o decreto-lei, que é um *ato legislativo* (= *ato praticado no exercício da função legislativa*), a criação de *normas materialmente legislativas*, isto é, de normas autónomas, originárias, com um intencional conteúdo inovador, fonte de direito inicial; e reme-

---

([130]) Cfr., por todos, GOMES CANOTILHO/VITAL MOREIRA, *Constituição da República Portuguesa Anotada*, vol. II, 4ª ed., Coimbra, 2010, pp. 68-69; FREITAS DO AMARAL, *op. cit.*, p. 206; REBELO DE SOUSA/SALGADO DE MATOS, *op. cit.*, p. 250; VIEIRA DE ANDRADE, *op. cit.*, p. 64.

([131]) Como assinalam GOMES CANOTILHO/VITAL MOREIRA, *op. cit.*, p. 69, é, deste modo, a CRP e não a lei quem estabelece a hierarquia normativa.

teria para o *regulamento (= ato normativo praticado no exercício da função administrativa)* a criação de normas sujeitas à lei e complementares da lei, que lhe dariam execução e cujo eventual contributo inovador se circunscreveria a aspectos secundários, menores ou instrumentais (= aspectos materialmente administrativos, com intencionalidade, natureza administrativa), como o desenvolvimento ou a adaptação das normas legais, quando razões de eficiência, flexibilidade e proximidade dos factos o aconselhassem. Deste modo se identificariam, no plano da emissão de normas, as especificidades características da função legislativa e da função administrativa, no quadro da separação dos poderes do Estado ([132]).

E, na verdade, cumpre reconhecer que o regime jurídico procedimental de elaboração e aprovação dos atos legislativos do Governo (os decretos-leis) transparece, de forma clara, uma intencionalidade normativa específica, de determinação das opções políticas primárias da comunidade política (*natureza de lei*), enquanto que, por regra, os regulamentos, por terem natureza intencional e institucional diferente (*natureza de regulamento*), não são, por regra, submetidos ao mesmo tipo de procedimento (colegial e solidário) de aprovação, nem ao mesmo tipo de controlos ([133]).

A verdade, porém, é que a CRP não consagra um tal critério material, não fornecendo qualquer critério para a definição de uma fronteira material, neste plano, entre o *domínio legislativo* e o *domínio administrativo* ([134]). Senão, vejamos.

a) Tanto na doutrina, como na jurisprudência do Tribunal Constitucional, tem prevalecido o entendimento de que, no ordenamento jurídico português, não existe, em termos gerais, uma *reserva de admi-*

([132]) Para os termos da contraposição enunciada no texto, cfr., por todos, MANUEL AFONSO VAZ, *op. cit.*, pp. 406-408, 421-423, 507 e 512.

([133]) Cfr. ainda MANUEL AFONSO VAZ, *op. cit.*, pp. 57-58 e 494-504. Como adiante se verá, importa ter, contudo, presente o caso dos regulamentos independentes emanados pelo Governo, que revestem obrigatoriamente a forma de decreto regulamentar (artigo 112º, nº 7, da CRP) e, por isso, estão submetidos a um regime procedimental idêntico ao dos decretos-leis.

([134]) Neste preciso sentido, cfr. GOMES CANOTILHO/VITAL MOREIRA, *op. cit.*, p. 54.

nistração que impeça a emanação de atos legislativos dotados de um conteúdo materialmente administrativo ([135]). A lei, dependendo dos casos, parece poder, portanto, esgotar a regulamentação de determinada matéria normativa, consumindo, desse modo, o espaço que corresponderia aos regulamentos que a viriam executar ([136]).

A CRP admite, pois, a existência de *atos legislativos contendo normas materialmente regulamentares*.

No que diz respeito ao Governo, a CRP não prevê qualquer matéria em que exista uma *reserva de regulamento* ([137]). Atento o estatuto constitucional do Governo, afigura-se, porém, de admitir a existência de "uma garantia do conteúdo essencial das competências constitucionais do Governo que vem implicada no princípio constitucional da divisão de poderes", que será ofendida "quando, por força de determinação parlamentar, o Governo seja pontualmente degradado ao nível de um órgão subordinado que recebe ordens ou instruções vinculativas da Assembleia da República — de forma não consentânea com o seu estatuto constitucional de órgão de soberania, de órgão encarregado da condução da vida política, ou de órgão supremo da Administração Pública" — ou veja "frustrada, por força das mesmas imposições, a possibilidade de determinar autorresponsavelmente, na medida em que lhe esteja constitucionalmente atribuída, o sentido e o conteúdo do exercício das suas competências" ([138]).

([135]) Sobre o tema, cfr., por exemplo, NUNO PIÇARRA, "A reserva de administração", in *O Direito*, 1990, II, pp. 325 segs., e III-IV, pp. 571 segs.; CARLOS BLANCO DE MORAIS, *Justiça Constitucional*, vol. I, 2ª ed., Coimbra, 2006, pp. 462 segs.; JORGE MIRANDA/RUI MEDEIROS, *op. cit.*, pp. 710 segs., *maxime* 718-719, com outras referências. Em sentido crítico, cfr., entretanto, REBELO DE SOUSA/SALGADO DE MATOS, *op. cit.*, vol. I, pp. 137-139.

([136]) Cfr., por todos, GOMES CANOTILHO/VITAL MOREIRA, *op. cit.*, pp. 68-69; FREITAS DO AMARAL, *op. cit.*, p. 194.

([137]) Cfr., a propósito, Acórdão nº 1/97 do Tribunal Constitucional.

([138]) Cfr. JORGE REIS NOVAIS, *Separação de poderes e limites da competência legislativa da Assembleia da República*, Lisboa, 1997, pp. 59-61. A nosso ver, é nesta perspetiva que deve ser encarado o recente Acórdão do Tribunal Constitucional nº 214/2011, reportado a um caso em que, como assinala *Maria Lúcia Amaral*, em declaração de voto, o que estava verdadeiramente em causa era o problema da divisão de poderes entre Assembleia da República e Governo.

Admite-se, entretanto, a existência de domínios específicos de reserva de administração, em que os únicos poderes normativos que podem ser exercidos são poderes regulamentares, pelo que está excluída a possibilidade da intervenção do poder legislativo e pode ser equacionada a inconstitucionalidade de eventuais leis que ponham em causa essas áreas de reserva ([139]). Esses domínios específicos dizem respeito: (i) às Regiões Autónomas dos Açores e da Madeira, que resultam de um fenómeno de descentralização político-administrativa e, por isso, dispõem de órgãos de governo próprio, para a prossecução da satisfação dos interesses específicos das respetivas regiões; (ii) às autarquias locais, que resultam de um fenómeno de descentralização administrativa do território e dispõem de órgãos representativos, incumbidos da satisfação dos interesses próprios das respetivas populações locais; (iii) às ordens profissionais, com base no reconhecimento constitucional da respetiva existência, enquanto forma de descentralização administrativa; (iii) e às universidades públicas, de cuja autonomia estatutária, científica, pedagógica, administrativa e financeira, constitucionalmente consagrada, se entende derivar uma reserva de autonomia normativa que se projeta no poder de elaboração dos respetivos estatutos e de elaborar os regulamentos de conteúdo estritamente académico imprescindíveis à consecução das suas tarefas ([140]).

b) Por outro lado, resulta do nº 6 do artigo 112º da CRP que, na ordem jurídica portuguesa, existem *regulamentos independentes*. Ora — e sem prejuízo do mais que, a propósito desta categoria de regulamentos, adiante se dirá —, daí resulta que o próprio texto constitucional admite a existência de regulamentos que introduzam normas autó-

---

([139]) Cfr. GOMES CANOTILHO/VITAL MOREIRA, *op. cit.*, p. 54; REBELO DE SOUSA/SALGADO DE MATOS, *op. cit.*, vol. III, pp. 253-254 (e também vol. I, p. 137).
([140]) Para a circunstanciada análise de cada um destes casos de reserva de administração, cfr., por todos, com outras referências, ANA GONÇALVES MONIZ, *op. cit.*, pp. 548 segs. Avulta, de entre eles, a impossibilidade de uma lei reservar para os órgãos da República a competência para proceder à sua regulamentação em clara preterição das especificidades próprias a que, nos termos constitucionais, deve acorrer o poder regulamentar próprio das Regiões Autónomas dos Açores e da Madeira.

nomas, originárias, com um intencional conteúdo inovador, fonte de direito inicial.

Numa palavra, a CRP também admite, pois, a existência de *regulamentos contendo normas materialmente legislativas*.

Ora, de tudo isto resulta que só por referência a aspetos orgânicos e formais parece possível estabelecer a destrinça entre lei e regulamento. Na síntese feliz de *Diogo Freitas do Amaral*, pode, na verdade, dizer-se que, à luz do direito positivo vigente em Portugal, "é lei todo o ato que provenha de um órgão com competência legislativa e que assuma a forma de lei ([141]), ainda que [...] contenha disposições de caráter regulamentar; é regulamento todo o ato dimanado de um órgão com competência regulamentar e que revista a forma de regulamento, ainda que seja independente ou autónomo e, por conseguinte, inovador" ([142]).

27. Cumpre, em todo o caso, notar que, mesmo quando não se trate de dar execução ou completar um ato legislativo anterior, mas de introduzir disciplina nova, regulando de início as relações sociais, através da emanação de regulamentos independentes, os actos normativos da Administração devem ser sempre precedidos, nos termos da CRP, de um ato legislativo, de uma norma legal de habilitação, que fundamente "a competência objetiva e subjetiva" para a sua emissão (cfr. artigo 112º, nº 7, da CRP, e também o que adiante se dirá a este propósito).

Esta é uma consequência do *princípio da legalidade administrativa*, entendido como *princípio de precedência da lei*, por força do qual não pode deixar de se identificar na lei *o fundamento do poder regulamentar da Administração* — tal como, de resto, de todos os outros poderes

---

([141]) Ou seja: "são leis todos os atos que, independentemente do seu conteúdo, são emanados pela Assembleia da República, pelo Governo e pelas assembleias legislativas regionais, de acordo com os procedimentos e no exercício das competências legislativas jurídico-constitucionalmente estabelecidas", sob as formas, respetivamente, de lei, de decreto-lei e de decreto legislativo regional (artigo 112º, nº 1, da CRP): cfr. GOMES CANOTILHO//VITAL MOREIRA, *op. cit.*, p. 55.
([142]) Cfr. FREITAS DO AMARAL, *op. cit.*, p. 195.

jurídicos da Administração (¹⁴³). Consequência da *natureza administrativa* do regulamento, enquanto instrumento de desempenho de *tarefas*, fruto de uma delegação do legislador, que desse modo comete à Administração o encargo de encontrar os preceitos para uma dada área, com ou sem afirmação de princípios condutores do regime a desenvolver (¹⁴⁴).

Daí a particular exigência com que o Tribunal Constitucional tem aplicado o artigo 112º, nº 7, da CRP, considerando insuprível causa de inconstitucionalidade formal a ausência, no texto do regulamento, da indicação expressa da norma de habilitação, ainda que em qualquer lugar do diploma ou do respectivo instrumento de aprovação. Ainda aí se trata, na verdade, de garantir a subordinação do regulamento à lei (¹⁴⁵).

Nas matérias de reserva absoluta ou relativa de competência legislativa da Assembleia da República, faz-se, entretanto, apelo à necessidade de uma maior densificação das normas legislativas, de modo a que a sua abertura se circunscreva a "um mínimo incomprimível de margem de intervenção administrativa" (¹⁴⁶).

Nessas matérias, o papel da Administração deve, assim, reduzir-se ao mínimo, o que, no plano normativo, significa que apenas deve ser admitida a possibilidade da emanação de regulamentos de estrita execução da lei, com exclusão da possibilidade de regulamentos independentes (¹⁴⁷) — e mesmo isto, com ressalva de matérias que contendem com valores fundamentais, como a introdução de restrições ao conteúdo essencial de direitos, liberdades e garantias, a tipificação dos crimes e respetivas sanções e a determinação dos limites essenciais dos impos-

---

(¹⁴³) Cfr. REBELO DE SOUSA/SALGADO DE MATOS, *op. cit.*, vol. III, p. 250. E, por exemplo, os Acórdãos do Tribunal Constitucional nº 184/89 e 61/91.
(¹⁴⁴) Cfr. ROGÉRIO EHRHARDT SOARES, *Direito Administrativo*, lições policopiadas ministradas no Curso de Direito no Porto da Universidade Católica Portuguesa, s/d, nº 49.
(¹⁴⁵) Cfr. ANA GONÇALVES MONIZ, *op. cit.*, pp. 499-500.
(¹⁴⁶) Cfr. SÉRVULO CORREIA, *Legalidade...cit.*, pp. 334 segs.
(¹⁴⁷) Cfr. SÉRVULO CORREIA, *Legalidade...cit., loc. últ. cit.*; FREITAS DO AMARAL, *op. cit.*, pp. 208-209. Cfr. também, por exemplo, os Acórdãos do Tribunal Constitucional nº 74/84, 284/86 e 262/97.

tos, que apenas parecem poder ser objeto de ato legislativo ([148]). Este último, constitui, portanto, um limite à possibilidade, que ao legislador é geralmente reconhecida, da *deslegalização,* que consiste na opção por revogar normas contidas em ato legislativo, remetendo a regulação da respectiva matéria para regulamento ([149]).

Por outro lado, também resulta do *princípio da legalidade administrativa,* agora na sua dimensão de *primado da lei em sentido negativo* ou de *preferência da lei,* que nenhum regulamento pode modificar, suspender ou revogar normas contidas em ato legislativo. Isto mesmo é expressamente assumido, como já vimos, no artigo 112º, nº 5, da CRP ([150]).

3. Titularidade do poder regulamentar

28. O principal órgão titular do poder regulamentar do Estado é o Governo: cfr. artigo 199º, alínea c), da CRP. Múltiplos órgãos subordinados do Governo são titulares de competências para emanar regulamentos, nos casos especificamente previstos na lei. A lei também prevê em muitas situações a possibilidade da delegação do poder de emanar regulamentos, designadamente dos Ministros em órgãos subordinados.

O poder regulamentar das Regiões Autónomas é exercido pelas Assembleias Legislativas Regionais, às quais compete a regulamentação, a nível regional, das leis gerais da República que não reservem essa

---

([148]) Cfr. GOMES CANOTILHO/VITAL MOREIRA, *op. cit.,* p. 502; FREITAS DO AMARAL, *op, cit.,* pp. 208-209.

([149]) E não na opção (constitucionalmente proibida) de o legislador conferir a atos de outra natureza o poder de, com eficácia externa, interpretar, integrar, modificar, suspender ou revogar qualquer dos seus preceitos. Para a caracterização do conceito de *deslegalização* e o reconhecimento da sua admissibilidade no direito português, cfr., por todos, FREITAS DO AMARAL, *op. cit.,* pp. 206-208; JORGE MIRANDA, *Manual de Direito Constitucional,* vol. V, 3ª ed., Coimbra, 2004, pp. 214-215; JORGE MIRANDA/RUI MEDEIROS, *op. cit.,* p. 264; REBELO DE SOUSA/SALGADO DE MATOS, *op. cit.,* vol. III, p. 250; GOMES CANOTILHO/VITAL MOREIRA, *op. cit.,* pp. 69-70.

([150]) Cfr. FREITAS DO AMARAL, *op. cit.,* p. 206; REBELO DE SOUSA/SALGADO DE MATOS, *op. cit.,* vol. III, p. 250.

regulamentação para os órgãos de soberania da própria República (cfr. artigo 227º, alínea d), da CRP); e pelos Governos Regionais, aos quais compete regulamentar os decretos legislativos regionais emanados pela Assembleia Legislativa Regional e aprovar os regulamentos de funcionamento da Administração Regional.

No plano das autarquias locais, as Assembleias de Freguesia têm competência para emanar regulamentos. O mesmo sucede, nos Municípios, com as Assembleias Municipais, cabendo ao executivo municipal (as Câmaras Municipais) a emanação de regulamentos disciplinadores dos serviços do Município.

Também as associações públicas e os institutos públicos têm poder regulamentar próprio, nos casos e termos em que este poder lhes seja conferido pelos respectivos estatutos e demais legislação aplicável.

4. Forma e publicidade dos regulamentos

29. A forma mais solene que podem revestir os regulamentos do Governo é a do *decreto regulamentar*, utilizada nos casos em que a lei expressamente a exige, com destaque para aquele que, desde logo, se encontra previsto no artigo 112º, nº 6, da CRP, dos regulamentos independentes do Governo. O decreto regulamentar é aprovado em Conselho de Ministros e é assinado pelo primeiro-ministro e pelos ministros competentes em razão da matéria a que diz respeito. Tal como os atos legislativos, o decreto regulamentar está sujeito a promulgação ou veto do Presidente da República (cfr. artigos 134º, alínea b), e 136º da CRP) e a referenda do primeiro-ministro (cfr. artigo 140º da CRP).

As *resoluções do Conselho de Ministros* também são aprovadas em Conselho de Ministros, mas só são assinadas pelo primeiro-ministro e não estão sujeitas a promulgação ou veto e referenda.

Na sua generalidade, os regulamentos do Governo são, contudo, regulamentos ministeriais, emanados e assinados pelos diferentes Ministros, sob a forma de *portaria* ou de *despacho genérico*.

De acordo com os Estatutos Político-Administrativos das Regiões Autónomas, os regulamentos das respetivas assembleias regionais revestem a forma de *decretos legislativos regionais* ([151]). Revestem a forma de *decretos regulamentares regionais* os regulamentos dos Governos Regionais, quando tal seja determinado por decreto legislativo regional ou se trate de regulamentos independentes.

A lei não impõe formalidades especiais para os demais regulamentos.

30. No que se refere à sua *publicidade*, os regulamentos do Governo e das Regiões Autónomas são publicados na I Série do Diário da República (cfr. artigo 119º, nº 1, da CRP).

Os regulamentos das autarquias locais são publicados em boletim da autarquia, quando exista, ou são afixados em edital, na sede da autarquia.

Os regulamentos das associações públicas, como as Ordens Profissionais, são publicados na II Série do Diário da República.

Os regulamentos entram em vigor na data neles estabelecida ou no 5º dia após a publicação (15º dia nas Regiões Autónomas e 30º dia no estrangeiro).

5. Classificação dos regulamentos: regulamentos de execução e regulamentos independentes

31. A classificação assenta no critério do grau de dependência do regulamento em relação à lei. Como já foi dito, o fundamento do poder regulamentar reside na lei. Enquanto manifestações de poder emanadas da Administração, os regulamentos estão colocados numa posição de dependência em relação às normas de grau hierárquico superior, emanadas sob a forma de atos legislativos. Se *não há Administração sem lei*, também não há poder normativo da Administração sem lei.

É, por conseguinte, em função da intensidade do grau de dependência do regulamento em relação a uma lei anterior que se classificam e diferenciam os *regulamentos de execução* e os *regulamentos inde-*

([151]) Solução que suscita diversas perplexidades e problemas: para uma síntese, cfr., por todos, com outras referências, ANA GONÇALVES MONIZ, *op. cit.*, pp. 534-537.

pendentes. Alguns Autores distinguem, entretanto, no seio da primeira destas categorias, entre *regulamentos de execução*, diríamos nós, *em sentido estrito ou propriamente ditos*, e *regulamentos complementares* ([152]).

32. Na sua generalidade, os regulamentos são *regulamentos de execução*. Estes regulamentos estabelecem condições para a aplicação prática de uma lei, regulando aspectos de pormenor, e dão resposta a questões técnicas que a lei deixou em aberto. Limitam-se, portanto, a extrair consequências de uma lei que os precede e por isso apresentam uma ligação mais estreita em relação à lei. São estes regulamentos que a CRP tem em vista quando, na primeira parte do seu artigo 112º, nº 7, determina que "os regulamentos devem indicar expressamente as leis que visam regulamentar".

Para quem, neste contexto, distinga entre *regulamentos de execução em sentido estrito* e *regulamentos complementares*, dir-se-á, entretanto, que os primeiros são indispensáveis à aplicação prática da lei, dirigindo-se, assim, a possibilitar essa aplicação, ao passo que os segundos completam aspectos que a lei não pormenorizou, mas que não são necessários para que a lei adquira exequibilidade ([153]).

Fora das matérias de reserva absoluta ou relativa de competência legislativa da Assembleia da República, tem sido sustentada a possibilidade de uma interpretação restritiva do artigo 112º, nº 5, da CRP, na medida em que a correcta execução das leis não dispensa, por vezes, a introdução de normas integrativas ou interpretativas. Nesta perspectiva, a proibição contida naquele preceito apenas terá em vista impedir a *deslegalização* pura e simples da atividade de interpretação e integração, mediante a remissão para regulamento do poder genérico de resolução (autêntica) de todas as questões de interpretação e integração que determinada lei possa suscitar ([154]).

([152]) Assim, REBELO DE SOUSA/SALGADO DE MATOS, *op. cit.*, vol. III, pp. 256-257.

([153]) Assim, REBELO DE SOUSA/SALGADO DE MATOS, *op. cit.*, vol. III, pp. 256-257.

([154]) Neste sentido, cfr. VIEIRA DE ANDRADE, *op. cit.*, pp. 63-64; AFONSO QUEIRÓ, *op. cit.*, p. 11; e, na jurisprudência do Tribunal Constitucional, os Acórdãos nº 1/92 e 262/97, e CARDOSO DA COSTA, *op. cit.*, pp. 198-199. Em sentido crítico, cfr., porém, JORGE MIRANDA//RUI MEDEIROS, *op. cit.*, pp. 262-263.

Já dentro das referidas áreas de reserva, a Administração não pode desenvolver a produção normativa inicial que a lei tenha estabelecido sobre a matéria, pelo que o regulamento de execução não pode ir para além da estrita pormenorização ou procedimentalização das normas contidas na lei regulamentada. Aplicam-se, pois, integralmente, as restrições impostas pelo artigo 112º, nº 5, da CRP. Por outro lado, nessas matérias, cuja essencialidade exige um tratamento normativo rodeado de maiores garantias, só podem existir, como já foi referido, *regulamentos de execução*.

33. Os *regulamentos independentes* são regulamentos que a Administração edita sem referência imediata ao conteúdo de uma lei anterior que se pretenda executar, em ordem a introduzir *disciplina inovadora* sobre determinada matéria.

A existência deste tipo de regulamentos é expressamente admitida pela CRP, que, no seu artigo 112º, nº 6, se refere expressamente aos regulamentos independentes emanados pelo Governo, determinando que eles revistam a forma de *decreto regulamentar*.

Por outro lado, o artigo 112º, nº 7, da CRP estabelece que "os regulamentos devem indicar expressamente as leis que visam regulamentar ou que definem a competência subjetiva e objetiva para a sua emissão".

Na sua primeira parte, este preceito tem em vista, como já foi dito, os regulamentos de execução; na sua segunda parte, o preceito tem, entretanto, em vista os regulamentos independentes. O artigo 112º, nº 7, da CRP admite, portanto, a emanação de regulamentos apenas precedidos de uma pura *norma de produção normativa* ([155]), isto é, de uma lei que se limite a atribuir aos órgãos que os emanem *(competência subjetiva)* a competência para introduzirem disciplina normativa de conteúdo inovador sobre determinada matéria *(competência objetiva)*.

Como já atrás tinha sido referido, impõem-se, entretanto, os seguintes limites ao exercício do poder regulamentar independente:

a) Nunca um regulamento pode derrogar disposição legal anterior *(primado da lei em sentido negativo* ou *preferência de lei)*;

([155]) Cfr. GOMES CANOTILHO/VITAL MOREIRA, *op. cit.*, p. 72.

b) À emissão de regulamentos independentes opõe-se a existência de áreas de reserva de ato legislativo. Nestes domínios, apenas se admite a emanação de regulamentos de estrita execução da lei. Coloca-se, entretanto, a questão de saber se o desenvolvimento, por parte do Governo, de disciplina normativa introduzida por leis da Assembleia da República que se limitem a enunciar os princípios ou bases gerais de regimes jurídicos pode ser feito através de regulamento independente: parece que não, atendendo a que o artigo 198º, nº 1, alínea c), da CRP parece estabelecer, nesse domínio, uma *reserva de ato legislativo*, exigindo que tal desenvolvimento seja feito por decreto-lei [156].

34. Dentro da categoria dos *regulamentos independentes,* há que distinguir os regulamentos independentes emanados pelo Governo, que a CRP, no artigo 112º, nº 6, submete, como já foi dito, à observância da forma do *decreto regulamentar,* e os regulamentos independentes que são emanados pelas formas de Administração Autónoma, no exercício do poder de autonormação que lhes é outorgado pela CRP, e a que é dado o nome de *regulamentos autónomos*. A ambos faremos referência de seguida. Avulta, por outro lado, o recente (e problemático) fenómeno do poder regulamentar independente das entidades reguladoras, que justificará uma referência final.

a) Regulamentos autónomos

O artigo 227º, nº 1, alínea d), da CRP reconhece às Regiões Autónomas o mais amplo poder de autorregulamentação. A exigência constitucional de base legal para a emanação de regulamentos independentes autonómicos parece poder satisfazer-se com a previsão dos poderes normativos dos órgãos das Regiões Autónomas que constam dos Estatutos Político-Administrativos de cada Região Autónoma. Por regra, os regulamentos de âmbito regional são regulamentos especiais, que,

---

[156] Cfr. Acórdãos nº 24/83 e 92/85 do Tribunal Constitucional; PAULO OTERO, *O desenvolvimento de leis de bases pelo Governo,* Lisboa, 1997, pp. 57-62; JORGE MIRANDA, *Manual de Direito Constitucional,* vol. V, p. 376; GOMES CANOTILHO/VITAL MOREIRA, *op. cit.,* pp. 481-482.

nessa medida, se sobrepõem aos regulamentos gerais, emanados pelos órgãos da República. Isto, naturalmente, desde que sejam válidos, o que não sucederá se forem inovadores em matéria de reserva de competência legislativa dos órgãos da República ou se introduzirem especificidades de âmbito regional sem razões que o justifiquem.

Por outro lado, a CRP também reconhece às autarquias locais, no seu artigo 241º, um *poder de autonormação próprio, que à lei apenas cumpre delimitar*. A exigência constitucional de base legal para a emanação de regulamentos independentes autárquicos satisfaz-se, assim, com a previsão dos poderes normativos dos órgãos autárquicos que constam das leis que, em termos gerais, regulam o quadro das atribuições e competências das autarquias locais, sem necessidade de lei que, caso a caso, habilite à emanação de cada regulamento ([157]). Discute-se, entretanto, a questão da admissibilidade da emanação de regulamentos autónomos das autarquias locais em áreas de reserva de competência legislativa, designadamente em domínios que contendam com direitos, liberdades e garantias ([158]).

Os regulamentos que o Governo possa emanar no exercício dos seus poderes de tutela (artigo 242º da CRP) prevalecem sobre os regulamentos das autarquias locais. Esses regulamentos devem ser, porém, regulamentos de estrita execução da legislação sobre as autarquias locais, prevista no artigo 237º, nº 1, da CRP. Com efeito, o artigo 242º da CRP refere-se apenas a uma tutela de legalidade: ora, só a legislação prevista no artigo 237º, nº 1, da CRP pode impor-se às autarquias locais no âmbito da respectiva autonomia.

b) *Regulamentos independentes emanados pelo Governo*

A doutrina tem-se, entretanto, dividido quanto à questão de saber que tipo de "lei" deve definir a competência do Governo para a emanação

---

([157]) Cfr., por todos, J. C. VIEIRA DE ANDRADE, "Autonomia regulamentar e reserva de lei", in *Estudos em Homenagem ao Prof. Doutor Afonso Rodrigues Queiró*, Coimbra, 1984, p. 22; SÉRVULO CORREIA, *Legalidade...*, p. 267; ANA GONÇALVES MONIZ, *op. cit.*, pp. 540-541.

([158]) Para o quadro do problema, cfr., com diferentes perspetivas, VIEIRA DE ANDRADE, "Autonomia regulamentar e reserva de lei", pp. 21 segs.; SÉRVULO CORREIA, *Legalidade...*, pp. 270 segs.; GOMES CANOTILHO/VITAL MOREIRA, *op. cit.*, p. 740.

de regulamentos independentes, para os efeitos do disposto na segunda parte do mencionado artigo 112º, nº 7, da CRP.

Há, na verdade, quem veja no artigo 199º da CRP o fundamento jurídico comum dos regulamentos independentes do Governo: a competência objetiva do Governo para a emanação de tais regulamentos fundar-se-ia, assim, na alínea g) do artigo 199º da CRP, que habilita o Governo a "praticar todos os atos e tomar todas as providências necessárias à promoção do desenvolvimento económico-social e à satisfação das necessidades coletivas" ([159]). E é prática corrente a emanação, sob a forma de decretos regulamentares, de regulamentos independentes nestas condições.

Neste sentido concorreria a circunstância de, através da emissão de um decreto-lei, o próprio Governo poder emanar a lei habilitante de que necessita para produzir o regulamento independente. Por outro lado, como, nos termos do artigo 112º, nº 6, da CRP, os regulamentos independentes do Governo revestem obrigatoriamente a forma de decreto regulamentar, a sua aprovação obedece a um procedimento em larga medida coincidente com o de aprovação dos próprios decretos-leis, e que, embora não envolva a colegialidade decorrente da aprovação em Conselho de Ministros, inclui a promulgação pelo Presidente da República e a referenda do primeiro-ministro, o que pode ser visto como uma forma de compensar a ausência de ato legislativo específico de habilitação ([160]).

O entendimento maioritário na doutrina parece ir, contudo, no sentido de que só um ato legislativo específico pode atribuir ao Governo, caso a caso, a competência para emanar um regulamento independente relativamente a cada tipo de matéria ([161]).

([159]) Cfr. AFONSO QUEIRÓ, *op. cit.*, pp. 11 segs.; SÉRVULO CORREIA, *Legalidade...*, pp. 204 segs.; VIEIRA DE ANDRADE, *op. cit.*, pp. 65-67; JORGE MIRANDA/RUI MEDEIROS, *op. cit.*, pp. 724 segs. (cfr., no entanto, p. 277).
([160]) Para a mais detida exposição dos argumentos no sentido enunciado no texto, cfr., por último e por todos, com outras referências, JORGE MIRANDA/RUI MEDEIROS, *op. cit.*, pp. 724 segs..
([161]) Neste sentido, cfr. GOMES CANOTILHO/VITAL MOREIRA, *op. cit.*, pp. 72-73; MANUEL AFONSO VAZ, *op. cit.*, pp. 489 segs.; FREITAS DO AMARAL, *op, cit.*, pp. 209-210, com outras referências na nota 325; REBELO DE SOUSA/SALGADO DE MATOS, *op. cit.*, vol. I, pp. 168-171.

Nesta perspetiva, os regulamentos independentes têm de ter, em cada caso, o seu fundamento num ato legislativo específico que diga que, nessa matéria, pode ser emanado um regulamento independente: a chamada *lei habilitante*. E a circunstância de o artigo 112º, nº 6, da CRP, determinar que os regulamentos independentes do Governo revestem obrigatoriamente a forma de decreto regulamentar tem apenas o propósito de impedir que o Governo recorra a regulamentos independentes, em vez de utilizar directamente o instrumento legislativo do decreto-lei, com o objetivo de se furtar aos requisitos e controlos específicos da produção legislativa ([162]).

c) O problema do poder regulamentar independente das entidades reguladoras

Justifica referência específica o problema do poder regulamentar independente que, com latitude crescente, a lei tem vindo a conceder às entidades administrativas independentes do Governo que exercem funções de *regulação administrativa*, no sentido oportunamente explicitado ([163]).

Com efeito, como foi notado no capítulo anterior, se a diminuição da intensidade da disciplina legal dos poderes da Administração é, hoje, identificada pela doutrina como uma tendência de âmbito geral, a verdade é que o fenómeno avulta com particular nitidez no domínio da regulação administrativa, em que, mais do que em nenhum outro, se multiplicam as manifestações de *autocontenção do legislador*, mediante as quais a lei tende a limitar-se a conferir às entidades reguladoras a *habilitação formal* para o exercício de poderes de autoridade.

Ora, o ponto avulta, precisamente, no que respeita ao poder regulamentar. Com efeito, a generalidade dos regulamentos emanados pelas entidades reguladoras são *regulamentos independentes*, que introduzem

---

([162]) Neste sentido, GOMES CANOTILHO/VITAL MOREIRA, *op. cit.*, p. 73.
([163]) Como, na verdade, já foi recordado no capítulo anterior, o conceito de *regulação* não é entendido de modo unívoco na doutrina comparada, mas ainda que nele se entenda incluir uma dimensão legislativa, consubstanciada nas normas legais instituidoras dos sistemas regulatórios públicos e disciplinadoras da atuação das entidades administrativas reguladoras e dos agentes por elas regulados, a *regulação administrativa* há de reportar-se à atividade que as entidades reguladoras desenvolvem no exercício das suas funções.

disciplina inovadora sobre as matérias a que respeitam, sem se reportarem ao conteúdo de uma lei anterior, na medida em que são apenas precedidos de uma pura *norma de produção normativa*, isto é, de uma lei que se limita a atribuir a competência objetiva e subjetiva para a sua emissão, o que, como vimos oportunamente, suscita dificuldades de enquadramento no nosso ordenamento jurídico-constitucional ([164]).

([164]) Sobre o tema, cfr., por todos, PEDRO GONÇALVES, "Direito Administrativo da Regulação", publicado nos *Estudos em Homenagem ao Professor Doutor Marcello Caetano*, vol. II, Coimbra, 2006, pp. 535 segs., e republicado no livro do mesmo Autor *Regulação, Eletricidade e Telecomunicações — Estudos de Direito Administrativo da Regulação*, Coimbra, 2008, pp. 7 segs., e outras referências indicadas no capítulo anterior.

II
Ato administrativo

— I —
Âmbito do conceito e categorias de atos administrativos

1. Enquadramento

35. Embora ocupe uma posição central na teoria geral do Direito Administrativo, o conceito de *ato administrativo* não corresponde a uma realidade que, seja numa perspetiva de direito comparado, seja mesmo numa perspetiva de análise circunscrita às fronteiras de cada um dos países do sistema de administração europeu continental, possa ser definida e delimitada nos seus contornos em termos claros e unívocos.

Nas palavras de *André de Laubadère*, "poderia pensar-se que uma noção tão fundamental em direito administrativo como a do ato administrativo foi objeto de uma definição única e certa. Não é o caso. A categoria dos atos administrativos engloba todos os atos emanados da administração? E não engloba senão esses atos? Estende-se ela aos actos de alcance regulamentar ou limita-se às medidas individuais e particulares? Compreende os atos contratuais assim como os atos unilaterais? Não se estende senão aos atos que relevam do direito administrativo e da competência contenciosa da jurisdição administrativa? Tantos os pontos sobre os quais os sistemas nacionais e as respostas doutrinais são diversas" ([165]).

([165]) Cfr. ANDRÉ DE LAUBADÈRE/JEAN-CLAUDE VENEZIA/YVES GAUDEMET, *Traité de Droit Administratif*, tomo 1, 15ª ed., Paris, 1999, p. 617.

De país para país e, dentro de cada país, de Autor para Autor, tendem, na verdade, a variar os entendimentos sobre o conceito de ato administrativo e as respetivas fronteiras ([166]) — especialmente num contexto caraterizado pela emergência de novas formas de atuação da Administração Pública, como é aquele que as sociedades europeias têm vivido em tempos mais recentes.

A nosso ver, isso deve-se ao facto de o conceito de ato administrativo ter nascido e se ter desenvolvido num (inevitável) contexto de profunda indefinição dogmática sobre os instrumentos de atuação jurídica da Administração Pública — o contexto que, naturalmente, existia durante o processo de edificação do Estado de Direito, em que o conceito de *juridicidade* da atividade administrativa foi sendo construído por referência à *sindicabilidade* (isto é, à fiscalização da legalidade) dos atos da Administração Pública pelos órgãos do contencioso administrativo. Nesse contexto, é natural que a *atuação jurídica* da Administração Pública tendesse a ser identificada com os *atos contenciosamente sindicáveis* que ela produzia. E, portanto, que os quadros terminológicos fossem sendo construídos nessa perspectiva.

Foi, desde logo, o que sucedeu no panorama jurídico alemão, onde, no decurso do século XIX e, com ele, com a afirmação do objetivismo da escola positivista, mais depressa se evoluiu para a assunção do postulado de que a submissão da Administração Pública ao Direito exigia que a atuação administrativa juridicamente relevante — isto é, a actuação que, projetando-se para fora do âmbito da própria Administração Pública, envolvesse ingerência nos direitos fundamentais dos cidadãos — se fundasse na prévia emissão formal de um ato jurídico, passível de ser fiscalizado quanto à sua legalidade ([167]). Nesta perspe-

---

([166]) Neste sentido, cfr., por exemplo, DIOGO FREITAS DO AMARAL, *Curso de Direito Administrativo*, vol. II, 2ª ed., Coimbra, 2011, p. 237; MÁRIO ESTEVES DE OLIVEIRA, *Direito Administrativo*, Coimbra, 1980, p. 372; MASSIMO SEVERO GIANNINI, *Diritto Amministrativo*, vol. II, 3ª ed., Milão, 1993, p. 235.

([167]) Cfr. ESTEVES DE OLIVEIRA, *op. cit.*, p. 371. Assumindo, nesta perspetiva, que o ato administrativo cumpre uma função de "cisão entre *poder determinante* (...) e *poder constitutivo*", cfr. RENATO ALESSI, *Principi di Diritto Amministrativo*, vol. I, 4ª ed., Milão, 1978, p. 305. No dizer de MICHEL STASSINOPOULOS, *Traité des actes administratifs*, Paris, 1957, p. 23, a Administração não aplica a lei "aos casos individuais através de operações mate-

tiva nasceu o conceito globalizante do *Verwaltungsakt*, que, tal como veio a ser cunhado por *Otto Mayer*, no dealbar do século XX, ainda hoje impera na dogmática jusadministrativa alemã.

Também no panorama jurídico francês, a influência das referidas correntes de pensamento conduziu, pela mesma altura, à afirmação da *decisão executória* como o epicentro da atuação jurídica da Administração Pública. Circunstâncias relacionadas com o modo próprio de evolução do contencioso administrativo francês conduziram, porém, a que o conceito de *ato administrativo* não fosse identificado, por inteiro, com o de *decisão executória*, com o que se seguiu uma trajetória — comum, de resto, à Itália e, por via disso, à Espanha e a Portugal — de diferenciação, dentro do próprio conceito de *ato administrativo*, entre as manifestações que consistem em *decisões executórias* e aquelas que não correspondem a esse modelo. A *decisão executória* perfila-se, em todo o caso, como o *ato príncipe* da Administração, que, dentro do universo das atuações administrativas, é o *ato recorrível*, que pode ser objeto de fiscalização contenciosa da legalidade no âmbito do competente recurso por excesso de poder.

36. A exemplo do que sucedeu nos outros países europeus, também no ordenamento jurídico português, o conceito de *ato administrativo* foi sendo construído, na ausência, até tempos recentes, de qualquer definição normativa, a partir de uma elaboração doutrinal baseada em dados jurisprudenciais.

Pode dizer-se que, no essencial, a construção dogmática do conceito ficou, entre nós, a dever-se ao labor científico de *Marcello Caetano*, que, de harmonia com a jurisprudência nacional e seguindo, neste ponto, a linha adotada nos ordenamentos jurídicos francês e italiano, o configurou com um sentido amplo, identificando-o, na mais recente das versões propostas, com a "conduta voluntária de um órgão da Administração que, no exercício de um poder público e para prossecução

---

riais imediatas, mas deve afirmar por uma declaração prévia de vontade — submetida a uma forma determinada — que o caso individual em questão foi julgado por ela como caindo sob a disposição da lei e que ela decidiu exercer o seu poder discricionário de uma dada forma".

de interesses postos por lei a seu cargo, produza efeitos jurídicos num caso concreto" ([168]).

Ao lado deste conceito amplo de ato administrativo, propunha, entretanto, o ilustre Autor o conceito mais restrito de *ato administrativo definitivo e executório*, que definia como "a conduta voluntária de um órgão da Administração no exercício de um poder público que, para prossecução de interesses a seu cargo, pondo termo a um processo gracioso ou dando resolução final a uma petição, defina, com força obrigatória e coerciva, situações jurídicas num caso concreto" ([169]), fixando "os direitos da Administração ou os dos particulares, ou os respectivos deveres, nas suas relações jurídicas" ([170]), e que podia ser objeto de impugnação contenciosa.

Foi este o entendimento que prevaleceu durante o período do Estado Novo ([171]). Desde a instituição do Estado de Direito democrático em Portugal, a doutrina portuguesa tem-se mostrado, entretanto, dividida quanto à questão da identificação (e delimitação) do conceito de ato administrativo, enquanto categoria classificatória das manifestações jurídicas concretas que são produzidas pela Administração.

Para uns, seguindo a escola de *Marcello Caetano* e, com ela, a tradição forjada, durante o Estado Novo, pela jurisprudência do Supremo Tribunal Administrativo, deveria manter-se a distinção entre atos administrativos definitivos e atos administrativos não-definitivos, a partir de um conceito amplo de ato administrativo, que continuaria

---

([168]) Cfr. MARCELLO CAETANO, *Manual de Direito Administrativo*, vol. I, 10ª ed., Coimbra 1973, p. 428.

([169]) Cfr. MARCELLO CAETANO, *op. cit.*, pp. 463-464.

([170]) Este último segmento, que nos parece essencial, embora não conste da definição oferecida no passo citado na nota anterior, integra o conceito de *definição de situações jurídicas*, tal como, noutro passo da exposição, o Autor o apresenta quando explica o sentido e alcance da *definitividade* do ato: cfr. MARCELLO CAETANO, *op. cit.*, p. 444.

([171]) Ainda que com diferenças, também no vigente direito espanhol a doutrina perfilha um conceito muito amplo de ato administrativo, que, entretanto, a jurisprudência circunscreve para efeitos de impugnação contenciosa: cfr., por todos, LUCIANO PAREJO ALFONSO/A. JIMÉNEZ-BLANCO/L. ORTEGA ÁLVAREZ, *Manual de Derecho Administrativo*, vol. I, 5ª ed., Barcelona, 1998, pp. 706-707. Para a defesa do conceito doutrinal amplo, cfr., entretanto, EDUARDO GARCIA DE ENTERRÍA/TOMÁS-RAMÓN FERNÁNDEZ, *Curso de Derecho Administrativo*, vol. I, 8ª ed., Madrid, 1997, pp. 533-540.

a compreender as duas subespécies ([172]). Para outros, sobretudo influenciados pela doutrina alemã, essa distinção deveria ser, pelo contrário, abandonada e, por conseguinte, adotado um conceito restrito de ato administrativo, que deixasse de fora as manifestações jurídicas não impugnáveis, a enquadrar numa categoria distinta de atos jurídicos, a qualificar, por influência italiana, como *atos instrumentais* ([173]).

2. A questão à face do regime do Código do Procedimento Administrativo

37. Em nossa opinião, a questão, nos nossos dias, não pode deixar de ser, em primeira linha, analisada, no ordenamento jurídico português, por referência ao artigo 120º do CPA, que fornece uma definição legal de ato administrativo, dizendo que, para o efeito daquele Código, se consideram atos administrativos "as decisões dos órgãos da Administração que ao abrigo de normas de direito público visem produzir efeitos jurídicos numa situação individual e concreta".

Com efeito, embora o preceito refira que a definição nele consagrada apenas vale para os efeitos do Código e a doutrina não se encontre vinculada por definições legais, a verdade é que o essencial do regime que, ao longo de décadas, doutrina e jurisprudência foram construindo em torno do conceito de ato administrativo está, hoje, consagrado no CPA ([174]). Como o artigo 120º delimita o âmbito de aplicação desse regime, temos, por conseguinte, dificuldade em vislumbrar o sentido ou a utilidade de, para fins estritamente doutrinais, se conceber um con-

---

([172]) Cfr., por todos, DIOGO FREITAS DO AMARAL, *Direito administrativo*, vol. III, policop., Lisboa, 1989, pp. 205 segs.; PAULO OTERO, *Direito Administrativo — Relatório*, Lisboa, 1998, p. 370.

([173]) Cfr. ROGÉRIO EHRHARDT SOARES, *Direito Administrativo*, policop., Coimbra, 1978, pp. 51 segs.; SÉRVULO CORREIA, *Noções de Direito Administrativo*, vol. I, Lisboa, 1982, pp. 277 segs.

([174]) No sentido do texto, reconhecem M. ESTEVES DE OLIVEIRA/PEDRO GONÇALVES/J. PACHECO DE AMORIM, *Código do Procedimento Administrativo Comentado*, 2ª ed., Coimbra, 1998, pp. 548-549, que "valer a noção dada no art. 120º apenas para efeitos do Código já não é, contudo, coisa de pouca monta".

ceito de ato administrativo diferente daquele que o CPA utiliza como critério de aplicabilidade do essencial do regime que corresponde à teoria geral do ato administrativo.

Uma parte da doutrina tem reconduzido a noção de ato administrativo introduzida pelo artigo 120º do CPA ao conceito amplo de ato administrativo de *Marcello Caetano* ([175]). Pela nossa parte, quer-nos, porém, parecer que, quer do teor do referido preceito, quer do conteúdo das disposições que integram o correspondente Capítulo II da Parte IV do CPA, resulta que o *ato administrativo* cujo regime ali se encontra consagrado possui uma *extensão intermédia*, que nem corresponde ao conceito amplo de que partia *Marcello Caetano*, nem tãopouco corresponde ao conceito restrito, de inspiração germânica, que entre nós foi proposto por Autores como *Rogério Ehrhardt Soares* e *Sérvulo Correia* ([176]).

([175]) Cfr., por exemplo, MARCELO REBELO DE SOUSA, "Regime do ato administrativo", *Direito e Justiça*, vol. VI (1992), p. 38; PAULO OTERO, *op. loc. cits.*; VASCO PEREIRA DA SILVA, *Em busca do ato administrativo perdido*, Coimbra, 1996, p. 624.
Faça-se, contudo, notar que é diferente a posição entretanto adotada sobre a matéria por REBELO DE SOUSA/SALGADO DE MATOS, *Direito Administrativo Geral*, vol. III, na medida em que, embora, a p. 85, os Autores pareçam subscrever a tese do caráter amplo da noção de ato administrativo, a ressalva logo introduzida a p. 86, com remissão para as pp. 444-445, onde excluem dessa categoria as informações burocráticas, os pareceres e as propostas de decisão, que qualificam como "atos opinativos" e enquadram na categoria genérica das "simples atuações materiais", evidencia que, na realidade, assim não é. Acrescente-se que, como, por outro lado, a p. 99, qualificam como atos administrativos os atos decisórios internos, os referidos Autores adotam posição coincidente com aquela que defendemos no texto e que se orienta, como de seguida se verá, no sentido da atribuição de uma extensão intermédia ao conceito de ato administrativo.

([176]) Como referido na nota precedente, idêntica posição foi entretanto adotada por REBELO DE SOUSA/SALGADO DE MATOS, *Direito Administrativo Geral*, vol. III: é, na verdade, essa a posição que resulta da conjugação das posições assumidas pelos Autores a pp. 85-86, 99 e 444-445, onde, por um lado, excluem da categoria de ato administrativo as informações burocráticas, os pareceres e as propostas de decisão, que qualificam como "atos opinativos" e enquadram na categoria genérica das "simples atuações materiais", e, por outro lado, incluem na categoria do ato administrativo os atos decisórios internos.

2.1. O ato administrativo como ato de conteúdo decisório

38. Para o afastamento do conceito amplo de que partia *Marcello Caetano*, concorre, de modo, a nosso ver, decisivo, a utilização, na economia do preceito, do termo *"decisões"*. Com efeito, o artigo 120º do CPA veio introduzir no conceito de ato administrativo um novo componente, que *Marcello Caetano* não lhe associava e que reside no *conteúdo decisório*: os atos administrativos são definidos como *decisões* ([177]). O preceito remete-nos, assim, para uma distinção que separa os atos que, por terem conteúdo decisório, devem ser qualificados como *atos administrativos*, de outros que, como os pareceres (não vinculativos), as informações ou as propostas, mas também os atos confirmativos e opin(i)ativos, *Marcello Caetano* também enquadrava no seu conceito amplo de ato administrativo, mas que, por não terem conteúdo decisório, não devem ser, hoje, qualificados desse modo ([178]).

A nosso ver, a imputação ao ato administrativo de um conteúdo decisório tem o alcance de, em contraponto com os atos que apenas exprimem declarações de ciência, juízos de valor ou opiniões, o configurar como a expressão de uma declaração de vontade, dirigida a determinar o rumo de acontecimentos ou o sentido de condutas a adotar ([179]). Infletindo na linha tradicionalmente seguida entre nós, de partir de um conceito muito amplo de ato administrativo, o artigo 120º

([177]) Assinalando o facto, cfr. FREITAS DO AMARAL, *Curso...cit.*, vol. II, pp. 249-250.
([178]) Para a contraposição, aliás, entre a decisão e eventuais pareceres, informações ou propostas que a precedam, cfr. o disposto no artigo 125º, nº 1, do CPA.
([179]) É o sentido que decorre da palavra *decisão*, que, no plano filosófico, "apresenta o momento da escolha e resolução", através de "um juízo prático definitivo de valor e preferência, que anuncia uma ordem e decide o movimento a executar ou a ação a praticar" e "ao mesmo tempo é *atividade eletiva* (enquanto escolhe um ato a produzir), e *inibitória* (ao recalcar os juízos contrários)" (cfr. "Decisão" in *Enciclopédia Logos, I*). Na verdade, *decidir* é "estabelecer definitivamente o que fazer; tomar uma resolução ou decisão" ("Decidir", in *Dicionário da Língua Portuguesa Contemporânea da Academia das Ciências de Lisboa*, vol. I, p. 1073); sendo que "*decisão* é o processo pelo qual um ou mais indivíduos selecionam uma ação de entre um conjunto de alternativas para, de acordo com certos critérios, atingir objetivos preestabelecidos" ("Decisão (Teoria da)", in *Enciclopédia Polis, 2*); e que "o *ato de decidir* consiste na manifestação de vontade pela qual se suprime a indeterminação anterior à fase de execução" ("Decisão política", in *Enciclopédia Polis, 2*).

do CPA parece ter, portanto, optado por um conceito mais restrito, que não cobre todas as manifestações jurídicas unilaterais e concretas da Administração Pública.

E, se bem se reparar, a evolução não surpreende.

Com efeito, e como já foi referido, a adoção de um conceito restrito de ato administrativo tinha sido defendida entre nós, com assinalável impacte, na doutrina mais recente e autorizada, por *Rogério Ehrhardt Soares*, em 1978, e por *Sérvulo Correia*, em 1982 ([180]).

Por outro lado, afigura-se da maior importância notar — pela evidente influência que, enquanto presidente da respetiva comissão redatora, o seu pensamento teve, em múltiplos aspetos, na determinação das soluções consagradas no CPA — que também na obra de *Diogo Freitas do Amaral* que precedeu o CPA a ideia estava presente, e com um peso bastante superior àquele que, numa análise mais superficial, o leitor menos atento poderia ser levado a pensar.

Com efeito, embora adotando um conceito amplo de ato administrativo, similar ao proposto por *Marcello Caetano* ([181]), a verdade é que era já de um conceito restrito, de conteúdo decisório, que o referido Autor partia, nas suas lições, para a análise da estrutura do ato administrativo ([182]) e era exclusivamente a um tal conceito que, nessa sede, se reportava ([183]), designadamente nos fundamentais excursos dedicados à importância do ato administrativo no Direito Administrativo e à sua natureza jurídica ([184]). Razão pela qual cumpre reconhecer que a abordagem a que o ilustre Autor procedia do conceito do ato administrativo definitivo e executório surgia, no contexto do seu ensino, como um tanto redundante, na parte em que se reportava ao plano da definitividade material, na medida em que o Autor já caracterizava o

---

([180]) Cfr. EHRHARDT SOARES, *op. cit.*, pp. 51 segs.; SÉRVULO CORREIA, *Noções de Direito Administrativo*, pp. 277 segs.

([181]) Cfr. FREITAS DO AMARAL, *Direito Administrativo*, vol. III, p. 66.

([182]) Cfr. FREITAS DO AMARAL, *Direito Administrativo*, vol. III, p. 117.

([183]) Cfr. FREITAS DO AMARAL, *Direito Administrativo*, vol. III, designadamente a pp. 62 e 65.

([184]) Cfr. FREITAS DO AMARAL, *Direito Administrativo*, vol. III, pp. 96-98 e 103 segs., respetivamente.

próprio ato administrativo como o *ato de autoridade típica*, associando-
-lhe, assim, os atributos correspondentes ao ato definitivo ([185]).

Por outro lado, embora o ilustre Autor incluísse na tipologia dos atos administrativos, ao lado dos atos impositivos e dos atos permissivos, um terceiro tipo, correspondente aos *meros atos administrativos* ([186]), a verdade é que, na própria apresentação da tipologia, os exemplos de ato administrativo que indicava tinham todos conteúdo decisório e não cobriam esse terceiro tipo ([187]), que surgia, assim, como um corpo estranho, cuja designação, aliás, baseada na contraposição que, em direito privado, se estabelece entre os *meros atos jurídicos* e os *negócios jurídicos* ([188]), sugeria a possibilidade da sua autonomização numa categoria substantiva distinta — autonomização que veio, de facto, a concretizar-se, já depois do CPA, a partir do momento em que o Autor passou a apresentar os ditos *meros atos administrativos* como pertencentes a uma categoria perfeitamente autónoma de atos jurídicos, que optou por qualificar como *atos instrumentais* ([189]).

Mas, mais importante do que tudo isto, afigura-se-nos ser, entretanto, a evolução expressamente assumida por *Diogo Freitas do Amaral* em relação ao pensamento de *Marcello Caetano*, quanto ao conceito de *decisão*, que o Autor veio definir, inovatoriamente, como o ato que contém a solução de um determinado caso concreto ([190]). Neste quadro de ideias, não surpreende, pois, a emergência do conceito de *decisão* no artigo 120º do CPA, como também não surpreende a relativa facilidade com que, sem grandes inflexões no discurso, o insigne Autor, no segundo volume do seu *Curso de Direito Administrativo*, posterior à aprovação do Código, veio a extrair as consequências da adoção de

---

([185]) Neste sentido, cfr. FREITAS DO AMARAL, *Direito Administrativo*, vol. III, a pp. 96 e 97, por um lado (a propósito do ato administrativo), e a pp. 207 e 213 pelo outro (a propósito do ato definitivo).

([186]) Cfr. FREITAS DO AMARAL, *Direito Administrativo*, vol. III, pp. 134 segs.

([187]) Cfr. FREITAS DO AMARAL, *Direito Administrativo*, vol. III, pp. 125-126.

([188]) Afigurando-se, por isso, sintomática a atenção dispensada ao confronto das figuras do ato administrativo e do negócio jurídico: cfr. FREITAS DO AMARAL, *Direito Administrativo*, vol. III, pp. 103 segs.

([189]) Cfr. FREITAS DO AMARAL, *Curso...cit.*, vol. II, pp. 300 segs.

([190]) Cfr. FREITAS DO AMARAL, *Direito Administrativo*, vol. III, pp. 148-149.

uma conceção restrita do ato administrativo ([191]), que, embora ainda de forma um tanto embrionária, já se encontrava, como se vê, latente na sua obra precedente.

A nosso ver, a definição de ato administrativo do artigo 120º do CPA remete-nos, pois, para um *conceito relativamente restrito de ato administrativo*, que o circunscreve aos *atos com conteúdo decisório*, às *decisões*. Dele ficam, portanto, excluídos todos os atos sem conteúdo decisório, isto é, todas as manifestações jurídicas que, por apenas conterem declarações de ciência, juízos de valor ou opiniões, não exprimam resoluções que determinem o rumo de acontecimentos ou o sentido de condutas a adotar ([192]). É o que sucede com a generalidade dos atos preparatórios dos procedimentos administrativos, como é o caso dos pareceres (não vinculativos), das informações e das propostas ([193]).

Já possuem, entretanto, conteúdo decisório e são, por isso, atos administrativos, os atos que, ao longo de procedimentos administrativos escalonados ou faseados, contenham verdadeiras pré-decisões, sejam elas decisões prévias (que decidem em termos definitivos questões prévias àquela que tem de ser decidida no termo do procedimento) ou decisões parcelares (que decidem em termos definitivos uma parte

---

([191]) Cfr. FREITAS DO AMARAL, *Curso...cit.*, vol. II, pp. 249 segs.

([192]) No mesmo sentido, cfr. JOÃO CAUPERS, *Introdução ao Direito Administrativo*, 10ª ed., Lisboa, 2009, pp. 232-233; ESTEVES DE OLIVEIRA/PEDRO GONÇALVES/J. PACHECO DE AMORIM, *op. cit.*, pp. 552-553, com ressalva quanto ao que aí é dito sobre os pareceres e classificações vinculativos, aos quais, como adiante se verá, não se nos afigura possível negar conteúdo decisório. Na mesma linha, cfr. também, no direito francês, por exemplo PIERRE-LAURENT FRIER, *Précis de Droit Administratif*, Paris, 2001, pp. 264-265.

([193]) Cfr. REBELO DE SOUSA/SALGADO DE MATOS, *Direito Administrativo Geral*, vol. III, pp. 444-445. Como assinala JOÃO CAUPERS, *op. cit.*, p. 243, nota 147, a deliberação pela qual, v. g., um órgão consultivo decide aprovar um parecer não deixa de ser uma deliberação — e, a nosso ver, não há dúvida de que na deliberação se exprime a vontade e, portanto, a decisão do órgão de assumir esse parecer como seu. O que nos parece é que este componente decisório se esgota no plano interno ao próprio órgão, sem se projetar para fora dele. O ato jurídico que o órgão emite, dirigido ao órgão destinatário, só possui, por isso, um conteúdo valorativo ou avaliativo, o que explica a sua não qualificação como ato decisório e, portanto, como ato administrativo.

das questões a decidir no termo do procedimento) ([194]). Também no que se refere aos pareceres vinculativos, não temos dúvidas em assumir que tais atos não exprimem o exercício de uma função meramente consultiva, mas são atos que, prejudicando o exercício dos poderes decisórios dos órgãos a que se destinam, têm a natureza de atos administrativos, de conteúdo decisório ([195]).

39. Em nossa opinião, a definição de ato administrativo como ato de conteúdo decisório, que, nos termos que acabam de ser enunciados, decorre do artigo 120º do CPA, pode ser reconduzida, até certo ponto (como se verá no nº seguinte), ao conceito do ato administrativo materialmente definitivo, na terminologia que era utilizada pela doutrina anterior ao CPA, na medida em que pode dizer-se que o *conteúdo decisório* estava ínsito na definitividade material do ato administrativo, de que, nesse contexto, se falava.

Como, na verdade, já aqui foi referido, ao lado do conceito amplo de ato administrativo, *Marcello Caetano* propunha o conceito mais restrito de *ato administrativo definitivo e executório*, que definia como "a conduta voluntária de um órgão da Administração no exercício de um poder público que para prossecução de interesses a seu cargo, pondo termo a um processo gracioso ou dando resolução final a uma petição, defina, com força obrigatória e coerciva, situações jurídicas num caso concreto" ([196]), fixando "os direitos da Administração ou os dos particulares, ou os respetivos deveres, nas suas relações jurídicas" ([197]).

([194]) Sobre as figuras mencionadas no texto, cfr. FILIPA URBANO CALVÃO, *Os atos precários e os atos provisórios no Direito Administrativo*, Coimbra, 1998, pp. 45 segs.; FREITAS DO AMARAL, *Curso...cit.*, vol. II, pp. 293-295; V. PEREIRA DA SILVA, *op. cit.*, pp. 699 segs.;

([195]) Sobre o tema, cfr. PEDRO GONÇALVES, "Apontamento sobre a função e a natureza dos pareceres vinculantes", *Cadernos de Justiça Administrativa* nº 0, pp. 6 a 11, cujas conclusões se subscrevem. Cfr. também FREITAS DO AMARAL, *Curso...cit.*, vol. II, pp. 305-306, e V. PEREIRA DA SILVA, *op. cit.*, pp. 703-705.

([196]) Cfr. MARCELLO CAETANO, *op. cit.*, pp. 463-464.

([197]) Este último segmento, que nos parece essencial, embora não conste da definição oferecida no passo citado na nota anterior, integra o conceito de *definição de situações jurídicas*, tal como, noutro passo da exposição, o Autor o apresenta quando explica o sentido e alcance da *definitividade* do ato: cfr. MARCELLO CAETANO, *op. cit.*, p. 444.

Esta categoria dos atos administrativos definitivos e executórios comportava, porém, várias ambiguidades, notadas pela doutrina e que, ainda hoje, se afigura útil assinalar.

Com efeito, numa primeira análise, ele parecia corresponder a uma categoria substantiva de atos administrativos, que, nas palavras de *Marcello Caetano*, traduziria "a manifestação do Poder administrativo", na medida em que dispensaria "a intervenção de qualquer outra autoridade para definir situações jurídicas com força obrigatória e eventualmente coerciva". O ato administrativo definitivo e executório seria, pois, "o *ato de autoridade* da Administração" ([198]). E, nesta medida, comportava uma dimensão material, a que *Diogo Freitas do Amaral* deu justamente o nome de *definitividade material* ([199]).

Mas, tal como sucedeu, na França, com a *decisão executória* e já atrás foi recordado, o conceito do ato administrativo definitivo e executório visava dar resposta à necessidade de delimitar o universo dos *atos administrativos recorríveis*, passíveis de impugnação perante os órgãos do contencioso administrativo. A derradeira expressão da utilização do conceito, precisamente neste sentido, na legislação portuguesa, encontramo-la ainda, de resto, em tempos não tão recuados como isso, no artigo 25º, nº 1, da Lei de Processo nos Tribunais Administrativos, aprovada pelo Decreto-Lei nº 267/85, de 16 de julho.

No conceito do ato administrativo definitivo e executório, era, por isso, possível reconhecer a coexistência de componentes que, dizendo, uns, respeito a elementos intrínsecos, de carácter substantivo, e outros a elementos extrínsecos, com relevância meramente adjectiva, tendiam a misturar o plano material, da identificação e qualificação dos diferentes tipos de manifestações jurídicas concretas da Administração Pública, com o plano processual, da determinação das condições extrínsecas de que depende a impugnação contenciosa dessas manifestações pelos eventuais interessados, e só formavam um todo coerente por referência à função (adjectiva) para a qual todos eram, em conjunto, convocados, de identificar, de entre o mais vasto universo

---

([198]) Cfr. MARCELLO CAETANO, *op. cit.*, p. 463.
([199]) Cfr. FREITAS DO AMARAL, *Direito Administrativo*, vol. III, pp. 209 a 239.

dos atos administrativos, aqueles que deviam poder ser objecto de recurso contencioso.

Ora, para o efeito que importa à presente análise, apenas interessa a dimensão material do conceito, a que, como já foi recordado, *Diogo Freitas do Amaral* deu o nome de *definitividade material* ([200]).

Com efeito, nesta dimensão material, *Marcello Caetano* identificava como definitivo o ato que definia, com força obrigatória e coerciva, situações jurídicas num caso concreto, fixando os direitos da Administração ou dos particulares, ou os respectivos deveres, nas suas relações jurídicas ([201]). Ora, a nosso ver, uma parte significativa dos atos que, de acordo com esta definição, se entendia não serem dotados de definitividade material, deve, hoje, entender-se que estão excluídos do próprio conceito de ato administrativo que resulta do artigo 120º do CPA, na medida em que, como vimos, nele se faz apelo expresso ao conceito de *decisão*.

Para que um ato jurídico *defina situações jurídicas*, é, na verdade, condição necessária que ele possua um conteúdo decisório, não se esgotando na emissão de uma declaração de ciência, um juízo de valor ou uma opinião ([202]). O ato materialmente definitivo exprimia, portanto, uma resolução que determinava o rumo de acontecimentos ou o sentido de condutas a adotar. O ato materialmente definitivo continha, portanto, *uma decisão*.

Ora, é isso que, de acordo com o artigo 120º do CPA, hoje se exige de qualquer ato administrativo. No que respeita à generalidade dos atos preparatórios dos procedimentos administrativos, como os pareceres (não vinculativos), as informações e as propostas, pode, assim,

---

([200]) Cfr, FREITAS DO AMARAL, *Direito Administrativo*, vol. III, pp. 209 a 239.
([201]) Cfr. MARCELLO CAETANO, *op. cit.*, pp. 463-464 e 444.
([202]) Neste sentido, MARCELLO CAETANO, *op. cit.*, p. 444, tinha o cuidado de sublinhar, atendendo ao conceito amplo de ato administrativo de que partia, que "a *definição* de situações jurídicas difere da produção de efeitos jurídicos na medida em que traduz uma decisão que..." — acrescentando, entretanto, em nota, não serem, por isso, definitivos "o ato pelo qual a Administração, solicitada por um particular a pagar-lhe determinadas quantias, responde apenas que vai ser publicado diploma legal sobre a matéria" ou "o ato pelo qual a Administração ameaça aplicar determinada sanção legal se o particular não cumprir determinada obrigação".

hoje, dizer-se que eles não são atos administrativos porque não contêm decisões: não são, portanto, hoje, atos administrativos, tal como, no passado, não eram atos administrativos materialmente definitivos.

2.2. O problema da eficácia externa do ato administrativo

40. Como já foi dito, se a nova definição introduzida pelo artigo 120º do CPA não corresponde, a nosso ver, ao conceito amplo de ato administrativo de que partia *Marcello Caetano*, também não nos parece que, apenas pelo simples facto de fazer apelo a um conteúdo decisório, ela tenha, em todo o caso, o sentido ou o alcance de nos remeter para um conceito verdadeiramente restrito, de inspiração germânica, que o identifique com o ato decisório ao qual deve ser reconhecida eficácia externa, por ser de molde a pôr em causa direitos ou interesses de entidades exteriores àquela que o praticou, com exclusão de todos os demais tipos de atos.

De igual modo, não nos parece que a definição corresponda, por inteiro, ao conceito de ato administrativo materialmente definitivo, de que falava a doutrina anterior ao CPA. Com efeito, o ato administrativo materialmente definitivo era configurado como um ato *com eficácia externa,* no sentido de que se tratava de um ato cujos efeitos não se esgotavam na esfera da própria entidade que o emitia, dirigindo-se apenas aos seus órgãos ou funcionários e agentes, num plano de relações *intra-administrativo* ou *interorgânico*, mas, pelo contrário, definiam a situação jurídica de outrem ou a própria situação jurídica da entidade que os emitia perante outrem, que com ela estivesse, ou pretendesse estar, em relação administrativa [203].

Este elemento material tinha, assim, o sentido de excluir todo um conjunto de atos que acabavam por ser indiferenciadamente remetidos, de um modo um tanto displicente, para a categoria dos *atos administrativos internos*, seja *(i)* porque tinham o respetivo campo de ação circunscrito ao plano das relações intra-administrativas ou interorgânicas, internas à entidade pública que os emitia (paradigmaticamente,

---

[203] Cfr. ainda MARCELLO CAETANO, *op. cit.*, p. 443.

as ordens de serviço dirigidas aos funcionários e as decisões de certos órgãos dirigidas a outros órgãos da mesma entidade pública); seja *(ii)* porque, em todo o caso, desempenhavam uma função meramente preparatória ou ancilar no âmbito do procedimento administrativo, sem dele constituírem a resolução final, o que cobria a generalidade dos atos procedimentais, fosse porque não continham decisões, fosse porque, em todo o caso, continham decisões de alcance meramente intraprocedimental, que não definiam a situação dos interessados na decisão final a proferir no termo do procedimento, sendo que a distinção entre os dois tipos de situações tendia a não ser estabelecida ([204]). Ora, já vimos que os atos deste segundo tipo se encontram excluídos da nova definição de ato administrativo, porque não possuem conteúdo decisório. Mas já não nos parece que o mesmo suceda com os atos do primeiro tipo, apenas pelo facto de não possuirem eficácia externa.

No ordenamento jurídico vigente, parece, com efeito, de entender que se encontram reunidos na mesma categoria do *ato administrativo*, tal como ela se encontra definida no artigo 120º do CPA e regulada nos artigos subsequentes do mesmo diploma, tanto os actos de conteúdo decisório que se projectem no âmbito da relação administrativa geral ou comum, como aqueles cujos efeitos se esgotem no âmbito das chamadas relações *intra-administrativas* e *interorgânicas*, que se desenvolvem na esfera interna às entidades públicas, entre os seus órgãos ou entre órgãos e funcionários ou agentes: pense-se nos exemplos mais significativos das ordens de serviço dirigidas a funcionários, ou de decisões de outro tipo que certos órgãos emitam em relação a outros órgãos pertencentes à mesma entidade pública ([205]).

([204]) Cfr. MARCELLO CAETANO, *op. cit.*, p. 442; SÉRVULO CORREIA, *Noções de Direito Administrativo*, pp. 274-276; FREITAS DO AMARAL, *Direito Administrativo*, vol. III, p. 153.

([205]) Recorde-se, aliás, que já MARCELLO CAETANO, *op. cit.*, p. 442, incluía os atos jurídicos internos, como as ordens hierárquicas, no seu conceito amplo de ato administrativo, embora admitindo que "o ato administrativo assume maior relevância quando os seus efeitos se produzem na esfera jurídica de pessoa diferente daquela cujos órgãos se pronunciam" (cfr., a propósito, MARCELO REBELO DE SOUSA, "Regime jurídico do ato administrativo", *Legislação* nº 9/10 (1994), p. 167). Para a defesa, entretanto, da solução no direito espanhol, cfr. GARCIA DE ENTERRÍA/TOMÁS-RAMÓN FERNÁNDEZ, *op. cit.*, pp. 533-540.

Embora cumpra, naturalmente, reconhecer que os atos com eficácia externa correspondem ao mais relevante dos segmentos em que se desdobra a categoria dos atos administrativos, afigura-se, pois, que, na ordem jurídica portuguesa vigente, o conceito de ato administrativo não se esgota nesse segmento, mas antes cobre todos os atos jurídicos concretos dotados de conteúdo decisório, mediante os quais a Administração, no exercício da função administrativa, exprima a sua vontade de determinar o rumo de acontecimentos ou o sentido de condutas a adotar, incluindo aqueles que sejam emitidos no âmbito de relações intra-administrativas e interorgânicas.

Não se questiona, pois, a profunda diferença que, no plano funcional, separa os dois tipos de atos. É, na verdade, específica a função que, de um modo geral, aos atos inseridos em relações intra-administrativas cumpre desempenhar e, portanto, a intencionalidade que se lhes encontra subjacente, tal como também é peculiar a natureza das relações jurídicas em que eles se inserem. E pode mesmo, por isso, questionar-se a opção do CPA de não autonomizar este tipo de actos, propondo-se, portanto, estabelecer um regime dirigido a regular uma realidade demasiado vasta e heterogénea. Mas a verdade é que, a nosso ver, o regime que, nos artigos 120º e segs. do CPA, se encontra genericamente estabelecido para a figura do ato administrativo compreende no seu âmbito de aplicação, tal como ele nos parece dever ser delimitado por interpretação, os atos decisórios ditos internos, que sejam praticados no âmbito de relações intra-administrativas e interorgânicas ([206]).

Também FREITAS DO AMARAL, *Direito Administrativo*, vol. III, pp. 152-153, incluía, entretanto, na classificação dos atos administrativos a distinção entre *atos internos* e *atos externos*. No vol. II do seu *Curso...cit.*, este Autor deixou, é certo, de fazer referência à distinção, quando, a pp. 307 segs., procede à classificação dos *atos administrativos*, mas a verdade é que, enquanto, nas suas lições de 1989, os atos internos eram indicados como uma das categorias dos atos que não eram materialmente definitivos por não definirem situações jurídicas (cfr. *Direito Administrativo*, vol. III, p. 219), a referência deixou de constar do passo correspondente (a p. 301 do vol. II do *Curso...cit.*), que agora se reporta aos atos instrumentais; e o Autor admite, a pp. 235-236, nota 396, que o conceito de ato administrativo possa incluir os atos internos, com referência ao artigo 124º, nº 2, do CPA.

([206]) No sentido de que o conceito de ato administrativo do artigo 120º do CPA não exige a produção de efeitos externos, pelo que inclui as "decisões" sem efeitos externos, cfr. VIEIRA DE ANDRADE, *Sumários de Direito Administrativo, 2º Ano, 1ª Turma*, da Faculdade de

Afigura-se, pois, que, pesem embora as diferenças funcionais que os separam, o universo dos atos administrativos, tal como a figura surge recortada pelo CPA, partilha uma mesma identidade estrutural, que assenta no *conteúdo decisório* — podendo, pois, suceder que, entre esses atos, uns se projectem no âmbito daquilo que tem sido qualificado como a relação administrativa geral ou comum que a Administração estabelece com os sujeitos jurídicos que lhe são alheios, enquanto outros intervenham no âmbito de relações intra-administrativas ou inter-orgânicas.

a) Como é evidente, com o que acaba de ser dito não contende, antes de mais, a circunstância de, sobretudo no propósito de assegurar a transparência e a participação dos interessados no âmbito dos procedimentos que lhes digam respeito, o CPA regular o procedimento administrativo declaratório de primeiro grau, na sua Parte III, tendo claramente em vista o modo de formação dos atos administrativos dirigidos a produzir efeitos no ordenamento jurídico geral — veja-se, em particular, o disposto nos artigos 74º a 82º, que têm, todos eles, que ver com os requerimentos e outros escritos apresentados pelos interessados; nos artigos 100º a 104º, atinentes à audiência dos interessados; e nos artigos 105º e 108º a 111º, que pressupõem, todos eles, a iniciativa procedimental de um interessado ([207]).

Direito de Coimbra, Ano Letivo de 2005/2006, p. 63. Admitindo também que o conceito de ato administrativo do artigo 120º compreende, não apenas o ato com eficácia externa, mas também o ato interno, cfr. REBELO DE SOUSA, "Regime do ato administrativo", p. 38, "Regime jurídico do ato administrativo", pp. 171 e 174-175, e, por último, REBELO DE SOUSA/SALGADO DE MATOS, *Direito Administrativo Geral*, vol. III, p. 99; V. PEREIRA DA SILVA, *op. cit.*, p. 713 — a pp. 709 segs., este último Autor defende, aliás, que "é necessário repensar a noção de atuação administrativa interna", sustentando que esta "não só não é substantivamente diferente da restante atividade administrativa, como também não é sequer desprovida de 'dignidade' teórica ou de relevância prática", seja no domínio das relações administrativas especiais, seja no domínio cada vez mais relevante das relações interorgânicas.
Em sentido aparentemente contrário à posição do texto, cfr. JOÃO CAUPERS, *op. cit.*, pp. 228 segs.; e, muito claramente, mas em termos que não se afiguram convincentes, ESTEVES DE OLIVEIRA/PEDRO GONÇALVES/J. PACHECO DE AMORIM, *op. cit.*, pp. 549-550.
([207]) Por este motivo, VIEIRA DE ANDRADE, "Algumas reflexões...", p. 1219, faz notar que "a generalidade dos preceitos legais que regulam o procedimento, em especial os que visam garantir os direitos e interesses dos particulares (ou de entes públicos autónomos),

Com efeito, pela função específica que lhe corresponde, o regime da Parte III do CPA não tem o sentido nem o alcance de delimitar o universo das manifestações jurídicas que devem ser submetidas à aplicação do regime da Parte IV do mesmo Código. O regime da Parte III do CPA há de ser, naturalmente, aplicável a todos os atos administrativos que, enquadrando-se na noção do artigo 120º, caiam sob o campo de aplicação de qualquer dos preceitos que o integram. Mas daí não resulta que não possam enquadrar-se na noção do artigo 120º categorias de atos administrativos que, por não se dirigirem à produção de efeitos no ordenamento jurídico geral e, portanto, não contenderem com interesses de sujeitos externos à própria entidade pública que os pratica, só em escassa ou nula medida cairão sob o campo de aplicação dos (ou de alguns) preceitos da Parte III do CPA ([208])([209]).

b) No sentido que acaba de ser enunciado, concorre, entretanto, o próprio conceito de ato administrativo do artigo 120º do CPA, na medida em que, só por si, o termo *"decisões"* que nele é utilizado, sem qualquer referência à necessidade de eficácia externa dessas decisões, não é, a nosso ver, suficientemente preciso para fundar uma interpretação que as identifique com *atos de conteúdo regulador* ou com *estatuições*

---

não são aplicáveis à produção de todos os atos jurídicos dos órgãos administrativos intervenientes, mas que o são, em regra e por sistema, relativamente a todos aqueles atos que constituam decisões de autoridade que definam diretamente o conteúdo de uma relação jurídica intersubjetiva" — são os atos em cujo *iter* formativo se exige ou permite a participação dos interessados, designadamente através do direito de audiência, que têm de ser notificados e que são passíveis de impugnações administrativas.

([208]) Pelas razões expostas no texto, não podemos, pois, subscrever a posição de ESTEVES DE OLIVEIRA/PEDRO GONÇALVES/J. PACHECO DE AMORIM, *op. cit.*, p. 561, nem a crítica que, nesse contexto, os Autores dirigem à posição de *Marcelo Rebelo de Sousa* aí mencionada.

([209]) Cumpre, a propósito, recordar que, no direito italiano, tem vindo a ser reconhecida a impossibilidade e a inutilidade de operar, para este efeito, uma rígida delimitação dos atos que devem ser qualificados como *provvedimenti amministrativi*, e isto porque se reconhece que também atos habitualmente excluídos dessa categoria exigem, por razões funcionais, a submissão ao mesmo regime procedimental. Para mais desenvolvimentos quanto a este ponto, cfr. BERNARDO GIORGIO MATTARELLA, *Tratato di Diritto Amministrativo a cura di Sabino Cassese*, vol. I, p. 661.

autoritárias, com o específico sentido e alcance que a doutrina administrativa tem atribuído a estas fórmulas ([210]).

A nosso ver, um ato jurídico contém uma decisão sempre que corporiza uma declaração de vontade, dirigida a determinar o rumo de acontecimentos ou o sentido de condutas a adoptar, em resultado de um *iter* mais ou menos simples ou complexo, que conduziu à decisão. Conteúdo decisório, neste sentido relativamente amplo, tanto tem, portanto, e para dar apenas alguns exemplos bastante diferenciados entre si, o ato que atribui uma autorização ou licença a um requerente (decidindo constituir-lhe ou permitir-lhe o exercício de um direito), como o ato que admite ou exclui um candidato num concurso (decidindo facultar-lhe ou vedar-lhe o acesso a esse concurso), a ordem que o órgão superior dirige aos serviços para que instaurem um processo disciplinar a um funcionário (decidindo submetê-lo a esse processo disciplinar), como o ato mediante o qual um órgão ordena a outro que demita um funcionário (decidindo o que o outro órgão deve fazer em relação ao funcionário), como o próprio parecer vinculativo mediante o qual o órgão que o emite decide em que sentido deve atuar o órgão ao qual o parecer é dirigido ([211]).

([210]) Reconhecendo que, apesar de os seguidores da definição de ato administrativo proposta por *Rogério Soares* sempre poderem dizer que os efeitos jurídicos a que se refere o artigo 120º do CPA serão necessariamente externos, "a verdade é que não há nada na letra da lei que o diga expressamente", pelo que "subsiste a dúvida de saber se ficam abrangidos pela noção os atos destinados a produzir efeitos na esfera jurídica de terceiros (particulares ou públicos) que estejam em face da Administração numa relação externa ou se a noção se aplica igualmente aos atos produtores de mera eficácia interna", cfr. JOSÉ EDUARDO FIGUEIREDO DIAS/FERNANDA PAULA OLIVEIRA, *Noções fundamentais de Direito Administrativo*, 2ª ed., Coimbra, 2010, pp. 180-181.

([211]) Refira-se que o ato de admissão de um candidato num concurso e a ordem de instauração de um processo disciplinar a um funcionário eram apontados por ESTEVES DE OLIVEIRA, *op. cit.*, pp. 401-402, à face do regime anterior ao CPA, como exemplos de atos administrativos que não eram definitivos porque, através da sua prática, a Administração não definia qual a sua posição ou situação jurídica perante o particular. Que, não só no primeiro, mas também no segundo dos exemplos, estamos, contudo, perante um ato decisório, transparecia, no entanto, a nosso ver, do facto de o mesmo Autor, a p. 407, em nota, admitir a impugnabilidade contenciosa de um ato através do qual o Estado ordenasse a instauração de um inquérito a atos de pessoas que não estivessem legalmente sujeitas

c) Por outro lado, no sentido de que, no CPA, se tem em vista um conceito mais amplo de ato administrativo, concorre, a nosso ver, o conjunto das soluções que vão pontuando o regime substantivo que, a partir do artigo 121º, nele se estabelece para a figura do ato administrativo. Com efeito, embora esse regime tenha primacialmente em vista, nos seus aspectos mais relevantes, as decisões que diretamente se dirigem a destinatários exteriores à entidade que as emana, atenta a função definitória, procedimental, estabilizadora e tituladora que o ordenamento jurídico lhes faz corresponder ([212]) (avultando, desse ponto de vista, como aspetos mais significativos, os que resultam dos artigos 124º, 132º, 140º e 141º, 149º, 151º, 155º, 156º, 157º e várias das alíneas do artigo 123º), a verdade é que os termos gerais em que o regime é apresentado transparecem o propósito de cobrir uma realidade mais vasta.

É assim, por exemplo, que, embora seja imposto o dever de notificar os atos previstos no artigo 66º (o que é assumido, no artigo 132º, como condição de eficácia da maior parte desses atos), não deixa de assumir-se, no artigo 130º, que a publicidade dos atos administrativos só é obrigatória quando exigida por lei e, no artigo 127º, que, por regra, os atos administrativos produzem os seus efeitos desde a data em que são praticados ([213]); ou que, pese embora a enorme relevância das exceções previstas nas suas diferentes alíneas (e do regime do artigo 141º, apenas aplicável, contudo, aos atos passíveis de impugnação contenciosa), o artigo 140º, nº 1, parte da regra de que os atos administrativos são livremente revogáveis.

Absolutamente decisiva, desse ponto de vista, é, porém, a nosso ver, a referência que, no artigo 124º, nº 2, é feita às "ordens dadas pelos superiores hierárquicos aos seus subordinados em matéria de serviço

---

ao seu poder de fiscalização, porquanto este ato traduzia "o poder que a Administração se arrogou de inquirir e fiscalizar a conduta do particular ou da empresa".

([212]) Para a caracterização das funções mencionadas no texto, cfr., por todos, REBELO DE SOUSA/SALGADO DE MATOS, op. cit., tomo III, p. 90; VIEIRA DE ANDRADE, "Algumas reflexões..." cit., p. 1220; ESTEVES DE OLIVEIRA/PEDRO GONÇALVES/J. PACHECO DE AMORIM, op. cit., pp. 540-541; J. E. FIGUEIREDO DIAS/FERNANDA PAULA OLIVEIRA, op. cit., p. 183.

([213]) Assinalando a importância deste ponto, cfr. REBELO DE SOUSA, "Regime do ato administrativo", p. 38.

e com a forma legal", que assenta, de modo evidente, no pressuposto da aplicabilidade do regime do Capítulo II da Parte IV do CPA a este tipo de atos.

d) Ainda no sentido de que o conceito de ato administrativo não se confunde com o ato dito de eficácia externa, parece, por último, apontar o modo como o artigo 51º, nº 1, do CPTA delimita o universo dos atos administrativos impugnáveis, estabelecendo que "são impugnáveis os atos administrativos com eficácia externa, especialmente aqueles cujo conteúdo seja susceptível de lesar direitos ou interesses legalmente protegidos". Também deste dado normativo parece, na verdade, resultar que os atos administrativos não têm necessariamente de ter eficácia externa e, portanto, que a eficácia externa não é um atributo inerente ao conceito de ato administrativo ([214]).

Não podemos deixar, em todo o caso, de assinalar, a este propósito, que a fórmula utilizada no artigo 51º, nº 1, do CPTA pode ser enganadora, na medida em que, no domínio dos atos que se inscrevem no âmbito de relações intra-administrativas e interorgânicas, a evolução se tem orientado no sentido do esbatimento do que, à partida, poderia ser visto como uma contraposição, em termos cortantes, entre os actos de autoridade com eficácia externa, que, por definirem situações jurídicas exteriores à esfera da própria entidade que os emite, seriam contenciosamente sindicáveis, e um universo de pronúncias indiferenciadas que, por se dirigirem a órgãos ou funcionários e agentes e, desse modo, esgotarem os seus efeitos na esfera interna da entidade pública que as emitiu, não seriam passíveis de impugnação contenciosa ([215]).

Nos nossos dias, a realidade interna das entidades públicas tende, na verdade, a ser crescentemente caracterizada por fenómenos de

---

([214]) No mesmo sentido, cfr. PEDRO GONÇALVES, "A justiciabilidade dos litígios entre órgãos da mesma pessoa coletiva pública", *Cadernos de Justiça Administrativa* nº 35, p. 16; e, de algum modo, J. E. FIGUEIREDO DIAS/FERNANDA PAULA OLIVEIRA, *op. cit.*, p. 182, quando defendem que o conceito de ato administrativo impugnável do artigo 51º, nº 1, do CPTA é mais restrito do que o de ato administrativo do artigo 120º do CPA, "já que abrange apenas (na linha da definição defendida por ROGÉRIO SOARES) as decisões administrativas com *eficácia externa*".

([215]) Cfr., a propósito, M. S. GIANNINI, *op. cit.*, pp. 449-452.

conflitualidade que decorrem de opções, ao nível da distribuição de competências, assentes na atribuição aos diferentes órgãos de esferas de ação própria e, portanto, na respetiva constituição como "sujeitos de ordenação e de imputação final (não apenas transitória) de poderes e de deveres", em posição de antagonismo perante outros órgãos da mesma entidade pública ([216]). Por este motivo, o CPTA admite, hoje, a impugnabilidade de atos que, no plano intra-administrativo, sejam praticados por órgãos de uma entidade pública e se dirijam a outros órgãos pertencentes a essa mesma entidade, no âmbito do que tem sido qualificado como relações *interorgânicas*. Desde há muito controvertida no direito comparado ([217]), a possibilidade de os próprios órgãos de uma entidade pública impugnarem atos praticados por outros órgãos pertencentes à mesma entidade pública encontra-se, na verdade, formalmente consagrada no artigo 55º, nº 1, alínea d), do CPTA ([218]).

Verifica-se, assim, que, no ordenamento vigente, é possível a impugnação de atos sem eficácia externa, pelo que o que, *do ponto de vista estrutural*, é decisivo para que os atos jurídicos concretos da Administração possam ser objeto de reacção contenciosa é que eles sejam atos administrativos, no sentido que decorre do artigo 120º do CPA, por possuirem *conteúdo decisório*, e isto, mesmo quando intervenham no plano de relações intra-administrativas ou interorgânicas — o que só vem confirmar a inclusão dos atos decisórios internos na categoria do ato administrativo ([219]).

([216]) Cfr. PEDRO GONÇALVES, *op. cit.*, pp. 10-12.

([217]) Cfr. as referências em PEDRO GONÇALVES, *op. cit.*, pp. 9 segs.

([218]) Embora o preceito seja lacónico a este propósito, quer-nos, em todo o caso, parecer que esta possibilidade de impugnação apenas deve ser admitida quando os atos em causa, no específico contexto das relações interorgânicas em que se inscrevam, ponham em causa o direito dos órgãos impugnantes ao exercício, sem interferências ou perturbações ilegais, de competências independentes que lhes tenham sido atribuídas para a prossecução de interesses específicos, pelos quais eles sejam diretamente responsáveis. Para mais desenvolvimentos quanto a este ponto, vejam-se as posições no mesmo sentido assumidas por PEDRO GONÇALVES, *op. cit.*, pp. 20-23.

([219]) Questão distinta, a colocar num plano de análise diverso, é, depois, a de saber em que circunstâncias concretas é que cada ato administrativo de conteúdo positivo pode ser efectivamente objeto de impugnação contenciosa — questão que, a nosso ver, só pode encontrar resposta nas regras processuais atinentes à impugnação contenciosa que são

3. Ato administrativo e atos instrumentais

41. Em nossa opinião, se o conceito amplo de ato administrativo de que partia *Marcello Caetano,* sendo corrente no direito comparado, tinha o inconveniente de englobar numa mesma categoria conceptual um conjunto de realidades de tal modo diferenciadas que se tornava impossível torná-lo operativo, por não ser possivel fazer corresponder a todas essas realidades um mesmo regime substantivo e procedimental, o conceito mais restrito de ato administrativo que, nos termos enunciados, nos parece resultar do regime da Parte IV do CPA ainda nos parece excessivamente amplo, dando, por isso, causa, ainda que de modo menos acentuado, ao mesmo tipo de inconvenientes. Haveria, por isso, toda a vantagem na sua substituição por um conceito mais restrito e, por isso, mais operativo, com as consequentes adaptações ao nível do conteúdo do regime correspondente.

Por outro lado, a doutrina nacional tem proposto, por influência italiana ([220]), a designação de *atos instrumentais* para o conjunto dos atos jurídicos concretos da Administração que são relegados para fora do conceito de ato administrativo ([221]). A nosso ver, a solução não é feliz, na medida em que a designação não se afigura adequada para representar todos os tipos de manifestações jurídicas que nessa espécie de *vala comum* se pretendem reunir, a começar pelas cada vez mais frequentes e diversificadas *atuações informais da Administração* ([222]). Mas, em nossa opinião, o problema não radica na designação, mas no objeto a que ela se pretende reportar.

---

extrínsecas ao ato a impugnar, a começar pelas regras da legitimidade processual. Sobre esta questão, cfr. MÁRIO AROSO DE ALMEIDA, "Considerações em torno do conceito de ato administrativo impugnável", in *Estudos em Homenagem ao Professor Doutor Marcello Caetano,* vol. I, pp. 285 segs.

([220]) Radicada em M. S. GIANNINI, *op. cit.,* pp. 146-147. Cfr., a propósito, por exemplo, B. G. MATTARELLA, *op. cit.,* p. 660.

([221]) Cfr. EHRHARDT SOARES, *op. cit.,* pp. 100-101; e, agora, FREITAS DO AMARAL, *Curso... cit.,* vol. II, pp. 300-301.

([222]) Veja-se, por exemplo, a apreciação crítica em BRUNO CAVALLO, *Provvedimenti e atti amministrativi,* Pádua, 1993, pp. 71 e 72; e B. G. MATTARELLA, *op. cit.,* pp. 660 e 661.

Com efeito, parece-nos errada a metodologia adotada, de centrar a análise na delimitação do círculo dos atos que merecem ser qualificados como atos administrativos, remetendo tudo o resto para uma espécie de *posta restante*, de composição indiferenciada, seguindo a prática tradicional na doutrina, mas justamente criticada por Eduardo García de Enterría, de "expulsar assuntos incómodos 'para as trevas exteriores', para não se ocupar mais deles, e poder comprazer-se em aperfeiçoar um objecto convencionalmente delimitado", centrado num conceito mais ou menos restrito de ato administrativo ([223]).

Como é evidente, não é fácil encontrar uma designação que se possa adequar a um conjunto tão heterogéneo de manifestações, reunidas por exclusão de partes, em nome de uma abstrata exigência de simetria em relação a um conceito relativamente restrito de ato administrativo ([224]), e cujo único traço em comum parece residir, no quadro normativo vigente, no facto de não serem atos de conteúdo decisório ([225]). Mas, como facilmente se compreende, o problema não reside, como foi dito, na designação, mas no objeto a designar. O objeto é que, a nosso ver, deve ser abandonado e desdobrado nos seus diversos componentes.

A nosso ver, não faz, na verdade, qualquer sentido contrapor à categoria do ato administrativo — ela própria, aliás, merecedora de crítica, como já foi dito, pelo seu alcance já de si demasiado amplo — uma única categoria, englobadora de todo o universo dos atos jurídico-administrativos concretos que, por não possuirem conteúdo decisório, apenas pela negativa podem ser identificados, em conjunto, pelo

---

([223]) Cfr. GARCIA DE ENTERRÍA/TOMÁS-RAMÓN FERNÁNDEZ, *op. cit.*, p. 536. Pelo motivo exposto no texto, ainda nos parece, pois, mais infeliz a opção de REBELO DE SOUSA//SALGADO DE MATOS, *Direito Administrativo Geral*, vol. III, pp. 443 segs., que recorrem ao conceito de "atos reais" para construir uma *posta restante* de âmbito ainda mais alargado, que engloba uma amálgama de manifestações, que vão de operações materiais a atos jurídicos (que não se vê em que sentido possam ou devam ser qualificados como "atos reais", designação que, a nosso ver, deveria ser reservada para os atos materiais, a que os Autores apenas se referem a pp. 447-453).
([224]) Assim, B. G. MATTARELLA, *op. cit.*, p. 661.
([225]) O próprio M. S. GIANNINI, *op. cit.*, pp. 146-147, reconhece que não há instrumentos sobre os quais sustentar uma teoria unitária dos atos instrumentais, dado que entre eles não é possível encontrar elementos comuns.

único traço comum de não serem atos administrativos. O que, pelo contrário, a nosso ver faz sentido é procurar identificar, tanto dentro do próprio universo dos atos administrativos, como no das manifestações que não se enquadram nessa categoria, os diferentes tipos de atos jurídicos cujas características específicas justificam a respetiva diferenciação, no âmbito de um quadro suficientemente preciso e completo das formas de atuação jurídica concreta da Administração.

A nosso ver, é, na verdade, essencial, para a construção dogmática do Direito Administrativo, a cabal identificação e qualificação dos múltiplos tipos de manifestações jurídicas nas quais se desdobra o intenso borbulhar da Administração Pública, de um ponto de vista que atenda à estrutura de cada uma e à função diferenciada que lhe corresponde na dinâmica da actividade administrativa. É, por isso, determinante a questão da identificação das categorias classificatórias que, no plano dogmático, devem ser utilizadas para formar um quadro completo e equilibrado dos múltiplos tipos de manifestações em que se desdobra a atividade jurídica concreta da Administração.

A nosso ver, o esforço a empreender neste domínio deve, no entanto, partir da análise setorial dos principais tipos de procedimentos administrativos. Sem essa base de sustentação, que aqui não pode ser ensaiada, não nos parece muito útil propor classificações doutrinais de índole excessivamente abstrata, cuja adesão à realidade se pode revelar questionável.

O que, em tese geral, pode ser, em todo o caso, afirmado é que a adopção, no plano normativo, de um conceito relativamente amplo de ato administrativo não obsta ao reconhecimento, no plano dogmático, de que, no seio de tal categoria, coexistem formas de atuação jurídica concreta da Administração Pública qualitativamente distintas entre si. Afigura-se-nos, por isso, necessário, no plano dogmático, continuar a traçar, no seio da categoria do ato administrativo, tal como o CPA a delimita, importantes distinções entre as formas de actuação jurídica da Administração que nela estão compreendidas, com implicações no plano do regime substantivo que lhes é concretamente aplicável.

A começar, pelo menos — e por aqui nos ficamos nesta abordagem de âmbito geral —, pela distinção que separa os atos que são praticados no âmbito de relações intra-administrativas e inter-orgânicas, dos *atos de conteúdo regulador*, que se dirigem a introduzir modificações no ordenamento jurídico geral e, por outro lado, a que separa atos preparatórios e atos finais. Com efeito, reveste-se, a nosso ver, de grande importância, no plano dogmático, distinguir o ato homólogo da sentença, que, no âmbito do procedimento administrativo, contém a resolução final que decide as questões de fundo, dos eventuais atos mediante os quais, ao longo do procedimento, vão sendo incidentalmente decididas as questões que se vão colocando. Como evidencia o regime da Parte III do CPA ([226]), é, na verdade, diferente a função que à decisão final, por um lado, e às demais decisões intraprocedimentais, pelo outro, cumpre desempenhar no âmbito do procedimento e, por conseguinte, o papel que a uma e a outras corresponde na conformação das relações jurídicas administrativas — e isso não pode deixar de ser refletido no plano da construção dogmática.

A nosso ver, as resoluções finais típicas dos procedimentos administrativos são, na verdade, a expressão suprema e, portanto, o núcleo essencial da atuação jurídica concreta da Administração, na medida em que, ainda hoje, são os factos jurídicos por excelência da constituição, modificação ou extinção de relações jurídicas administrativas — revestindo-se, por isso, do maior interesse a sua identificação tipológica, por referência aos procedimentos administrativos que lhes correspondem ([227]), para a determinação e o estudo do quadro destas relações. E, nesse quadro, continua, a nosso ver, a revestir-se do maior interesse, pelas virtualidades explicativas que encerra, o estabelecimento de paralelismos entre a relação procedimental e a decisão que põe termo ao procedimento administrativo, por um lado, e a relação processual e a decisão que põe termo ao processo judicial, pelo outro ([228]).

([226]) A distinção transparece, com efeito, com toda a clareza do regime que, no CPA, disciplina a marcha do procedimento declaratório de primeiro grau, todo ele centrado no direcionamento do procedimento em ordem à *decisão final* que lhe põe termo: veja--se, designadamente, a referência à *decisão final* ou *decisão definitiva* nos artigos 85º, 100º, 105º, 106º, 107º e 109º — nos artigos 61º e 63º aflora, entretanto, a expressão *resolução definitiva*.
([227]) Sublinhando a relevância procedimental neste domínio, cfr., por exemplo, VIEIRA DE ANDRADE, "Algumas reflexões..." *cit.*, pp. 1204-1205.
([228]) Para a utilização, no sentido do texto, dos elementos nele indicados como ponto de referência para a análise do quadro das situações subjetivas envolvidas em relações

4. Tipologia de efeitos dos atos administrativos

42. De harmonia com o que acaba de ser dito, afigura-se útil proceder a uma classificação tipológica dos atos administrativos, em função da natureza dos efeitos que eles se destinam a introduzir na ordem jurídica, por referência ao critério que é tradicionalmente adotado para a classificação das sentenças dos tribunais, partindo, para o efeito, da contraposição entre as categorias dos *atos administrativos constitutivos* e dos *atos administrativos declarativos* ([229](#)).

A compreensão do alcance da distinção deve partir da percepção de que, tal como sucede com as sentenças, todos os atos administrativos são atos jurídicos, dotados de uma relevância jurídica própria, que se traduz na introdução de uma definição jurídica. Neste sentido amplo, pode, pois, dizer-se que todos os atos administrativos são constitutivos de efeitos jurídicos: todos contêm, na verdade, uma definição inovadora, que cria algo de novo na ordem jurídica ([230](#)). A eventual adoção, como frequentemente sucede, de um conceito amplo de eficácia constitutiva dos atos jurídicos, que englobe o efeito próprio dos atos declarativos, conduzirá, pois, naturalmente, à recusa da autonomia da categoria dos atos administrativos declarativos em relação

---

jurídicas administrativas, cfr. MÁRIO AROSO DE ALMEIDA, *Anulação de atos administrativos e relações jurídicas emergentes*, Coimbra, 2002, pp. 115 a 164. Cfr. também M. S. GIANNINI, *op. cit.*, p. 237.

([229](#)) Como, na verdade, assinala AFONSO RODRIGUES QUEIRÓ, "A Função administrativa", *Revista de Direito e Estudos Sociais*, Ano XIV, p. 31, não é pelo lado dos efeitos que substancialmente se distinguem os atos administrativos (definidores da situação jurídica de terceiros) das sentenças, enquanto manifestações de distintas funções estaduais: "Pelo lado dos efeitos (declarativos, condenatórios, constitutivos ou executivos), as duas funções equivalem-se ou identificam-se. A distinção entre elas é de ordem teleológico-objectiva".

([230](#)) Neste sentido, cfr. MAX-JURGEN SEIBERT, *Die Bindungswirkung von Verwaltungsakten*, Baden-Baden, 1989, p. 99; PETER KRAUSE, *Rechtsformen des Verwaltungshandelns*, Berlim, 1974, pp. 193-195. Como escreve ALBERTO XAVIER, *Conceito e natureza do ato tributário*, Coimbra, 1972, p. 406, "é evidente que toda a eficácia jurídica é, por natureza, inovadora, no sentido de que acrescenta algo ao mundo jurídico preexistente e, portanto, constitutiva num sentido genérico e impreciso: caso contrário, estar-se-ia em face de um facto irrelevante".

aos atos constitutivos e à afirmação de que, na realidade, todos os atos administrativos são constitutivos ([231]). A nosso ver, justifica-se, no entanto, distinguir em função da diferente natureza da inovação que é introduzida pelos atos constitutivos e pelos atos declarativos ([232]).

Isto, sem prejuízo de se reconhecer que a moderna tendência, a que já atrás nos referimos (cfr. *supra*, n°s 9 segs.), para uma crescente abertura no que toca à regulação normativa dos poderes de definição jurídica da Administração e, portanto, para a intervenção de juízos mais ou menos amplos de valoração no exercício desses poderes contribui para a progressiva limitação do âmbito dos atos declarativos ([233]), na medida em que, por regra, a emissão deste tipo de atos tende a surgir associada ao exercício de poderes de verificação vinculada ([234]) e a emissão de atos constitutivos ao exercício de poderes discricionários e à formulação de juízos valorativos ([235]).

A) *Atos constitutivos* ([236]). O ato administrativo é constitutivo quando se possa afirmar que a génese dos efeitos inovadores que dele resultam lhe é direta e integralmente imputável, de modo que (i) o particular,

---

([231]) É esta a perspetiva que inspira a análise de Autores como SEIBERT, *op. cit.*, sobretudo a pp. 88 segs., *maxime* 94, e KRAUSE, *op. cit.*, pp. 194-195.

([232]) No sentido de que a diferença que separa o conteúdo inovador dos atos declarativos do dos atos constitutivos é uma diferença meramente quantitativa, de mero grau, cfr., no entanto, SEIBERT, *op. cit.*, pp. 94 e 99.

([233]) Como assinala ERICHSEN, "Das Verwaltungshandeln", in ERICHSEN, *Allgemeines Verwaltungsrecht*, 10ª edição, Berlim/N.York, 1995, p. 254 e nota 71, na medida em que a aplicação do direito e a própria verificação dos factos envolve a crescente necessidade de precisar o sentido de normas abertas, que contêm imprecisões, tende a diluir-se o campo dos atos declarativos.

([234]) Poderes de qualificação jurídica de factos, na interessante classificação de PROTO PISANI, "Appunti sulla tutela c.d. costitutiva" (e sulle tecniche di produzione degli effetti sostanziali)", *Rivista di Diritto Processuale* 1991, pp. 64, nota 9, e 67, nota 12.

([235]) Cfr. OSSENBÜHL, "Die Rücknahme von Wohngeldbescheiden und die Rückforderung gezahlter Wohngelder", *Die Öffentliche Verwaltung* 1967, p. 247; SEIBERT, *op. cit.*, pp. 92-93, com outras referências.

([236]) Cfr., por todos, WOLFF/BACHOF/STOBER, *Verwaltungsrecht*, vol. I, 10ª ed., Munique, 1994, p. 646; SEIBERT, *op. cit.*, p. 90; entre nós, SÉRVULO CORREIA, *Noções de Direito Administrativo*, vol. I, Lisboa, 1982, p. 457; ROBIN DE ANDRADE, *A Revogação dos atos administrativos*, 2ª ed., Coimbra, 1985, p. 123.

antes do ato, se encontra numa posição jurídica diferente daquela que detém após a sua emanação, e que (ii) a modificação é imputável ao conteúdo do próprio ato administrativo. Esta categoria tende, no essencial, a corresponder, desde logo, ao amplo leque de situações em que a emissão do ato administrativo envolve a formulação de juízos mais ou menos amplos de valoração, em que se pode associar à vontade do autor o propósito de "modificar o estado material do direito" ([237]).

B) *Atos declarativos* ([238]). São declarativos os atos administrativos que, nos termos da lei, assentam numa verificação de circunstâncias, sem que à respectiva declaração se associe a introdução de um efeito constitutivo. É o que, desde logo, sucede com um ato administrativo declarativo da nulidade ou da caducidade de um ato anterior ([239]), mas, de um modo mais geral, é o que se passa sempre que se trate de reconhecer a existência de situações objetivas que resultem *ope legis*, automaticamente, da verificação dos pressupostos de que legalmente dependem, em termos de se poder afirmar que na própria lei encon-

---

([237]) Cfr. MAURER, *Allgemeines Verwaltungsrecht*, 11ª edição, Munique, 1997, pp. 202-203, Rn 45-46.

([238]) Cfr. PIERRE MOOR, *Droit administratif*, vol. II, Berna, 1990, pp. 109-110; SEIBERT, *op. cit.*, p. 90; WOLFF/BACHOF/STOBER, *op. cit.*, p. 645, Rn 2, e 647, Rn 7; FERDINAND KOPP, *Verwaltungsverfahrengesetz*, 6ª ed., Munique, 1996, pp. 656-659, Rn 36, com amplas referências e exemplos; OSSENBÜHL, *op. cit.*, pp. 247-248. A figura é reticentemente reconhecida no direito francês: cfr., por todos, R.CHAPUS, *Droit administratif général*, tomo 1, 7ª edição, Paris, 1993, p. 406. É também essa a postura tradicional da doutrina italiana: cfr., por todos, MAZZAROLLI/PERICU/ROMANO/ROVERSI MONACO/SCOCA, *Diritto Amministrativo*, vol. I, 2ª edição, Bolonha, 1998, pp. 1517 segs., com amplas referências. Na doutrina portuguesa, cfr. MARCELO REBELO DE SOUSA/ANDRÉ SALGADO DE MATOS, *Direito Administrativo Geral*, tomo III, pp. 79-80 e 97; FREITAS DO AMARAL, *Direito administrativo*, vol. III, pp. 158-161; MARCELLO CAETANO, *Manual de Direito Administrativo*, vol. I, p. 456; SÉRVULO CORREIA, *Noções...*, pp. 457 e 300; ROBIN DE ANDRADE, *op. cit.*, pp. 120-121; VASCO PEREIRA DA SILVA, *Em Busca do ato administrativo perdido*, Coimbra, 1996, pp. 595-596; MÁRIO ESTEVES DE OLIVEIRA/PEDRO GONÇALVES/JOÃO PACHECO DE AMORIM, *Código do Procedimento Administrativo comentado*, 2ª ed., Coimbra, 1998, pp. 541 e 553-554; ALBERTO XAVIER, "O processo administrativo gracioso", in *O Direito*, Ano 99 (1967), pp. 247-248.

([239]) Cfr. FREITAS DO AMARAL, *Direito Administrativo*, vol. III, pp. 354-356; SÉRVULO CORREIA, *Noções...*, p. 472; Acórdão do Supremo Tribunal Administrativo de 12.2.1992, *Boletim do Ministério da Justiça* nº 422, p. 177.

tram o respetivo momento constitutivo (²⁴⁰). É, assim, de admitir que certos direitos se constituam automaticamente por determinação legal, pelo que à pronúncia mediante a qual à Administração cumpra, nos termos da lei, reconhecê-los com caráter regulador apenas se deva imputar um alcance declarativo (²⁴¹).

Também parece dever reconhecer-se conteúdo declarativo às decisões prévias *(Vorbescheid)* que são tomadas no âmbito de certos procedimentos autorizativos e que, pronunciando-se, com caráter vinculativo, sobre a existência de determinados pressupostos da decisão final — por exemplo, sobre a questão de saber se a ela se opõem obstáculos relacionados com determinado tipo de interesses ou valores —, não antecipam, ainda que parcialmente, o efeito constitutivo, que só a decisão final poderá introduzir (²⁴²). É, em todo o caso, assim em relação a certas listas — como, paradigmaticamente, sucede com as listas de antiguidade — que, sobretudo no âmbito de procedimentos administrativos no domínio do emprego público, se limitam a verificar e declarar situações de facto, com alcance vinculativo e, desse modo, prejudicial sobre a decisão final do procedimento, e que, aparentemente com alguma falta de rigor, entre nós tendem a ser qualificadas como *verificações constitutivas* (²⁴³).

(²⁴⁰) Cfr. SEIBERT, *op. cit.*, p. 101.

(²⁴¹) Neste sentido, cfr. Acórdão do Tribunal Constitucional nº 488/93, *Acórdãos do Tribunal Constitucional*, vol. XXV, p. 698, a propósito do reconhecimento do extinto direito ao subsídio de reintegração dos titulares de cargos políticos; para o exemplo de um ato que reconheceu uma situação de transição de quadro de uma categoria de funcionários, o Acórdão do Supremo Tribunal Administrativo de 8.6.1995, *Apêndice ao Diário da República*, de 20.1.1998, p. 5213. Ponto é que a declaração da Administração tenha caráter regulador, sem o que teremos apenas uma simples atuação administrativa e não um ato administrativo.

(²⁴²) Para a distinção, na doutrina portuguesa, cfr., por todos, FILIPA CALVÃO, *Os atos precários e os atos provisórios no Direito Administrativo*, Porto, 1998, pp. 45 segs.

(²⁴³) Em sentido abertamente crítico em relação a tal qualificação, cfr. ROBIN DE ANDRADE, *op. cit.*, p. 126. Entretanto, FREITAS DO AMARAL, *Direito Administrativo*, vol. III, p. 377, qualifica as chamadas *verificações constitutivas* como *atos meramente declarativos*. SÉRVULO CORREIA, *Noções...*, p. 300, a exemplo de GARCIA DE ENTERRÍA/T.R.FERNÁNDEZ, *op. cit.*, p. 563, parece colocar no mesmo plano os *accertamenti costitutivi* e os *feststellende Verwaltungsakten* alemães, com o que forma uma categoria que, para nós, corresponde à dos atos administrativos declarativos. Adiante regressaremos a este ponto, *sub* alínea C).

É frequente a afirmação de que os atos declarativos se dirigem à produção de um efeito jurídico de clarificação, de eliminação de dúvidas a respeito de situações jurídicas cuja existência cabe à Administração verificar e comprovar. O conteúdo destes atos não corresponde, porém, a uma mera "afirmação de conhecimento, uma declaração enunciativa, uma representação intelectual de um facto ou de uma situação jurídica". Não se trata, na verdade, de simples declarações de ciência, apenas com "uma função enunciativa ou representativa" (244).

Tal como as sentenças declarativas ou de simples apreciação são verdadeiras sentenças, também estes atos são verdadeiros atos administrativos, definidores da situação jurídica de terceiros, na medida em que "estabelecem o estado do direito com força obrigatória e adquirem, por isso, o caráter de uma regulação" (245). Estes atos "declaram qual é o direito no caso concreto, para que essa declaração seja o pressuposto de comportamentos ulteriores" com relevância normativa. Nisso consiste a *mais valia jurídica (rechtliche Mehrwert)* que os distingue de uma mera informação sobre uma determinada situação jurídica (246). Tanto basta, pois, para que se deva entender que encerram "uma declaração de vontade — ainda que estritamente vinculada" (247).

Nem por isso estes atos se transformam, porém, em constitutivos. Com efeito, se, como já foi referido, toda a eficácia jurídica, pelo simples facto de o ser, "é, por natureza, inovadora, no sentido de que acrescenta algo ao mundo jurídico preexistente e, portanto, constitutiva num sentido genérico e impreciso" (248), "em sentido técnico,

---

(244) Cfr. A.XAVIER, *Conceito...*, p. 392. Como refere SÉRVULO CORREIA, *Noções...*, pp. 347 e 303, declarações deste último tipo limitam-se "a descrever uma situação que já foi criada anteriormente, sem produzir sequer o efeito, também já criado, de a tornar certa e incontestada". Cfr. também WOLFF/BACHOF/STOBER, *op. cit.*, pp. 647-648, Rn 8-9; KRAUSE, *op. cit.*, p. 193.

(245) MAURER, *op. cit.*, p. 203, Rn 46. Cfr. também SÉRVULO CORREIA, *Noções...*, pp. 300 e 457.

(246) Cfr. SEIBERT, *op. cit.*, pp. 95-96; OSSENBÜHL, *op. cit.*, p. 247.

(247) Cfr. A.XAVIER, *Conceito...*, p. 393.

(248) Neste sentido, afirma M.S.GIANNINI, *Diritto amministrativo*, vol. II, pp. 1017-1018: "O ato de *accertamento* inova no seio do ordenamento jurídico ao tornar certa e incontestável, no uso de um poder de autoridade, a situação que enuncia, a qual já existia, mas não revestida de imperatividade".

porém, nem toda a inovação — em que a eficácia se traduz — se pode qualificar como constitutiva" ([249]). Isto vale, justamente, para os atos administrativos declarativos, "cuja eficácia — e, portanto, cuja inovação — está precisamente em declarar ou conservar situações preexistentes, sem que a sua identidade e o seu conteúdo sejam alterados e sem que haja, pois, lugar a uma verdadeira constituição" ([250]). Quando muito, estes atos desempenham a função de dar *atendibilidade* a situações jurídicas que já se encontram constituídas ([251]).

Sendo um ato administrativo praticado no exercício de um poder de definição jurídica da situação de terceiros, o ato declarativo comunga, entretanto, dos atributos que caracterizam a específica relevância jurídica que o nosso ordenamento jurídico imputa a este tipo de atos jurídicos e que se concretiza na "virtualidade nova de tornar certa e incontestável para todos os efeitos a existência" da situação a que se reporta ([252]) e na tendência para uma certa estabilização da definição introduzida, com o decurso dos respetivos prazos de impugnação ([253]).

Do exposto decorre que a identificação do ato administrativo declarativo envolve uma operação de interpretação dos preceitos normativos, operação delicada dada a ambiguidade das fronteiras que o separam, não só do ato administrativo constitutivo — embora a distinção possa ser, aqui, facilitada admitindo, como foi referido, que os

---

([249]) Cfr. A. XAVIER, *Conceito*..., p. 406; FREITAS DO AMARAL, *Direito Administrativo*, vol. III, p. 159.

([250]) A. XAVIER, *Conceito*..., p. 407, que, na mesma linha, conclui que "eficácia jurídica, inovação e carácter declarativo não são realidades logicamente incompatíveis" (cfr. também p. 506) porque a inovação que é introduzida pelo ato declarativo "não quebra a identidade da situação jurídica declarada", não vem "substituir uma nova situação jurídica àquela que lhe preexistia": p. 541.

([251]) Para a ilustração deste ponto, por referência ao exemplo do ato tributário, cfr. A. XAVIER, *Conceito*..., pp. 547 segs., 535-537 e 557-558, onde o Autor se preocupa em distinguir a eficácia verdadeiramente constitutiva dos atos jurídicos que efectivamente modificam a ordem jurídica, da relevância do ato jurídico declarativo, enquanto condição de atendibilidade de situações jurídicas já constituídas.

([252]) SÉRVULO CORREIA, *Noções*..., p. 300.

([253]) Na doutrina portuguesa mais recente, veja-se a conseguida síntese de MARCELO REBELO DE SOUSA/ANDRÉ SALGADO DE MATOS, *Direito Administrativo Geral*, tomo III, pp. 79-80. Cfr. também, a propósito, KRAUSE, *op. cit.*, pp. 194-196, e A. XAVIER, *Conceito*..., p. 469.

atos de conteúdo discricionário são constitutivos —, como também (e, a nosso ver, sobretudo) de outras manifestações mediante as quais a Administração se limite a reconhecer o direito do interessado à realização de uma prestação, no quadro de procedimentos que não se dirigem a regular a situação jurídica de terceiros através da emissão de atos administrativos, mas à simples adopção de *simples atuações administrativas*, como o fornecimento de uma informação ou a realização de um pagamento: na medida em que a lei não dê à Administração o poder de definir a situação jurídica do particular, apenas lhe impondo realizar a prestação que lhe é requerida, manifestações deste tipo são meras declarações sem conteúdo regulador (para mais desenvolvimentos quanto a este ponto, cfr. *infra*, nºs 44 e 45).

Não se confunde, entretanto, com as situações que acabam de ser referidas, aquela em que a Administração emite um ato administrativo mediante o qual se declara incompetente para tomar uma decisão em determinada matéria ([254]) e, de uma maneira geral, os atos administrativos de conteúdo negativo, que, como se verá de seguida, também devem ser qualificados como atos administrativos declarativos.

B1) *Em particular, os atos administrativos de conteúdo negativo.* O ato administrativo de conteúdo negativo surge quando um procedimento de iniciativa particular, desencadeado mediante a apresentação de um requerimento dirigido à emissão de um ato administrativo, termina com a emissão de uma decisão de conteúdo negativo, isto é, de uma decisão através da qual a Administração conclui não poder ou não dever praticar aquele ato e, por conseguinte, recusa a sua emissão, indeferindo a pretensão do interessado ou mesmo recusando a própria apreciação do requerimento apresentado ([255]).

Estamos aqui perante um ato simétrico do ato constitutivo. Um ato que, tal como sucede com uma sentença de improcedência, tem um conteúdo meramente declarativo, porque não introduz a pretendida

---

([254]) Cfr. FREITAS DO AMARAL, *Direito Administrativo*, vol. III, p. 216.
([255]) Cfr., por todos, FREITAS DO AMARAL, *Curso...*, vol. II, pp. 313-314; HEIKO FABER, *Verwaltungsrecht*, 4ª ed., Tübingen, 1995, p. 297; F.KOPP, *op. cit.*, p. 614, Rn 4; WOLFF/BACHOF//STOBER, *op. cit.*, p. 627, Rn 48.

modificação na ordem jurídica, mas antes se recusa a introduzi-la (²⁵⁶). Mas em todo o caso, um ato que, como todos os atos jurídicos, produz efeitos jurídicos (²⁵⁷) e que, exprimindo a mesma competência no exercício da qual o acto constitutivo teria sido praticado, possui, como ele, um conteúdo regulador, definindo a situação jurídica do interessado. O ato negativo é emitido no quadro do procedimento constitutivo e é a decisão final que põe termo a esse procedimento. Não pode deixar, por isso, de partilhar com o ato constitutivo a mesma natureza: tal como as sentenças declarativas ou de mera apreciação são verdadeiras sentenças, também os atos negativos são atos administrativos que "estabelecem o estado do direito com força obrigatória e adquirem, por isso, o caráter de uma regulação" (²⁵⁸), uma definição jurídica cujos efeitos se projectam, de modo unilateral, na esfera dos seus destinatários (²⁵⁹).

Note-se, em todo o caso, que não é só através de um ato administrativo negativo que a Administração pode frustrar a satisfação de posições subjetivas de conteúdo pretensivo dos particulares, podendo tal frustração resultar também de outro tipo de atos administrativos, de conteúdo positivo.

(²⁵⁶) Recorde-se que também uma sentença de improcedência tem um conteúdo meramente declarativo: cfr., por todos, E.T.LIEBMAN, *Manuale di diritto processuale civile — Principi*, vol. II, 5ª ed., Milão, 1992, p. 402.

(²⁵⁷) Cfr. FREITAS DO AMARAL, *Direito administrativo*, vol. III, p. 160. Não pode, pois, aceitar--se a tese segundo a qual o ato negativo não produziria qualquer efeito jurídico, qualquer modificação jurídica externa, por "não inovar na realidade jurídica": cfr., por exemplo, CERULLI IRELLI, *Corso di Diritto amministrativo*, 9ª ed., Turim, 1997, p. 512; SANDULLI, *Manuale di Diritto Amministrativo*, vol. I, 15ª edição, Nápoles, 1989, pp. 593 e 1488. A nosso ver, a referida tese incorre no erro de circunscrever o conceito de eficácia jurídica ao de produção de efeitos constitutivos: pois, como, aliás, reconhece CERULLI IRELLI, *op. loc. últ. cits.*, o que o ato negativo faz é "não produzir o efeito que o exercício (positivo) do poder comportaria". O mesmo erro, no fundo, em que incorrem aqueles para quem o ato negativo é constitutivo e não meramente declarativo por produzir efeitos jurídicos, que só a anulação faz desaparecer.

(²⁵⁸) MAURER, *op. cit.*, p. 203, Rn 46.

(²⁵⁹) Claramente neste sentido, cfr. P.MOOR, *op. cit.*, p. 110; GERHARDT, § 113, p. 41, Rn 64, in SCHOCH/SCHMIDT-AβMANN/PIETZNER, *Verwaltungsgerichtsordnung Kommentar*, Munique; KOPP, *op. cit.*, pp. 613-614, Rn 4; DETTERBECK, *Streitgegenstand und Entscheidungswirkungen im Öffentlichen Recht*, Tübingen, 1995, p. 209, com amplas referências nas notas 254 e 255; ESTEVES DE OLIVEIRA *et alii*, *op. cit.*, p. 554, com apelo à "função tituladora" do ato.

Com efeito, a pretensão de um particular, dirigida à prática de um ato administrativo, tanto pode contrapor-se a um ato de conteúdo negativo, como a um *ato de conteúdo ambivalente,* que tenha introduzido uma modificação em benefício de terceiro, em detrimento das pretensões do interessado, que pretendia ser ele o beneficiário. Também neste caso, existe uma pretensão dirigida à prática de um ato administrativo, à substituição de um ato administrativo por outro, sem que, no entanto, o ato em causa seja um ato negativo — fazendo, neste caso, sentido que o pedido de condenação à prática do ato devido seja deduzido em cumulação com um pedido principal de impugnação do ato de conteúdo positivo, cuja substituição se pretende ([260]).

Pode dizer-se que, neste tipo de situações, o ato possui um *conteúdo misto*, na medida em que a definição jurídica produz efeitos negativos na esfera do interessado. Mas, em bom rigor, só parece que o ato seja verdadeiramente misto se também tiver a função (ainda que implícita no seu conteúdo) ([261]) de definir a posição de terceiros, para além do beneficiário — é o caso paradigmático do ato de adjudicação, que põe termo a um concurso e não se limita a definir a posição do adjudicatário (componente constitutivo), mas também define a posição dos demais concorrentes, indeferindo a sua pretensão de virem a ser adjudicatários (componente declarativo, de sentido negativo). Não apresentam esta configuração a generalidade dos atos favoráveis para os respetivos destinatários que, constituindo um benefício na esfera destes, não têm por objeto definir também, ainda que implicitamente, a posição dos terceiros que possam ser de algum modo afetados pelos efeitos introduzidos pelo ato, mas que não aspiram a ser beneficiários de um ato do mesmo tipo, pelo que apenas desejariam que tal ato nunca tivesse sido praticado ([262]).

([260]) Nesta perspetiva temos interpretado a previsão da alínea a) do nº 2 do artigo 47º do CPTA: cfr. MÁRIO AROSO DE ALMEIDA, *Manual de Processo Administrativo,* Coimbra, 2010, pp. 294-295.

([261]) Na doutrina portuguesa, cfr. R. EHRHARDT SOARES, *Direito administrativo,* policop. Coimbra, 1978, p. 311.

([262]) Em geral, sobre a categoria dos atos de duplo efeito, que, na generalidade dos casos, corresponde ao paradigma enunciado no texto, do ato com eficácia para terceiros, cfr., por todos, WOLFF/BACHOF/STOBER, *op. cit.,* pp. 652-653, Rn 24-26; SCHENKE, "Der

Ao contrário do que tradicionalmente sucedia e era, por isso, dado como adquirido, os atos administrativos de conteúdo negativo, que indeferem ou recusam a apreciação de pretensões formalmente deduzidas perante a Administração Pública, não são, hoje, passíveis de impugnação contenciosa ([263]). De acordo com o regime introduzido pelo CPTA, só os atos de conteúdo positivo podem ser, com efeito, objecto de um processo de impugnação, dirigido à respetiva anulação ou declaração de nulidade. Diferentemente, a reacção contenciosa contra os atos de conteúdo negativo passa pela dedução do competente pedido de condenação à prática de um ato que satisfaça a pretensão do autor ou que, pelo menos, dê uma nova definição ao caso, sem reincidir nas ilegalidades em que tinha incorrido o ato negativo. É o que, designadamente, resulta do disposto nos artigos 51º, nº 4, e 66º do CPTA ([264]).

Em nossa opinião, dessa circunstância não resulta, porém, que os atos administrativos de conteúdo negativo tenham deixado de ser atos administrativos.

A questão foi suscitada na doutrina por *Sérvulo Correia*, para quem, com a introdução, no nosso ordenamento jurídico, da possibilidade da condenação à prática de atos administrativos e, portanto, com o afastamento da impugnabilidade contenciosa dos atos de conteúdo negativo, estes atos teriam perdido a natureza de ato administrativo. Sustenta-se, para o efeito, o ilustre Autor na circunstância de o artigo 66º, nº 2, do CPTA ter assumido a opção de, mesmo quando exista ato expresso de conteúdo negativo, configurar o objecto dos processos dirigidos à condenação à prática de ato administrativo por referência à pretensão do interessado, e não ao acto negativo. A partir do momento em que se assume que o ato negativo e os seus fundamentos deixam de balizar o objeto da apreciação a realizar pelo tribunal, que pode,

---

Folgenbeseitigungsanspruch bei Verwaltungsakten mit Drittwirkung", *Deutsches Verwaltungsblatt* 1990, p. 329; HANS WERNER LAUBINGER, *Der Verwaltunsakt mit Doppelwirkung*, Göttingen, 1967, *passim*.

([263]) Para o conceito de ato negativo, cfr. MÁRIO AROSO DE ALMEIDA, *op. últ. cit.*, p. 106; FREITAS DO AMARAL, *Curso...cit.*, vol. II, pp. 313-314.

([264]) Cfr. MÁRIO AROSO DE ALMEIDA, *Manual de Processo Administrativo*, Coimbra, 2010, pp. 285 segs.

desse modo, incidir diretamente sobre o quadro da relação jurídica, sem passar pela *mediação* decorrente da definição que dele foi feita pelo ato, ter-se-ia, na verdade, retirado ao ato o poder de conformar a situação jurídica de modo imperativo e, portanto, a natureza de ato regulador ([265]).

Como já noutras ocasiões tivemos a oportunidade de defender ([266]), não subscrevemos este entendimento porque, para nós, há, neste domínio, que separar claramente o plano substantivo do plano processual.

No plano processual, é indiscutível que a introdução, com a específica configuração que lhes foi dada, dos processos de condenação à prática de ato administrativo implica que o ato de conteúdo negativo deixa de ser o elemento por referência ao qual se procede à delimitação do objeto do processo: como claramente decorre, na verdade, do mencionado artigo 66º, nº 2, do CPTA, ainda que o ato de indeferimento se tenha baseado em determinados fundamentos de recusa, nem por isso o objeto do processo se tem de circunscrever à discussão desses fundamentos. E não há dúvida de que neste ponto radica a diferença essencial que, no novo regime do contencioso administrativo, separa o modo de reação contra os atos de conteúdo negativo daquele que, através da via tradicional da impugnação cassatória, continua a dever ser utilizado para reagir contra a invalidade dos atos de conteúdo positivo — nesta perspetiva se compreendendo o disposto no artigo 51º, nº 4, do CPTA, que, como temos defendido, visa precisamente separar as águas entre as duas vias de tutela contenciosa.

Mesmo quando exista um ato de conteúdo negativo, o legislador processual optou, portanto, por configurar o processo de condenação à prática de ato administrativo como um processo de plena jurisdição, cujo objeto não fica balizado pelo conteúdo daquele ato. Sucede, porém, que, a nosso ver, esta opção se esgota no plano processual, sem

---

([265]) Cfr. SÉRVULO CORREIA, "O incumprimento do dever de decidir", *Cadernos de Justiça Administrativa* nº 54, pp. 23 segs., e, já anteriormente, "Ato administrativo e âmbito da jurisdição administrativa", in *Estudos em Homenagem ao Prof. Doutor Rogério Soares*, Coimbra, 2001, pp. 1183-1185, nota 71.

([266]) Cfr. M. AROSO DE ALMEIDA, *Manual...cit.*, pp. 290 segs., e *Anulação de atos administrativos...cit.*, pp. 106 segs.

pôr, por isso, em causa as características e, portanto, a natureza substantiva do ato negativo.

Com efeito, nada justifica, a nosso ver, que ao ato que, por hipótese, atribua uma licença de construção e ao ato que decida recusar essa licença se pretendam imputar naturezas jurídicas distintas. O enquadramento procedimental dos dois atos é o mesmo, já que correspondem aos dois modos legalmente previstos de pôr termo ao mesmo procedimento, definindo a mesma situação, no exercício da mesma competência normativa, através da aplicação das mesmas normas ([267]). Tanto o ato que atribua a licença, como o ato que a recuse, configura o cumprimento do mesmo dever de decisão, esgotando o exercício da mesma competência. A partir do momento em que qualquer dos dois atos seja proferido, não há incumprimento do dever de decidir que à autoridade administrativa se impõe e o interessado vê-se confrontado com uma decisão, contra a qual, nos termos da lei, pode reagir pelas vias administrativas e/ou contenciosas. Tanto o ato positivo como o ato negativo são, aliás, passíveis de impugnação administrativa, pela via da reclamação, senão mesmo de eventual recurso hierárquico.

É verdade que, no plano do regime substantivo, há uma importante diferença que separa os dois tipos de atos. Por força do disposto no artigo 9º, nº 2, do CPA, ainda que o interessado não reaja e deixe consolidar na ordem jurídica um ato de conteúdo negativo, ele não fica impedido, no plano substantivo, de deduzir de novo a mesma pretensão, constituindo de novo a autoridade competente no dever de decidir, desde que aguarde o decurso do prazo de dois anos. Embora não lhe retire a força de caso decidido formal — além dos prazos de

---

([267]) Como escrevemos noutra ocasião, "o ato de conteúdo negativo é um ato administrativo porque define a situação jurídica do interessado, no âmbito de um procedimento que tinha por objeto uma tal definição. Ainda que depois se possa desencadear um processo de plena jurisdição contra esse ato, tal circunstância não legitima, pois, a conclusão de que o procedimento tendente à adoção de um ato administrativo pode terminar ou não com a emissão de um ato administrativo, consoante o sentido da decisão final que a Administração venha a tomar sobre a pretensão formulada. Semelhante raciocínio conduziria à absurda aplicação, na teoria do procedimento administrativo, de um método que, na teoria do processo, é firmemente vituperado: o de qualificar os fenómenos processuais *secundum eventum litis*": cfr. M. AROSO DE ALMEIDA, *Anulação de atos administrativos...cit.*, p. 109.

eventual impugnação administrativa, veja-se, aliás, o próprio prazo de reação contenciosa contra o ato negativo que se encontra estabelecido no artigo 69º, nº 2, do CPTA —, esta solução tem o alcance de retirar ao ato negativo a força de caso decidido material, impedindo que a solução por ele determinada se possa vir a consolidar em termos definitivos na ordem jurídica.

Mas, a nosso ver, daqui mais não resulta do que uma particularidade que, por razões decorrentes da especificidade do seu tipo de conteúdo, o legislador entendeu dever introduzir no regime substantivo aplicável a estes atos, mas que não implica, só por si, que se lhes deva recusar o qualificativo de atos administrativos. O ato negativo não deixa, com efeito, de conformar a situação jurídica substantiva do titular da pretensão e de dever ser, por isso, objeto de reação tempestiva. Apenas sucede que esse efeito conformador só vincula o interessado durante o período de dois anos.

Como já escrevemos noutro lugar ([268]), não é da natureza do ato administrativo a sua necessária submissão a um processo de impugnação estritamente cassatória. Não se afigura, portanto, que o simples facto de a lei processual ter optado por submeter a reação contra atos administrativos de conteúdo negativo a um enquadramento processual específico e diferenciado daquele a que submete a reação contra os atos de conteúdo positivo tenha o alcance de retirar àqueles atos a natureza que, pelo contrário, o respetivo enquadramento substantivo e procedimental parece impor e que sugere que, quando existe ato de conteúdo negativo, o processo de condenação à prática de ato administrativo não deixa de ter caráter impugnatório — apenas sucedendo que não se trata de uma impugnação cassatória, mas de uma impugnação de plena jurisdição, em que a eventual eliminação da ordem jurídica do ato negativo será, sendo caso disso, o resultado da apreciação global da matéria controvertida a realizar pela instância judicial ([269]).

Nesta perspetiva se compreende, aliás, a referência que, no inciso final do artigo 66º, nº 2, do CPTA, é feita à eliminação da ordem jurí-

---

([268]) Cfr. M. AROSO DE ALMEIDA, *Anulação de atos administrativos...cit.*, pp. 109-110.
([269]) Para mais desenvolvimentos, cfr. MÁRIO AROSO DE ALMEIDA, "O ato administrativo e as formas do processo no novo Código de Processo nos Tribunais Administrativos", in *O ato no contencioso administrativo — Tradição e Reforma*, Coimbra, 2005, pp. 156 a 162.

dica do ato negativo, com a qual, como foi explicado na exposição de motivos que acompanhou a correspondente proposta de lei, não se pretendeu fazer doutrina, mas apenas "esclarecer que se pretend[ia] acabar com a anulação de indeferimentos e que a condenação à prática do ato devido substitui a pronúncia anulatória — pelo que, uma vez proferida a sentença de condenação, não se pode sustentar que o indeferimento ainda subsiste na ordem jurídica por não ter sido devidamente anulado".

C) Para além dos *atos administrativos constitutivos* e dos *atos administrativos declarativos*, a doutrina tende ainda, como já atrás foi referido, a autonomizar uma terceira categoria, intermédia, que corresponde aos chamados *actos de verificação (ou de accertamento) constitutivo* ([270]). Em nossa opinião, a referência autónoma ao fenómeno da *verificação (ou do accertamento) constitutivo* apenas se afigura, contudo, justificada quando a lei opte por associar à emissão de um ato administrativo de conteúdo estritamente declarativo, a produção de certos efeitos constitutivos, que, desse modo, não são imputáveis ao conteúdo do ato, mas apenas resultam, *ex lege,* da circunstância de ele ter sido praticado. O ato é, nesse caso, instituído pela lei como elemento de uma *fattispecie jurídica de formação sucessiva,* que conduz à constituição do efeito jurídico, no âmbito da qual a emissão do ato é necessária ao preenchimento da *fattispecie* constitutiva do efeito, pois sem essa emissão o efeito não se produz, mas não determina, só por si, a produção do efeito ([271]).

Como, na verdade, assinala *Alberto Xavier,* "não basta o perfil *estático* de um ato para que fique desde logo bem identificada a sua natureza jurídica: é ainda necessário delimitar o seu caráter *dinâmico* e *funcional,* ou seja, analisar a sua *eficácia*" ([272]). Não existe, portanto, uma correla-

---

([270]) Cfr. MARCELLO CAETANO, *Manual...,* pp. 456-457; SÉRVULO CORREIA, *Noções...,* p. 458; ESTEVES DE OLIVEIRA *et alii, op. cit.,* p. 554; GARCIA DE ENTERRÍA/T.R.FERNÁNDEZ, *op. cit.,* p. 563; KRAUSE, *op. cit.,* pp. 83 segs.; SEIBERT, *op. cit.,* p. 72, com amplas referências na nota 23.

([271]) Cfr. SEIBERT, *op. cit.,* pp. 71 e 82. Na doutrina portuguesa, cfr., em sentido que se afigura pelo menos próximo, MARCELO REBELO DE SOUSA/ANDRÉ SALGADO DE MATOS, *Direito Administrativo Geral,* tomo III, pp. 97-98.

([272]) A.XAVIER, *Conceito...,* p. 399.

ção necessária entre os aspetos do conteúdo e da eficácia dos atos jurídicos, no sentido de que ao ato de conteúdo vinculado, que se limita ao reconhecimento de um facto ou de uma situação jurídica, corresponde necessariamente a produção de um efeito meramente declarativo: quando a lei o entenda, conteúdo declarativo e eficácia constitutiva podem perfeitamente coexistir ([273]). É o que sucede na hipótese a que agora nos reportamos, em que, por um lado, o ato tem um conteúdo declarativo, pelo que da sua "força ou conteúdo *intrínseco*" não deriva a constituição de situações jurídicas novas na esfera de terceiros, mas a lei associa, como efeito lateral, à prática desse ato a constituição de situações desse tipo, em termos de se poder afirmar que o efeito constitutivo resulta do ato como um "epifenómeno acidental" ([274]), que, na realidade, "tem por fonte ou causa a lei e não o ato em si" ([275]).

Importa, pois, notar que, em situações como esta, o conteúdo intrínseco do ato administrativo não deixa de ser declarativo. Apenas sucede que a lei adopta esse ato e a declaração nele consubstanciada como *Tatbestand*, isto é, como pressuposto normativo da produção de determinados efeitos jurídicos constitutivos — efeitos jurídicos à produção dos quais a vontade do autor do ato não se dirigia e que não podem ser, portanto, imputados ao conteúdo do ato ([276]).

Não devem ser, entretanto, confundidos os eventuais efeitos constitutivos que uma norma associe a um certo tipo de ato declarativo, com o próprio efeito inovador que os atos declarativos, só por si, produzem, pela mera circunstância — que, como já foi dito, lhes é inerente — de tornarem atendíveis, para certos efeitos, os factos aos quais se reportam, sem o que seriam inúteis e sem sentido. Não se afigura, por isso,

---

([273]) Cfr. A. XAVIER, *Conceito...*, pp. 400-401.
([274]) SEIBERT, *op. cit.*, p. 71.
([275]) Cfr. ROBIN DE ANDRADE, *op. cit.*, p. 126.
([276]) Neste sentido, fala SEIBERT, *op. cit.*, pp. 81-82, de um *Tatbestandswirkung* do ato administrativo, dando assim ao conceito o sentido — mais estrito mas, ao que julgamos, mais rigoroso do que aquele que lhe atribui a generalidade da doutrina administrativa alemã — que, em processo, se utiliza a propósito das situações em que o direito material toma a emissão de uma sentença como pressuposto para a produção de determinado efeito (a constituição, modificação ou extinção de uma dada situação jurídica) ao qual a sentença não se dirigia: cfr., a propósito, ROBIN DE ANDRADE, *op. cit.*, p. 126, em nota.

correto qualificar como um efeito lateral que a lei associa a uma declaração jurídica o único efeito jurídico útil que essa declaração produz e que, de mais a mais, justifica a sua emissão. Na medida em que esse efeito se resuma a tornar atendíveis certas circunstâncias pré-existentes, o ato possui um conteúdo declarativo e não há por que falar, a seu propósito, na produção de qualquer efeito constitutivo ([277]).

Esta precisão parece confirmar a necessidade, a que já atrás nos referimos, de se repensarem os moldes em que, na doutrina portuguesa, se tem falado de "verificações-constitutivas" para qualificar manifestações às quais, em muitos casos, apenas deve ser, quanto a nós, imputada a eficácia jurídica inovadora que é própria dos atos estritamente declarativos, ou, pelo contrário, cuja eficácia constitutiva é directamente imputável ao próprio conteúdo do ato. Seria, porém, desproporcionado proceder, nesta sede, às detidas indagações que seriam necessárias ao esclarecimento deste ponto, que, por isso, aqui se deixa apenas equacionado, com a advertência, em todo o caso, de que o fenómeno em referência há de corresponder exclusivamente a atos que, possuindo um conteúdo estritamente declarativo e só sendo, por isso, praticados (e porventura requeridos) no propósito de introduzir uma declaração, são, *a latere*, tomados pelo legislador como pressuposto para a introdução de um efeito constitutivo que transcende os efeitos estritamente declarativos que, em si mesmos, resultam do conteúdo do próprio ato, e em relação ao qual o ato não funciona, portanto, como *causa* mas apenas como "condição (legal) da sua constituição" ([278]). A nosso ver, só nesta medida pode, na verdade, falar-se de um ato que, sendo, do ponto de vista do seu conteúdo, declarativo (*verificativo, de accertamento*), dá, ao mesmo tempo, origem à produção de verdadeiros efeitos constitutivos ([279]).

([277]) Cfr. SEIBERT, *op. cit.*, p. 82, que, com Nicklish, reconhece ser, por vezes, difícil esclarecer a questão, de técnica legislativa, de saber se a modificação é ou não diretamente imputável ao conteúdo do ato.
([278]) ROBIN DE ANDRADE, *op. cit.*, p. 127.
([279]) Cfr. ainda SCHLOSSER, *Gestaltungsklagen und Gestaltungsurteile*, Bielefeld, 1966, p. 21; GRUNSKY, *Grundlagen des Verfahrensrechts*, 2ª edição, Bielefeld, 1974, p. 555; SEIBERT, *op. cit.*, pp. 72-73 (e nota 24) e 82.

D) Justifica-se ainda autonomizar, neste breve quadro tipológico dos efeitos que podem produzir os atos administrativos, a categoria dos *atos impositivos* ([280]), que têm em comum a circunstância de imporem o cumprimento de um comando, de sentido positivo (obrigação) ou negativo (proibição) ([281]).

Em certos casos, estes atos assentam na prévia constituição da obrigação cujo cumprimento impõem. Estaremos, então, perante o que se poderá qualificar como *atos puramente impositivos*, que impõem ao destinatário o cumprimento de uma obrigação que já existia, sem que essa existência tivesse sido, no entanto, ainda formalmente reconhecida. Tal como sucede com as sentenças de condenação, estes atos possuem, assim, um indiscutível momento declarativo, de *accertamento*, ao qual, no entanto, se associa um evidente momento condenatório, impositivo ou "de comando", ele próprio constitutivo de um efeito jurídico novo, embora secundário ou instrumental: a sujeição do obrigado a eventuais medidas de execução forçada ([282]).

Frequentemente, porém, os atos administrativos que impõem o cumprimento de obrigações aos particulares não se esgotam na dimensão impositiva, mas também são legalmente instituídos como fonte da própria obrigação, que ainda não existia na ausência do ato. Pode, nesse caso, dizer-se que se revestem de um conteúdo misto, que se apresenta simultaneamente como constitutivo e impositivo ([283]). É, em todo o caso, na existência, em qualquer das situações, do componente "de comando" que reside o traço distintivo desta categoria de atos administrativos, que, a nosso ver, permite e justifica a respetiva separação dos atos estritamente constitutivos.

Acrescente-se apenas que o ato impositivo, ainda que inclua a ameaça formal da utilização de meios de execução forçada em caso de in-

---

([280]) Na classificação proposta por FREITAS DO AMARAL, *Curso...*, vol. II, pp. 282 segs.
([281]) Cfr. WOLFF/BACHOF/STOBER, *op. cit.*, p. 646; CERULLI IRELLI, *op. cit.*, p. 559.
([282]) Cfr., a propósito, ERICHSEN, *op. cit.*, pp. 347-348; WOLFF/BACHOF/STOBER, *op. cit.*, p. 626, Rn 45; SEIBERT, *op. cit.*, pp. 91-92. No sentido de que a sentença de condenação integra os dois momentos indicados no texto e, portanto, "uma eficácia constitutiva de conteúdo processual", cfr., por todos, E.T.LIEBMAN, *op. cit.*, p. 269; A.XAVIER, *Conceito...*, pp. 407-408; MARIO NIGRO, *L'appello nel processo amministrativo*, Milão, 1960, pp. 155-156.
([283]) Cfr. WOLFF/BACHOF/STOBER, *op. cit.*, p. 646.

cumprimento por parte do obrigado, pode não conter ainda em si a "decisão de proceder à execução administrativa", a que se refere o artigo 152º do CPA (²⁸⁴). Com efeito, esta decisão pode constituir objeto de um novo ato, já de *execução* do ato impositivo, mediante o qual, uma vez verificado o incumprimento, por parte do obrigado, do comando formalmente enunciado no ato impositivo, se determine a passagem ao procedimento executivo (que desse modo se desencadeia), dando porventura ao obrigado ainda uma última oportunidade para cumprir (²⁸⁵).

5. Em particular, os atos administrativos tácitos

43. Por regra, os atos administrativos são expressamente emitidos.

Presentemente, só existem atos tácitos, na ordem jurídica portuguesa, nas situações em que a lei expressamente prevê a formação dos chamados *deferimentos tácitos*. Essas situações ocorrem nos casos em que, no âmbito de um procedimento desencadeado por um interessado, que apresentou um requerimento dirigido à emissão de um ato administrativo que definisse a sua situação jurídica, a lei, excecionalmente, associa ao decurso do prazo legal para a tomada da decisão, sem que a Administração tenha cumprido o dever legal que se lhe impunha de decidir, a presunção de que a pretensão apresentada pelo requerente foi julgada conforme às exigências postas pelo ordenamento jurídico e, portanto, deferida.

A previsão legal da formação de um ato tácito de deferimento parece configurar o estabelecimento de uma *presunção legal*, mediante a qual a lei atribui à passividade do órgão competente perante os reque-

---

(²⁸⁴) Se bem interpretamos o seu pensamento, RUI CHANCERELLE DE MACHETE, "Execução do ato administrativo", *Direito e Justiça*, vol. VI (1992), pp. 70-71, e "Privilégio da execução prévia", in *Dicionário Jurídico da Administração Pública*, vol. VI, p. 467 e nota 52, parece, no entanto, identificar os dois momentos, da imposição formal de um cumprimento ao qual o destinatário pode já estar previamente obrigado e da iniciativa do procedimento executivo.

(²⁸⁵) Neste sentido, cfr. ESTEVES DE OLIVEIRA *et alii, op. cit.*, p. 727.

rimentos dos interessados o significado legal tipicizado de deferir a pretensão. O ato tácito, desse modo extraído, por expressa determinação da lei, da conduta de inércia da Administração, substitui o ato de conteúdo positivo pretendido pelo interessado, valendo, para todos os efeitos, como se se tratasse de um ato expresso inteiramente favorável às suas pretensões.

Ao contrário do que parece resultar do artigo 108º do CPA, que se refere a esta matéria, afigura-se que a formação de deferimento tácito só tem lugar nos tipos de procedimentos em que, mediante previsão expressa, lei especial o preveja. Do próprio artigo 108º do CPA não resulta, pois, só por si, a formação de qualquer deferimento tácito, nem, muito menos, a consagração de uma regra — de âmbito geral ou, pelo menos, para certos tipos de situações — no sentido de que o silêncio da Administração perante os requerimentos que lhe são dirigidos tem o valor de um deferimento tácito.

Por regra, a previsão da formação de deferimento tácito surgirá nos domínios em que, bem ou mal, o legislador entenda que a regra, segundo a experiência comum, é a do deferimento. Como sugere o nº 1 do artigo 108º do CPA, é, por isso, sobretudo nos domínios das autorizações permissivas do exercício de direitos, em que a intervenção limitativa da Administração é legalmente configurada com traços de excepcionalidade, por se tratar de domínios de restrição excecional da esfera jurídica dos particulares, e das aprovações, no âmbito das relações entre órgãos da Administração Pública, que a lei tenderá a associar à inércia da Administração uma presunção de assentimento e, portanto, de concordância com as pretensões que lhe sejam apresentadas pelos requerentes, prevendo, assim, a formação de *deferimentos tácitos*.

Mas, como estabelece o nº 3 do artigo 108º do CPA, é necessário que lei especial expressamente o determine para cada tipo de caso, sem que, entretanto, a tal constituam exceção as próprias situações previstas nas alíneas contidas neste preceito. Com efeito, como todas essas situações correspondem a matéria que é objecto de legislação especial, a eventual existência de um regime de deferimento tácito em relação a cada uma delas depende de previsão expressa contida nessa legislação, devendo considerar-se revogadas as alíneas do nº 3 do artigo 108º do CPA respeitantes a regimes de deferimento tácito que, desde a data da publicação do CPA, tenham deixado de estar previstos na legislação especial aplicável: é, desde logo, o que, de modo paradigmático, em parte sucede com o licenciamento de obras particulares, previsto na alínea a), mercê do Regime Jurídico da Urbanização e Edificação, entretanto aprovado pelo Decreto-lei n.º 555/99, de 16 de Dezembro, e revisto e republicado pela Lei nº 60/2007, de 4 de setembro.

Em todos os tipos de procedimentos em relação aos quais lei especial, entretanto, não preveja a formação de deferimentos tácitos, as situações de incumprimento, por parte da Administração, dentro do prazo legal, do dever de decidir as pretensões deduzidas pelos interessados não dão, entretanto, lugar à formação de qualquer ato administrativo tácito.

Não era assim no passado: tradicionalmente, a lei geral também fazia corresponder a estas situações de silêncio da Administração a *possibilidade* da formação de um ato tácito, ao qual imputava um sentido negativo, de *indeferimento*, atribuindo aos interessados a faculdade de, se assim quisessem, proceder à impugnação do silêncio como se se tratasse de um ato de conteúdo negativo, inteiramente desfavorável às suas pretensões.

A figura do chamado *indeferimento tácito*, ainda hoje prevista no artigo 109º do CPA, constituía, desse modo, uma *ficção legal*, concebida porque, no modelo tradicional do nosso contencioso administrativo, centrado no processo de impugnação de actos administrativos, se considerava necessário ficcionar, em situações de inércia ou omissão que lei especial não qualificasse como de deferimento tácito, a existência de um ato administrativo de indeferimento que pudesse ser objeto de impugnação por parte do interessado.

Deve, porém, hoje entender-se que a figura do *indeferimento tácito* foi eliminada da nossa ordem jurídica com a entrada em vigor, em 1 de janeiro de 2004, do CPTA, que, introduzindo um novo regime de processo nos tribunais administrativos, introduziu, com caráter inovador, a possibilidade, para este tipo de situações, da dedução, por parte do interessado, de um pedido de condenação da Administração à prática do ato administrativo ilegalmente omitido (cfr. artigos 66º e segs. do CPTA). Com efeito, a partir do momento em que, nas situações de pura inércia ou omissão por parte da Administração, se deixa de fazer depender o acesso à jurisdição administrativa da existência de um ato administrativo passível de impugnação, deixa de ser necessário ficcionar aí a existência de um ato de *indeferimento tácito*.

Fora dos casos específicos em que a lei preveja a formação de deferimentos tácitos, o incumprimento, no prazo legal, do dever de decidir por parte da Administração deixou, assim, de dar lugar à formação de qualquer ato tácito, para passar a ser tratado como a *omissão pura e simples* que efectivamente é, ou seja, como um *mero facto* constitutivo do interesse do requerente em agir em juízo para obter uma decisão judicial de condenação à prática do ato ilegalmente omitido. O artigo 109º, nº 1, do CPA deve, pois, passar a ser lido como determinando apenas que a falta de decisão administrativa dentro do prazo legal confere ao interessado *a faculdade de lançar mão do meio de tutela adequado*.

Isto significa que, para além dos atos expressos, que a Administração inequivocamente pratica no regular exercício dos seus poderes, só existem, na nossa ordem jurídica, *atos tácitos de deferimento*, nos casos em que lei especial estabelece que a eventual falta de resposta do órgão competente à pretensão formulada por um interessado através da apresentação de um requerimento corresponde, uma vez expirado o prazo legal para a emissão de ato expresso, ao deferimento da pretensão, nos precisos termos em que ela tinha sido apresentada.

6. Ato administrativo e meras declarações da Administração Pública

44. No sentido que é tradicionalmente atribuído à expressão pela teoria geral das fontes do Direito, estas circunscrevem-se aos modos de produção de enunciados normativos, dos quais derivam as normas, de caráter geral e abstrato, que modificam o ordenamento jurídico. E, neste sentido, o ato administrativo não é uma fonte de direito, a par de instrumentos como a lei e o regulamento ([286]).

([286]) Por último e por todos, cfr. MARCELO REBELO DE SOUSA/ANDRÉ SALGADO DE MATOS, *Direito Administrativo Geral*, tomo I, pp. 62 segs.

O ato administrativo é, no entanto, um ato jurídico unilateral, através do qual a entidade que o emite determina a produção unilateral de efeitos jurídicos. Como, por outro lado, os efeitos do ato administrativo se dirigem primacialmente a constituir, modificar ou extinguir situações jurídicas de Direito Administrativo, ele pode ser qualificado como fonte de efeitos jurídico-administrativos ([287]).

Ora, não deve ser menosprezado o relevo autónomo em relação às normas de que, em múltiplos domínios, se revestem as determinações introduzidas através de ato administrativo. Na verdade, o ato administrativo não é um mero instrumento de estrita aplicação de determinações previamente previstas em normas, mas um ato jurídico dotado de importante relevo autónomo na concreta configuração das situações jurídicas a que se reporta.

Como já atrás foi recordado, o princípio da legalidade administrativa é modernamente associado a uma exigência de *precedência de lei*, de acordo com a qual todo o ato administrativo pressupõe a existência de normas legais ou regulamentares que confiram a competência objetiva e subjetiva para a sua emissão e, portanto, a prévia existência de uma base normativa, isto é, de uma fonte de Direito na qual, em última análise, radicarão os efeitos do ato ([288]).

A verdade, porém, é que o entendimento dominante relativiza o alcance desta afirmação, ao entender que os atos administrativos não têm de existir apenas se e na medida em que normas específicas os prevejam, atribuindo às entidades públicas o específico poder de os praticar, mas que o poder de praticar atos administrativos decorre, genericamente, das atribuições das entidades públicas, pelo que é, afinal, inerente à natureza destas entidades, sendo a expressão típica

---

([287]) Neste sentido, SÉRVULO CORREIA, "Ato administrativo e âmbito da jurisdição administrativa", p. 1169, configura o ato administrativo como "um modo de criar, de modificar ou de extinguir relações jurídicas administrativas", uma "técnica de criação de efeitos jurídicos", um instrumento jurídico de conformação, definição ou regulação de relações jurídicas administrativas.

([288]) Cfr., por todos, SÉRVULO CORREIA, *Legalidade e autonomia contratual nos contratos administrativos*, Coimbra, 1986, pp. 284 segs., com amplas referências, que fala, a este propósito, da existência de uma *reserva de norma jurídica*.

normal do exercício da sua atividade de gestão pública, independentemente da necessidade de previsão normativa específica (²⁸⁹).

A nosso ver, as razões que estão na base deste entendimento radicam, em última análise, no período histórico que precedeu o Estado de Direito, denunciando uma conceção autoritária que ainda configura as entidades públicas como uma *potentior persona*, a cujas pronúncias tendem a associar-se, como algo de inerente, os caracteres típicos do ato administrativo, enquanto ato que exprime o exercício de um poder de autoridade — como se o caráter autoritário, isto é, a capacidade de definir unilateralmente a esfera de terceiros, fosse um atributo inerente às manifestações jurídicas com eficácia externa das entidades públicas, que, por natureza, adviesse, no nosso sistema de administração, do estatuto que o ordenamento jurídico confere a essas entidades (²⁹⁰).

Em nossa opinião, esta conceção não é adequada ao entendimento que, num Estado de Direito democrático, deve ser adotado das relações jurídicas das entidades administrativas com os particulares — particularmente num ordenamento jurídico como o nosso, em que não só é tradicionalmente reconhecida a existência de relações jurídicas paritárias de Direito Administrativo, como a mais recente legislação veio mesmo atribuir a essa realidade uma relevância acrescida.

Não pomos, naturalmente, em causa que o ato administrativo é um instrumento imprescindível de atuação jurídica na tomada de decisões, que dão resposta a pretensões individuais ou envolvem intervenções pontuais na esfera de outros sujeitos jurídicos, sejam eles entidades públicas ou privadas, como também no plano das decisões de organização e construção de infraestruturas. Sem prejuízo das potencialidades que apresenta a via da contratualização, que tende cada vez mais a ser seguida, sobretudo em certos domínios, afigura-se, na verdade, inquestionável que a formalização das decisões unilaterais

---

(²⁸⁹) Na doutrina portuguesa, cfr. SÉRVULO CORREIA, "Ato administrativo e âmbito da jurisdição administrativa", p. 1170; PAULO OTERO, *Legalidade e Administração Pública*, Coimbra, 2003, p. 87; PEDRO GONÇALVES, *Entidades privadas com poderes públicos*, Coimbra, 2005, pp. 642 segs.

(²⁹⁰) Na perspetiva do texto, vejam-se, a partir da análise crítica das teses de *Otto Mayer*, as judiciosas considerações de MAX-JURGEN SEIBERT, *Bindungswirkung von Verwaltungsakten*, Baden-Baden, 1989, pp. 105 segs.

concretas da Administração é indispensável, no estrito plano técnico, como um eficaz instrumento de identificação dos efeitos jurídicos a introduzir e como ponto de referência para a formalização dos eventuais conflitos.

Apenas nos parece que o moderno entendimento da Administração Pública e do seu posicionamento perante os cidadãos num Estado de Direito democrático aconselha a que não se sobrevalorize, mas antes se atribua o devido peso, ao exercício de poderes de autoridade da Administração, num sentido que, relativizando o papel do ato administrativo, no quadro das formas típicas de manifestação da função administrativa, não associe o poder de definir unilateralmente a situação jurídica de terceiros através de atos administrativos sujeitos a impugnação tempestiva a todas as manifestações jurídicas com eficácia externa das entidades públicas.

É verdade que, enquanto, pela natureza dos sujeitos em presença, o fenómeno do estabelecimento de relações jurídicas de poder entre privados tende a surgir em domínios circunscritos e a consubstanciar-se em manifestações tendencialmente pontuais e avulsas, essa é a estrutura mais comum das relações que se estabelecem entre a Administração e os particulares, podendo, por isso, dizer-se que, por serem institucionalmente incumbidas pelo ordenamento jurídico da prossecução do interesse público e, por esse motivo, investidas na titularidade de amplos poderes de definição jurídica unilateral da situação jurídica de pessoas e de coisas, as entidades administrativas gozam de um *estatuto especial* que, *no que toca ao âmbito do exercício de tais poderes*, as coloca numa posição institucional de supremacia.

Mas o que daí, a nosso ver, não resulta é que, por esse facto, devam ser qualificados como atos administrativos todas as manifestações jurídicas unilaterais, com eficácia externa, que a Administração possa proferir. Num Estado de Direito, só devem poder ser qualificados como atos de poder público as manifestações que o ordenamento jurídico qualifique desse modo. E a posição institucional de supremacia das entidades públicas resulta, como se procurou sublinhar, da circunstância de o ordenamento jurídico formalmente lhes atribuir um amplo complexo de poderes, não é a premissa que justifica essa atribuição.

A específica relevância jurídica do ato administrativo existe, com a configuração que tem, na medida em que a lei o institui como fonte de efeitos jurídicos — efeitos que, deste modo, podendo embora dizer-se, de forma abreviada, que resultam do ato e são imputáveis à vontade do seu autor, na realidade só são efeitos jurídicos *por via da lei*, na qual reside o verdadeiro fundamento da respetiva juridicidade. Por esse motivo, entendemos que cada manifestação da Administração só deve poder ser qualificada como ato administrativo se e na medida em que a ordem jurídica a qualifique como tal e lhe confira o correspondente valor.

O instituto do ato administrativo definidor de situações jurídicas externas só se compreende e explica — nas características comuns que apresenta e no complexo de regras e princípios gerais a que se encontra submetido — se, para além da sua mera configuração técnica, como instrumento de produção unilateral de efeitos jurídicos concretos na ordem externa, como tal instituído pelas normas jurídicas, se tiver em conta a sua natureza essencial, isto é, o facto de constituir a manifestação de *poderes típicos de regulação* que se inscrevem no exercício de uma função estadual, dirigida à gestão de bens e recursos públicos e à satisfação de necessidades coletivas. É isto que explica e legitima a existência de actos administrativos, que não são puras manifestações gratuitas de poder, mas configuram o *exercício de poderes funcionais*, correspondendo, assim, a decisões que aos órgãos da Administração Pública cumpre adoptar nos domínios e matérias que o ordenamento jurídico entenda deverem ser objecto de uma definição jurídica rápida — imediata produção unilateral de efeitos — e tendencialmente estável — tendencial consolidação na ausência de revogação ou impugnação tempestiva.

É isto, enfim, que não só permite, como exige, que se delimite o campo de intervenção do ato administrativo com eficácia externa das demais manifestações que, exprimindo embora a posição de entidades públicas a respeito de questões jurídicas, e mesmo de questões jurídico-administrativas, não traduzam o exercício de um poder de definição jurídica unilateral, normativamente conferido a tais entidades ([291]).

([291]) Já neste sentido, cfr. MÁRIO AROSO DE ALMEIDA, *Anulação de atos administrativos...*, pp. 83 segs., onde se sustentou que, como cada ato administrativo exprime o exercício de

45. A viabilidade e necessidade de tal delimitação perfila-se com crescente nitidez no ordenamento jurídico português, na medida em que o CPTA procedeu ao alargamento do campo de intervenção das ações no âmbito das quais os tribunais dispõem de poderes de plena jurisdição e o particular está dispensado do ónus de observar os apertados prazos de impugnação dos atos administrativos. Com efeito, o CPTA adota, neste domínio, um critério semelhante àquele que, no Direito alemão, preside à delimitação recíproca do âmbito de aplicação da *Verpflichtungsklage* e da *Leistungsklage*, que assenta, precisamente, na distinção, que tem sido cultivada no Direito alemão, entre os *atos administrativos* e outras manifestações da Administração, que não traduzem o exercício de um poder de definição jurídica unilateral e que, na terminologia alemã, são qualificadas como *meras atuações administrativas*.

Como é sabido, o sistema do contencioso administrativo foi tradicionalmente estruturado em torno da impugnação de atos administrativos. E o próprio Direito Administrativo, na construção dos seus conceitos basilares, foi-se historicamente sedimentando em função do contencioso e, portanto, da impugnação dos atos administrativos. Por este motivo, a história do contencioso e do Direito Administrativo centrou-se, em grande medida, na figura do acto administrativo contenciosamente impugnável e a este conceito foram procurando reconduzir-se, ao longo do tempo, as diferentes manifestações da Administração que de algum modo contendessem com a esfera de terceiros, posto que era em torno dos atos administrativos impugnáveis que gravitava a tutela contenciosa dos particulares contra as ilegalidades cometidas pela Administração ([292]).

---

uma função, a função administrativa, na qual a entidade pública está investida, e porque é para a correta satisfação das necessidades públicas postas a seu cargo que a essa entidade é confiado um complexo de poderes, normativamente atribuídos, de definição unilateral de situações jurídicas, que a todos comprometem e vinculam quanto à determinação do modo de prosseguir interesses que, por serem públicos, a todos pertencem, cada tipo de ato administrativo deve ser disciplinado por regras da observância das quais depende a legalidade, formal e material, de tais atos, designadamente no que toca à disciplina do seu modo específico de produção (procedimental).

([292]) Como faz notar RUI CHANCERELLE DE MACHETE, "A garantia contenciosa para obter o reconhecimento de direitos ou interesses legalmente protegidos", republicado em *Estudos*

O CPTA veio, pelo contrário, evidenciar a necessidade da reconversão dos quadros tradicionais, num novo contexto que crescentemente exige a reformulação do conceito do ato administrativo, sujeito a impugnação tempestiva. Uma reformulação que passa necessariamente pela relativização do papel que ao ato administrativo deve corresponder no âmbito do contencioso e, por via disso, da própria dogmática do Direito Administrativo, através do reconhecimento de que nem todas as pretensões que os particulares formulam perante a Administração se dirigem à emissão de atos administrativos, contra cuja recusa se imponha reagir, dentro de prazos curtos, pela via da impugnação, e de que nem todas as pronúncias que a Administração emita a propósito das situações jurídicas dos particulares correspondem a atos dessa natureza.

Na verdade, a imposição do ónus de impugnação só se afigura aceitável quando um órgão administrativo emita uma pronúncia que corresponda ao exercício de um poder de definição jurídica, isto é, quando desse modo esteja a desempenhar uma função que lhe tenha sido normativamente atribuída, ou por previsão normativa específica, ou, pelo menos, porque a emissão de um tal ato configura a expressão normal de um poder inscrito no âmbito das competências de definição jurídica do órgão e das atribuições do ente ao qual o órgão pertence ([293]).

---

de *Direito Público e Ciência Política*, Lisboa, 1991, p. 427, o ato administrativo tem sido, em Portugal, "a figura jurídica central em que assenta a construção dogmático-administrativa, foco privilegiado da atenção da jurisprudência e da doutrina, que, sobretudo, lhe tem dado uma excessiva formalização. Em Portugal, porventura mais do que em qualquer outro ordenamento continental, o ensinamento de Otto Mayer e de Hauriou sobre o ato administrativo foi seguido com entusiasmo. Convergiram nesse mesmo sentido a adequação a um regime autoritário de uma doutrina que, embora nascida sob o signo da ideologia liberal, sublinhava que a Administração Pública era principalmente poder, e a tendência natural da jurisprudência em se refugiar por detrás de construções objetivas e claras que evitassem confrontos com o Executivo".

([293]) Sobre a questão dos parâmetros que devem presidir à delimitação dos poderes de definição jurídica de que dispõe a Administração, com (natural) atenção especial às manifestações de conteúdo negativo, de recusa de pretensões formuladas através da apresentação de requerimentos, cfr. PETER KRAUSE, *Rechtsformen des Verwaltungshandelns*, Berlim, 1974, pp. 199 segs., para quem, por regra, e salvo quando, por ser elevado o número

Há, assim, que distinguir dois planos de atuação jurídico-administrativa concreta das entidades públicas: (i) um plano de actuação no qual elas exercem poderes de definição jurídica, em que as manifestações que produzam têm o valor formal inerente, com todas as consequências que daí decorrem: produção unilateral de efeitos, impugnabilidade em prazo limitado, tendência para a estabilização dos efeitos produzidos; e (ii) outro plano, completamente distinto, em que as manifestações de vontade da Administração correspondem ao que, como já foi recordado, tem sido qualificado na Alemanha como *simples atuações administrativas* ([294]), por se situarem no mesmo plano das manifestações dos particulares, sem envolverem o exercício de poderes de definição jurídica e, portanto, sem exprimirem o exercício de poder administrativo.

Como refere *Sérvulo Correia*, "desde os anos 30 que o legislador português compreendeu que, quando se trata de discutir na sua plenitude o conteúdo de uma situação jurídica administrativa para dirimir o litígio através de uma sentença condenatória, o ato administrativo perde o papel de plataforma necessária à apreciação do juiz", pois "nada acrescenta ao teor da situação jurídica a que se refere" ([295]).

de (contra-)interessados, razões de segurança jurídica imponham a consagração legal expressa da necessidade de uma declaração formal, a recusa de prestações materiais, por parte da Administração, não é legalmente instituída como ato administrativo (pp. 199 e 210), mas a própria recusa de adotar medidas sem conteúdo regulador pode exprimir o exercício de um poder, legalmente atribuído, de definir quem é titular do direito à prestação e, nessa medida, ser um ato administrativo recorrível (p. 202).

([294]) No ordenamento jurídico alemão, entende-se por meras atuações da Administração, tanto as suas atuações materiais de gestão pública (atos jurídicos ou atos reais em sentido próprio), como as suas pronúncias jurídicas que não se consubstanciem em atos administrativos com "conteúdo de regra jurídica", "conteúdo jurídico material". Note-se que, na doutrina portuguesa, REBELO DE SOUSA/SALGADO DE MATOS, *Direito Administrativo Geral*, tomo III, pp. 444 segs., adotam terminologia diferente, englobando num conceito amplo de "atos reais" as "simples atuações administrativas" (que circunscrevem a atos jurídicos), a par de outras manifestações, como os atos materiais, os atos tácitos e as atuações informais.

([295]) Cfr. SÉRVULO CORREIA, "A Efetivação processual da responsabilidade civil extracontratual da Administração por atos de gestão pública", in *La responsabilidad patrimonial de los poderes publicos — Colóquio Hispano-Luso de Professores de Derecho Administrativo*, Madrid, 1999, pp. 269 e 277.

Isso sucedeu em primeiro lugar no domínio da responsabilidade civil extracontratual das entidades públicas, no qual desde há muito não se imputa a natureza de ato administrativo à eventual pronúncia que a Administração emita sobre a existência do dever de indemnizar ou sobre o quantitativo da indemnização a pagar, e, por outro lado, se entende que, nem o pagamento da indemnização envolve a prática de um ato administrativo, nem a eventual recusa de pagar constitui um ato administrativo definidor da situação do interessado, porque não pertence às atribuições de qualquer entidade pública administrativa nem às competências de qualquer órgão administrativo estatuir definitivamente sobre a matéria (296). Entretanto, também no âmbito das relações contratuais de direito público, a jurisprudência portuguesa cunhou a figura do *ato opinativo*, que veio a encontrar consagração formal no direito positivo (cfr. artigo 186º do CPA; hoje, no entanto, o artigo 307º, nº 1, do CCP, de modo mais adequado, fala a esse propósito de declarações negociais, e não de atos opinativos).

O desafio que, no plano substantivo, se coloca à doutrina administrativa portuguesa, é, pois, o de ir mais longe no mesmo sentido, de circunscrever à justa dimensão o universo das situações em que há lugar ao exercício de poderes de definição jurídica concreta da Administração (297).

---

(296) Cfr. MARCELLO CAETANO, *Manual...cit.*, vol. II, pp. 1272-1273; DIOGO FREITAS DO AMARAL, *Direito Administrativo*, policop., Lisboa, 1988, vol. IV, p. 80.

(297) Também no sentido de que a figura do ato administrativo deve ser, hoje, definida com rigor, impondo-se "saber qual é o sentido e o papel que deve reservar-se-lhe e, portanto, qual é, nos tempos de hoje, o âmbito e o regime mais adequado para que continue a desempenhar uma função doutrinal e prática", cfr. VIEIRA DE ANDRADE, "Algumas reflexões..." *cit.*, p. 1200; a p. 1213, o Autor acrescenta que "já não há hoje razão para alargar o conceito de ato administrativo com o objetivo de abrir o acesso aos tribunais, devendo, pelo contrário [...] optar-se por um conceito estrito, pois que tal qualificação implica necessariamente a obrigação de utilizar o recurso [de impugnação] como forma de ação, em detrimento de outras que podem permitir uma sentença que defina imediatamente os termos da relação jurídica e, por isso, do direito do particular"; e, a p. 1214, propõe, designadamente, "a regra de que o particular não pode ser obrigado a provocar um ato administrativo, para recorrer dele, quando a lei (substantiva ou processual) não estabeleça inequivocamente que se trata, naquela situação ou naquele tipo de situação, de conferir uma competência à Administração que envolve o exercício de um poder de autoridade".

A delimitação do campo do ato administrativo daquele que corresponde às outras manifestações mediante as quais a Administração se limite a reconhecer ou negar o direito do interessado à realização de prestações, no quadro de procedimentos que não se dirigem a regular situações jurídicas através da emissão de atos administrativos, mas à simples adopção de *simples atuações administrativas*, envolve, com efeito, em cada caso, uma complexa e delicada operação de interpretação dos preceitos normativos aplicáveis.

Note-se, em todo o caso, que o reconhecimento de direitos a prestações de conteúdo material, cuja realização, nos termos da lei, se pode, por interpretação, afirmar que não depende da emissão de um ato administrativo, não é, frequentemente, objeto, sequer, de pronúncia autónoma ([298]). A emissão, por parte da Administração, de uma declaração desse tipo pode ser, no entanto, necessária e desempenhar, mesmo, um papel da maior importância no plano da organização interna da pessoa coletiva pública, para o efeito de constituir o título sem o qual os serviços não poderão processar a atividade necessária à satisfação da pretensão do interessado ([299]). Mesmo quando seja esse o caso, cumpre, no entanto, sublinhar que não está aí em causa a emissão de um ato jurídico definidor da situação do interessado, que, nesse caso, já se encontra diretamente definida pela lei, sem necessidade de intermediação administrativa, e, portanto, que a declaração da Administração não exprime o exercício de um poder de definir a situação do interessado, em termos de porventura lançar sobre ele o ónus da sua impugnação tempestiva, na hipótese de eventual incorrecção dos termos em que a declaração seja emitida.

Por outro lado, não são atos administrativos de conteúdo negativo as eventuais manifestações mediante as quais a Administração — no quadro, como se disse, de procedimentos que não se dirigem à emissão de um ato administrativo, mas à simples adopção de meras atuações administrativas — se limite a recusar a realização das prestações requeridas. É o que, quanto a nós, sucede com a declaração que, por exemplo, recusa a passagem de uma certidão ou a prestação de uma

---

([298]) Cfr. KRAUSE, *op. cit.*, p. 204.
([299]) Cfr., a propósito, KRAUSE, *op. cit.*, p. 206.

informação ([300]). Manifestações deste tipo desempenham a função, no plano interno à Administração, de encerrar formalmente o procedimento e, já no plano externo, de dar conhecimento, em termos fundamentados, do resultado negativo do exame a que se procedeu da pretensão apresentada pelo requerente, mas são simples atuações administrativas, contra as quais não há que reagir pela via da ação administrativa especial de condenação à prática de atos administrativos ([301]).

([300]) Cfr. RAQUEL CARVALHO, *O direito à informação administrativa procedimental*, Porto, 1999, pp. 256 segs.
([301]) Sobre a matéria equacionada no texto, cfr. KRAUSE, *op. cit.*, pp. 197-199. No que especificamente respeita ao exemplo da prestação de informações e certidões, o ponto é, aliás, confirmado pela consagração legal de uma via própria de tutela processual, a intimação para prestação de informações, consulta de documentos e passagem de certidões, cuja explicação última, com a configuração que hoje tem, a nosso ver radica, precisamente, na circunstância de a prestação de informações e a passagem de certidões não depender da emissão de um ato administrativo e a sua eventual recusa não poder ser qualificada como um ato administrativo de conteúdo negativo: cfr., a propósito, MÁRIO AROSO DE ALMEIDA, *Manual de Processo Administrativo*, p. 138, e a Autora e obra cits. na nota precedente.

— II —
Força jurídica e execução do ato administrativo

1. Força jurídica do ato administrativo

1.1. A obrigatoriedade do ato administrativo

46. Por influência doutrinal francesa, a *executoriedade* foi, durante muito tempo, apontada como a força jurídica típica do ato administrativo. A afirmação enfermava, porém, do vício — comum na doutrina francesa, encandeada, desde *Hauriou*, pelo conceito da *decisão executória* ([302]), e ainda hoje nela identificável ([303]) — de adoptar como paradigma do ato administrativo o ato impositivo de deveres ou encargos, negligenciando, desse modo, a decisiva circunstância de que grande parte dos atos administrativos não correspondem a esse modelo. Neste sentido, afirmava peremptoriamente *Marcello Caetano* que, em regra, "todo o

---

([302]) Apresentada como o instrumento através do qual "a Administração afirma publicamente a sua intenção e o seu direito de passar à execução": cfr. M. STASSINOPOULOS, *Traité des actes administratifs*, Paris, 1957, p. 23.

([303]) Cfr., por exemplo, ANDRÉ DE LAUBADÈRE/JEAN-CLAUDE VENEZIA/YVES GAUDEMET, *Traité de Droit Administratif*, tomo 1, 15ª ed., Paris, 1999, p. 749.

ato definitivo é executório" (304), sendo que "o ato executório é, por princípio, obrigatório. O órgão administrativo tem o dever de notificar a pessoa que deva acatá-lo. Se essa pessoa acata o imperativo do ato, houve *observância*. Se não acata, é então forçoso empregar a coação e verifica-se a *execução forçada* [...]. O nosso conceito de executoriedade é, pois, um conceito amplo, que compreende a *obrigatoriedade* e a *possibilidade de execução administrativa*" (305).

A verdade, porém, é que, num evidente *tour de force*, este mesmo Autor acabou por reconhecer, um tanto contraditoriamente, que, "se o objeto do ato é a constituição ou o reconhecimento de direitos ou de faculdades, por via de regra, esses direitos ou faculdades entram desde logo na esfera jurídica do destinatário e quando se fala em "cumprir" ou "aplicar" o ato a expressão corresponde ao dever imposto a todas as autoridades e agentes da Administração de respeitar tais direitos ou faculdades na sua titularidade e no seu exercício". E, portanto, que, a partir do momento em que os direitos ou faculdades passam a existir para o seu destinatário, "a execução só existirá no caso deste ter de recorrer às autoridades para lhe garantirem o respetivo exercício" (306).

Fazendo isto, o ilustre Autor retirou alcance à segunda das dimensões que imputava ao conceito, com o que reconheceu, e bem, que só a primeira dessas dimensões era relevante para a identificação da força jurídica típica do ato administrativo. Mas, ao mesmo tempo, tornou evidente a inadequação, no plano terminológico, da utilização, para o efeito, do conceito de *executoriedade*.

Como, na verdade, tem sido assinalado pela doutrina, a dimensão executória, em sentido próprio, da atuação administrativa não diz, em bom rigor, respeito a atos, mas às situações jurídicas (e, portanto, às pretensões materiais) ativas de que as entidades públicas podem ser titulares em relação a outros sujeitos, designadamente privados, que podem ser tituladas por ato administrativo exequível (307). Por outro

---

(304) Cfr. MARCELLO CAETANO, *Manual de Direito Administrativo*, vol. I, p. 450.
(305) Cfr. MARCELLO CAETANO, *op. cit.*, pp. 448-449.
(306) Cfr. MARCELLO CAETANO, *op. cit.*, p. 519.
(307) Neste sentido, cfr. ALBERTO XAVIER, *Conceito e natureza do ato tributário*, Lisboa, 1972, pp. 525-526.

lado, a possibilidade de execução coerciva é um atributo que só pode caracterizar pretensões tituladas por atos impositivos de deveres ou encargos, o que apenas corresponde a um conjunto circunscrito de situações ([308]).

Por estas razões, é reconhecido que o conceito de *executoriedade* não deve ser utilizado para designar a força jurídica típica do ato administrativo.

Há, na verdade, que separar com clareza o atributo que, para o ato administrativo, resulta da circunstância de conter uma declaração obrigatória *de per se*, isto é, que não carece de uma nova definição por parte de entidades jurisdicionais para produzir os efeitos jurídicos a que se dirige na esfera dos respetivos destinatários, da questão de saber se, quando o conteúdo dessa declaração se traduza na imposição de deveres aos destinatários do ato, a própria Administração, em caso de inobservância desses deveres, pode promover a respetiva execução independentemente de qualquer intervenção jurisdicional, através da utilização de instrumentos de coação.

No primeiro dos planos de análise, o ato administrativo é expressão de um poder que, em muitas circunstâncias, a lei confere à Administração de *dizer unilateralmente o Direito*, isto é, de *declarar*, através da emissão de um ato administrativo, *em que termos se definem certas situações jurídicas*. Os atos administrativos são, na verdade, atos jurídicos unilaterais, que exprimem o exercício de *poderes jurídicos:* o poder de introduzir unilateralmente efeitos jurídicos na esfera de outrem, sem o concurso da respetiva vontade — e, mais precisamente, *poderes públicos, poderes de autoridade pública*, já que corporizam a atuação unilateral de órgãos públicos, no exercício de poderes conferidos para a prossecução de interesses públicos.

Por conseguinte, pode dizer-se que a força jurídica típica do ato administrativo se reconduz à primeira das dimensões que *Marcello Caetano* imputava ao conceito de executoriedade: a *obrigatoriedade,* que corresponde à *vinculatividade,* de que falam os alemães, ou à *imperati-*

([308]) Neste sentido, cfr., por exemplo, ROGÉRIO EHRHARDT SOARES, *Direito Administrativo*, policop., Coimbra, 1978, pp. 205 segs.; ALBERTO XAVIER, *op. cit.*, p. 524; JOÃO CAUPERS, *Introdução ao Direito Administrativo*, 10ª ed., Lisboa, 2009, pp. 247-248.

vidade, de que falam os italianos, e se concretiza na *vocação* para definir situações jurídicas *com força vinculativa*, tanto para o próprio autor do ato, como para os seus destinatários ([309]), que decorre da peculiar *relevância jurídica* ([310]) que, nos países pertencentes ao nosso sistema de administração executiva, o ordenamento jurídico reconhece às manifestações jurídicas unilaterais através das quais a Administração Pública procede à definição de situações jurídicas em casos concretos (*décision executoire, provvedimento amministrativo, Verwaltungsakt*).

Com efeito, é na *obrigatoriedade, vinculatividade* ou *imperatividade* que reside a *força jurídica típica* do ato administrativo ([311]), que justifica que ele seja qualificado como uma *manifestação de poder*, no sentido em que exprime o exercício de *poderes jurídicos, poderes de definição jurídica unilateral* ([312]), que os eventuais interessados têm o ónus de impugnar

---

([309]) No sentido de que "o traço característico, verdadeiramente próprio do ato administrativo", reside na "vinculação bilateral" que dele decorre, ao "vincular reciprocamente a Administração e o administrado", cfr., por exemplo, M. STASSINOPOULOS, *op. cit.*, p. 75.

([310]) A questão de saber se a eficácia do ato administrativo é diretamente imputável à sua relevância jurídica é discutida: cfr., por todos, e com amplas referências, ROMANO TASSONE, "Sull' autorità degli atti dei pubblici poteri", *Diritto e Società* 1991, pp. 51 segs., e sobretudo "Tra diversità e devianza. Appunti sul concetto di invalidità", in *Studi in Onore di Vittorio Ottaviano*, vol. II, Milão, 1993, pp. 1117 segs.; B. SASSANI, *Dal controllo del potere all' attuazione del rapporto*, Milão, 1997, pp. 56-58. Embora seja de admitir que ao próprio ato administrativo nulo se deve reconhecer uma certa eficácia prodrómica, que diretamente decorre da sua existência como ato administrativo (assim, ROMANO TASSONE, "Sull' autorità...", pp. 84 segs.), a própria circunstância de, na nossa ordem jurídica, existirem atos administrativos nulos não autoriza, pelo menos, a associar à pura existência do ato administrativo a eficácia que apenas no plano da regulação da sua validade o ordenamento jurídico associa ao ato válido ou anulável (refira-se que o essencial do raciocínio de ROMANO TASSONE, "Sull' autorità...", designadamente a p. 68, assenta no pressuposto da negação da figura do ato administrativo nulo). Na doutrina portuguesa, afigura-se fundamental, nesta matéria, a análise de ROGÉRIO EHRHARDT SOARES, *Interesse público, legalidade e mérito*, Coimbra, 1955, pp. 281 segs. (para o ponto aqui abordado, cfr. sobretudo p. 291).

([311]) Neste sentido, cfr. EHRHARDT SOARES, *Direito Administrativo*, p. 191. No mesmo sentido, cfr. SÉRVULO CORREIA, *Noções de Direito Administrativo*, pp. 334-336, e, apelando ao conceito de *autoridade*, JOÃO CAUPERS, *op. cit.*, p. 234.

([312]) Cfr. GARCIA DE ENTERRÍA/T.R.FERNÁNDEZ, *Curso...cit.*, vol. I, pp. 538-539. No sentido de que o traço distintivo do ato administrativo reside na *unilateralidade* dos efeitos que

dentro de prazos curtos, sob pena de verem precludida a possibilidade de exigirem a respetiva eliminação da ordem jurídica. Bem vistas as coisas, no mesmo sentido em que também a propósito de certos atos jurídicos unilaterais de direito privado se tende a falar nos chamados *poderes privados* ([313]), com destaque para as relações que se desenvolvem no âmbito da empresa, onde se multiplicam as manifestações unilaterais no exercício do poder disciplinar e, mais em geral, de um poder de direção, que se concretiza na criação de um verdadeiro direito estatutário, composto por normas e decisões concretas ([314]).

Já se coloca, entretanto, num plano distinto a questão de saber se, e em que circunstâncias, a Administração Pública dispõe de poderes de *autotutela executiva*, que lhe permitam proceder à execução forçada dos seus atos administrativos, quando estes imponham obrigações e essas obrigações não sejam espontaneamente cumpridas pelos respectivos destinatários.

Na verdade, tanto a obrigatoriedade, como a eventual executoriedade, são corolários da circunstância de a Administração Pública, no nosso sistema de administração, ser instituída como um poder público, ao qual o ordenamento jurídico confere, em maior ou menor medida,

---

produz, cfr. VASCO PEREIRA DA SILVA, *Em busca do ato administrativo perdido*, Coimbra, 1996, designadamente a pp. 557, 560 e 569.

([313]) Para a comparação, na doutrina portuguesa, entre o ato administrativo e os atos jurídicos unilaterais que, no âmbito das relações jurídicas privadas, são praticados no exercício de direitos potestativos, cfr. V. PEREIRA DA SILVA, *Em Busca...cit.*, pp. 556 segs., *maxime* 558-559; RUI CHANCERELLE DE MACHETE, "Privilégio da execução prévia", in *Dicionário Jurídico da Administração Pública*, vol. VI, p. 452; e MARCELO CLARICH, *Giudicato e potere amministrativo*, Milão, 1989, pp. 152 segs., que, com particular eficácia, reconduz os atos de poder da Administração e aqueles que são praticados no âmbito das relações jurídico-privadas a uma mesma matriz.

([314]) Sobre os poderes privados, e os esforços da doutrina na busca — em particular, por referência às regras e aos princípios de direito administrativo — de instrumentos procedimentais e processuais de tutela das posições subjetivas sobre as quais incide o respetivo exercício, cfr. a notável síntese de ARNALDO DI MAJO, "Le forme di tutela contro i cosidetti 'poteri privati'", *Giurisprudenza Italiana*, 1980, I, cols. 439 segs. Cfr. também MARIO BUONCRISTIANO, *Profili della tutela civile contro i poteri giuridici*, Pádua, 1986; EMMANUEL GAILLARD, *Le pouvoir en droit privé*, Paris, 1985; MASSIMO C. BIANCA, *Le autorità private*, Milão, 1977, sobretudo a pp. 83 segs.

o poder de dizer e de executar o Direito — ou seja, o poder de definir unilateralmente situações jurídicas e de concretizar, no plano dos factos, o que afirmou no plano do Direito —, sem ter, para o efeito, e ao contrário do que sucede com os particulares, a necessidade de solicitar a um tribunal que atribua força vinculante às suas declarações unilaterais, através da emissão de uma sentença e da eventual execução forçada dessa sentença. E por este motivo terão sido, em determinado momento histórico, associadas uma à outra, no específico contexto da doutrina administrativa francesa.

Mas nem por isso elas deixam de se colocar em planos claramente distintos. Com efeito, uma coisa é o atributo, que todos os atos administrativos partilham e, por isso, pode ser apontado como a força jurídica típica que a todos caracteriza, de conterem decisões unilaterais, que, quando for caso disso, projetam os seus efeitos na esfera jurídica de outrem, constituindo, modificando ou extinguindo direitos ou deveres — e da qual decorre a aptidão que a certos atos administrativos caracteriza de imporem deveres a particulares; e outra distinta é a possibilidade, na qual a Administração Pública pode ver-se investida, de proceder à execução forçada, no plano dos factos, dos deveres que tenha imposto unilateralmente e não tenham sido cumpridos.

Por este motivo, o conceito de *executoriedade* não deve ser utilizado no sentido amplo que *Marcello Caetano* lhe atribuía ([315]). O conceito tem, no entanto, autonomia e possui, por isso, utilidade, desde que utilizado numa aceção que apenas corresponda à segunda das dimensões que *Marcello Caetano* lhe imputava, que se reporta à capacidade

---

([315]) Cumpre, no entanto, advertir que é nesta aceção que, de um modo um tanto anacrónico, o conceito de *executoriedade* é utilizado no artigo 149º, nº 1, do CPA, que utiliza a expressão *executórios* no sentido de *obrigatórios*, para significar que os actos administrativos *obrigam* aqueles a quem imponham deveres logo que sejam eficazes. E também é nessa aceção que o conceito é utilizado no artigo 150º do CPA, cujo sentido é o de identificar categorias de atos administrativos que *não obrigam* desde logo porque não são eficazes (é o caso das hipóteses previstas no artigo 150º, nº 1, alíneas a) a c)) e declarações da Administração que *não obrigam* porque nem sequer contêm decisões, pelo que não são atos administrativos, à face do que dispõe o artigo 120º (é o caso dos atos meramente confirmativos, a que se refere o artigo 150º, nº 1, alínea d)). Este facto explica a escassa utilidade de qualquer destes preceitos.

de a Administração proceder à execução, pelos seus próprios meios, das suas decisões que tenham conteúdo impositivo, adoptando os atos jurídicos e realizando as operações materiais necessários para concretizar, no plano dos factos, o que foi afirmado no plano do Direito.

1.2. O problema da *presunção de legalidade* do ato administrativo

47. Como é sabido, é tradicional a afirmação de que os atos administrativos beneficiam de uma *presunção de legalidade*.

A chamada *presunção de legalidade dos atos administrativos* não é, contudo, objecto de consagração normativa na generalidade dos ordenamentos jurídicos em que o Direito Administrativo possui identidade autónoma, e, com ele, a figura do ato administrativo. Como nota *Rui Chancerelle de Machete*, a afirmação da existência de tal presunção resulta, pois, historicamente, "do labor dos juristas", que, "no seu afã criador de descobrirem e tornarem operacional a estrutura constitucional do Estado de direito liberal oitocentista", a construíram como um conceito teórico e explicativo, dirigido "a dar coerência ao sistema que jurisprudência e doutrina foram erguendo ao longo do século [XIX]" ([316]).

Sobretudo por influência doutrinal italiana, cumpre, porém, dar nota de que, tanto na doutrina, como na jurisprudência mais recentes, a afirmação da consistência técnica de tal construção foi posta em causa entre nós. Como, na verdade, notou *Massimo Severo Giannini*, a pretensa presunção de legalidade dos atos administrativos, enquanto "evidente gémea da presunção de verdade da sentença e da presunção de conhecimento da lei", corresponde a "uma daquelas formas morfológicas aproximativas com que a doutrina do século [XIX] procurou enquadrar os fenómenos de direito público", à qual não deve ser atribuído um significado técnico ([317]).

([316]) Cfr. RUI CHANCERELLE DE MACHETE, "Algumas notas sobre a chamada presunção de legalidade dos atos administrativos", in *Estudos em Homenagem ao Professor Doutor Pedro Soares Martínez*, vol. I, Coimbra, 1999, p. 717.

([317]) Cfr. MASSIMO SEVERO GIANNINI, "Atto amministrativo", *Enciclopedia del Diritto*, vol. IV, pp. 187-188.

As linhas de superação do conceito partem de dois planos diferenciados de análise, que, por consequência, conduzem a resultados distintos. Justifica-se, por isso, a referência a cada um deles em separado.

48. No primeiro plano de análise, a questão colocada é a de saber se, na realidade, é na existência de uma presunção, por parte do ordenamento jurídico, da conformidade dos atos administrativos com as normas com as quais eles se devem conformar que se funda a *imperatividade*, *obrigatoriedade* ou *autoridade* do ato administrativo, entendida como a capacidade que ao ato é reconhecida de introduzir efeitos na ordem jurídica, em termos que a todos obrigam, independentemente do facto de tais efeitos poderem não ter sido determinados em conformidade com as normas.

Nos ordenamentos jurídicos que, como o português, preveem a existência de atos administrativos nulos e não impõem o acatamento de tais atos, reconhecendo aos interessados o direito de resistência passiva perante eles, a questão centra-se no enquadramento dogmático a dar aos atos administrativos anuláveis. Com efeito, a presunção de legalidade é tradicionalmente invocada, nesse contexto, para explicar a razão pela qual o ordenamento jurídico admite que os atos administrativos anuláveis produzam efeitos, apesar de terem sido praticados em desconformidade com o parâmetro de legalidade em que assenta a relevância jurídica dos atos válidos ([318]).

Em relação à questão, de fino recorte teórico, que neste primeiro plano de análise se coloca, cumpre referir que, por influência dos Autores que, sobretudo na doutrina italiana, têm procedido à reapreciação crítica das consequências que, neste domínio, decorrem dos postulados da doutrina do positivismo jurídico, tem feito o seu caminho, na doutrina portuguesa, o entendimento de que a específica relevância que o ordenamento jurídico faz corresponder aos atos administrativos anuláveis não assenta numa presunção de legalidade de que tais atos beneficiem ([319]).

([318]) Cfr. RUI MACHETE, "Algumas notas..." *cit.*, p. 724.
([319]) A questão tem sido sobretudo enfrentada, entre nós, por RUI CHANCERELLE DE MACHETE: cfr., em particular, "Sanação (do ato administrativo inválido)", in *Dicionário*

Com efeito, a construção da presunção de legalidade, como modelo explicativo da relevância jurídica dos atos administrativos anuláveis, assenta no pressuposto de que, como os atos anuláveis são desconformes às normas por ele impostas, o ordenamento jurídico não lhes pode atribuir relevância sem admitir que eles sejam (ou, pelo menos, que eles possam ser) válidos. A doutrina do positivismo jurídico não concebe, na verdade, que, assumindo que um ato administrativo infringiu as regras por si impostas, o mesmo ordenamento jurídico que as impôs possa, ainda assim, reconhecer-lhe relevância jurídica, acolhendo-o, desse modo, no seu seio, em vez de o remeter para fora do sistema. De acordo com os postulados do positivismo jurídico, como, num Estado de Direito, a lei é o fundamento dos poderes de autoridade da Administração e, portanto, dos efeitos que, no exercício desses poderes, a lei a habilita a introduzir, de modo unilateral, na ordem jurídica, os atos desconformes à lei estariam inevitavelmente condenados à improdutividade jurídica; a não ser assim, isso terá, pois, necessariamente de dever-se a uma presunção de legalidade, elidível mediante a utilização de procedimentos formalizados de apuramento da desconformidade do ato às normas.

Como facilmente se antevê, a superação deste entendimento assenta no pressuposto de que o reconhecimento de relevância jurídica aos atos administrativos anuláveis resulta de uma opção deliberada do ordenamento jurídico, que, embora assuma que tais atos infringiram certas regras com as quais se deveriam ter conformado, opta por lhes reconhecer um tipo específico de relevância jurídica que, atento o limitado grau de gravidade da infração cometida, não os condena à total improdutividade jurídica. Pelo menos no plano teórico, seria, na verdade, concebível que, a exemplo do que faz para os atos jurídicos praticados por privados em violação de norma imperativa, o ordenamento jurídico sancionasse com o regime da nulidade todos os atos administrativos praticados em desconformidade com a lei, recusando-se, desse modo, a reconhecer-lhes uma relevância compatível com a

Jurídico da Administração Pública, vol. II, Lisboa, 1996, pp. 331 segs., e o seu já citado escrito "Algumas notas...", pp. 717 segs. Pela nossa parte, cfr., entretanto, o nosso *Anulação de atos administrativos e relações jurídicas emergentes*, Coimbra, 2002, pp. 165 segs.

produção de efeitos jurídicos. A autonomia dos atos administrativos anuláveis assenta, porém, em opção diversa, mediante a qual o ordenamento jurídico identifica um amplo conjunto de situações em que entende não sancionar a desconformidade às normas com a total improdutividade jurídica, mas com um outro tipo específico de relevância jurídica.

A relevância jurídica do ato administrativo anulável não se funda, por conseguinte, na sua assimilação ao ato válido, através de uma presunção de legalidade, mas corresponde a uma *fattispecie* autónoma ([320]), mediante a qual o ordenamento jurídico opta por integrar no sistema, em vez de excluir dele, as situações patológicas consideradas menos graves de desconformidade do ato administrativo às normas, através da configuração de um tipo específico de relevância jurídica para os atos administrativos anuláveis, que, não sendo embora aquela que corresponde aos atos nulos, também não se confunde com aquela que corresponde aos atos válidos ([321]).

A especificidade da relevância jurídica que o ordenamento jurídico associa ao ato administrativo anulável concretiza-se no facto de o ordenamento jurídico não reconhecer ao ato anulável cabal aptidão para definir, no sentido pretendido, as situações jurídicas a que se reporta e, portanto, para modificar o quadro jurídico pré-existente, pois apenas admite que a definição introduzida pelo ato prevaleça, no plano dos efeitos, sobre aquela que antes existia, se e enquanto não vier a ser formalmente reconhecida a sua invalidade e, por via disso, proferida a correspondente anulação.

Na verdade, a anulação é um efeito a cuja possível verificação o ato se encontra sujeito desde o início, por ser um efeito que, nos termos da lei, pode corresponder ao tipo de invalidade de que ele padece, apenas sucedendo que a sua verificação se encontra *suspensa* ou *pen-*

([320]) Cfr., a propósito, MASSIMO SEVERO GIANNINI/ALDO PIRAS, "Giurisdizione amministrativa e giurisdizione ordinaria nei confronti delle giurisdizioni", in *Enciclopedia del Diritto*, vol. XIX, pp. 253-254.

([321]) Para uma breve síntese, cfr. RUI MACHETE, "Algumas notas...", pp. 724-725, e, com mais detalhe, do mesmo Autor, "Sanação (do ato administrativo inválido)", pp. 331 segs. Para mais desenvolvimentos, cfr., entretanto, ROMANO-TASSONE, "Trà diversità e devianza...", pp. 1117 segs.

dente, para só se concretizar se vier a ser determinada a anulação. Por outro lado, no momento em que o ato anulável é praticado, constitui-se na esfera jurídica daqueles que ele venha lesar nos seus direitos ou interesses legalmente protegidos o direito de fazerem valer a invalidade e exigirem a anulação, em defesa das respetivas posições subjetivas ilegalmente agredidas: mesmo quando extingue o direito subjetivo pré-existente do destinatário, resulta, pois, da anulabilidade do ato que esse direito sobrevive sob a forma de um direito de fazer valer a invalidade do ato e de exigir a consequente anulação, de modo a obter o pleno restabelecimento do direito lesado. A anulação consubstancia, assim, o reconhecimento de que a definição da relação jurídica que resultava do ato era inválida, divergindo, por isso, daquela que deveria ter valido durante todo o período de tempo em que o ato produziu os seus efeitos antijurídicos e, portanto, o reconhecimento de que, embora o ato anulável tenha produzido efeitos, a título precário, ele não foi verdadeiramente capaz de modificar o quadro jurídico pré-existente, cuja subsistência se manteve, sem soluções de continuidade, por força da invalidade do ato que sobre ele incidiu, e é formalmente reconhecida, *urbi et orbi*, através da anulação desse ato ([322]). Em tudo isto se concretiza e diferencia a *fattispecie* do ato administrativo anulável, no confronto com a do ato válido.

49. A afirmação da existência de uma presunção de legalidade dos atos administrativos encontrava tradicional concretização prática na imposição aos interessados na impugnação de atos administrativos impositivos de efeitos lesivos do ónus da demonstração da invalidade de tais atos. O segundo dos planos de análise sobre o qual incidiu a apreciação crítica a que, entre nós, foi submetida a construção da presunção de legalidade dos atos administrativos diz, por isso, respeito às regras de distribuição do ónus material da prova no processo administrativo.

Com efeito, era tradicional, na jurisprudência portuguesa, a afirmação de que, atenta a presunção de legalidade de que beneficiariam os atos administrativos, recairia sobre o autor no contencioso de impugnação o ónus de infirmar a veracidade do preenchimento dos res-

---

([322]) Já neste sentido, MÁRIO AROSO DE ALMEIDA, *Anulação... cit.*, pp. 177-178.

petivos pressupostos (³²³). Pode, no entanto, dizer-se que esse entendimento jurisprudencial se encontra, hoje, superado (³²⁴), mercê da evolução doutrinal no mesmo sentido entretanto ocorrida (³²⁵).
Vejamos em que termos.

Atributo que, como vimos, decorre da específica relevância que o ordenamento jurídico lhe faz corresponder, é o de que o ato administrativo anulável produz efeitos jurídicos, a sua emissão introduz uma modificação na ordem jurídica que se projeta direta e imediatamente na esfera jurídica dos destinatários e que, quando seja caso disso, só por si, agride e perturba a respetiva situação jurídica, nela causando uma lesão efectiva e imediata. Daqui resulta que qualquer pessoa ou autoridade — com excepção dos sujeitos que disponham do poder de promover e dos tribunais que disponham do poder de determinar a respetiva anulação — fica obrigada a reconhecer e aceitar o ato e, portanto, a definição jurídica por ele introduzida no mundo jurídico (³²⁶)

(³²³) A jurisprudência largamente maioritária do Supremo Tribunal Administrativo fazia, na verdade, apelo à "presunção da legalidade dos atos administrativos" para, em relação ao vício de erro nos pressupostos de facto, impôr ao impugnante o ónus de provar a inveracidade dos pressupostos de facto em que assentou o ato impugnado, com o argumento de que tal presunção abrangeria, designadamente, os pressupostos de facto em que radica o ato. Cfr., entre outros, os Acórdãos de 6 de dezembro de 1972, in *Acórdãos Doutrinais* nº 146, p. 201, de 6 de março de 1980, in *Acórdãos Doutrinais* nº 224/225, p. 996, de 24 de fevereiro de 1981, in *Acórdãos Doutrinais* nº 236, p. 1033, de 13 de outubro de 1983, in *Acórdãos Doutrinais* nº 265, p. 21, de 8 de março de 1984, in *Acórdãos Doutrinais* nº 271, p. 850, de 26 de janeiro de 1988, in *Acórdãos Doutrinais* nº 350, p. 158, de 31 de janeiro de 1991, in *Acórdãos Doutrinais* nº 364, p. 425, de 1 de março de 1995, Apêndices ao Diário da República de 18-7-97, e de 24 de março de 1995, in Apêndices ao Diário da República de 18-7-97.
(³²⁴) Vejam-se, nesse sentido, entre outros, os Acórdãos de 5 de maio de 1995, Proc. nº 44 837, de 24 de novembro de 1999, Proc. nº 32 434, de 26 de janeiro de 2000, Proc. nº 37 739, de 24 de janeiro de 2002, Proc. nº 48 154, e de 2 de maio de 2006, Proc. nº 95/06.
(³²⁵) Cfr. VIEIRA DE ANDRADE, *A Justiça Administrativa*, 11ª ed., Coimbra, 2011, pp. 443 segs.; MÁRIO AROSO DE ALMEIDA, "Sobre as regras de distribuição do ónus material da prova no recurso contencioso de anulação de atos administrativos", in *Cadernos de Justiça Administrativa* nº 20, pp. 38 segs.
(³²⁶) Cfr. FREITAS DO AMARAL, *Direito Administrativo*, vol. III, p. 327, e também M. S. GIANNINI, "Atto amministrativo", p. 187. A doutrina alemã costuma falar, a este propósito, de

e, em particular, que a invalidade do ato administrativo anulável não o impede de projetar os seus efeitos unilateralmente na esfera dos destinatários.

Ora, é isto que explica a necessidade, neste contexto, de um processo constitutivo. Com efeito, ainda que a Administração se arrogue posições infundadas, a verdade é que ela não o faz através de simples declarações sem relevo jurídico formal, mas através de atos administrativos que vinculam os respetivos destinatários ([327]). Daí a necessidade da impugnação contenciosa e da anulação, que, suprimindo os efeitos jurídicos produzidos pelo ato e, assim, restabelecendo a situação jurídica que teria existido na sua ausência, se destina a produzir um *efeito simétrico* em relação àquele que tinha sido introduzido pelo ato administrativo ilegal.

Ora, a afirmação tradicional segundo a qual sobre o impugnante, pelo simples facto de figurar no processo de impugnação na posição formal de autor, recairia, por definição, o ónus material da prova dos vícios invocados contra o ato impugnado assenta na indevida acentua-

---

um Tatbestandswirkung do ato administrativo. A exemplo do que sucede com as sentenças judiciais, parece, no entanto, que esse conceito deve ser utilizado para outro fim: cfr., por todos, a atenta análise de SEIBERT, *op. cit.*, pp. 73 segs., *maxime* 81-82. Na verdade, mais não está, aqui, em jogo do que o dever que a todos se impõe de reconhecerem a *existência* na ordem jurídica dos efeitos que foram introduzidos por atos administrativos eficazes, se e na medida em que esses efeitos se mantenham e não sejam eliminados: por isso se afigura desnecessário autonomizar aqui um qualquer efeito suplementar do ato.

([327]) Por contraposição à *Beachtlichkeit* por força da qual todos têm de reconhecer o facto da existência do ato administrativo e dos efeitos por ele produzidos, autonomiza alguma doutrina alemã o conceito de *obrigatoriedade (Verbindlichkeit)*, para designar, mais precisamente, o efeito vinculativo *(Bindungswirkung)* do ato, que se concretiza na sua capacidade para se impor aos respetivos destinatários, tal como à própria Administração que o emitiu, obrigando, tanto a uns como a outra, a acatar os respetivos efeitos, enquanto o ato não for removido nem modificado: cfr. SEIBERT, *op. cit.*, p. 160; HARTMUT MAURER, *Allgemeines Verwaltungsrecht*, 11ª ed., Munique, 1997, pp. 264 e 237. Uma *obrigatoriedade* que é, afinal, como vimos atrás, a força jurídica típica do acto administrativo e é, de resto, comum a todos os atos jurídicos dos poderes públicos, caracterizando, por isso, também as sentenças (cfr., por todos, ENRICO TULIO LIEBMAN, *Manuale di diritto processuale civile*, 5ª ed., Milão, 1992, pp. 263-264, que não deixa de salientar que "a unidade, do ponto de vista formal, da eficácia dos atos estatais não exclui naturalmente a grande variedade dos seu conteúdo, em conformidade com as diversas funções a que são dirigidos").

ção da circunstância de a impugnação ter de ser proposta pelo interessado na anulação do ato. A afirmação da existência de uma presunção de legalidade, no âmbito do contencioso de impugnação dos atos administrativos, era, assim, uma consequência que, no plano processual, se vinha acrescentar à específica relevância que, no plano substantivo, é reconhecida aos atos administrativos, mas que com ela não se confunde, nem dela é uma decorrência necessária, e que, a todos os títulos, se afigura injustificada.

Com efeito, é porque a Administração pode praticar atos administrativos, dispondo, desse modo, de um instrumento que lhe permite introduzir efeitos jurídicos pelos seus próprios meios, sem necessidade de recorrer aos tribunais para obter uma sentença de alcance equivalente, que são aqueles em cuja esfera jurídica esses atos de algum modo projetam os seus efeitos que se veem constituídos no ónus de se dirigirem aos tribunais para questionar a validade dos efeitos introduzidos. Ora, é a este ónus — *o ónus de impugnação* — que tradicionalmente era associada a imposição de um outro ónus, o ónus de demonstração do bem fundado da impugnação, mediante a demonstração da verificação das causas de invalidade imputadas ao ato: numa palavra, o *ónus material da prova* no âmbito do processo impugnatório. Com a imposição do ónus da impugnação dos atos administrativos, não se exoneraria, pois, a Administração apenas da veste formal, mas também das incumbências substanciais próprias de um autor processual, porquanto, "investida na posição privilegiada de demandada, ela não te[ria], em princípio, o ónus da prova" ([328]).

Rui Chancerelle de Machete contesta que esta solução seja o resultado da aplicação da presunção de legalidade do ato impugnado, alegando que ela apenas decorre da aplicação das regras gerais do Código Civil em matéria de distribuição do ónus da prova ([329]). Mas, salvo o devido respeito, o argumento não se afigura procedente, porque, a nosso ver, só aplicando a presunção de legalidade do ato impugnado se pode sustentar que as regras do Código Civil em matéria de distribuição do

---

([328]) Cfr. J. CHEVALLIER, *L'élaboration historique du principe de séparation de la juridiction administrative et de l'administration active*, Paris, 1970, pp. 274 e tb 210-211.
([329]) Cfr. "Algumas notas..." *cit.*, p. 727.

ónus da prova conduzem à imposição ao impugnante do ónus material da prova no âmbito do processo impugnatório.

Com efeito, a construção do objeto do processo impugnatório por referência a um pretenso direito de anulação do impugnante, cujos elementos constitutivos a ele cumpriria demonstrar, assenta no entendimento de que a afirmação do preenchimento dos pressupostos legais de que dependia a prática do ato administrativo, que, de modo unilateral, foi assumida pela Administração no ato que praticou, não deve prevalecer apenas fora do processo, no plano das relações substantivas, mas também deve prevalecer em juízo, salvo demonstração em contrário por parte do impugnante.

Ora, a nosso ver, o específico alcance da relevância do ato administrativo anulável deve circunscrever-se ao estrito âmbito daquilo que, no plano substantivo, deva ser considerado indispensável à eficiente prossecução do interesse público. Mas, não só as exigências ditadas pela necessidade da eficiente prossecução do interesse público não justificam a afirmação de uma presunção de legalidade dos atos administrativos em juízo, com base na qual se façam recair sistematicamente sobre o recorrente as consequências de eventuais situações de incerteza quanto à questão da sua validade, como se afiguraria claramente lesivo do direito fundamental à tutela jurisdicional efectiva que à posição de vantagem que, para a Administração, já decorre, no plano substantivo, do poder de emanar atos administrativos — e que se traduz na imposição aos eventuais interessados do ónus da respectiva impugnação —, se associasse, no plano processual, tão gravosa limitação da tutela das posições substantivas lesadas por esses atos, quando forem ilegais.

50. Como já sustentámos noutras ocasiões ([330]), há que proceder, no domínio do contencioso de impugnação de atos administrativos, a uma interpretação e aplicação das regras gerais sobre o ónus material da prova que atenda à circunstância de que, neste específico domínio, existe um fenómeno de *inversão da situação processual das partes*, por

---

([330]) Cfr. MÁRIO AROSO DE ALMEIDA, *Anulação de atos administrativos...*, pp. 188 segs.

comparação com a situação em que elas se encontram colocadas no plano das suas relações jurídicas substantivas.

É verdade que, como a *ação* da Administração não se manifestou apenas numa simples *petição*, dirigida à introdução da definição jurídica por outrem, mas na forma de uma *decisão*, capaz de, por si só, introduzir tal definição na ordem jurídica, a *contestação* que o impugnante move contra ela exige a formulação de um pedido dirigido à anulação da decisão, no âmbito de um processo em que o impugnante não pode deixar de figurar na posição de autor. Mas embora, no plano processual, seja o impugnante quem surge como autor, figurando a Administração como parte demandada, no plano substantivo foi a Administração que, pela positiva, tomou posição através do ato que praticou, desse modo lançando sobre o impugnante o ónus de reagir contra ele.

É por este motivo que a pretensão anulatória que o autor faz valer no processo assenta na *negação* da posição substantiva assumida pela Administração através do acto administrativo impugnado e concretiza-se na dedução de causas de invalidade do ato que não se resumem à mera dedução de *exceções* ([331]), como é normal quando, em processo civil, se procede à impugnação de negócios jurídicos privados ([332]), mas passam, em primeira linha, pela própria refutação do preenchimento dos *pressupostos* do ato, isto é, dos próprios elementos constitutivos da pretensão administrativa que se consubstanciou no ato.

A inversão de posições no plano processual, de que se acaba de dar conta, não pode encobrir ou obscurecer os contornos da situação na qual Administração e impugnante se encontram colocados no plano substantivo. A adequada perceção desta realidade é indispensável à correta interpretação e aplicação das regras de distribuição do ónus

---

([331]) Factos impeditivos, modificativos ou extintos, cuja invocação em juízo implica submeter à verificação do juiz a existência de (contra-)factos, distintos daqueles em que se baseia a contraparte: cfr. ILARIA PAGNI, *Le azioni di impugnativa negoziale*, Milão, 1998, *maxime* a p. 231.

([332]) Para a caracterização da anulabilidade, a partir do próprio direito romano, por referência à figura da *exceptio*, e suas importantes consequências para a caracterização do fenómeno na teoria das invalidades dos negócios jurídicos privados, cfr., em geral, a desenvolvida análise de ILARIA PAGNI, *op. cit.*, pp. 197 segs., designadamente a pp. 206-207 (para a distinção assinalada no texto, cfr. p. 210).

da prova no âmbito do contencioso de impugnação de atos administrativos, que não deve, pois, atender à posição formal que as partes ocupam no quadro da relação processual, por referência ao direito do autor à anulação do ato impugnado, mas às posições que correspondem às partes na relação material que se encontra subjacente ao processo. Para este efeito, o processo deve ser, portanto, encarado como se tivesse sido a Administração a propor a ação, ao praticar o ato, e o autor, no processo contencioso, viesse contestar.

Por outro lado, importa ter presente que as causas de invalidade invocáveis contra o ato impugnado se desdobram em duas grandes categorias, que podem ser respectivamente qualificadas como *impugnações* e *excepções*, consoante a argumentação do impugnante se dirige ao reconhecimento de que não se preenchem os pressupostos (factos constitutivos) da posição assumida pela Administração com o ato ou, pelo contrário, à invocação de factos impeditivos, modificativos ou extintivos que forem porventura oponíveis a essa posição ([333]).

O impugnante figura, com efeito, no processo, numa posição jurídica substantiva diferente, consoante move uma defesa por *impugnação* — defesa direta, que ataca o ato de frente, contradizendo os factos deduzidos pela Administração ou o efeito jurídico que através do ato ela extraiu desses factos — ou uma defesa por *excepção* — defesa indirecta, baseada na invocação de factos ou causas impeditivos, modificativos ou extintivos da transformação introduzida pelo ato ([334]). Em ambos os casos, o autor faz valer uma pretensão anulatória, cuja satisfação depende da verificação do preenchimento dos respetivos pressupostos. Sucede, porém, que, no primeiro caso, a pretensão anulatória se mostra fundada se se verificar que não se preenchem os factos constitutivos da posição da Administração, enquanto no segundo isso de-

---

([333]) As situações de eventual prejudicialidade entre vícios e os critérios a respeito da ordem de apreciação dos vícios invocados resultam da natural precedência da apreciação das *impugnações* em relação às *excepções*, uma vez que estas últimas já pressupõem o preenchimento dos factos constitutivos da posição assumida pela Administração mediante a prática do ato.

([334]) Para os conceitos que, no texto, são utilizados com as necessárias adaptações, cfr., por todos, MANUEL DE ANDRADE, *Noções elementares de processo civil*, Coimbra, 1979, pp. 127 e 130.

pende da verificação da existência de factos impeditivos, modificativos ou extintivos dessa posição.

Ora, esta diferença de natureza substantiva não pode deixar de projetar-se no plano da definição das *regras de decisão* com base nas quais o tribunal deve decidir nas situações em que nenhuma conclusão clara tiver resultado de toda a prova reunida em favor de qualquer das partes. Assim, quando o impugnante alegue o não preenchimento dos pressupostos do ato, deve recair sobre a Administração o ónus material da prova: é a consequência natural da recusa de uma presunção *em juízo* do preenchimento dos pressupostos nos quais se baseia o ato. Quando, pelo contrário, o impugnante alegue a ocorrência de factos impeditivos, modificativos ou extintivos da pretensão administrativa consubstanciada no ato impugnado, é justo que sobre ele recaia o ónus da prova. Será o caso quando o vício invocado disser, por exemplo, respeito à existência de uma situação de desvio de poder ou de violação de princípios constitucionais.

51. Resta acrescentar que, com a entrada em vigor do CPTA, o meio de tutela jurisdicional adequado à reação contra situações de indeferimento de requerimentos ou de silêncio perante requerimentos apresentados deixou, como já vimos atrás, de ser a impugnação do ato (expresso ou tácito) de indeferimento, para passar a ser a propositura de uma ação de condenação à prática de ato administrativo, cujo objecto não se centra no (eventual) ato de indeferimento praticado e, portanto, nas concretas ilegalidades em que ele possa incorrer, para se centrar, pela positiva, na pretensão do interessado (cfr. artigos 51º, nº 4, e 66º do CPTA).

A exposição precedente não vale, portanto, para as situações de indeferimento de requerimentos, tal como de silêncio perante requerimentos apresentados, em relação às quais a ação dedutível é a ação de condenação à prática de ato administrativo. No âmbito desta nova modalidade de ação, compete ao autor demonstrar o preenchimento dos elementos constitutivos da sua pretensão, recaindo sobre a Administração o ónus de demonstrar o preenchimento dos correspondentes elementos impeditivos, modificativos ou extintivos, sob pena de preclusão em relação a ulteriores procedimentos administrativos.

Quando tenha sido emitido um ato de conteúdo negativo, também no âmbito desta nova ação há que distinguir entre *impugnações* e *excepções*. Mas importa ter presente que, neste domínio, não tem lugar a inversão, no plano processual, das posições substantivas das partes, que vimos existir nas situações de impugnação dos atos administrativos de conteúdo positivo: com efeito, o autor é, aqui, o titular da pretensão substantiva, que pretende ver satisfeita através da emissão de um ato administrativo. Por este motivo, há, neste contexto, que remontar um pouco atrás e transpor a distinção entre *impugnações* e *excepções* para o próprio plano do procedimento que conduziu à emissão do ato de conteúdo negativo, utilizando-a para qualificar os fundamentos em que esse ato se tiver baseado para indeferir a pretensão do interessado [335].

As *impugnações* consistirão, então, na alegação, por parte da Administração, de que não se encontravam preenchidos os pressupostos (factos constitutivos) da pretensão; e as *excepções* consistirão na invocação, por parte da Administração, de factos impeditivos, modificativos ou extintivos da pretensão [336]. Assim, se a Administração tiver respondido ao requerente *por impugnação*, alegando que não se preenchiam os factos constitutivos da sua pretensão, e é isso que ele vem contestar na ação, deve recair sobre ele o ónus da prova do preenchimento dos factos constitutivos da pretensão. Se, pelo contrário, a Administração tiver respondido ao requerente *por exceção*, alegando

---

[335] Na vigência da anterior legislação processual, o Supremo Tribunal Administrativo vinha seguindo esta linha no contencioso de impugnação de atos de conteúdo negativo, atendendo, para o efeito, ao disposto no artigo 88.º, n.º 1, do CPA, nos termos do qual aos interessados apenas cabe o ónus de provarem os factos que tenham alegado, sendo, consequentemente, sobre a Administração que recai o ónus da prova de factos que possam constituir obstáculos à satisfação das suas pretensões: cfr., por exemplo, Acórdão de 2 de maio de 2006, Proc. nº 95/06.

[336] Tenha-se presente que, em certos domínios, embora o interessado deva apresentar um requerimento dirigido à obtenção de uma autorização, apenas está em jogo a verificação, por parte da Administração, da eventual existência de razões de interesse público que possam obstar ao deferimento. Pode, por isso, dizer-se que a eventual recusa assenta, nestes casos, na invocação de *exceções* contrapostas ao direito, que, à partida, e na ausência delas, o particular seria livre de exercer sem mais constrangimentos.

a existência de factos impeditivos, modificativos ou extintivos da pretensão do interessado e é isso que, na ação, o interessado questiona, há de recair sobre a Administração o ónus da respectiva demonstração.

2. Execução do ato administrativo

52. A Administração Pública dispõe de *autotutela executiva* nos casos em que a lei lhe confere o poder de proceder à execução forçada dos seus atos administrativos, quando estes não tenham sido espontaneamente cumpridos, isto é, quando eles impunham obrigações e essas obrigações não foram cumpridas pelos respectivos destinatários.

O problema da autotutela executiva da Administração, ou seja, da sua capacidade de proceder, pelos próprios meios, à execução forçada dos seus atos é um problema que só se coloca, portanto, em relação a atos administrativos *que careçam de execução*, ou seja, atos administrativos que impunham deveres e que, como esses deveres não foram cumpridos, só atingem o resultado pretendido se forem objecto de uma execução, que permita alcançar o mesmo efeito que deveria resultar do cumprimento pelo obrigado: isto sucede apenas com os *atos impositivos* de ordens ou proibições. O problema não se coloca, portanto, a respeito dos atos administrativos *que não carecem de execução* para alcançar o resultado pretendido. É o que sucede com a generalidade dos atos administrativos, que constituem vantagens para os destinatários, sem se dirigirem ao atingimento de um resultado: basta pensar no exemplo das licença e autorizações, que, como são emitidas no interesse e a requerimento dos particulares, não são passíveis de execução forçada se o respetivo titular não vier a utilizá-las para os efeitos pretendidos.

Como vimos, o ato administrativo é um ato jurídico unilateral, que exprime o exercício de um poder jurídico, de um poder público de autoridade, conferido por lei ao órgão que o emana. Sempre que a lei lhes atribui esse sentido e alcance, os atos administrativos constituem, portanto, deveres na esfera jurídica dos respectivos destinatários. É nesse caso que se coloca a questão de saber se, em caso de incumprimento, a Administração pode proceder à execução forçada, no plano dos factos, dos deveres que o ato tinha imposto unilateralmente e não tenham sido cumpridos por quem a tal estava obrigado.

É este o problema da autotutela executiva da Administração, a que se referem os nºs 2 e 3 do artigo 149º e os artigos 151º a 157º do CPA ([337]).

53. O princípio fundamental nesta matéria, é o de que do princípio da legalidade da actividade administrativa decorre que o legislador deve definir, de modo suficientemente densificado, as condições de que depende a possibilidade de a Administração praticar atos jurídicos e realizar operações materiais de execução coactiva das determinações contidas em ato administrativo ([338]). O fundamento legal da autotutela executiva da Administração pode concretizar-se na previsão de específicos atos de execução, relativamente a categorias específicas de atos administrativos, ou na previsão de um regime de execução relativo a categorias genéricas de pretensões da Administração.

Neste sentido, o artigo 149º, nº 2, do CPA faz depender a possibilidade da imposição coerciva de obrigações e limitações derivadas de ato administrativo da utilização das formas e da observância dos termos previstos no CPA ou admitidos por lei. Significa isto que a Administração só pode proceder à execução coactiva de determinações impostas por ato administrativo desde que a execução se consubstancie na adoção de medidas que se enquadrem nos tipos que o CPA prevê; desde que adopte o procedimento comum de execução estabelecido

---

([337]) Para mais desenvolvimentos sobre o tema, cujas linhas gerais em seguida se deixam sumariadas no texto, cfr, por todos, ROGÉRIO EHRHARDT SOARES, *Direito Administrativo*, policop., Coimbra, 1978, pp. 191 segs.; DIOGO FREITAS DO AMARAL, *Curso...*, vol. II, pp. 517 segs.; DIOGO FREITAS DO AMARAL (coord.), *O poder de execução coerciva das decisões administrativas nos sistemas de tipo francês e inglês e em Portugal*, Coimbra, 2011, *passim;* MÁRIO ESTEVES DE OLIVEIRA/PEDRO COSTA GONÇALVES/JOÃO PACHECO DE AMORIM, *Código do Procedimento Administrativo Comentado*, Coimbra, 1996, pp. 698 segs.; MARCELO REBELO DE SOUSA/ANDRÉ SALGADO DE MATOS, *Direito Administrativo Geral*, tomo III, pp. 229 segs.; RUI CHANCERELLE DE MACHETE, "Execução do ato administrativo" in *Direito e Justiça*, vol. VI, pp. 65 segs.

([338]) MARCELO REBELO DE SOUSA/ANDRÉ SALGADO DE MATOS, *op. cit.*, p. 233, retiram do postulado referido no texto a inconstitucionalidade do artigo 149º, nº 2, do CPA, por considerarem que o preceito responde com grau exíguo de densidade normativa à questão de saber se pode ou não haver execução.

no CPA ou o procedimento previsto em lei especial que ao caso caiba; e desde que, no que se refere à determinação do conteúdo dessas medidas e ao modo como se concretiza a sua adoção, obedeça às determinações que estiverem estabelecidas.

Quando um ato administrativo impuser uma obrigação a alguém e essa obrigação não for cumprida, a Administração dispõe, portanto, por via de regra, de poderes de autotutela executiva, na medida em que lei lhe confere a possibilidade de reagir a essa situação através do desencadeamento de um *procedimento de execução*, dirigido à adoção dos atos jurídicos e à realização das operações materiais previstos como passíveis de serem utilizados para concretizar, no plano dos factos, o que o ato incumprido impunha e não foi feito: por exemplo, procedendo, pelos próprios meios, à demolição que o proprietário estava obrigado a fazer, mas não fez.

54. No que se refere à determinação dos tipos de medidas que podem ser adotados, dispõe o artigo 154º que "a execução pode ter por fim o pagamento de quantia certa, a entrega de coisa certa ou a prestação de um facto".

a) Contudo, a Administração não dispõe de autotutela executiva no domínio das execuções para pagamento de quantia. É o que resulta do artigo 155º do CPA, e que o artigo 149º, nº 3, tem, desde logo, o cuidado de assinalar. Com efeito, se alguém tinha o dever de pagar uma quantia em dinheiro e não pagou, o órgão competente da entidade legitimada a exigir o pagamento só pode emitir uma certidão comprovativa da situação de incumprimento do dever de pagar e remetê-la à repartição de finanças do domicílio ou sede do devedor (cfr. artigo 155º, nº 2, do CPA).

A partir daí, a repartição de finanças tratará do caso como se estivesse em causa o incumprimento de uma obrigação fiscal, desencadeando o correspondente processo de execução fiscal.

Note-se, em todo o caso, que não há, aqui, lugar à emissão de qualquer sentença. O que falta à Administração, nestes casos, não é a autotutela declarativa (que ela exerceu ao praticar o ato administrativo), mas apenas a autotutela executiva. A certidão do ato administrativo, a que se refere o artigo 155º, nº 2, tem, como diz este preceito, *"valor de título executivo"*. Isto significa que ele pode ser objeto de uma execução, sem que para isso seja necessário que o tribunal emita qualquer pronúncia, uma sentença que declare a existência do dever de pagar. A existência desse dever já está demonstrada pela certidão, que é o *título executivo*, isto é, o documento que vai *servir de base à execução*.

Estamos colocados, recorde-se, no plano da execução do ato administrativo. O artigo 155º limita-se, portanto, a estabelecer que, embora não tenha necessidade de obter uma sentença judicial, a Administração não pode proceder à execução forçada de obrigações pecuniárias, pelo que tem de lançar mão do processo (jurisdicionalizado) de execução fiscal para que se proceda à penhora dos bens necessários para obter o pagamento devido.

b) Já nos domínios da execução para entrega de coisa certa e para prestação de facto, os artigos 156º e 157º do CPA conferem à Administração amplos poderes de autotutela executiva, sem necessidade de solicitar a um tribunal que proceda à execução.

Nos casos previstos no artigo 157º, nº 2, a eventual execução do dever de o obrigado pagar as despesas, incluindo indemnizações e sanções pecuniárias, processa-se nos termos do artigo 155º, nº 1 (cfr. artigo 155º, nºs 3 e 4).

Repare-se que as obrigações positivas de prestação de facto infungível só podem ser objeto de coação direta sobre os indivíduos obrigados nos casos expressamente previstos na lei (artigo 157º, nº 3). Está, na verdade, em causa o exercício de coação física sobre a pessoa do obrigado. É o que sucede quando a polícia se veja obrigada a deslocar fisicamente manifestantes que se deitem numa estrada para bloquear a passagem ou a retirar fisicamente de um prédio em derrocada pessoas que porventura se recusem a sair.

55. No que se refere ao procedimento comum de execução, a única determinação que o CPA estabelece resulta do artigo 152º, nº 1, que exige que o procedimento de execução seja precedido da notificação ao destinatário da decisão de proceder à execução. O artigo 152º, nº 2, permite que, com a notificação do ato administrativo que constitui a

obrigação na esfera do destinatário, a Administração o notifique, desde logo, de que procederá à execução em caso de incumprimento.

O artigo 151º do CPA exige que, salvo em estado de necessidade, toda a execução se baseie num título que legitime essa execução. É, por isso, ilegítima e pode ser objecto de embargos por todos os meios admitidos perante os tribunais administrativos o procedimento de execução que não se baseie num ato administrativo eficaz ou que exceda os limites do ato exequendo (cfr. artigo 151º, nº 3). Só não há lugar a embargos contra a execução que se cinja ao âmbito do que for exigido por um ato administrativo eficaz, só restando ao interessado, nesse caso, a dedução de um pedido de suspensão da eficácia do ato exequendo perante o tribunal administrativo competente (cfr. artigo 153º).

56. Do ponto de vista da substância das medidas de execução a adotar, revestem-se de especial importância, sem prejuízo de outras exigências mais estritas que sejam impostas por lei especial, os princípios estabelecidos no artigo 151º, nº 2, e na parte final do artigo 157º, nº 3: o *princípio da proporcionalidade*, que exige que, de entre os meios adequados, sejam utilizados os que envolvam menor prejuízo para os direitos e interesses dos particulares, e o princípio do *respeito pelos direitos fundamentais da pessoa humana*, sempre que se trate de proceder à coação física direta sobre pessoas.

— III —
Invalidade e ilicitude dos atos administrativos

1. Existência, validade e eficácia dos atos administrativos

57. Os conceitos de *existência*, *validade* e *eficácia* dos atos administrativos estão relacionados com o preenchimento de exigências que lhes são impostas pela ordem jurídica. A existência, a validade e a eficácia dos atos administrativos depende, com efeito, da observância de requisitos previstos nas normas. A distinção entre os conceitos pressupõe, por isso, a prévia distinção entre os requisitos a que cada um deles está ligado: as normas estabelecem requisitos de existência, requisitos de validade e requisitos de eficácia para os atos administrativos. Um ato administrativo só existe, só é válido e só é eficaz se preencher esses requisitos. Se não os preencher, estaremos perante situações de *inexistência*, de *invalidade* ou de *ineficácia* do ato administrativo.

a) São requisitos de *existência* de um ato administrativo os *elementos constitutivos do conceito de ato administrativo*. Para que uma determinada declaração possa ser qualificada como *ato administrativo*, é necessário que preencha um conjunto de requisitos que correspondem às exigências que o ordenamento jurídico coloca para a existência de um ato administrativo.

O artigo 123º do CPA enuncia as referências essenciais que devem constar da forma dos atos administrativos. A nosso ver, algumas delas referem-se a elementos constitutivos do próprio conceito de ato administrativo, cuja ausência faz, por isso, com que nem sequer exista ato administrativo.

Com efeito, como a forma escrita é indissociável do ato administrativo praticado por órgão singular, as menções formais respeitantes aos elementos constitutivos do conceito de ato administrativo podem ser indissociáveis da própria existência desses elementos e, portanto, da própria existência de um ato administrativo. Assim, se tiver sido produzido um documento que não torne identificável a autoridade administrativa a cuja autoria ele possa ser imputado, não pode reconhecer-se nele uma decisão tomada por um órgão administrativo (artigo 123º, nº 1, alínea a), primeira parte). E o mesmo sucede se do documento produzido não constar o objeto ou sentido da (pretendida) decisão (artigo 123º, nº 1, alínea e), primeira parte), pois também neste caso não pode reconhecer-se a existência nesse documento de uma decisão tomada pelo órgão em causa.

Já é, a nosso ver, diferente a situação do ato que, embora identifique a autoridade que o praticou e contenha uma decisão — com o que preenche os requisitos de existência, que exigem a imputabilidade de uma decisão a uma autoridade administrativa —, exprima a decisão em termos tais que a tornem ininteligível, por incompreensibilidade do seu próprio sentido ou por falta da identificação do destinatário ou objeto de outra natureza sobre o qual ela vise projectar os seus efeitos (cfr. artigo 123º, nº 1, alíneas b) e e), segunda parte). Com efeito, neste tipo de situação já é possível reconhecer que o órgão tomou uma decisão, embora em termos de tal modo deficientes que não lhe permitam produzir efeitos, determinando a sua nulidade, como adiante se verá. A nosso ver, os requisitos de existência dos atos administrativos só dizem, portanto, respeito ao sujeito e à estatuição, mas não ao objeto do ato administrativo.

As situações em que mais frequentemente se coloca o problema da inexistência de atos administrativos diz, entretanto, respeito aos órgãos colegiais, designadamente quando haja lugar à aprovação de pretensas deliberações em reuniões irregulares, em que, apesar das aparências, deve entender-se que não há funcionamento do órgão colegial. Exceciona-se apenas o caso da falta de *quorum*, hipótese em que, atualmente, o legislador entende que existe o mínimo de condições para se dever entender que ainda há funcionamento do órgão colegial e, portanto, que as deliberações aprovadas ainda devem ser imputadas ao órgão, embora configurem atos administrativos nulos (cfr. artigo 133º, nº 2, alínea g), do CPA). Parece dever, no entanto, entender-se que nem sequer existe ato imputável ao órgão colegial em hipóteses de *violação da própria colegialidade*, em que apenas um dos membros do órgão colegial pretenda fazer passar decisões individuais suas por decisões do órgão a que pertence ([339]).

Importa, entretanto, sublinhar, para afastar equívocos, que as declarações que não reúnem as caraterísticas próprias do ato administrativo não devem ser qualificadas como *atos administrativos inexistentes*, na medida em que essa expressão é uma contradição nos próprios termos: com efeito, ou bem que estamos perante um ato administrativo, e ele existe, ou bem que estamos apenas perante uma aparência de ato administrativo, mas não existe qualquer ato administrativo, e então não podemos dizer que estamos perante um ato administrativo que se caracteriza pela inexistência. Deve apenas dizer-se, perante cada situação de mera aparência da existência de um ato administrativo, que não existe um ato administrativo nesse caso e, por isso, falar-se, a esse propósito, da *inexistência de qualquer ato administrativo*.

Este aspeto é importante para distinguir as situações de *inexistência* das situações de *invalidade*. Com efeito, a *inexistência* não é uma moda-

---

([339]) Para dar um exemplo marcante, constituiu, a nosso ver, caso evidente de inexistência de ato administrativo aquele que, no verão de 2008, ocorreu quando, após o Presidente do Conselho de Justiça da Federação Portuguesa de Futebol ter declarado encerrada uma reunião daquele órgão, ter lavrado, com o respetivo secretário, a ata da reunião e ter-se ausentado das instalações da Federação, alguns dos membros do órgão decidiram retomar a reunião, designar um Presidente de entre eles e aprovar aparentes deliberações, que, nessas circunstâncias, não podiam ser, no entanto, imputadas ao órgão em causa, que já não se encontrava reunido. Sobre este episódio insólito, ao qual o Autor atribui, no entanto, um enquadramento jurídico diferente, cfr. DIOGO FREITAS DO AMARAL, *A Crise no Conselho de Justiça da Federação Portuguesa de Futebol*, Coimbra, 2008. Para outros exemplos, cfr. MARCELO REBELO DE SOUSA/ANDRÉ SALGADO DE MATOS, *Direito Administrativo Geral*, tomo III, 2ª ed., Lisboa, 2009, pp. 149-150.

lidade mais grave de invalidade que possa afetar um ato administrativo, pela simples razão de que o primeiro e indispensável requisito para que se possa falar da invalidade de um ato administrativo é que estejamos perante um ato administrativo e, portanto, que ele exista, que exista uma manifestação que possa ser qualificada como um ato administrativo. Pois o que não existe, não pode ser válido, nem inválido ([340]).

É a esta luz que, a nosso ver, devem ser enquadradas as situações em que, por razões de segurança jurídica, um interessado se dirige a um tribunal administrativo para pedir que este declare que, apesar das aparências, determinada pronúncia *não é* um ato administrativo, porque não preenche os requisitos necessários para poder ser qualificada como tal. Nestas situações, importa ter presente que o que o interessado pede é uma *declaração de inexistência de ato administrativo*, ou seja, que o tribunal reconheça que, na situação em causa, não existe, não foi praticado um ato administrativo — independentemente de, na prática e na própria lei, por vezes se falar a esse propósito, por mera facilidade de expressão, de *atos administrativos inexistentes* ou de *atos que foram declarados inexistentes* ([341]).

([340]) Para a distinção, em termos particularmente rigorosos, dos conceitos enunciados no texto, cfr. ALDO MARIA SANDULLI, *Il procedimento amministrativo*, Milão, 1940, pp. 313-317. Precisamente porque também nós entendemos que se impõe "distinguir categoricamente as situações de *inexistência* das situações de *invalidade*", não subscrevemos, pois, a posição de VIEIRA DE ANDRADE, "A nulidade administrativa, essa desconhecida", in *Em Homenagem ao Professor Doutor Diogo Freitas do Amaral*, Coimbra, 2010, pp. 769-770, que parece condescender com "a construção jurídica do *ato administrativo inexistente*, em que a inexistência é vista, em si, ou por qualificação legislativa expressa, como uma forma extremamente grave de invalidade de uma decisão imputável à Administração". Na verdade, tal construção jurídica radica, a nosso ver, num equívoco, que deve ser ultrapassado. Também não compreendemos, por isso, a posição de MARCELO REBELO DE SOUSA/ /ANDRÉ SALGADO DE MATOS, *op. cit.*, na medida em que nos parece contraditória com as definições introduzidas a pp. 149-150, que nos parecem corretas, a caracterização a que os Autores procuram proceder a seguir, a pp. 150-151, de um pretenso "regime jurídico dos atos administrativos inexistentes".

([341]) Note-se, a propósito, que, como prevê o CPTA, a declaração de inexistência de ato administrativo pode ser pedida aos tribunais administrativos através da propositura de uma ação administrativa especial: essa é, portanto, a forma processual a utilizar na hipótese referida no texto, em que, por razões de segurança jurídica, um interessado

b) São requisitos de *validade* dos atos administrativos os que a lei impõe como condição de cuja observância depende que eles possam ser aceites como instrumentos incontestáveis de modificação da ordem jurídica. Se um ato administrativo for praticado sem observar determinado requisito de validade, ele é *inválido* e isto significa que ele pode ser contestado, perante a própria Administração e perante os tribunais.

As duas formas que pode assumir a invalidade dos atos administrativos são a *nulidade* e a *anulabilidade*.

Como estabelece o artigo 135º do CPA, o regime-regra em matéria de invalidade dos actos administrativos é a anulabilidade. A nulidade dos atos administrativos é, portanto, excepcional, só existindo, nos termos do nº 1 do artigo 133º do CPA, em dois tipos de situações: (i) nos casos em que "a lei comine expressamente essa forma de invalidade"; e, não sendo esse o caso, (ii) quando ao ato "falte qualquer dos elementos essenciais". A primeira das situações não suscita dúvidas nem reservas; já a segunda, através da qual, a nosso ver, o legislador faz apelo a um conceito de *nulidade por natureza* ([342]), afigura-se infeliz,

---

sinta a necessidade de propor uma ação meramente declarativa ou de simples apreciação, dirigida a obter apenas o reconhecimento jurisdicional de que, apesar das aparências, determinada pronúncia *não é* um ato administrativo. Tal previsão do CPTA não contende, naturalmente, com a possibilidade, que o mesmo CPTA também proporciona, da propositura de uma ação administrativa comum de condenação da Administração, quando não esteja apenas em causa a necessidade de uma clarificação, por razões de segurança jurídica, de que determinada pronúncia não é um ato administrativo, mas a necessidade de pedir a condenação da Administração a realizar operações materiais para, v.g., eliminar as consequências de uma *via de facto* empreendida sem título que a sustente, hipótese na qual a questão do reconhecimento jurisdicional de que, *in casu*, não foi praticado qualquer ato administrativo, independentemente da questão de saber se houve ou não essa aparência, passa para segundo plano, não sendo objeto de pedido autónomo e, muito menos, principal.

([342]) Ao contrário de MARCELO REBELO DE SOUSA/ANDRÉ SALGADO DE MATOS, *op. cit.*, pp. 179-180, entendemos que a remissão do legislador, com caráter geral, para o conceito de "elementos essenciais" dispensa e impede a identificação doutrinal ainda de pretensas nulidades por natureza que não se reconduzam a esse conceito. Este entendimento louva-se na perspetiva material, que não estrutural, de que, como é explicado no texto, partimos para o preenchimento, neste contexto, do conceito de "elementos essenciais", que, desse modo, nos parece passível de dar resposta a todas as situações de ilegalidade

na medida em que se mostra problemático o preenchimento, para este efeito, do conceito de "elementos essenciais". Em nossa opinião, o conceito não pode ser preenchido, neste contexto, numa perspectiva estrutural, que o reconduza aos elementos constitutivos de cujo preenchimento depende, como vimos atrás, a própria existência de um ato administrativo — pois, de outro modo, reconduzir-se-iam a um regime de mera invalidade as situações de inexistência de ato administrativo, o que, desde logo no plano ontológico, nos parece indefensável ([343]). A solução parece ser, portanto, a de adotar um critério material, associando o conceito de "elementos essenciais" a requisitos legais de validade cuja falta, mesmo quando a lei não comine expressamente para ela a sanção da nulidade, se deva entender que, pela sua *essencialidade*, não deve ser apenas submetida ao regime da anulabilidade ([344]). A exposição subsequente permitirá concretizar os termos em que, nesta perspetiva, preconizamos a aplicação deste critério.

---

especialmente grave que poderiam justificar o apelo a um conceito de nulidade por natureza. Em sentido que nos parece próximo, cfr. DIOGO FREITAS DO AMARAL, *Curso de Direito Administrativo*, vol. II, 2ª ed., Coimbra, 2011, pp. 452-453.

([343]) Assinalando o problema, já em 1982, a propósito de previsão que, no mesmo sentido, constava do nº 1 do artigo 200º do primeiro Projeto de Código do Processo Administrativo Gracioso, cfr. SÉRVULO CORREIA, *Noções de Direito Administrativo*, p. 358, em nota. Em sentido contrário ao do texto, MARCELO REBELO DE SOUSA/ANDRÉ SALGADO DE MATOS, *op. cit.*, pp. 169-170, defendem que o critério geral de nulidade do nº 1 do artigo 133º do CPA é puramente estrutural. A nosso ver, essa posição é, porém, contraditória com aquela que, a pp. 149-150, os Autores assumem a propósito da inexistência de ato administrativo, pois não vemos como possa sustentar-se que, nas situações em que falte um elemento constitutivo do conceito de ato administrativo, possamos estar perante um ato que, ao mesmo tempo, é inexistente e é nulo.

([344]) Em sentido que nos parece próximo, cfr. FREITAS DO AMARAL, *op. cit.*, pp. 452-453. O critério material é adotado por MÁRIO ESTEVES DE OLIVEIRA/PEDRO COSTA GONÇALVES/ /JOÃO PACHECO DE AMORIM, *Código do Procedimento Administrativo Comentado*, 2ª ed., Coimbra, 1998, pp. 641 segs. A nosso ver, os dados que parecem poder ser extraídos dos casos previstos no nº 2 do artigo 133º do CPA parecem, no entanto, indicar que, na aplicação do critério, não deve recorrer-se ao modelo da lei procedimental alemã, que conjuga um critério de gravidade com um critério de evidência. A nosso ver, o critério a utilizar deve, na verdade, ser o da *essencialidade*, ou seja, da importância do requisito legal em causa e, portanto, da gravidade — e apenas esta — da sua falta. Cumpre, em todo o caso, notar que os tribunais administrativos têm feito uma utilização parcimoniosa, para este efeito

No que respeita ao regime das invalidades (³⁴⁵), o regime da nulidade, tal como está definido no artigo 134º do CPA, apresenta as seguintes características: o ato nulo é ineficaz desde o início, pelo que não pode ser objecto de atos de segundo grau; a nulidade pode ser invocada a todo o tempo, a título principal ou incidental, por qualquer interessado; existe o direito de resistência passiva contra as determinações contidas no ato nulo; o ato nulo não tem de ser impugnado perante os tribunais administrativos, embora possa haver interesse em pedir a declaração judicial da sua nulidade para tornar claro, perante a Administração e eventuais terceiros, que não podem ser extraídas quaisquer consequências do ato (³⁴⁶). Note-se, entretanto, que, no caso específico dos atos pré-contratuais a que se refere o artigo 100º, nº 1, do CPTA, a jurisprudência tem pacificamente entendido que a respectiva declaração de nulidade tem de ser requerida dentro do prazo

---

do conceito de "elementos essenciais", não considerando, por exemplo, que a total preterição do procedimento administrativo legalmente devido é causa de nulidade do ato administrativo que, sem ele, tenha sido produzido, o que não nos parece correto.
(³⁴⁵) Em geral sobre o tema, cfr., por todos, FREITAS DO AMARAL, *op. cit.*, pp. 442 segs.; MARCELO REBELO DE SOUSA/ANDRÉ SALGADO DE MATOS, *op. cit.*, pp. 181 segs.
(³⁴⁶) Como foi referido no texto, o regime-regra em matéria de invalidade dos atos administrativos é a anulabilidade e, no direito comparado, a aplicabilidade aos atos administrativos de um regime de nulidade não é omnipresente e é objeto de controvérsia. Pelas mesmas razões, também entre nós tem sido pontualmente contestada a aplicabilidade *qua tale*, aos atos administrativos nulos, do regime previsto no artigo 134º do CPA. Para uma perspetiva crítica, cfr., por todos, VIEIRA DE ANDRADE, *op. cit.*, pp. 775 segs., para quem "a nulidade, por não englobar apenas os casos mais graves de falta de elementos essenciais, deve ter um regime diversificado e flexível e não um regime equivalente ao das situações de inexistência", como, na sua perspetiva, seria o regime que resulta do artigo 134º do CPA (que, no entanto, a nosso ver, corresponde precisamente àquele que, em direito privado, caracteriza a nulidade); e que "o regime da nulidade, enquanto forma de invalidade, não pode ser aplicado rigidamente como consequência automática da qualificação da ilegalidade, cabendo à jurisprudência fazer uma análise específica da qualidade da violação da lei e ter em conta os valores e interesses em jogo nos casos concretos da vida". A nosso ver, semelhantes pontos de vista apenas podem ser sustentados numa perspetiva *de iure condendo* — sendo que o segundo, pela insegurança jurídica a que pode dar causa, nem nessa perspetiva é, em nossa opinião, sustentável (sem prejuízo, naturalmente, da aplicabilidade, quando seja caso disso, do regime do nº 3 do artigo 134º).

de um mês, nos termos do artigo 101º do mesmo Código, sob pena de não poder mais ser arguida a respetiva nulidade.

Embora a epígrafe do artigo 136º sugira o contrário, o CPA não define o regime da anulabilidade dos atos administrativos, que, no entanto, se concretiza nas seguintes caraterísticas: a *anulabilidade* de um ato administrativo significa que esse ato *pode ser anulado*, está sujeito ao risco de vir a ser anulado; a anulabilidade não faz com que o ato não produza efeitos; o ato produz, portanto, efeitos, devendo ser cumprido por quem, em circunstâncias normais, seria obrigado a fazê-lo; os efeitos do ato são, no entanto, produzidos a título precário, na medida em que podem ser destruídos desde o início, se o ato vier a ser anulado; o ato será anulado se for praticado um outro ato, que pode ser um ato administrativo de revogação (a chamada *revogação anulatória*) ou uma sentença de anulação; a revogação anulatória ou a sentença de anulação *decretam a anulação* do ato, o que significa que, não só reconhecem e declaram que ele é anulável, como extraem logo daí a devida consequência, eliminando o ato, destruindo-o, fazendo com que ele seja eliminado da ordem jurídica, como se nunca tivesse sido praticado.

A anulabilidade dos atos administrativos é, entretanto, submetida a aspetos específicos de regime, na medida em que pode ser invocada por qualquer interessado que possa retirar uma vantagem da anulação; os atos administrativos anuláveis só podem ser impugnados perante a própria Administração ou perante o tribunal administrativo competente, e só dentro do prazo legal; por regra, ao fim de um ano, o ato anulável, não só deixa de poder ser impugnado, como a própria Administração deixa de poder invocar a sua invalidade (cfr. artigo 141º do CPA). No caso dos atos pré-contratuais a que se refere o artigo 100º, nº 1, do CPTA, este prazo é, entretanto, de apenas um mês, nos termos do artigo 101º do mesmo Código.

c) A *eficácia* do ato administrativo é a sua capacidade para introduzir na ordem jurídica os efeitos a que se dirige. Uma vez praticado o ato que atribui uma licença de construção ou que impõe o pagamento de um tributo, só se o ato for eficaz é que se constitui na esfera do destinatário o direito de construir de acordo com o projeto licenciado ou o dever de pagar o tributo.

Como se acaba de ver, os atos administrativos podem produzir efeitos, ainda que padeçam de causas de invalidade que possam comprometer a sua sobrevivência a médio prazo, sempre que tenha havido inobservância de requisitos de validade a que a lei associe apenas a consequência da anulabilidade do ato. Só nas situações de inobservância de requisitos de validade a que a lei faça corresponder a sanção da nulidade é que a invalidade implica a ineficácia do ato. Não há, portanto, uma relação direta entre *validade* e *eficácia*. Com efeito, um ato administrativo pode ser inválido e nem por isso ser ineficaz: é precisamente o que sucede com os atos anuláveis.

De acordo com o artigo 127º do CPA, em regra, os atos administrativos são eficazes a partir do momento da sua perfeição. Tal eficácia pode ser *instantânea*, esgotando-se no momento em que o ato se torna eficaz, ou *duradoura*, prolongando-se no tempo. Em princípio, os atos administrativos que imponham sacrifícios não podem ser retroativos, em ordem a garantir a segurança das situações jurídicas (cfr. artigo 128º do CPA). Os atos administrativos podem ter, entretanto, a sua *eficácia diferida* para um momento subsequente ao da sua perfeição.

O diferimento temporal dos efeitos do ato administrativo pode resultar de determinação do próprio autor do ato, através da introdução no seu conteúdo de dois tipos de cláusulas acessórias, a *condição suspensiva* e o *termo inicial*. Muitas vezes, esse diferimento temporal resulta da lei, sempre que esta prevê requisitos específicos de que faz depender a eficácia dos actos administrativos. Há, na verdade, muitos tipos de atos administrativos, que, uma vez praticados, no rigoroso cumprimento dos requisitos de validade a que deviam obediência, a lei submete ao preenchimento de certas exigências para que possam produzir os efeitos a que se dirigem. É o que, por exemplo, sucede nos casos excecionais em que a lei submete o ato administrativo a publicação obrigatória ou a aprovação por parte de um órgão diferente daquele que praticou o ato: são exemplos de atos existentes e porventura válidos, mas que são ineficazes, até que preencham os requisitos de eficácia que a lei impõe.

Nas situações em que os efeitos de um ato administrativo ficam *suspensos*, como, por exemplo, sucede quando estão dependentes, nos termos da lei, da aprovação de um órgão diferente daquele que praticou o ato ou o próprio autor do ato os colocou na dependência da verificação de uma condição suspensiva, os efeitos ficam latentes, desencadeando-se desde o momento inicial no caso de ter lugar o evento à verificação do qual estavam condicionados. Produz-se, neste contexto, um fenómeno de *retrotracção de efeitos*. Não existe aqui uma verdadeira retroatividade, na medida em que não há uma inovação sobre o passado: apenas se assiste à *revivescência* de efeitos que já estavam latentes e se limitam a ganhar vida desde o momento em que, se não tivesse havido suspensão, eles teriam tido início ([347]).

2. Invalidades dos atos administrativos

58. Por referência aos diferentes elementos estruturais dos atos administrativos, passaremos de seguida a indicar, de modo sumário, os tipos de *vícios*, isto é, as circunstâncias, relacionadas com cada elemento estrutural, que podem ser *causas de invalidade* dos atos administrativos, e respetivas consequências, do ponto de vista do correspondente regime de invalidade ([348]).

A título preliminar, cumpre referir que o direito positivo não é exaustivo na determinação das consequências que decorrem da inobservância dos diferentes requisitos de validade dos atos administrativos. É à luz da doutrina e da jurisprudência, orientadas por considerações de experiência prática e de razoabilidade, que em grande medida se devem traçar as fronteiras entre os domínios da validade e da invalidade, e entre as formas mais ou menos graves de invalidade que podem afetar os atos administrativos.

([347]) Sobre este e outros aspetos abordados no texto a respeito da eficácia do ato administrativo, cfr. ROGÉRIO EHRHARDT SOARES, *Direito Administrativo*, polic., Coimbra, 1978 pp. 180 segs.

([348]) Ao longo da exposição subsequente, respeitante às invalidades dos atos administrativos, adotamos como ponto de referência às exposições de SÉRVULO CORREIA, *op. cit.*, pp. 375 segs., e ROGÉRIO EHRHARDT SOARES, *op. cit.*, pp. 239 segs., para as quais remetemos quanto a cada um dos pontos abordados. Também sobre o tema em geral, cfr., por todos, FREITAS DO AMARAL, *op. cit.*, pp. 419 segs., MARCELO REBELO DE SOUSA/ANDRÉ SALGADO DE MATOS, *op. cit.*, pp. 151 segs., e JOÃO CAUPERS, *Introdução ao Direito Administrativo*, 10ª ed., Lisboa, 2009, pp. 251 segs.

Na verdade, importa recordar que as normas jurídicas não representam, para a Administração, um mero limite negativo, mas tocam, pela positiva, todos os aspetos da sua actuação. Elas não representam, assim, a *ultima ratio*, como sucede para os particulares, mas desdobram-se por múltiplos planos, regulando questões de importância muito variável. Compreende-se, por isso, que, enquanto os atos jurídicos dos particulares que violem as relativamente escassas, mas, por isso mesmo, fundamentais regras imperativas que o ordenamento jurídico lhes impõe sejam *nulos*, já no que diz respeito à imensidão multiforme de regras aplicáveis à atuação da Administração Pública, se distinga segundo *critérios teleológicos*.

É nesta perspetiva que se admite que certas infrações constituem *meras irregularidades* sem influência sobre a validade do ato administrativo. É o que sucede com certos lapsos materiais na forma do ato, que, por não comprometerem a sua compreensibilidade nem a correção do seu conteúdo, nem afectarem as garantias dos interessados, podem ser, a todo o tempo, objeto de *retificação* (cfr. artigo 148º do CPA). Mas é ainda o que sucede nos casos, de que adiante se falará, em que há preterição, no decurso do procedimento, de trâmites que, embora fossem legalmente exigidos, podem ser qualificados, no caso concreto, como *formalidades não essenciais*.

Na mesma perspetiva se compreende que, sem prejuízo do disposto em (vasta) legislação especial, o artigo 133º do CPA só associe a sanção da *nulidade* a um conjunto limitado de situações. Como, na verdade, já foi referido, a *regra*, em matéria de invalidade dos atos administrativos que não observem requisitos de validade impostos por regras imperativas não é a nulidade, mas a *anulabilidade* (cfr. artigo 135º do CPA). Este é o resultado de uma opção do legislador, determinada por considerações de oportunidade, que sobretudo se prendem com a necessidade de dotar as situações que são definidas por ato administrativo de uma estabilidade que proteja a confiança do amplo círculo de interessados que nelas podem estar envolvidos [349].

---

[349] Para mais desenvolvimentos, cfr. SÉRVULO CORREIA, *op. cit.*, pp. 354 segs. e 384-386. Cfr. também FREITAS DO AMARAL, *op. cit.*, pp. 454-456.

2.1. Sujeito do ato administrativo: usurpação de poderes, incompetência e faltas de legitimação do sujeito

59. Sem prejuízo, como já vimos, da possibilidade da emissão de atos equiparados a atos administrativos por entidades privadas, sujeitos dos atos administrativos são os chamados *sujeitos públicos,* ou seja, as pessoas colectivas de direito público que a ordem jurídica incumbe de cuidar de um leque maior ou menor de interesses públicos, que são as *atribuições* dos sujeitos públicos. Como todas as pessoas coletivas atuam através de *órgãos*, a lei define para cada órgão administrativo o seu âmbito de *competências*, isto é, o conjunto dos poderes que lhe cabe exercer para prosseguir as atribuições da pessoa coletiva a que pertence.

Importa, entretanto, não confundir a definição das atribuições dos sujeitos públicos e das competências dos seus órgãos com a previsão legal, para certos tipos de atos administrativos, de requisitos específicos, cuja observância é indispensável à *legitimação do sujeito*, isto é, para que o sujeito possa exercer, em cada situação concreta, um poder que, em abstracto, lhe pertence.

Na verdade, a questão da definição das atribuições e competências é uma questão que se resolve num primeiro momento lógico, apurando se determinado órgão tem, à partida e em abstrato, o poder de praticar certo tipo de ato administrativo. Uma vez afirmativamente resolvida essa questão, trata-se, depois, de averiguar se, no caso concreto da prática daquele ato administrativo, o órgão observou determinado requisito de que a lei fazia depender a sua capacidade para exercer a competência: requisitos de legitimação do sujeito, factos jurídicos de cuja verificação a lei fazia depender a possibilidade de exercício do poder ([350]).

60. As situações patológicas relacionadas com o sujeito do ato administrativo desdobram-se, assim, em dois planos fundamentais: o da

---

([350]) Deve-se a ROGÉRIO EHRHARDT SOARES, *op. cit.*, pp. 243 segs., a introdução, na doutrina portuguesa, da diferenciação entre as situações de incompetência *(lato sensu)* e de falta de legitimação do sujeito.

inobservância das regras que, em abstracto, definem o quadro de atribuições e competências dos sujeitos e órgãos; e o da inobservância das regras de legitimação que exigem que o sujeito do ato observe determinados requisitos para poder exercer, em cada caso concreto, as suas atribuições e competências.

Em rigor, há ainda que distinguir, no primeiro destes planos, três tipos de situações, que se distinguem pelo seu diferente alcance e gravidade: a usurpação de poderes, a falta de atribuições e a falta de competência.

61. A *usurpação de poderes* corresponde à prática, por um órgão da Administração Pública, de um ato de natureza legislativa ou jurisdicional. Configurando uma violação do próprio princípio da separação de poderes, corresponde à mais grave das situações de inobservância das regras que definem o quadro de atribuições e competências administrativas e, por isso, sempre se entendeu que gera a *nulidade* do ato administrativo, como hoje expressamente estabelece o artigo 133º, nº 2, alínea a), do CPA.

62. Seguem-se as situações em que o órgão administrativo não tem o poder de praticar o ato, mas em que não existe usurpação de poderes. A este propósito é usual falar-se, genericamente, em *incompetência*, mas é mais rigoroso distinguir a *falta de atribuições* da mera *falta de competência*.

a) Existe *falta de atribuições* (também designada *incompetência absoluta*) quando um órgão de uma pessoa coletiva pública pratica um ato que cabe nas competências de um órgão pertencente a outra pessoa coletiva pública e, portanto, que não só não se inscreve no âmbito das suas competências, como também é alheio às atribuições da pessoa coletiva a que o órgão pertence. Esta situação também tem lugar, dentro do Estado, quando um órgão pertencente a um Ministério pratica um ato que se inscreve nas competências de um órgão pertencente a outro Ministério, na medida em que os diferentes Ministérios têm a seu cargo a realização de diferentes atribuições.

De acordo com o artigo 133º, nº 2, alínea b), do CPA, "os atos estranhos às atribuições dos ministérios ou das pessoas colectivas [...] em que o seu autor se integre" são sancionados com a *nulidade*.

b) Existe mera *falta de competência* (também designada *incompetência relativa*) quando um órgão pratica um ato administrativo para o qual não tem competência, mas que se inscreve no quadro de atribuições em função das quais esse órgão atua. Esta situação ocorre, dentro do Estado, quando um órgão pertencente a um Ministério pratica um ato que se inscreve nas competências de outro órgão pertencente ao mesmo Ministério e, nas demais pessoas coletivas, quando um órgão pratica um ato que cabe nas competências de outro órgão pertencente à mesma pessoa coletiva.

A sanção para este tipo de situações corresponde à regra geral da *anulabilidade*, do artigo 135º do CPA. Embora a doutrina por vezes sustente que às situações de incompetência territorial pode corresponder a sanção da *nulidade,* na realidade, parece que isso apenas se deve admitir no caso de ocorrer verdadeira falta de atribuições, como sucederá se o problema envolver, por exemplo, autarquias vizinhas.

63. No que se refere às situações de *falta de legitimação do sujeito* ([351]), merecem referência especial a atuação do titular de um órgão em situação de *impedimento* (de acordo com as regras que consagram as *garantias da imparcialidade:* cfr. artigo 44º do CPA) e a inobservância das regras que disciplinam a constituição, convocação e modo de funcionamento dos órgãos colegiais, designadamente no que diz respeito ao *quorum* e à maioria exigível para deliberar.

Também devem reconduzir-se à falta de legitimação do sujeito as situações em que a lei estabelece prazos de que depende o exercício da competência, quer determinando que ela só possa ser exercida após determinado momento, quer estabelecendo que ela só pode ser exercida dentro de determinado período de tempo — assumindo aqui especial relevo o regime do artigo 141º do CPA, no domínio da revogação anulatória dos atos administrativos.

([351]) Cfr. ROGÉRIO EHRHARDT SOARES, *op. cit.,* pp. 243 segs.

Constitui ainda requisito de legitimação do sujeito a exigência legal de uma autorização. Note-se que quando, nos termos da lei, o exercício de uma competência por um determinado órgão administrativo depende da prévia autorização de outro órgão, a autorização legalmente exigida não integra a fase preparatória do procedimento do ato autorizado. A autorização é o ato administrativo que possibilita o exercício da competência. O momento de iniciativa do procedimento tendente à emissão do ato autorizado manifesta já o exercício dessa competência. Embora possa vir, por circunstâncias de facto, a ser emitida em momento tardio, a autorização inscreve-se, portanto, no plano lógico, num momento prévio, anterior ao do desencadear do procedimento do ato autorizado, sendo emitida no âmbito de um procedimento próprio e distinto. A falta de autorização não constitui, por isso, um *vício do procedimento*, mas uma *falta de legitimação do sujeito*.

Às situações de falta de legitimação do sujeito, aplica-se a regra geral da *anulabilidade*, exceto nos casos expressamente previstos no artigo 133º, nº 2, alínea g), do CPA e nos que respeitam à investidura do agente na titularidade do órgão, em que há, a nosso ver, que distinguir as situações em que, pura e simplesmente, não houve qualquer ato de investidura, daquelas em que esse ato tenha sido inválido. No primeiro caso, parece de entender que, apesar das aparências, os pretensos atos praticados pelo agente não podem ser qualificados como atos administrativos. Já no segundo caso, parece de entender que os atos praticados pelo agente serão nulos, nos termos do artigo 133º, nº 2, alínea i), por serem atos consequentes de um ato inválido, pelo que, se o ato de investidura for nulo ou vier a ser anulado, a respetiva nulidade, que, até aí, se encontrava suspensa, se efetivará. As soluções enunciadas não prejudicam a aplicabilidade da teoria do *funcionário putativo*, que, nas situações descritas, determina que tudo se passe como se os atos praticados fossem atos administrativos válidos, para proteção da confiança dos respetivos destinatários.

2.2. Procedimento administrativo: vícios de procedimento e meras irregularidades não invalidantes

64. No que respeita à eventual inobservância de determinações legais respeitantes à tramitação do procedimento conducente à emissão do ato administrativo, importa começar por salientar que apenas podem ter relevo, no plano da validade do ato, os aspetos do procedimento que antecedam o momento em que esse ato é praticado, isto é, os aspetos atinentes à preparação desse ato: momentos da iniciativa, instrução e audiência dos interessados. Com efeito, os eventuais momentos complementares ao ato já só podem dizer respeito aos requisitos de que depende a sua eficácia e/ou oponibilidade aos destinatários, aspeto que, como vimos, não contende com o da validade ([352]).

65. Em princípio, se as determinações legais respeitantes à tramitação do procedimento não forem observadas, daí decorre a invalidade do ato administrativo final. Não será assim se e na medida em que a lei expressamente admita que, em certas circunstâncias, se possa prescindir do trâmite exigido: é o que, por exemplo, sucede, com caráter geral, relativamente à exigência de pareceres obrigatórios não vinculativos, na situação prevista no artigo 99º, nº 3, do CPA. Isto vale mesmo para os trâmites cuja observância a própria Administração entenda impor a si própria, estabelecendo regras disciplinadoras de um concreto procedimento: v.g., regulando certos aspetos respeitentes à tramitação de determinado concurso.

A jurisprudência administrativa foi, entretanto, elaborando uma distinção fundamental, entretanto recebida pela doutrina, entre *formalidades essenciais*, cuja inobservância gera a invalidade do ato final, e *formalidades não essenciais*, cuja inobservância constitui uma *mera irregularidade*, sem reflexos sobre a validade do ato final. Nesta perspetiva, admite-se que a inobservância dos trâmites legalmente previstos não comprometa a validade do ato final sempre que, por interpretação teleológica da prescrição legal, seja possível concluir que a ilegalidade cometida não exerceu qualquer tipo de influência sobre o conteúdo

---

([352]) Cfr., por todos, FREITAS DO AMARAL, *op. cit.*, p. 429.

daquele ato. Esta conclusão pode resultar designadamente do facto de se poder assegurar que os interesses e objectivos que a norma visava acautelar não foram prejudicados, nem ficaram desprotegidos em consequência da inobservância da norma ([353]).

66. Em princípio, a lei não se pronuncia sobre o momento em que os trâmites procedimentais legalmente exigidos devem ter lugar. Salvo determinação legal expressa, apenas importa que precedam a decisão em ordem à tomada da qual têm lugar, de modo a poderem contribuir para a tomada dessa decisão, ou que, dentro da própria fase preparatória, ocorram em momento que ainda assegure a sua utilidade relativamente aos atos subsequentes, no caso de poderem influir sobre o conteúdo destes.

Salvaguardam-se, naturalmente, os casos em que as normas estabeleçam um momento fixo para a prática de determinado ato ou para a realização de determinada diligência, ou mesmo uma sequência cronológica para os diferentes trâmites do procedimento, como sucede em certos procedimentos rígidos, que são objeto de disciplina legal típica. Em geral, assume destaque a audiência dos interessados, que deve ter lugar uma vez concluída a instrução (cfr. artigo 100º do CPA).

67. Era tradicional, na jurisprudência e na doutrina, a assimilação do *vício de procedimento* ao *vício de forma*. Nesse sentido apontava, de resto, na linha da tradição francesa, o facto de, durante muito tempo, a nossa lei não autonomizar as duas categorias ([354]). Trata-se, porém, de realidades bastantes diferentes, que é de toda a conveniência separar.

É, no entanto, de reconhecer que o *vício de procedimento* apresenta uma característica que o aproxima do vício de forma. Na verdade, o vício de procedimento diz respeito a situações em que um trâmite, um ato ou diligência preparatória não teve lugar ou, em todo o caso, padece de ilegalidades objectivas quanto ao sujeito que o praticou, à forma seguida ou ao procedimento a que obedeceu a sua realização.

([353]) Cfr. SÉRVULO CORREIA, *op. cit.*, pp. 384-386; FREITAS DO AMARAL, *op. cit.*, pp. 454-456.
([354]) Ainda hoje, cfr. FREITAS DO AMARAL, *op. cit.*, p. 428.

É o caso de um parecer que não seja emitido pelo órgão legalmente previsto, de uma comissão de avaliação ou do júri de um concurso cuja constituição não observe as determinações legais, etc.

O vício de procedimento não diz, portanto, respeito a situações em que um ato preparatório — por exemplo, um parecer — padeça de um vício de fundo. Neste caso, o que pode suceder é que os erros ou desvios que porventura afetem o parecer podem vir a influir no sentido da decisão final, em termos de fazer com que o ato administrativo enferme do mesmo vício. Mas já não estamos, então, no domínio do vício de procedimento.

O vício de procedimento não diz, portanto, respeito à substância do ato, ao seu conteúdo, ao sentido da decisão, mas a aspetos extrínsecos. Tal como sucede com os vícios de que pode padecer a forma do ato, diz, pois, respeito ao que, na tradição francesa, é qualificado como *ilegalidades externas* dos atos administrativos.

68. Em relação aos vícios de procedimento, vigora a regra da *anulabilidade*. Apesar do firme entendimento em contrário da jurisprudência administrativa, parece, no entanto, defensável sustentar que da preterição total do procedimento legalmente exigido resulte a nulidade do ato administrativo que dele deveria resultar, por falta de um elemento essencial, nos termos do nº 1 do artigo 133º do CPA.

Por outro lado, o artigo 269º, nº 3, da CRP consagra o direito de audiência e defesa do arguido em procedimento disciplinar como um direito fundamental, de natureza análoga aos direitos, liberdades e garantias. Daqui resulta que a preterição do trâmite de audiência e defesa nesse tipo de procedimento constitui ofensa do conteúdo essencial de um direito fundamental e, por isso, é causa de *nulidade* do ato final, nos termos do artigo 133º, nº 2, alínea d), do CPA. E o mesmo vale, de um modo geral, para todos os procedimentos sancionatórios, à face do disposto no artigo 32º, nº 10, da CRP.

Apesar de diversas pronúncias em sentido contrário na doutrina, já não parece, entretanto, que ao direito de audiência dos interessados, consagrado no artigo 100º do CPA como um direito de âmbito alargado a todos os procedimentos administrativos, deva ser reconhecida a natureza de direito fundamental, cuja preterição determine a nulidade do ato final. Este tem sido, em todo o caso, o entendimento pacífico da jurisprudência ([355]).

É certo que o direito de audiência dos interessados é a mais significativa das concretizações do imperativo, que o artigo 267º, nº 5, da CRP impõe ao legislador ordinário, de regular o procedimento administrativo de modo a assegurar a participação dos interessados na formação das decisões que lhes digam respeito. Afigura-se, no entanto, que o referido preceito diz, em primeira linha, respeito à estrutura organizatória da Administração, pelo que dele não decorre um direito à participação procedimental, e muito menos à audiência prévia, que seja imediatamente invocável pelos cidadãos interessados perante as autoridades administrativas e possa ser, por isso, judiciável ([356]). Na verdade, o direito de audiência é afirmado como um princípio geral de direito ordinário, que não deriva diretamente da CRP, mas apenas resulta da *interpositio legislatoris,* ou seja, da interpretação, por parte do legislador ordinário, dos dados e valores jurídico-constitucionais ([357]).

Note-se que, deste modo, não se trata de excluir liminarmente que de vícios procedimentais possa resultar a lesão mediata de direitos fundamentais, por lesão da sua proteção através do procedimento. Embora cumpra sublinhar que "os vícios procedimentais em procedimentos com relevância jusfundamental não redundam automaticamente em ofensas a direitos fundamentais", que só ocorrem se as normas desrespeitadas "forem precisamente aquelas que o Estado tenha emanado no cumprimento do seu dever de proteção dos bens fundamentais" ([358]). O que não se afigura fundado é ver no genérico direito de audiência dos interessados, tal como ele resulta do artigo 100º, um direito fundamental formal ou procedimental. Só será, por isso, de entender que a preterição da audiência ofende o conteúdo essencial de um

---

([355]) Nas obras gerais, cfr., por todos, FREITAS DO AMARAL, *op. cit.*, pp. 360-361, com outras referências; MARCELO REBELO DE SOUSA/ANDRÉ SALGADO DE MATOS, *op. cit.*, p. 172; JOÃO CAUPERS, *op. cit.*, pp. 362-363.

([356]) Cfr. PEDRO MACHETE, *A audiência dos interessados no procedimento administrativo,* Lisboa, 1995, pp. 372-374.

([357]) Cfr. PEDRO MACHETE, *op. cit.*, p. 329.

([358]) Cfr. PEDRO MACHETE, *op. cit.*, pp. 506 segs.

direito fundamental *material* dos interessados nos procedimentos em que essa audiência deva ser considerada uma necessidade inelutável da proteção desse direito — como, aliás, se afigura que, em primeira linha, sucedeu, atendendo aos valores que nesse domínio estão em causa, precisamente no direito sancionatório, razão pela qual se foi, como foi referido, ao ponto de reconhecer, nesse domínio, o próprio direito de audiência e defesa como um direito *a se*, de natureza formal ou procedimental.

2.3. Forma: vícios de forma

69. A *forma* do ato administrativo designa a maneira pela qual o ato se exterioriza, se exprime perante terceiros no mundo físico, apresentando uma determinado configuração.

a) As deliberações dos órgãos colegiais são praticadas por forma oral (cfr. artigo 122º, nº 2, do CPA), importando não confundir a forma (oral) da deliberação com a sua documentação escrita através da *ata*, que é um documento narrativo que certifica a existência da deliberação para efeitos probatórios e cuja aprovação já se inscreve na fase complementar ao momento da tomada da decisão do procedimento administrativo, em que o que está em causa é desencadear os seus efeitos, segundo o diposto no artigo 27º, nº 4, do CPA.

b) Em geral, a Administração dispõe de ampla liberdade em matéria de forma. Em princípio, os atos administrativos devem revestir forma expressa e "ser praticados por escrito, desde que outra forma não seja prevista por lei ou imposta pela natureza e circunstâncias do ato" (artigo 122º, nº 1, do CPA). A nosso ver, sem estar escrito, não existe ato administrativo praticado por órgão singular. Se, no entanto, o comando for oralmente expresso pelo seu autor, deverá entender-se que estamos perante um ato nulo, por carência absoluta da forma legal (artigo 133º, nº 2, alínea f), do CPA).

c) A forma escrita é solene nos casos em que a lei, excecionalmente, imponha que a exteriorização da decisão obedeça a um modelo preciso. É o que sucede quando a lei não se baste com a forma simples de despacho, exigindo que determinado tipo de decisão revista a forma de portaria ou de decreto. Nesses casos, quando for observada a forma escrita, mas não a forma solene excecionalmente exigida, não parece de entender que o ato carece em absoluto da forma legalmente exigida, pelo que o ato não será nulo, nos termos do artigo 133º, nº 2, alínea f), do CPA, mas apenas anulável.

70. O artigo 124º do CPA exige que a forma da generalidade dos atos administrativos inclua a *fundamentação* do ato. No que se refere aos atos praticados por forma oral, a sua fundamentação deve constar da respetiva ata e, se não houver ata, os interessados têm o direito de requerer a redução a escrito da respetiva fundamentação, nos termos do artigo 126º.

De acordo com o artigo 125º, a fundamentação do ato administrativo resulta da "sucinta exposição dos fundamentos de facto e de direito da decisão". A fundamentação do ato administrativo é, por conseguinte, uma declaração que deve constar do ato, na qual se *justifica* a sua prática e, quando seja caso disso, se expõem *os motivos* que determinaram a escolha do seu conteúdo, no caso de haver lugar à sua definição discricionária.

A fundamentação do ato administrativo desdobra-se, assim, em dois elementos, um de presença necessária e o outro de presença eventual: a *justificação* da prática do ato e a *motivação* do seu conteúdo. A *justificação* é uma declaração através da qual o autor do ato explica os termos em que procedeu ao preenchimento dos pressupostos legais, ou seja, descreve as circunstâncias de facto que, correspondendo, no seu entender, à previsão legal, o levaram a concluir que existia uma situação de interesse público à qual se tornava necessário dar resposta através da prática daquele tipo de ato administrativo. No caso de as normas aplicáveis lhe conferirem um maior ou menor poder discricionário na definição do conteúdo do ato, permitindo-lhe, por hipótese, escolher entre a adoção de diferentes soluções alternativas, o autor do ato deve também *motivar o ato*, isto é, dar conta das razões, dos interesses públicos e privados, que o *motivaram*, induzindo-o a definir o conteúdo do ato daquela maneira [359].

[359] Cfr. ROGÉRIO EHRHARDT SOARES, *op. cit.*, pp. 304-306.

Do artigo 125º decorre que a fundamentação deve ser expressa (nº 1), clara, congruente e suficiente (nº 2). Pode consistir numa "mera declaração de concordância com os fundamentos de anteriores pareceres, informações ou propostas" (nº 1), o que se afigura óbvio, no caso de a decisão se traduzir na estrita *homologação* do parecer ou da proposta.

71. A eventual inobservância do disposto nos artigos 124º a 126º — falta, ininteligibilidade, incongruência ou insuficiência da fundamentação — gera vício de forma e, por conseguinte, a *anulabilidade* do ato administrativo.

É importante sublinhar que nos encontramos aqui no domínio do *vício de forma,* porque não se trata, neste plano, de discutir se os fundamentos apresentados aderem à realidade. Importa, por isso, não confundir o problema da *correcção formal* da *fundamentação* com o problema da *exatidão material* dos *fundamentos* ([360]). Na verdade, é cumprido o dever de fundamentar desde que, na forma do acto, certas circunstâncias e interesses sejam formalmente identificados como existentes e relevantes para a decisão. A questão da veracidade desta declaração formal e questões como a de saber se as circunstâncias invocadas são reais ou imaginárias, ou se os interesses indicados motivaram mesmo a decisão e se são legítimos ou ilegítimos, dizem já respeito à substância da decisão. Com efeito, se se concluir que a declaração formal era falsa, que houve erros ou intervenção de motivos desviados, já não está em causa a forma, mas o fundo da questão, porque já não se discute a *fundamentação (formal),* mas os *fundamentos (substantivos)* do ato administrativo. Ou seja: já não se está a identificar um vício de forma, mas um vício sobre a substância do ato, relacionado com o seu conteúdo ou com os seus pressupostos.

2.4. Objeto do ato administrativo: a "violação de lei" por vício quanto ao objeto

72. O *objeto* do ato administrativo, em sentido estrito, pode ser definido como o termo passivo sobre o qual se projetam os efeitos do ato.

([360]) Cfr. SÉRVULO CORREIA, *op. cit.*, p. 403.

Pode ser a pessoa ou as pessoas destinadas a suportar os seus efeitos (v.g., o funcionário que é objeto de uma sanção disciplinar); pode ser a coisa sobre a qual os efeitos se produzem (v.g., o prédio que é declarado de utilidade pública para efeito de expropriação); pode ser um ato administrativo que é convalidado ou revogado por um ato administrativo de segundo grau ([361]).

Mas também pode atribuir-se à noção de *objeto* um sentido diferente e amplo, que compreende o próprio conteúdo do ato administrativo. Esta aceção ampla do conceito parece estar subjacente ao artigo 133º, nº 2, alínea c), do CPA.

73. O objeto do ato administrativo deve ser possível, certo, inteligível e determinado ou determinável. Este requisito, já de si essencial, para efeito do disposto no artigo 133º, nº 1, do CPA, é de resto explicitado no artigo 123º, nº 2, e nº 1, alínea b), e no artigo 133º, nº 2, alínea c), pelo que o ato administrativo cujo objeto seja indeterminável ou impossível é nulo.

Importa, contudo, não confundir a verdadeira impossibilidade do objeto com a sua falta de *legitimação* ou *idoneidade* ([362]). Com efeito, deve distinguir-se a possibilidade de uma pessoa ou coisa ser, em abstrato, objeto de um certo tipo de ato administrativo, da circunstância de ela estar concretamente legitimada a sê-lo. Assim, o funcionário que, em abstrato, é objeto possível de um ato de promoção pode, em concreto, não possuir a antiguidade que a lei estabelece como requisito a preencher; mas já não parece que uma pessoa que já faleceu ou, noutra perspetiva, que nem sequer é licenciada em medicina ou em Direito seja objeto possível de um ato de admissão na Ordem dos Médicos ou dos Advogados, assim como um bem do domínio público não é objecto possível de um ato de disposição sem ter sido antes objeto de um ato de desafetação. A mera falta de legitimação ou idoneidade do objeto distingue-se da verdadeira impossibilidade, no plano dos efeitos,

---

([361]) Cfr. ROGÉRIO EHRHARDT SOARES, *op. cit.*, pp. 263 segs.
([362]) Deve-se a ROGÉRIO EHRHARDT SOARES, *op. cit.*, pp. 263 segs., a introdução, na doutrina portuguesa, da autonomização das causas de invalidade associadas à falta de legitimação ou de idoneidade do objeto.

por não se enquadrar no artigo 133º do CPA, gerando assim a mera *anulabilidade* do ato administrativo.

74. Dentro da arrumação tradicionalmente elaborada pela jurisprudência francesa dos *vícios*, das causas de invalidade dos atos administrativos, as situações de inobservância de requisitos atinentes ao objeto do ato são enquadradas no vício de *violação de lei*, categoria na qual se reúne a generalidade das situações em que o ato padece de vícios de fundo, decorrentes da violação de vinculações legais respeitantes ao objeto, aos pressupostos ou ao conteúdo, com exclusão dos casos de *desvio de poder*, relacionados, como adiante se verá, com o exercício desviado de poderes discricionários. Esta circunstância contribui para que, tradicionalmente, não se distingam, na prática, os requisitos legais respeitantes ao objeto daqueles que se referem aos *pressupostos* do ato, que são circunstâncias objectivas cujo preenchimento justifica a prática do ato, mas que, como se verá já de seguida, dizem respeito a aspetos alheios, tanto ao sujeito, como ao objeto do ato ([363]).

2.5. Pressupostos do ato administrativo: vícios quanto aos pressupostos

75. O *fim*, a finalidade de cada tipo ato administrativo, é a prossecução dos interesses públicos, cuja satisfação o legislador tem em vista quando atribui a um órgão administrativo o poder de praticar esse tipo de ato administrativo. As competências administrativas são poderes funcionais, normativamente atribuídos para a prossecução de fins de interesse público. Normalmente, esses fins não são explicitados pela norma, mas resultam da definição que nela é feita dos *pressupostos* do ato administrativo. Explicitando *porque* se deve actuar, a norma diz *para que é que* se atua. A garantia da vinculação do ato à prossecução do interesse

---

[363] Assinalando, em todo o caso, com inteiro fundamento, a irrelevância prática que hoje assume a arrumação tradicional, de matriz jurisprudencial francesa, das causas de invalidade dos atos administrativos em cinco categorias de vícios (usurpação de poderes, incompetência, vício de forma, desvio de poder e violação de lei), cfr. MARCELO REBELO DE SOUSA/ANDRÉ SALGADO DE MATOS, *op. cit.*, pp. 161-162; JOÃO CAUPERS, *op. cit.*, pp. 253-254.

público concretiza-se, pois, antes de mais, na definição normativa de *pressupostos* para a prática do ato. Os pressupostos de cada tipo de ato administrativo são, portanto, as circunstâncias objetivas, normativamente previstas, da verificação das quais depende a constituição do órgão administrativo no poder-dever de agir através da prática de um ato administrativo desse tipo ([364]).

76. Para que o ato administrativo prossiga o fim legalmente pretendido, é necessário que a sua emissão se baseie em pressupostos legalmente previstos e efectivamente existentes. Caso contrário, existirá um *vício por falta de pressupostos*, que a jurisprudência francesa historicamente qualificou como vício de *violação de lei* e que detrmina a *anulabilidade* do ato.

Se a emissão do ato não se basear em pressupostos legalmente previstos, existe falta de pressuposto abstrato, hipotético ou de direito: a circunstância que levou a Administração a agir não estava prevista pela norma.

Se a emissão do ato se basear em pressupostos legalmente previstos, mas não efectivamente existentes, existe falta de pressuposto real ou de facto: a circunstância legalmente prevista não se verificou na realidade ([365]).

Note-se, entretanto, que o apuramento jurisdicional da falta de pressupostos tanto pode resultar da verificação do seu não preenchimento, fundada na pura análise objetiva da materialidade dos fatos, como pode fundar-se num juízo negativo sobre a valoração realizada pelo agente administrativo, nos casos em que, na previsão legal dos pressupostos, o legislador utilize conceitos imprecisos cujo preenchimento exija a formulação de valorações próprias do exercício da função administrativa.

A primeira dificuldade que, neste domínio, se coloca prende-se com a necessidade de delimitar os casos em que a utilização de conceitos imprecisos na previsão legal dos pressupostos tem o alcance de conferir poderes de valoração próprios ao agente administrativo. A melhor

---

([364]) Cfr. ROGÉRIO EHRHARDT SOARES, *op. cit.*, pp. 271 segs.
([365]) Cfr. ROGÉRIO EHRHARDT SOARES, *op. cit.*, pp. 274-275.

doutrina parece já ter, no entanto, demonstrado que isso não sucede quando o legislador utiliza conceitos passíveis de serem preenchidos segundo critérios jurídicos ou recorrendo a conhecimentos da experiência comum, assim como também não sucede quando o legislador se limita a remeter para critérios de natureza técnica de aplicação objetiva, que, embora envolva o recurso a conhecimentos não jurídicos, pode ser, por isso, sindicada pelo tribunal, designadamente através do recurso à prova pericial.

Só deve, assim, entender-se que a utilização de conceitos imprecisos na previsão legal dos pressupostos tem o alcance de conferir poderes de valoração próprios ao agente administrativo quando o preenchimento de tais conceitos exige do agente administrativo a formulação de juízos de valor ou de prognose que exprimam o exercício infungível da função administrativa. É, pois, apenas neste circunscrito universo de situações que se deve admitir que, como o legislador confere poderes próprios de apreciação ao agente administrativo, o tribunal dispõe de poderes mais limitados de controlo.

Há, no entanto, nesse caso, lugar à aplicação das técnicas que, como veremos nos n°s seguintes, foram desenvolvidas para o controlo do exercício dos poderes discricionários: a existência de um vício no preenchimento pelo agente administrativo de pressupostos legalmente identificados através da utilização de conceitos imprecisos pode ser, assim, determinada por desvio de poder, por erro, coação ou perturbação psíquica do agente, ou por violação dos princípios consagrados no artigo 266°, n° 2, da CRP. São exemplo deste último tipo de situação os casos que os tribunais administrativos tradicionalmente qualificam como de *erro manifesto de apreciação,* que consideram existir quando não seja defensável, segundo critérios de razoabilidade e bom senso, que a situação concreta que o agente administrativo entendeu preencher o pressuposto legal possa ser enquadrada dentro dos limites do conceito impreciso — casos que outra coisa não representam do que a aplicação do princípio da proporcionalidade à operação realizada pelo agente administrativo de preenchimento do conceito impreciso utilizado na previsão legal do pressuposto ([366]).

([366]) Sobre as questões abordadas no presente segmento do texto — designadamente no que respeita à necessidade, já atrás mencionada, de se limitar o âmbito da chamada

77. A necessidade da exata determinação do alcance de eventuais deficiências, por parte da Administração, na interpretação da previsão legal e das circunstâncias de facto no momento do preenchimento dos pressupostos aconselha a que se distinga consoante as normas definam com precisão o conteúdo do ato a praticar ou, pelo contrário, não fixem, à partida, o conteúdo do ato, conferindo à Administração um maior ou menor poder discricionário nesse domínio.

É que, se estiver em causa um ato de conteúdo estritamente vinculado, a Administração não dispõe, nessa matéria, de um espaço de valoração próprio, no âmbito do qual possam assumir relevo juízos de valor subjetivos. A autoridade administrativa, ao praticar o ato, deve atuar em ordem à realização do fim de interesse público para a qual o poder lhe foi atribuído por lei. Ora, no domínio estritamente vinculado, o processo psíquico do agente não assume relevo autónomo. O importante é que exista a necessária relação objectiva de correspondência entre o ato, em si mesmo, e o quadro legal aplicável.

Assim, o ato vinculado não se torna ilegítimo pelo simples facto de ter sido praticado em erro quanto aos pressupostos. Desde que a prática do ato, e a sua prática com um ou com outro conteúdo, correspondam às determinações legais para as circunstâncias objectivas existentes, essa eventual circunstância não é passível de comprometer a validade do ato ([367]).

A questão já não se coloca, naturalmente, nos mesmos termos quando a determinação do conteúdo do ato administrativo envolve o exercício de poderes discricionários mais ou menos amplos. Em

---

discricionariedade técnica, em nome da qual os nossos tribunais tradicionalmente se furtam ao dever que se lhes impõe de sindicar a utilização de conceitos técnicos pela Administração sempre que esta dependa da aplicação de critérios objectivos e, por isso, não envolva a atribuição à Administração de poderes de valoração próprios e infungíveis — veja-se, em particular, a exemplar síntese de SÉRVULO CORREIA, "Conceitos jurídicos indeterminados e âmbito do controlo jurisdicional", in *Cadernos de Justiça Administrativa* nº 70, pp. 38 segs. Para o enquadramento do erro manifesto de apreciação no princípio da proporcionalidade, cfr. também MARCELO REBELO DE SOUSA/ANDRÉ SALGADO DE MATOS, *Direito Administrativo Geral*, tomo I, 2ª ed., Lisboa, 2006, pp. 212-213.

([367]) Cfr. ROGÉRIO EHRHARDT SOARES, *op. cit.*, pp. 95-97 e 299-302; SÉRVULO CORREIA, *op. cit.*, pp. 403-404; FREITAS DO AMARAL, *op. cit.*, p. 440.

princípio, nesses casos, as deficiências no preenchimento dos pressupostos comprometem sempre a validade do ato administrativo. Com efeito, se o poder discricionário na determinação do conteúdo tiver sido exercido com base em inexata ou inadequada representação da realidade, será sempre legítima pelo menos a suspeita de que o agente, se exata e adequadamente informado, poderia ter-se determinado de modo diferente. Gera-se por isso um vício, que diz respeito ao preenchimento dos pressupostos, mas se projecta na definição do conteúdo, como adiante teremos ocasião de verificar. Também neste caso, fala-se, no entanto, tradicionalmente em *violação de lei* por vício quanto aos pressupostos, não obstante, como melhor se verá de seguida, a questão se colocar em termos distintos daqueles que vimos na hipótese anterior, porque, em bom rigor, o que está em causa é um *vício do exercício do poder discricionário* na determinação do conteúdo do ato ([368]).

2.6. Conteúdo: a chamada "violação de lei" em matéria vinculada e os vícios do exercício de poderes discricionários

78. Quando o órgão não disponha de poderes discricionários na definição do conteúdo do ato, ele deve praticar o ato com o conteúdo legalmente determinado em função dos pressupostos estabelecidos. Se não o fizer, incorrerá em violação de lei, que poderá concretizar-se num vício quanto aos pressupostos — quer na hipótese de, estando estes preenchidos, o órgão não ter agido em conformidade, quer na hipótese de ter atuado sem que eles se preenchessem — ou num vício quanto ao próprio conteúdo — que ocorrerá quando, estando preenchidos os pressupostos para atuar, o órgão praticar um ato de conteúdo diferente daquele que, de modo vinculado, a lei impunha.

Há, entretanto, vinculações de âmbito geral que se impõem, mesmo quando o órgão disponha de poderes discricionários quanto à determinação do conteúdo do ato administrativo. O conteúdo do ato administrativo deve ser, com efeito, possível, certo, determinado e inteligível. Estes requisitos, que já de si parecem dever ser qualificados como essenciais, para efeito do disposto no artigo 133º, nº 1, do CPA,

---

[368] Cfr. SÉRVULO CORREIA, *op. cit.*, pp. 465-467.

são explicitados no artigo 133º, nº 2, alínea c), que, como já foi dito, parece deve considerar-se aplicável ao conteúdo do ato. Por conseguinte, o ato administrativo cujo conteúdo seja incerto ou impossível é *nulo*.

Por outro lado, o ato não pode violar proibições legais genéricas, como aquelas que resultam do artigo 133º, nº 2, alíneas c) e d), do CPA, que proíbem, sob pena de *nulidade*, a prática de atos administrativos cujo conteúdo ofenda o conteúdo essencial de um direito fundamental ou configure a prática de um crime (ou envolva, na sua preparação ou execução, a prática de um crime). De igual modo são nulos, nos termos da alínea h) do nº 2 do artigo 133º do CPA, os atos administrativos que ofendam casos julgados.

Também com caráter genérico, refira-se ainda o princípio da irretroactividade dos atos administrativos, consagrado no artigo 128º do CPA, cuja violação apenas dá, entretanto, causa à *anulabilidade* do ato administrativo.

Mesmo quando o órgão disponha de poderes discricionários na definição do conteúdo do ato, ele deve, por outro lado, observar as eventuais vinculações específicas que delimitem o âmbito desse poder. A indicação de exemplos de proibições específicas poderia multiplicar-se, mas pode dizer-se, em termos gerais, que, mesmo quando o órgão disponha de um poder de definição discricionária do conteúdo do ato, ele não pode escolher uma medida que não se enquadre nos parâmetros normativos. Tratando-se, na verdade, sempre de escolher entre soluções alternativas, ele apenas pode optar por uma das alternativas que lhe são apresentadas. E isto tanto é assim nos casos em que a norma enuncia as diferentes hipóteses possíveis, como naqueles em que a norma as identifica em termos genéricos, recorrendo a uma cláusula geral ou a um conceito indeterminado.

Como já tinha sido referido, dentro da arrumação tradicional dos *vícios* dos actos administrativos, todos os casos de vícios relativos a aspetos vinculados do conteúdo do ato são tradicionalmente enquadrados na categoria genérica do vício de *violação de lei*.

79. Quando a lei concede ao agente poder discricionário quanto ao conteúdo do ato, este deve ponderar os diversos interesses públicos

e privados envolvidos e hierarquizá-los, de modo a escolher *motivos*, interesses que considera relevantes e o levam a optar por um dos sentidos permitidos pela norma.

A escolha dos motivos tem de corresponder ao fim visado pela norma na concessão do poder discricionário, tem de ser coerente com o tipo de ato administrativo, tal como ele resulta dos pressupostos fixados pela lei, e tem de respeitar os princípios constitucionais da igualdade, imparcialidade, proporcionalidade, justiça e boa fé (artigo 266º, nº 2, da CRP), que conformam toda a actividade da Administração ([369]).

Se a definição discricionária do conteúdo do ato se basear em motivos desviados, falsos, errados, inexistentes, irrelevantes ou ilegítimos, o conteúdo do ato não pode ser aceite como válido. Haverá vício nos motivos, que é um *vício quanto ao conteúdo* — mais precisamente, um vício no exercício do poder discricionário de determinar o conteúdo —, que, por via de regra, determina a *anulabilidade* do ato. No caso de, no âmbito do exercício de poderes discricionários, se demonstrar a prática de crimes como os de corrupção passiva, peculato, participação económica em negócio, concussão ou abuso de poder, o ato administrativo em cuja prática esses crimes se consubstanciem será, no entanto, sancionado com a *nulidade*, por aplicação extensiva do disposto no artigo 133º, nº 2, alínea c), do CPA ([370]); e também é nulo, nos termos do artigo 133º, nº 2, alínea e), o ato praticado sob coacção.

a) Algumas situações de vícios nos motivos reconduzem-se à categoria do *desvio de poder*, que, segundo o entendimento tradicional, resulta do exercício de poderes discricionários por motivo principalmente determinante que não condiga com o fim visado pelo legislador através da atribuição de tais poderes. Tal sucede quando se possa concluir que o motivo principal que foi assumido como determinante para a definição do conteúdo do ato não condiz com o fim legal — por exemplo, devendo a Administração escolher entre várias soluções, o motivo principalmente determinante da escolha radicou em razões

---

([369]) Cfr. ROGÉRIO EHRHARDT SOARES, *op. cit.*, pp. 302-303; SÉRVULO CORREIA, *Legalidade e autonomia contratual nos contratos administrativos*, Coimbra, 1986, pp. 480-484 e 322-325.
([370]) Cfr. MARCELO REBELO DE SOUSA/ANDRÉ SALGADO DE MATOS, *op. cit.*, pp. 171 e 187.

pessoais ou mesmo em razões de interesse público que, porém, não podiam ter relevância para aquele tipo de ato.

Note-se que, entre nós, se tem optado, neste domínio, por apenas atribuir relevância ao vício dos motivos se ele afetar o motivo principalmente determinante da decisão, pelo que o ato não será inválido pelo simples facto de motivos viciados terem influído na decisão, mas apenas se se demonstrar que os motivos viciados foram principalmente determinantes da opção que foi tomada, o que dificulta muita a demonstração da existência do vício [371].

Parte da doutrina tem, entretanto, defendido a sanção da nulidade para os atos administrativos que enfermem de desvio de poder para fins de interesse privado [372]. *De iure condito*, só parece, no entanto, que essa solução possa valer desde que, para o efeito do disposto no artigo 133º, nº 2, alínea c), do CPA, se demonstre, como já foi dito, que o ato em causa envolveu a prática de crimes como os de corrupção passiva, peculato, participação económica em negócio, concussão ou abuso de poder, ou se entenda que, nesse caso, o ato carece de um elemento essencial, para os efeitos do disposto no artigo 133º, nº 1, que seria a prossecução de um interesse público.

b) Os vícios no exercício do poder discricionário não se resumem, entretanto, ao desvio de poder. Na verdade, um ato administrativo enferma de vício no exercício do poder discricionário sempre que, como tem assinalado *Diogo Freitas do Amaral,* lhe "falta um requisito de validade que a lei exige, qual seja o de que a vontade da Administração seja uma vontade esclarecida e livre" [373].

O exercício do poder discricionário é, por isso, desde logo viciado quando o agente administrativo incorra em erro quanto à materialidade dos factos assumidos como motivos — e isto, pese embora o facto de este tipo de situação ser tradicionalmente enquadrado na

---

[371] Cfr. FREITAS DO AMARAL, *op. cit.*, pp. 432-434; MARCELO REBELO DE SOUSA/ANDRÉ SALGADO DE MATOS, *op. cit.*, pp. 165-166.

[372] Cfr. FREITAS DO AMARAL, *op. cit.*, pp. 434 e 449. Cfr. também JOÃO CAUPERS, *op. cit.*, pp. 255-256.

[373] Cfr. FREITAS DO AMARAL, *op. cit.*, p. 438.

categoria residual da violação de lei, com o argumento de que estaríamos num domínio vinculado, por ofensa ao pretenso princípio geral de direito segundo o qual os factos que sirvam de motivo à definição do conteúdo de um ato administrativo devem ser sempre verdadeiros ([374]).

Em bom rigor, o vício dos motivos também pode ter, entretanto, lugar nos casos, já atrás mencionados, em que a distorção na recolha e seleção dos motivos resulte de deficiências verificadas no próprio momento do preenchimento dos pressupostos; ou até em momento anterior a esse, quando, por exemplo, o órgão se abstenha de agir, por erroneamente se considerar incompetente — dando-se o caso de que também este tipo de situações não é tradicionalmente enquadrado desse modo pelo facto de, embora comprometendo a valoração discricionária a cargo do agente, a origem do vício residir num juízo deficiente quanto ao preenchimento de elementos autónomos, como os pressupostos do ato ou a competência do seu autor ([375]).

Não é, entretanto, apenas ao desvio de poder e ao erro, diga ele respeito aos pressupostos ou aos motivos, que corresponde relevância invalidante do ato administrativo no âmbito do exercício de poderes discricionários, estabelecendo o artigo 133º, nº 2, alínea e), que são nulos os atos administrativos praticados sob coação.

De harmonia com o que já atrás foi dito, não parece que este preceito seja aplicável às situações de ato de conteúdo vinculado, em que a Administração não dispõe de um espaço de valoração próprio, no âmbito do qual possam assumir relevo juízos de valor subjetivos, na medida em que, como já vimos, em domínios vinculados, o processo psíquico do agente não assume relevo autónomo, pelo que o ato vinculado não se torna ilegítimo pelo simples facto de ter sido praticado sob coação ou perturbação psíquica, ou sob influência de impressões pessoais de rancor ou simpatia. Desde que a prática do ato, e a sua prática com um ou com outro conteúdo, correspondam às determinações legais previstas para as circunstâncias objetivas existentes, tais contingências não são susceptíveis de afetar a validade do ato.

([374]) Cfr. SÉRVULO CORREIA, *Noções de Direito Administrativo*, pp. 465-467.
([375]) Cfr., a propósito, SÉRVULO CORREIA, *op. últ. cit.*, pp. 380, 449-450 e 465-467.

A questão já não se coloca, porém, nesses termos quando a prática do ato administrativo envolve o exercício de poderes discricionários mais ou menos amplos e em que, pelo contrário, deve entender-se que o ato é ilegítimo quando tenha sido praticado sob coação ou perturbação psíquica. Com efeito, se um poder discricionário tiver sido exercido nessas circunstâncias, será sempre legítima pelo menos a suspeita de que, na ausência delas, o agente poderia ter-se determinado de modo diferente. Gera-se por isso um vício, que compromete a validade da definição do conteúdo a que o agente procedeu no exercício do poder discricionário.

80. A atribuição de poderes discricionários visa permitir à Administração Pública a descoberta da melhor solução para a satisfação do interesse público em cada caso concreto. O tribunal não pode repetir a apreciação feita pelo agente administrativo. A justificação para o facto assenta em razões de natureza substantiva, que decorrem do princípio da separação de poderes. Trata-se, na verdade, de incumbir a Administração da formulação de juízos que, embora regidos por princípios jurídicos sindicáveis pelos tribunais, são, no seu cerne, juízos de mérito, próprios do exercício da função administrativa. O controlo jurisdicional do exercício dos poderes discricionários por parte da Administração deve, no entanto, estender-se à cabal fiscalização do respeito pelas regras e princípios jurídicos. E cumpre recordar que existem sempre vinculações jurídicas, pois não há decisões totalmente discricionárias ([376]).

a) É, por isso, indiscutível, desde logo, a existência de controlo jurisdicional sobre aspectos atinentes a elementos como o *sujeito* (a observância das regras que distribuem as atribuições e competências entre as diferentes pessoas colectivas públicas e os respectivos órgãos) e a *forma*.

b) No moderno Estado de Direito democrático, avulta, entretanto, um importante vínculo ao exercício do poder discricionário por parte

---

([376]) Cfr., a propósito, FREITAS DO AMARAL, *op. cit.*, pp. 113 segs.

da Administração. Referimo-nos à exigência da observância das determinações legais atinentes ao *procedimento administrativo*, designadamente no que se refere ao trâmite de audiência que proporcione a participação dos interessados na preparação das decisões e no âmbito do qual se tomem em efetiva consideração as informações e propostas por eles deduzidas.

c) No que se refere ao *conteúdo* discricionário do ato, há, desde logo, o controlo jurisdicional da observância dos limites relativos à fixação do conteúdo, que, v.g., impedem uma opção por consequência jurídica legalmente não permitida; e, como vimos no nº precedente, o controlo jurisdicional dos vícios de que pode enfermar o exercício do poder discricionário, que pode incidir sobre a materialidade dos factos adoptados como *motivos*, bem como da sua congruência com o fim do ato, designadamente no caso de indevida omissão da valoração discricionária por erro quanto à competência ou nos pressupostos, e sobre a existência de uma vontade livre e esclarecida do autor do ato — neste plano se posiciona o controlo jurisdicional do desvio de poder, do erro sobre os motivos e de eventual coacção ou perturbação psíquica do agente administrativo.

d) Assume, por último, papel fundamental, no que se refere ao controlo jurisdicional do exercício dos poderes discricionários por parte da Administração, a verificação do respeito pelos princípios constitucionais da igualdade, imparcialidade, proporcionalidade, justiça e boa fé (artigo 266º, nº 2, da CRP), pelos quais devem orientar-se as opções discricionárias da Administração e que, portanto, consubstanciam limites internos ou intrínsecos ao exercício do poder discricionário.

3. O problema da ilicitude dos atos administrativos ilegais

81. Segundo estabelece o nº 1 do artigo 9º do Regime da responsabilidade civil extracontratual do Estado e demais entidades públicas, aprovado pela Lei nº 67/2007, de 31 de Dezembro, "consideram-se ilícitas as ações ou omissões dos titulares de órgãos, funcionários e agentes que

violem disposições ou princípios constitucionais, legais ou regulamentares ou infrinjam regras de ordem técnica ou deveres objetivos de cuidado e de que resulte a ofensa de direitos ou interesses legalmente protegidos" ([377]).

A nosso ver, é complexo, e a duplo título, o objeto de regulação deste preceito. Com efeito, ele tanto se aplica aos atos jurídicos da Administração — e, designadamente, aos actos administrativos —, como às suas operações materiais. Por outro lado, o preceito, por influência francesa, adota, em nossa opinião, um entendimento amplo de *ilicitude,* que também compreende a culpa.

82. Começando pelo último aspeto referido, cumpre notar que, a exemplo do que já sucedia com o artigo 6º do Decreto-Lei nº 48 051, que o precedeu, o preceito em análise começa por definir a ilicitude das condutas administrativas por referência à violação das regras e padrões objetivos pelos quais a Administração Pública se deve pautar na sua atuação, com o que, na definição da *ilicitude* da atuação administrativa, atribui às regras de conduta que, para a Administração Pública, resultam de norma estrita um relevo superior àquele que a esse tipo de regras é reconhecido no âmbito das relações jurídico-privadas — o que bem se compreende, atendendo à relevância de que, por força do princípio da legalidade, se reveste a regulação normativa dos atos jurídicos unilaterais (regulamentos e atos administrativos) que exprimem o exercício de poderes de autoridade da Administração.

Com efeito, na generalidade dos casos, a responsabilidade civil das entidades públicas pelo exercício da função administrativa resulta da violação das regras que, para elas, decorrem da CRP, das leis e dos regulamentos que disciplinam os termos da respetiva atuação jurídica. Compreende-se, por isso, que, na definição da ilicitude da atuação administrativa, a lei atribua às regras que, para a Administração Pública,

---

([377]) Em geral sobre o tema abordado no presente segmento da exposição, cfr., por todos, CARLOS ALBERTO FERNANDES CADILHA, *Regime da Responsabilidade civil extracontratual do Estado e demais entidades públicas anotado,* 2ª ed., Coimbra, 2011, pp. 178 segs., com outras referências.

resultam de norma estrita um relevo superior àquele que a esse tipo de regras é reconhecido no âmbito das relações jurídico-privadas.

Mas, tal como também já anteriormente sucedia com o artigo 6º do Decreto-Lei nº 48 051, o preceito não deixa de reconhecer que, por vezes — em princípio, em situações decorrentes de ações ou omissões materiais da Administração Pública, que não da emissão ou recusa de atos jurídicos de autoridade —, a lesão dos direitos de outrem pode não resultar da específica violação de normas ou princípios constitucionais, legais ou regulamentares ou de regras técnicas devidamente formalizadas.

Ora, para fazer referência a esses casos, em que a lesão do direito resulta da inobservância, por parte do lesante, dos deveres de cuidado que se lhe impunham, o legislador, a nosso ver, coloca-se num plano que, nos quadros tradicionais do Direito Civil, já pertence à *culpa*, na medida em que, quando qualifica como ilícitas as condutas que envolvam violação de deveres de cuidado, o que o preceito faz é esclarecer que, para que haja responsabilidade, as consequências da ilicitude, consubstanciada na lesão de um direito de outrem sem causa justificativa, devem ser (subjectivamente) imputadas ao autor do facto, por este não ter observado os deveres de cuidado que se lhe impunham para evitar a ocorrência da lesão. Na verdade, quando seja de reconhecer que a lesão de um direito resulta da inobservância de um dever de cuidado, é porque as concretas circunstâncias do caso impunham ao agente a observância desse dever, em termos de se poder e dever formular um juízo de censura, do ponto de vista da culpabilidade, pelo facto de não o ter observado.

E o mesmo pode ser dito da remissão que, no nº 2 do mesmo artigo 9º é feita para o artigo 7º, nº 3, no qual se procede à definição do que se entende por *funcionamento anormal dos serviços administrativos*. Na verdade, para se poder afirmar que a lesão de um direito resulta da não adoção, por parte de um serviço administrativo, da actuação exigível para evitar essa lesão, também se afigura forçoso concluir que as concretas circunstâncias do caso impunham ao serviço a adoção de tal atuação, em termos de se poder e dever formular um juízo de censura, do ponto de vista da culpabilidade, pelo facto de não a ter adotado.

Em qualquer dos casos, os preceitos em causa adicionam, pois, nesta parte, à *ilicitude,* que, nestes casos, em bom rigor, se concretiza na pura e simples lesão de um direito sem causa justificativa, um ingrediente que, nos quadros tradicionais do Direito Civil, pertence à *culpa* e que se consubstancia na inobservância do dever de cuidado exigível.

Isto mesmo, é, a nosso ver, confirmado pelo artigo 10º, que, ao determinar que a culpa dos titulares dos servidores públicos seja apreciada em função da "diligência e aptidão que seja razoável exigir, em função das circunstâncias de cada caso, de um titular de órgão, funcionário ou agente zeloso e cumpridor", associa, precisamente, a culpa à ausência da aptidão e à inobservância da diligência — e, portanto, do dever de cuidado — exigível ao servidor público zeloso e cumpridor.

83. A parte do nº 1 do artigo 9º do Regime da responsabilidade civil extracontratual do Estado e demais entidades públicas que mais diretamente interessa ao tema que nos ocupa é aquela em que o preceito faz apelo à violação de normas ou princípios jurídicos — segmento em que é, a nosso ver, possível separar a questão da ilicitude da questão da culpa, na medida em que se colocam em planos distintos o juízo (objectivo) a fazer sobre a ocorrência da violação de normas ou princípios jurídicos e aquele que cumpra realizar sobre se, nas concretas circunstâncias do caso, a observância de tais normas ou princípios era exigível ao agente, em termos de se poder e dever formular um juízo de censura, do ponto de vista da sua culpabilidade, pelo facto de ele não as ter observado.

Em relação a este ponto, no que respeita aos atos jurídicos ilícitos e, portanto, ao caso dos atos administrativos ilegais, rege o nº 2 do artigo 10º, que consagra uma presunção de culpa leve.

Cumpre referir que o Supremo Tribunal Administrativo desde há muito tinha assumido grande abertura no preenchimento dos pressupostos da responsabilidade da Administração por danos resultantes de atos administrativos ilegais, podendo mesmo dizer-se que, nessa matéria, se formou uma verdadeira tradição jurisprudencial, que remonta ao preenchimento que, até 1967, foi sendo feito, não obstante as reticências da doutrina ([378]), do conceito de "culpa funcional" ([379]), e que, a exemplo do que também desde há muito é assumido pela jurisprudência administrativa francesa e italiana ([380]), se firmou no entendimento de que, por definição, toda a ilegalidade da Administração é culposa ([381]).

Foi neste sentido que o n.º 2 do artigo 10.º procedeu à consagração formal, no plano legislativo, de uma presunção de culpa associada à emissão de atos administrativos ilegais, que se afigura justificada.

Com efeito, se é verdade que, em tese geral, a técnica da invalidade dos atos jurídicos assenta muito mais num esquema de conformação de poderes, cuja inobservância conduz ao não atingimento dos efeitos pretendidos, do que num esquema de prescrição de condutas, cuja inobservância deve ser sancionada, e que, por outro lado, a solução da invalidade, por regra, impede que os atos jurídicos efectivem ou con-

---

([378]) Cfr. MARCELLO CAETANO, *Tratado de Direito Administrativo*, vol. I, Lisboa, 1943, p. 410; DIOGO FREITAS DO AMARAL, *A responsabilidade civil da Administração no Direito Administrativo português*, Lisboa, 1973, pp. 35-36.

([379]) Cfr., por exemplo, Acórdãos do Supremo Tribunal Administrativo de 7 de fevereiro de 1958, *Coleção de Acórdãos*, p. 117, onde se sustenta "que se torna lícito falar de culpa dos corpos administrativos quando se apure que, por violação de lei ou vício de forma, houve infração por aqueles do seu dever de organizar e fazer funcionar satisfatoriamente os serviços públicos"; de 8 de novembro de 1963, *Coleção de Acórdãos*, pp. 879-880, com apelo à ideia, claramente *objectivizante*, de que "o Estado e as autarquias, assim como aproveitam com a atividade dos seus funcionários, também devam suportar os prejuízos que dessa atividade resultem para terceiros"; e de 25 de março de 1971, *Coleção de Acórdãos*, p. 352. É ainda na pressuposição de que a adoção do ato ilegal preenche necessariamente os pressupostos da responsabilidade civil por facto culposo que assenta o voto de vencido de Rodrigues Bastos ao Acórdão de 17 de outubro de 1969, *Acórdãos Doutrinais* n.º 97, p. 25. Para uma apreciação crítica, cfr. o comentário de GOMES CANOTILHO, *Revista de Legislação e Jurisprudência*, n.º 3816, pp. 83-85.

([380]) Cfr., por todos, RENÉ CHAPUS, *Droit administratif général*, tomo I, 7ª ed., Paris, 1993, p. 1029; FRANCESCO GARRI, *La responsabilità della pubblica amministrazione*, Turim, 1975, p. 45.

([381]) Cfr., entre tantos, os Acórdãos do Supremo Tribunal Administrativo de 12.12.1989, *Revista de Legislação e Jurisprudência*, n.º 3816, p. 80; de 7.3.1989, *Acórdãos Doutrinais* n.º 344- -345, p. 1049; de 19.7.1992, Proc. n.º 30 582, *Apêndice ao Diário da República*, de 17.4.1996, pp. 4242-4244; de 24.4.1996, Proc. n.º 28 189-A, *Apêndice ao Diário da República*, de 23.10.1998, p. 2908.

sumem as violações do direito (³⁸²), parece de reconhecer que isto não vale para os atos administrativos, quer porque eles não são manifestações de autonomia, mas instrumentos de prossecução de interesses públicos hetero-determinados, no respeito pelos direitos e interesses juridicamente protegidos de terceiros e por princípios jurídicos fundamentais (³⁸³), quer porque eles possuem a específica relevância jurídica que oportunamente lhes reconhecemos e que faz com que o remédio da invalidação tenda a revelar-se, em relação a eles, insuficiente para evitar a produção de resultados danosos.

O ato administrativo exprime o exercício de um poder jurídico, no sentido, atrás explicitado, de que produz efeitos jurídicos unilaterais que vinculam apesar da sua anulabilidade e impugnação judicial, assim permitindo, portanto, que, se for caso disso, dele se extraiam consequências. Ora, é natural que esta circunstância seja tida em conta na modelação do regime da responsabilidade civil da Administração e não custa, por isso, admitir que a particular natureza dos atos administrativos acentue a importância da respectiva ilegalidade (invalidade), conduzindo o legislador a optar por associar a essa ilegalidade, em si mesma, um especial juízo de censura — acentuando, no instituto da responsabilidade subjectiva da Administração pelas suas manifestações ilegais de autoridade, da dupla função de *reprimir-reparar* as consequências da violação do direito, o componente sancionatório, dirigido a "dissuadir ou desencorajar" a adoção de práticas contrárias à legalidade (³⁸⁴).

A isto acresce a circunstância objetiva de que, por via de regra, existe efetivamente culpa na emissão de atos administrativos ilegais, já que o primeiro dever da Administração é conhecer e respeitar o Direito, pelo que se afigura inteiramente justificada a consagração for-

---

(³⁸²) Cfr. ARNALDO DI MAJO, "Tutela risarcitoria, restitutoria, sanzionatoria", *Enciclopedia Giuridica Treccani*, p. 16.
(³⁸³) Cfr., por todos, SÉRVULO CORREIA, *Legalidade e autonomia...*, p. 491.
(³⁸⁴) Para a aplicação dos conceitos utilizados no texto, designadamente no plano do exercício dos chamados *poderes privados*, a começar pelo paradigma do despedimento do trabalhador na relação laboral, cfr. A.DI MAJO, "Tutela risarcitoria, restitutoria, sanzionatoria", p. 16. Cfr. também NORBERTO BOBBIO, "Sanzione", *Novissimo Digesto Italiano*, vol. XVI, pp. 530 segs.

mal de uma presunção de culpa no domínio da responsabilidade da Administração por danos resultantes da prática de atos administrativos ilegais. Com efeito, também neste domínio parecem preencher-se os pressupostos que terão estado na base da consagração, no Direito das Obrigações, de uma presunção de culpa no âmbito da responsabilidade contratual: "a consideração, tirada da experiência comum, de que o inadimplemento da obrigação é, em regra, *culposo* (devido a negligência) e a ideia de que o devedor está em melhores condições para alegar e provar os factos que tornam inimputável o não cumprimento do que o credor para provar o contrário" ([385]).

Ainda que em situações esparsas, afigura-se, assim, de admitir a demonstração de que, agindo embora ilegalmente, o autor do ato anulado adotou a conduta que, em função das circunstâncias concretas, era "exigível e esperada de um funcionário zeloso e cumpridor", com a diligência que, nessas circunstâncias, seria "exigível a um funcionário ou agente típico, respeitador da lei e dos regulamentos e das *leges artis* aplicáveis" ao caso ([386]). Deve ser, entretanto, recusado alcance *desculpabilizante* a circunstâncias imputáveis à entidade pública que produziu o ato ilegal, como a indevida falta, impreparação ou desorganização dos meios técnicos e humanos de que se deveria diligentemente ter dotado, por serem objetivamente necessários ao correto exercício das funções de que estava incumbida.

84. Como já foi dito, o nº 1 do artigo 9º do Regime da responsabilidade civil extracontratual do Estado e demais entidades públicas começa por definir a ilicitude das condutas administrativas por referência à violação de disposições ou princípios constitucionais, legais ou regu-

---

([385]) ANTUNES VARELA, *Das Obrigações em Geral*, vol. II, 7ª ed., Coimbra, 1997, p. 101, em nota.

([386]) Para as fórmulas utilizadas no texto, que hoje correspondem, no essencial, ao disposto no nº 1 do artigo 10º do Regime da responsabilidade civil extracontratual do Estado e demais entidades públicas, cfr., por exemplo, os Acórdãos do Supremo Tribunal Administrativo de 20.1.1987, *Acórdãos Doutrinais* nº 310, p. 1243; de 7.3.1989, *Acórdãos Doutrinais* nº 344-345, p. 1048; e de 19.7.1992, Proc. nº 30 582, *Apêndice ao Diário da República*, de 17.4.1996, p. 4248, este último com referência a outros, publicados no *Boletim do Ministério da Justiça*, nº 307, p. 192, e nº 320, p. 412.

lamentares pelos quais a Administração Pública se deva pautar na sua atuação. O preceito afasta-se, contudo, num ponto importante daquele que o precedeu: na verdade, enquanto o artigo 6º do Decreto-Lei nº 48 051 definia a ilicitude apenas por referência à violação de regras ou deveres de cuidado, o preceito em análise acrescenta a exigência de que daí "resulte a ofensa de direitos ou interesses legalmente protegidos".

A alteração não é especialmente relevante, pois a verdade é que também o Decreto-Lei nº 48 051 não deixava já de assumir, no nº 1 do artigo 2º, a ofensa de direitos ou interesses legalmente protegidos como um dos pressupostos da responsabilidade civil da Administração Pública. Da referência que, em separado, no mesmo preceito era feita à ilicitude, associada à definição que desse conceito era dada, depois, no artigo 6º, parecia, porém, resultar a opção de afastar tal requisito do domínio da ilicitude. O novo artigo 9º procede, pois, neste domínio, a uma clarificação, esclarecendo que a mera violação, por parte da Administração Pública, das regras que disciplinam a sua conduta não constitui, só por si, um ilícito civil. Para que isso suceda, é ainda necessário que da violação dessas regras resulte a ofensa dos direitos ou interesses de outrem ([387]).

Este aspeto aproxima o regime da ilicitude das condutas de gestão pública da Administração dos quadros do Direito Civil. Com efeito, resulta do preceito em análise que o elemento decisivo neste domínio reside, tal como sucede em Direito Civil, na ofensa de direitos ou interesses legalmente protegidos. É, na verdade, este o elemento agregador do heterogéneo conjunto de situações de violação de deveres que se encontra previsto, tanto na primeira parte do nº 1, como no nº 2 do artigo 9º (aqui, por remissão para o artigo 7º, nº 3).

Parecem poder ser, por isso, aplicados nesta sede os ensinamentos provenientes da doutrina civilista.

([387]) Cfr. Acórdãos do Supremo Tribunal Administrativo de 26.09.2007, Proc. nº 596/06, de 28.11.2007, Proc. nº 808/07, e de 23.09.2009, Proc. nº 1119/08, embora não possamos concordar, como de seguida se verá no texto, com a contraposição entre normas substantivas e normas instrumentais que do preceito é, depois, extraída (cfr. CARLOS FERNANDES CADILHA, op. cit., p. 187).

Será, na verdade, assim, desde logo, no universo das condutas da Administração Pública que não se concretizem na emissão de atos jurídicos de autoridade, o que compreende a adoção das chamadas operações materiais, assim como a omissão de condutas devidas do mesmo tipo. Com efeito, a averiguação da existência de um facto ilícito há de depender, nesses domínios, de saber se a ação material realizada ou a omissão cometida ofenderam um direito subjetivo, ou, quando não seja esse o caso, de determinar — tal como, em hipóteses correspondentes, sucede em Direito Civil — se as regras violadas se destinavam a proteger os interesses do lesado.

Mas também deverá, a nosso ver, ser assim no que diz respeito às situações de responsabilidade que resultem da emissão de atos jurídicos de autoridade, e, em particular, de atos administrativos ilegais — situações para a apreciação das quais, em nossa opinião, se reveste, precisamente, da maior importância a referência que, no n.º 1 do artigo 9.º, é feita à ofensa de direitos ou interesses legalmente protegidos.

Cumpre começar por esclarecer que, a nosso ver, não deve perturbar a análise a circunstância de, nos regimes de contencioso administrativo tradicionalmente influenciados pelo direito francês, a legitimidade para reagir contra as ilegalidades de que possam enfermar os atos administrativos não ser tradicionalmente reservada apenas àqueles cujos interesses as normas violadas se destinavam a proteger, mas ser aferida, mais genericamente, por referência aos efeitos que o ato projeta sobre a esfera jurídica do interessado e às situações de interesse, jurídico ou de facto, que, desse modo, são afectadas por ele — sucedendo que o Direito Processual Administrativo português se inscreve nessa tradição, como resulta, ainda hoje, do artigo 55.º, n.º 1, alínea a), do CPTA, que consagra um regime amplo de legitimidade ativa em matéria de impugnação de atos administrativos.

Com efeito, as razões que tradicionalmente justificam o alargamento da legitimidade para impugnar atos administrativos estão relacionadas com a dimensão de tutela da legalidade objetiva que está associada ao contencioso administrativo de impugnação, pelo que não contendem com os critérios pelos quais se rege a determinação dos pressupostos de que depende a responsabilidade civil extracontratual da Administração Pública (³⁸⁸). E, nesta sede, o dado normativo que resulta do nº 1 do artigo 9º do Regime da responsabilidade civil extracontratual do Estado e demais entidades públicas parece ser muito claro: só existe responsabilidade se houver ofensa de um direito ou de um interesse legalmente protegido.

Ora, daqui resultam, para nós, consequências da maior importância para os efeitos da presente análise.

Com efeito, tem sido discutida a questão da relevância, em sede de responsabilidade civil extracontratual, dos atos administrativos ilegais que, sendo anulados pelos tribunais administrativos, venham a ser substituídos por outros atos com o mesmo conteúdo, mas sem reincidência na causa de invalidade que tinha determinado a anulação: pense-se no exemplo do ato que, tendo sido anulado por incompetência, vício de forma ou de procedimento, venha a ser renovado sem reincidência no mesmo vício. E é frequente, na jurisprudência, o entendimento de que não há, de todo em todo, que indemnizar por violação de normas instrumentais, de competência, de forma ou de procedimento, ou, pelo menos, que, havendo renovação após a anulação fundada na violação de tais normas, fica demonstrado que, mesmo que não tivesse sido cometida a ilegalidade, a decisão teria sido tomada no mesmo sentido, pelo que não há por que indemnizar o interessado (³⁸⁹).

A nosso ver, a questão, à face do disposto no nº 1 do artigo 9º do Regime da responsabilidade civil extracontratual do Estado e demais entidades públicas, não deve ser, porém, colocada nesses termos.

(³⁸⁸) Sobre a questão da legitimidade dos particulares para a impugnação contenciosa de atos administrativos, cfr., por todos, MÁRIO AROSO DE ALMEIDA, *Manual de Processo Administrativo*, Coimbra, 2010, pp. 233 segs., com outras referências.

(³⁸⁹) Nesse sentido se orienta a contraposição, a nosso ver indevida, entre normas substantivas e normas instrumentais: cfr. MARGARIDA CORTEZ, *Responsabilidade civil da Administração por atos administrativos ilegais e concurso de omissão culposa do lesado*, Coimbra, 2000, pp. 71 segs., e, por exemplo, os Acórdãos do Supremo Tribunal Administrativo de 24.03.2004, Proc. nº 1690/02, de 14.07.2008, Proc. nº 970/07, e de 27.01.2010, Proc. nº 513/09. Em sentido crítico, cfr., entretanto, CARLOS FERNANDES CADILHA, *op. cit.*, pp. 184, em nota, e 189. No sentido da inadmissibilidade do primeiro dos entendimentos (mais radical) referido no texto, cfr., entretanto, o Acórdão nº 154/2007 do Tribunal Constitucional.

Com efeito, da circunstância de um ato administrativo anulado não vir a ser renovado não resulta, desde logo, a nosso ver, a constituição automática da Administração no dever de indemnizar o impugnante que obteve a anulação. Na verdade, há, para o efeito, que apurar se o impugnante que obteve a anulação sustentou a impugnação na invocação da ofensa de um direito ou de um interesse legalmente protegido, ou apenas na invocação de um mero interesse de facto — pois se tiver sido este último o caso, ainda que a anulação se tenha fundado em causas de invalidade substantivas, que não meramente formais, procedimentais ou de competência, e, em qualquer caso, ainda que o ato não seja renovado, o interessado não terá direito à reparação de quaisquer danos.

Por outro lado, também da circunstância de um ato administrativo anulado vir a ser renovado não resulta, para nós, o afastamento automático do dever de a Administração indemnizar o impugnante que obteve a anulação. Na verdade, há que apurar se o impugnante que obteve a anulação sustentou a impugnação na invocação da ofensa de um interesse legalmente protegido — ou seja, na invocação da violação de uma norma de proteção, ditada (também) no propósito de proteger os seus interesses.

Pense-se no exemplo de um ato administrativo de conteúdo expropriativo inválido por falta de audiência do proprietário do bem. Ainda que, após a anulação do ato, este venha a ser substituído por outro com o mesmo conteúdo, uma vez cumprido o trâmite da audiência do interessado, nem por isso a Administração deixou de ter praticado um ato ilegal, com ofensa do direito de audiência do interessado. Deve ser, por isso, reconhecido ao interessado o direito à reparação do dano que, para ele, resultou dessa ofensa ilegal. Desde logo em todos os casos de vício de fundamentação e de falta de audiência, parece-nos claro que, independentemente de o ato vir ou não a ser renovado após a anulação, ele é ilícito e, por isso, passível de constituir a Administração em responsabilidade civil extracontratual pela ofensa do direito à fundamentação ou de audiência, que constitui, em si mesma, um dano passível de ser ressarcido: dano da natureza dos danos não patrimoniais, cuja quantificação deve, por isso, ser feita segundo um critério de equidade ([390]).

Resta acrescentar que, em sentido contrário, não é invocável a *teoria do comportamento lícito alternativo* ([391]), pela simples razão de que o dano cuja reparação preconizamos é um dano autónomo, que resulta da violação, em si mesmas, de normas instrumentais, de forma ou de procedimento, pelo que não se reporta à situação substantiva do interessado — situação que concordamos que não deva ser objeto de reparação quando ainda seja possível demonstrar e efetivamente se demonstre que, mesmo que o ato anulado tivesse sido validamente praticado, a decisão teria sido tomada com o mesmo conteúdo.

([390]) No domínio da contratação pública, tem vindo, entretanto, a consolidar-se uma jurisprudência que, ao contrário do que sucedeu no passado, reconhece o direito à indemnização, a fixar segundo critérios de equidade, dos concorrentes que, tendo impugnado atos administrativos ilegais praticados em procedimentos de formação de contratos, não demonstrem que teriam ganho o concurso se a ilegalidade não tivesse sido cometida: cfr., por exemplo, Acórdãos do Supremo Tribunal Administrativo de 1.10.2008, Proc. nº 42003-A, de 25.02.2009, Proc. nº 47472-A, de 20.01.2010, Proc. nº 47578, e de 08.02.2011, Proc. nº 891/10.

([391]) Sobre a teoria do comportamento lícito alternativo, a que os Autores reconduzem a orientação jurisprudencial mencionada na penúltima nota, cfr. MARCELO REBELO DE SOUSA/ANDRÉ SALGADO DE MATOS, *Direito Administrativo Geral*, vol. III, p. 499.

── IV ──
Estabilidade e revogação dos atos administrativos

1. Regime geral da revogabilidade dos atos administrativos

85. Na categoria dos *atos administrativos secundários* ou *de segundo grau*, avulta, pela sua indiscutível importância, a figura da *revogação*, que o CPA regula nos artigos 138º e segs.

Cumpre, porém, começar por salientar que a figura da *revogação*, tal como ela é tradicionalmente configurada no ordenamento jurídico português, desdobra-se em dois institutos claramente distintos entre si. Referimo-nos à *revogação propriamente dita*, também chamada *abrogatória ou extintiva*, por um lado, e à *revogação anulatória*, pelo outro.

a) A *revogação abrogatória* ou *extintiva* é uma manifestação de *administração ativa*, assente na apreciação, segundo critérios de *mérito* (*conveniência* ou *oportunidade*), de que a manutenção, para o futuro, de uma situação continuada existente em determinado momento e sobre a qual a revogação vai atuar, não se adequa às exigências que o interesse público estabelece. A revogação abrogatória ou extintiva tem por fim adequar a situação existente a novas exigências resultantes da mutabilidade do interesse público, fazendo, para isso, cessar os efeitos do ato anterior. Por este motivo, ela não produz efeitos retroativos (cfr. artigo 145º, nº 1, do CPA). Trata-se de um poder que respeita a atos administrativos praticados no exercício de poderes discricionários e que tenham eficácia duradoura, ou que, possuindo eficácia instantânea, ainda não tenham sido executados ([392]): com efeito, só atos de eficácia duradoura ou de eficácia instantânea ainda não executados perduram ao longo do tempo na ordem jurídica, em termos de se colocar a questão de saber se devem ser mantidos ou retirados, e, por outro lado, a revogação de atos válidos estritamente vinculados não está na disponibilidade da Administração.

b) A *revogação anulatória* é uma manifestação de *administração de controlo*, assente na verificação da ilegalidade do ato sobre o qual vai projectar os seus efeitos e, portanto, da desconformidade da definição que esse ato tinha introduzido com as exigências que o ordenamento jurídico lhe impunha. Tem por fim reintegrar a legalidade, eliminando um ato ilegal da ordem jurídica e por esse motivo está sujeita a um regime específico, que é o regime próprio dos *atos de anulação*. A revogação anulatória é, assim, formalmente instituída, a par da anulação contenciosa, como produtora de efeitos retroativos (cfr. artigo 145º, nº 2, do CPA), naturalmente dirigidos a destruir, *ab initio*, os efeitos ilegalmente produzidos pelo ato sobre o qual se projecta.

Do ponto de vista do respetivo regime, é, pois, do confronto entre os nºs 1 e 2 do artigo 145º que transparece a dicotomia que, na ordem jurídica portuguesa, se esconde por detrás do conceito, aparentemente unitário, de revogação.

86. Em qualquer das suas duas modalidades, a revogação incide sobre os efeitos de um ato administrativo anterior, seja para os fazer cessar para o futuro *(ex nunc)*, seja para os destruir desde o momento em que eles se começaram a produzir *(ex tunc)*.

Qualquer ato de revogação pressupõe, portanto, a existência de efeitos do ato anterior sobre o qual se projetar. Compreende-se, por

---

([392]) Cfr., por todos, FILIPA URBANO CALVÃO, "Revogação dos atos administrativos no contexto da reforma do Código do Procedimento Administrativo", in *Cadernos de Justiça Administrativa* nº 54, p. 40.

isso, que nenhum ato de revogação possa recair sobre manifestações que não sejam atos administrativos, assim como sobre atos administrativos nulos ou que já tenham sido anulados por sentença judicial ou mediante revogação anulatória (cfr. artigo 139º, nº 1, do CPA). Com efeito, em qualquer destes casos não há efeitos de um ato administrativo anterior sobre o qual a revogação se pudesse projetar. A Administração pode declarar que em determinada situação não existe um ato administrativo, ou que um ato administrativo é nulo ou foi anulado. O que ela, contudo, não pode é revogar o que não seja um ato administrativo ou seja um ato administrativo nulo ou já anulado.

Como a revogação abrogatória ou extintiva só faz cessar para o futuro os efeitos do ato anterior, ela só pode, entretanto, incidir sobre atos administrativos *que estejam a produzir efeitos no momento em que ela é praticada*. Se o ato produziu efeitos no passado, mas já não está a produzi-los no presente — porque eles entretanto se esgotaram ou caducaram ou porque já foram objeto de uma revogação abrogatória ou extintiva —, ainda pode ser proferida uma revogação anulatória, dirigida a destruir retroactivamente os efeitos passados. Mas não pode ser proferida uma revogação abrogatória ou extintiva. É o que resulta do artigo 139º, nº 2, do CPA.

O artigo 139º do CPA prevê, assim, as situações correspondentes aos *atos irrevogáveis por natureza*.

87. No ordenamento jurídico português, o regime de proteção das situações jurídicas subjetivas constituídas por ato administrativo resulta, entretanto, dos artigos 140º e 141º do CPA, que consagraram, sem grande inovação, um conjunto de soluções que, no essencial, já resultavam do quadro normativo precedente e da elaboração doutrinal e jurisprudencial que, nesse contexto, se tinha sedimentado ao longo do tempo. A rigidez do regime positivado reflete a marcada influência da tradição francesa, mas sem os matizes com que a jurisprudência do Conselho de Estado francês a foi temperando ao longo do tempo.

Procuremos caraterizá-lo nos seus traços essenciais.

a) O artigo 141º do CPA impõe um prazo perentório para a revogação dos atos administrativos, com eficácia retroactiva, com fundamento na sua anulabilidade (³⁹³). Da conjugação do disposto neste artigo com os prazos de impugnação jurisdicional que se encontram previstos no artigo 58º do CPTA resulta que a Administração (³⁹⁴) dispõe do prazo de um ano, contado desde a data da sua emissão, para proceder à revogação com eficácia retroativa dos atos que considere anuláveis (³⁹⁵). Ressalva-se, no entanto, o caso dos atos pré-contratuais previstos no artigo 100º, nº 1, do CPTA, em que esse prazo é apenas de um mês, segundo o disposto no artigo 101º do CPTA.

b) O artigo 140º estabelece, entretanto, o regime aplicável à revogação abrogatória ou extintiva.

Se a Administração não considerar o ato anulável (³⁹⁶), ela pode revogá-lo sem eficácia retroativa, por razões de mérito, conveniência ou oportunidade, sem estar sujeita, para o efeito, à observância de qualquer prazo, pelo que pode fazê-lo a todo o tempo. De acordo com o artigo 140º do CPA, porém, os atos administrativos constituti-

---

(³⁹³) O Código fala, no artigo 141º, na "revogabilidade de atos inválidos". Como, no entanto, resulta do artigo 139º, segundo o qual os atos nulos ou inexistentes não são suscetíveis de revogação, e do confronto com o artigo 140º, onde se fala na "revogabilidade de atos válidos", é de entender que ao falar na "revogabilidade de atos inválidos", o Código quer referir-se à *"revogabilidade com fundamento na anulabilidade dos atos"*. Já a nulidade dos atos administrativos, o artigo 134º, nº 2, do CPA permite que ela seja declarada, a todo o tempo, por qualquer tribunal ou por qualquer autoridade administrativa.

(³⁹⁴) Segundo o disposto no artigo 142º do CPA, por "Administração" entende-se o órgão autor do ato e os seus superiores hierárquicos, salvo se o ato tiver sido praticado no exercício de competência atribuída pela lei como exclusiva do seu autor: são estes, na verdade, os órgãos competentes para revogar os atos administrativos.

(³⁹⁵) Adiante faremos, entretanto, referência à jurisprudência que, em derrogação a este regime, se formou a propósito do tratamento a dar a certos tipos de atos administrativos, praticados por autoridades administrativas nacionais ao abrigo de normas do Direito da União Europeia, designadamente no domínio da atribuição de ajudas ou auxílios financeiros (subvenções), em que a legislação comunitária prevê um regime específico para o exercício de competências de fiscalização que pode implicar a imposição do dever de restituir quantias indevidamente atribuídas.

(³⁹⁶) Ainda que, porventura, ele o seja: neste sentido, cfr. VIEIRA DE ANDRADE, "Revogação do ato administrativo", in *Direito e Justiça*, vol. VI (1992), p. 57; FILIPA CALVÃO, *op. cit.*, p. 35.

vos de direitos ou de interesses legalmente protegidos ([397]) só podem ser objeto deste tipo de revogação na parte em que o seu conteúdo seja desfavorável aos interessados ou se todos os interessados derem a sua concordância à revogação e não se tratar de direitos ou interesses indisponíveis da sua parte.

Tem-se, entretanto, entendido que este regime do artigo 140º do CPA também vale quando a Administração considere que o ato foi praticado em situação de anulabilidade, mas já tenha expirado o prazo de um ano dentro do qual ele podia ser revogado com esse fundamento. A Administração é, portanto, admitida, neste caso, a revogar o ato mesmo para além do prazo de um ano ([398]). Parece, no entanto, claro que, nesse caso, a anulabilidade de que o ato padeceu já não releva enquanto tal, na medida em que a possibilidade de ela ser efectivada através da anulação do ato se precludiu pelo decurso do tempo. Na verdade, já não se impõe à Administração o dever de remover o ato inválido. A Administração conserva, no entanto, a faculdade de, se assim entender, dar relevância à ilegalidade cometida com a prática do ato em causa, assumindo-a como o fundamento de um juízo de mérito, conveniência ou oportunidade, com base no qual ainda pode proceder à sua revogação. Em relação a atos constitutivos de direitos ou de interesses legalmente protegidos, tal revogação só poderá ter, contudo, lugar se se preencherem os pressupostos previstos no artigo 140º do CPA, ou seja, apenas na parte em que o conteúdo seja desfavorável aos interessados ou se todos eles derem a sua concordância à

([397]) O artigo 140º não protege apenas os atos constitutivos de direitos, mas também de "interesses legalmente protegidos". Esta fórmula equívoca tem sido objeto de interpretação restritiva, que a faz corresponder aos atos que constituem situações jurídicas estáveis na esfera de quem não tem de ser seu destinatário direto, mas que está em posição de fundar uma confiança legítima na estabilidade dos seus efeitos. Cfr., por todos, PEDRO GONÇALVES, "Revogação de atos administrativos" in *Dicionário Jurídico da Administração Pública*, vol. VII, Lisboa, 1996, pp. 308 segs.; FREITAS DO AMARAL, *Curso...*, vol. II, p. 484; FILIPA CALVÃO, *op. cit.*, p. 41.

([398]) Como nota FILIPA CALVÃO, *op. cit.*, p. 36, "podendo os efeitos desfavoráveis de um ato ser objeto de revogação, por razões de interesse público, a todo o tempo, não se vislumbra fundamento para impedir a destruição daqueles se ilegais".

revogação e não estiverem em causa direitos ou interesses indisponíveis da sua parte ([399]).

88. Diversas questões têm sido suscitadas a propósito do regime que, de modo sucinto, se acaba de descrever.

Desde logo, no que respeita ao prazo de um ano dentro do qual pode ter lugar a revogação com efeitos retroativos, fundada na anulabilidade do ato, a jurisprudência mostrou-se hesitante quanto à questão do enquadramento a dar à situação de certos atos administrativos, praticados por autoridades administrativas nacionais ao abrigo de normas do Direito da União Europeia, designadamente no domínio da atribuição de ajudas ou auxílios financeiros (subvenções), em que a legislação comunitária prevê um regime específico para o exercício de competências de fiscalização que pode implicar a imposição do dever de restituir quantias indevidamente atribuídas.

Os tribunais administrativos portugueses têm partido do pressuposto de que a imposição da ordem de restituição das quantias atribuídas envolve a revogação do ato que as atribuiu, pelo que, quando seja determinada pela invalidade desse ato, corresponde à sua revogação anulatória. E, num primeiro momento, começaram por entender que, como a referida legislação comunitária nada dispõe sobre o prazo dentro do qual poderia ser imposto o dever de restituir as quantias em causa, ela não afastaria a aplicabilidade do prazo de um ano, que, no ordenamento interno português, o artigo 141º do CPA estabelece para a revogação anulatória.

Contra este entendimento, avultou, na doutrina, a posição de *Fausto de Quadros*, que, com base nas decisões proferidas pelo Tribunal de Justiça da União Europeia nos casos *Deufil*, *Alcan* e *Milchkontor*, sus-

---

([399]) Já em relação a outros tipos de atos, é discutido se a Administração pode revogar o ato com efeitos apenas para o futuro, como se ele nunca tivesse sido anulável, ou se, no caso de optar por revogá-lo, ela está obrigada a reconstituir a situação (mais favorável) em que o interessado deveria estar colocado se o ato revogado nunca tivesse sido praticado. Para os termos da questão, que continua a ser controvertida na jurisprudência, cfr. VIEIRA DE ANDRADE, "Discricionariedade e reforma de atos administrativos vinculados desfavoráveis", in *Cadernos de Justiça Administrativa* nº 11, pp. 10 segs.

tentou que, quando a revogação da concessão de auxílios decorra de uma obrigação imposta pelo Direito da União Europeia, exatamente por essa concessão violar esse Direito, a revogação do auxílio pode ter lugar, em nome do interesse da União Europeia, mesmo para além do prazo fixado pelo Direito nacional para a revogação dos atos constitutivos de direitos. Quanto à *vexata quaestio* da fixação do prazo, embora admitindo que, por respeito pelo princípio da igualdade, deveria ser o Direito da União Europeia a fixar um prazo comum para todos os Estados membros, o ilustre Autor sustentou o entendimento de que, na ausência de um tal prazo, não restaria senão atender ao prazo fixado em cada Estado membro para situações análogas — o que, no caso português, e admitindo que, nas situações em causa, dificilmente se poderia demonstrar a boa fé dos beneficiários, porque eles bem conheceriam a ilegalidade da atribuição dos auxílios, deveria conduzir à aplicação do prazo de 20 anos que o Código Civil estabelece como prazo geral de prescrição (no artigo 309º) e como o prazo para a usucapião de imóveis no caso de a posse ser de má fé (no artigo 1296º) [400].

Após alguma hesitação, a posição do Supremo Tribunal Administrativo veio de algum modo a evoluir neste sentido, reconhecendo que, na ausência de disposições comunitárias, devem ser aplicadas as disposições de fonte interna, mas de modo a não neutralizar a aplicação do regime de restituição das quantias indevidamente auferidas, para o que se impõe atender às circunstâncias do caso, designadamente do ponto de vista da inexistência de boa fé do beneficiário, e procurar os lugares paralelos que, no ordenamento interno, permitam dar à situação solução idêntica àquela que corresponde a casos semelhantes. Assim, como, nos termos do artigo 40º do Código Comercial português, as empresas devem conservar os documentos comerciais durante o prazo de 10 anos, tem entendido ser este o prazo a observar para a revogação envolvida na imposição de ordens de restituição de

---

[400] Cfr. FAUSTO DE QUADROS, *Direito da União Europeia*, Coimbra, 2004, pp. 531 segs. Cfr. também "A Europeização do Contencioso Administrativo", in *Estudos em Homenagem ao Professor Doutor Marcello Caetano no centenário do seu nascimento*, vol. I, Coimbra, 2006, pp. 396-397.

quantias decorrentes de fiscalizações realizadas durante esse período temporal ([401]).

89. A discussão que, em termos mais gerais, tem sido suscitada a propósito do regime do CPA em matéria de proteção das situações jurídicas subjetivas constituídas por ato administrativo prende-se com a sua já mencionada rigidez, que tem sido objeto de críticas da parte da doutrina, embora sem reflexo na jurisprudência, que tem aplicado o regime legal sem nele introduzir quaisquer temperamentos.

Sob forte influência da lei de procedimento alemã, as críticas que, na doutrina portuguesa, têm sido formuladas ao regime enunciado partem do reconhecimento de que a remoção dos atos administrativos, seja ela determinada pela defesa da *legalidade* ou pela necessidade da realização adequada e eficiente do *interesse público*, põe em causa a *estabilidade* dos atos administrativos, podendo, por isso, conflituar com a *protecção da confiança* dos particulares interessados nessa estabilidade. "Ora, tratando-se, de ambos os lados, de valores e interesses protegidos pela ordem jurídica, torna-se necessário assegurar uma ponderação equilibrada entre eles, ponderação que exige uma certa maleabilidade das regras legislativas aplicáveis" ([402]), em ordem à descoberta de "soluções equilibradas para os conflitos de valores e de interesses em jogo, com base em considerações de justiça material" ([403]).

a) É assim que, em primeiro lugar, tem sido criticada a rigidez do regime do artigo 141º, que fixa o prazo de um ano para a revogação dos atos anuláveis, alegando-se que, desse modo, "optou-se por uma solução meramente temporal, não se tomando em consideração aspetos relevantes que recomendariam diferenças de regime". Tem sido,

---

([401]) Cfr. Acórdão do Supremo Tribunal Administrativo (Pleno) de 6 de outubro de 2005, Proc. nº 2037/02. Para uma análise mais circunstanciada, com outras referências, cfr. RAVI AFONSO PEREIRA, "O Direito Comunitário posto ao serviço do Direito Administrativo — uma leitura da jurisprudência do STA sobre reposição de ajudas comunitárias", in *Boletim da Faculdade de Direito da Universidade de Coimbra*, vol. XXXI (2005), pp. 691 segs.
([402]) Cfr. VIEIRA DE ANDRADE, "A 'revisão' dos atos administrativos no direito português", in *Legislação — Cadernos de Legislação* nº 9/10 (1994), p. 193.
([403]) Neste sentido, cfr. VIEIRA DE ANDRADE, "Algumas reflexões..." *cit.*, p. 1200.

por isso, sugerida a introdução, neste domínio, de uma diferenciação de regimes, que atenda à questão de saber se o ato em causa é favorável ou desfavorável para o destinatário e, na primeira hipótese, se o particular beneficiário "está de má fé [...] ou, pelo menos, tem conhecimento da ilegalidade", ou se, pelo contrário, "está de boa fé, confiou justificadamente na atuação da Administração e nos seus resultados e tem, por isso, expectativas legítimas e uma confiança que merece protecção" [404].

Neste último caso, tem sido, pois, sustentado na doutrina que, "se o destinatário do ato ou outros interessados estiverem de boa fé — desconhecendo a ilegalidade e não tendo o dever de a conhecer, e sendo esta exclusivamente imputável à conduta da Administração — e já houverem gozado a vantagem ou estiverem a exercer os poderes ou faculdades por aquele conferidos, a Administração deve ter espaço para ponderar a decisão de revogação anulatória. Se não for essencial para a realização do interesse público, a eliminação do ato anulável não deve ter lugar. Ou, ao menos, impor-se-á que os prejuízos sofridos pelo particular sejam compensados" [405].

Pela nossa parte, suscitar-nos-ia, porém, reservas o afastamento do dever de a Administração proceder à revogação anulatória dentro do prazo de um ano, que é o prazo dentro do qual ainda pode surgir uma impugnação contenciosa do ato, afigurando-se-nos que, dentro desse prazo, a *legalidade* ainda deve prevalecer sobre a *estabilidade*, sem prejuízo do eventual dever de indemnização pelo dano da confiança dos beneficiários a que a revogação possa dar lugar [406].

A exemplo do que sucede no direito alemão, já se afiguraria, em todo o caso, pertinente a introdução de um regime diferenciado em relação aos atos que envolvam a realização de prestações pecuniárias com caráter periódico: pense-se no exemplo do ato da segurança social que reconhece a um particular o direito a auferir uma deter-

---

[404] Cfr. VIEIRA DE ANDRADE, "Revogação do ato administrativo", p. 59.
[405] Cfr. FILIPA CALVÃO, *op. cit.*, pp. 36-37.
[406] No mesmo sentido, que, em conformidade com o Direito vigente, configura o poder de a Administração proceder à revogação anulatória dentro do prazo de um ano como um poder vinculado, e não discricionário, cfr., por todos, FREITAS DO AMARAL, *op. cit.*, pp. 500 segs.

minada pensão mensal. Nestes casos, pode, com efeito, justificar-se, por aplicação dos princípios da segurança jurídica, confiança legítima, boa fé e proporcionalidade, a atribuição de efeitos apenas para o futuro à revogação fundada na anulabilidade do ato, atendendo a que, em princípio, as prestações já realizadas não poderão ser restituídas ([407]).

b) Por outro lado, também tem sido criticada a rigidez do regime do artigo 140º, que, ao estabelecer que os atos constitutivos de direitos ou de interesses legalmente protegidos são sempre irrevogáveis, salvo na parte em que o seu conteúdo seja desfavorável aos interessados ou se todos os interessados derem a sua concordância à revogação e não estiverem em causa direitos ou interesses indisponíveis da sua parte, opta por assegurar "pura e simplesmente a estabilidade destes atos, sem medir os interesses em jogo, desprezando a eventual relevância da revogação para o interesse público, e não curando de saber se os interesses do particular merecem tutela, se a confiança depositada na estabilidade das posições jurídicas constituídas é, ou não, digna da proteção da ordem jurídica" ([408]).

A exemplo do que sucede na lei alemã do procedimento administrativo, tem sido, assim, proposta a introdução da previsão da possibilidade da revogação de atos constitutivos de direitos ou de interesses legalmente protegidos por razões imperativas de interesse público, mediante o pagamento da justa indemnização devida pelos prejuízos que, desse modo, forem licitamente causados, nos termos gerais em que se estabelece a indemnização por atos ablatórios lícitos ([409]).

Quanto a este ponto, não podemos, no entanto, subscrever a corrente doutrinal que, sem a necessária revisão do CPA, põe frontalmente em causa o regime que nele se encontra consagrado, ao admitir, em termos gerais e nos mais amplos termos, a possibilidade da revogação, por razões de interesse público, dos atos administrativos constitutivos

---

([407]) Cfr. FILIPA CALVÃO, *op. cit.*, p. 37.
([408]) Cfr. VIEIRA DE ANDRADE, "Revogação do ato administrativo", p. 61.
([409]) Cfr. ainda VIEIRA DE ANDRADE, "Revogação do ato administrativo", p. 61; FILIPA CALVÃO, *op. cit.*, p. 42.

de direitos ou interesses legalmente protegidos, mediante o pagamento de uma indemnização ([410]).

Na verdade, as vivas críticas de que o regime do CPA em matéria de revogação dos atos administrativos tem sido objeto, desde a sua entrada em vigor, a partir do entendimento de que adotou uma perspectiva excessivamente garantística da posição dos beneficiários dos atos administrativos constitutivos de situações de vantagem, têm sido formuladas numa perspetiva de direito a constituir ([411]). Sendo, pois, o regime do CPA aquele que é, não nos parece que, salvo em excecionais situações de estado de necessidade, se possa sustentar que, *de iure condito*, vigore na nossa ordem jurídica um regime geral de livre revogabilidade por razões de interesse público dos atos administrativos constitutivos de direitos ou interesses legalmente protegidos, mediante o pagamento de uma indemnização.

A nosso ver, para que, à face do regime jurídico vigente, a Administração possa retirar uma situação jurídica constituída por um ato administrativo na esfera de um particular sem fundamento na invalidade desse ato, é, assim, necessária a específica previsão legal do poder de revogar o ato constitutivo ou de uma competência ablatória

---

([410]) Neste sentido, cfr. FREITAS DO AMARAL, *Curso...*, vol. II, pp. 485-486; PEDRO GONÇALVES, "Revogação (dos atos administrativos)", in *Dicionário Jurídico da Administração Pública*, vol. VII, p. 316. O primeiro destes Autores invoca em seu apoio, na nota 811, a posição de JOSÉ ROBIN DE ANDRADE, *A Revogação dos atos administrativos*, 2ª ed., Coimbra, 1985, p. 378, mas em termos que não nos parecem exatos, porque, nessa passagem, este último Autor não admite com carácter geral a possibilidade da revogação de atos constitutivos de direitos por razões de interesse público, mas, pelo contrário, faz depender essa possibilidade de expressa previsão em lei especial para cada caso. Aliás, em escrito mais recente, ROBIN DE ANDRADE assume que tal entendimento apenas pode ser sustentado "no plano do direito a constituir": cfr. "Revogação administrativa e a revisão do Código do Procedimento Administrativo", in *Cadernos de Justiça Administrativa*, nº 28, p. 41.

([411]) Cfr. VIEIRA DE ANDRADE, "Revogação do ato administrativo", p. 61, que, a exemplo do que sucede na lei alemã do procedimento administrativo, propôs a introdução no CPA da previsão da possibilidade da revogação de atos constitutivos de direitos ou de interesses legalmente protegidos por razões de interesse público, mediante o pagamento da indemnização devida pelos prejuízos que, desse modo, fossem licitamente causados, nos termos gerais em que se estabelece a indemnização por atos ablatórios lícitos. Na mesma linha, entretanto, cfr. também FILIPA CALVÃO, *op. cit.*, p. 42.

autónoma, de alcance equivalente ao da expropriação da situação jurídica em causa ([412]).

c) Também foi criticada a inexistência da previsão, com caráter geral, da possibilidade de revogação com fundamento no incumprimento pelo destinatário de obrigações que, para ele decorram, direta ou indiretamente, do ato. E, mais uma vez por inspiração do Direito alemão, foi sugerida a consagração da possibilidade, nesse caso, de uma revogação com eficácia retroativa, com o argumento de que, por exemplo, na hipótese de o destinatário do ato ter utilizado a subvenção que, através desse ato, lhe foi atribuída para fim distinto daquele que determinou a sua atribuição, o dever de restituição da quantia auferida só pode resultar da revogação retroativa do acto em causa ([413]).

A este último propósito, cumpre notar que, por referência a certos tipos específicos de atos administrativos, a lei prevê expressamente a possibilidade da destruição *ab initio* dos seus efeitos em função da violação, pelo beneficiário, de vínculos a que ficou adstrito. Ora, é discutível se o ato que, nesses casos, destrói os efeitos do ato anterior deve ser qualificado como um ato revogatório ou se, pelo contrário, não constitui a prática de um ato de conteúdo oposto ao anterior, mas que corresponde a um distinto tipo legal, fundado em pressupostos de diferente natureza, não diretamente relacionados com aqueles que determinaram a prática do ato precedente ([414]).

Não questionamos a utilidade da eventual consagração no CPA de um regime que, em geral, possibilitasse a prática deste tipo de ato,

---

([412]) Já neste sentido, à face do quadro normativo anterior ao CPA, cfr. ROBIN DE ANDRADE, *A Revogação...cit.*, p. 378.

([413]) Cfr. FILIPA CALVÃO, *op. cit.*, p. 42; VIEIRA DE ANDRADE, "Anotação a Acórdão do Supremo Tribunal Administrativo de 20 de outubro de 2004", in *Revista de Legislação e de Jurisprudência* n.º 3934, pp. 50 segs.

([414]) Neste sentido, cfr., por exemplo, o Acórdão do Supremo Tribunal Administrativo de 20 de outubro de 2004, in *Revista de Legislação e de Jurisprudência* n.º 3934, p. 56. Em geral, cfr. também, por exemplo, MÁRIO ESTEVES DE OLIVEIRA, *Direito Administrativo*, Coimbra, 1980, pp. 603 segs. Da letra do Acórdão citado parece resultar que só a revogação anulatória, fundada na invalidade do ato revogado, seria uma verdadeira revogação. O raciocínio nele expendido também é, no entanto, procedente para a revogação de atos administrativos válidos.

mesmo na ausência de previsão legal específica para cada caso, quando solução menos agressiva não possa dar resposta a situações de incumprimento das suas obrigações pelo beneficiário. Apenas questionamos que, neste domínio, nos encontremos perante uma verdadeira modalidade de revogação de atos administrativos.

d) Resta acrescentar que também o regime do artigo 134º, nº 2, do CPA, segundo o qual a nulidade dos atos administrativos pode ser declarada, a todo o tempo, por qualquer tribunal ou por qualquer autoridade administrativa, tem sido criticado, no que respeita aos atos constitutivos de direitos ou de interesses legalmente protegidos, em nome da "necessidade de proteger os particulares interessados contra eventuais erros ou abusos de qualificação administrativa de vícios de atos administrativos como geradores de nulidade" e com o argumento de que "o regime de improdutividade *total* e de invocação *perpétua* da nulidade é por demais rígido, sendo susceptível de afetar desrazoavelmente interesses dignos de proteção jurídica" ([415]).

E, nesta perspetiva, tem sido sugerido que à declaração de nulidade por parte da Administração Pública sejam aplicados, com as devidas adaptações, os mesmos princípios que também deveriam inspirar o regime da revogação de atos administrativos. Daí resultaria que a nulidade de atos favoráveis para os seus destinatários não poderia ser declarada a todo o tempo, "mas apenas dentro de um prazo razoável, contado do conhecimento do vício, dentro de um limite máximo, e medido também em função da boa fé do particular beneficiado. Tal como deveria recusar-se ou limitar-se em certas hipóteses a competência administrativa para a declaração de nulidade, designadamente quando não é evidente a existência desse tipo de invalidade ou, relativamente a determinados vícios, quando estes sejam inteiramente imputáveis ao órgão administrativo" ([416]).

([415]) Cfr. VIEIRA DE ANDRADE, "A 'revisão' dos atos administrativos no direito português", p. 187.
([416]) Cfr. VIEIRA DE ANDRADE, "A 'revisão' dos atos administrativos no direito português", p. 188.

2. Em particular, o problema da admissibilidade geral da introdução de cláusulas acessórias de reserva de revogação no conteúdo dos atos administrativos favoráveis para os seus destinatários

90. Relacionada com o regime da revogabilidade dos atos administrativos, está a questão de saber se a Administração pode introduzir cláusulas acessórias de *reserva de revogação* no conteúdo de atos administrativos favoráveis para os seus destinatários, de modo a poder proceder mais tarde à revogação desses atos, sem ficar impedida de o fazer pelo disposto no artigo 140º do CPA ([417]).

A doutrina tem admitido com grande complacência essa possibilidade ([418]). Em nosso entender, o reconhecimento à Administração da possibilidade da introdução de tais reservas depende, porém, de base normativa e, salvo eventual previsão específica, consagrada em legislação especial, entendemos que ela não existe, com um âmbito de aplicabilidade geral, no vigente ordenamento jurídico português. Ao contrário do que tende a admitir a generalidade da doutrina, entendemos, por isso, que a reserva de revogação não é uma figura de aplicabilidade geral no Direito Administrativo português ([419]).

É importante notar que não é, para nós, decisiva a circunstância de o artigo 121º do CPA só prever a admissibilidade de três tipos de cláusulas acessórias, a condição, o termo e o modo, e, portanto, não incluir na sua previsão a figura da reserva ([420]). Na verdade, não nos parece

---

([417]) Na origem do texto subsequente esteve a arguição que, em julho de 2009, tivemos a honra de proferir na Faculdade de Direito da Universidade de Coimbra, no âmbito das provas de doutoramento de FILIPA URBANO CALVÃO, com a qual, deste modo, prolongamos um diálogo científico muito estimulante. Infelizmente, a excelente dissertação de doutoramento da Autora, intitulada *Cláusulas acessórias em Direito Administrativo*, não se encontrava publicada até à data da conclusão da presente edição.

([418]) Cfr. FREITAS DO AMARAL, *Curso...*, vol. II, pp. 273-274; REBELO DE SOUSA/SALGADO DE MATOS, *op. cit.*, tomo III, p. 155; PEDRO GONÇALVES, "Revogação (de atos administrativos)", in *Dicionário Jurídico da Administração Pública*, vol. VII, p. 314; FILIPA URBANO CALVÃO, *Os atos precários e os atos provisórios no Direito Administrativo*, Coimbra, 1998, pp. 75 segs. e 196-197.

([419]) No mesmo sentido, cfr. CARLA AMADO GOMES, *Risco e modificação do ato autorizativo concretizador de deveres de proteção do ambiente*, Coimbra, 2007, pp. 670-671.

([420]) Como adiante melhor se dirá, assume-se no texto o pressuposto de que a reserva não é uma modalidade de condição resolutiva.

que, no vigente ordenamento jurídico português, apenas seja admissível a introdução no conteúdo dos atos administrativos dos tipos de cláusulas que se encontram previstos no artigo 121º do CPA.

A razão pela qual entendemos que, fora dos casos em que se encontre expressamente prevista em legislação avulsa, a reserva de revogação não é admissível no nosso ordenamento jurídico, prende-se com a sua incompatibilidade com os termos estritos em que, como vimos, ao estabelecer o regime da revogação dos atos administrativos válidos, o artigo 140º do CPA assegura a estabilidade dos atos constitutivos de direitos e interesses legalmente protegidos, sem fazer qualquer referência à possibilidade da introdução de tal cláusula acessória [421].

Cumpre, a este propósito, recordar que parte significativa da doutrina alemã só reconhece à reserva de revogação uma eficácia meramente declarativa, cujo alcance se esgota na função de explicitar, de tornar patente e, portanto, de advertir o particular para a existência de um poder de revogação que, mesmo sem a cláusula, já resulta diretamente da lei: recusa, desse modo, que a reserva de revogação possa ter o propósito ou o alcance de constituir a Administração num poder de revogar que, sem a reserva, ela não teria. E isto, precisamente porque entende que, "não se podendo a Administração dispensar livremente dos pressupostos e limites estabelecidos por lei à sua ação, não pode obviamente estabelecer reservas de revogação em relação a atos cuja revogação lhe está normalmente vedada" [422].

Sucede, porém, que a questão da reserva de revogação sempre foi colocada, entre nós, em moldes completamente distintos, de acordo com o entendimento de que uma reserva de revogação de conteúdo

---

[421] Repare-se que, embora MARCELLO CAETANO, *Manual...*, vol. I, pp. 542-543, não incluísse a reserva no elenco que apresentava das cláusulas acessórias, ele não deixava de se referir à figura da reserva de revogação no quadro da definição do regime da revogação dos atos administrativos. Ora, como muito pertinentemente observam MÁRIO ESTEVES DE OLIVEIRA/PEDRO GONÇALVES/JOÃO PACHECO DE AMORIM, *Código do Procedimento Administrativo Comentado*, 2ª ed., Coimbra, 1997, p. 679, o CPA, pelo contrário, observa um significativo silêncio em relação à figura, não só no artigo 121º, mas também nesta última sede, o que, para nós, é decisivo e claramente distingue a nossa lei das leis alemã e espanhola.

[422] Cfr. ROBIN DE ANDRADE, *A Revogação...cit.*, p. 176.

meramente declarativo não teria qualquer utilidade, porque o que, com a reserva, interessa, é dotar a Administração de poderes de que, sem a sua introdução no conteúdo do ato, ela não disporia, pelo que se atribui à reserva de revogação o alcance constitutivo de investir a Administração na titularidade de um poder — o poder de vir mais tarde a revogar o ato em cujo conteúdo é introduzida a cláusula — que, na ausência desta, não lhe assistiria à face da lei ([423]).

À face do ordenamento jurídico português vigente, em que o artigo 140º do CPA limita o poder de a Administração revogar sem fundamento em ilegalidade os atos administrativos mediante os quais ela tenha constituído direitos ou interesses legalmente protegidos, a utilização da reserva de revogação justificar-se-ia, portanto, em relação aos atos que, se ela não fosse utilizada, não seriam revogáveis, por serem constitutivos de direitos ou interesses ([424]). A introdução da reserva de revogação no conteúdo de tais atos teria, assim, o sentido e o alcance de os subtrair ao regime de estabilidade que o artigo 140º do CPA, de outro modo, lhes asseguraria ([425]), tornando-os precários ([426]).

A aceitação, pela generalidade da doutrina, da admissibilidade em termos gerais da utilização da reserva de revogação consubstancia-se,

---

([423]) Defendendo a solução, cfr. ROBIN DE ANDRADE, *A Revogação...cit.*, pp. 175 segs. Cfr. também PEDRO GONÇALVES, *op. cit.*, p. 314; FILIPA CALVÃO, *Atos precários...cit.*, pp. 75-76 e 79-82, com outras referências.

([424]) Na verdade, quando seja de entender que um determinado tipo de ato não deve ser qualificado como constitutivo de direitos ou interesses legalmente protegidos, daí decorre a sua revogabilidade sem fundamento em invalidade, sem que a Administração tenha necessidade de salvaguardar essa possibilidade através da introdução no conteúdo do ato em causa de qualquer reserva de revogação. A introdução da reserva de revogação tem, assim, interesse em relação aos atos que não são revogáveis sem fundamento em invalidade, por serem constitutivos de direitos ou interesses legalmente protegidos, na medida em que, com a introdução da cláusula, esses atos passam a podem ser revogados ao seu abrigo.

([425]) Neste sentido, escrevia MARCELLO CAETANO, *op. cit.*, pp. 542-543, que a introdução da cláusula tem o alcance de fazer com que o ato não seja constitutivo de direitos. Na mesma linha, cfr. PEDRO GONÇALVES, *op. cit.*, p. 314; FILIPA CALVÃO, *Atos precários... cit.*, pp. 196-197.

([426]) Neste sentido, SÉRVULO CORREIA, *Noções de Direito Administrativo*, vol. I, Lisboa, 1982, pp. 501-502.

pois, no reconhecimento à Administração do poder de, quando pratica um ato a que a lei associaria um efeito estabilizador, afastar esse efeito estabilizador, aditando ao quadro normativo que limita a possibilidade de aquele tipo de ato vir a ser revogado sem fundamento na sua invalidade novos pressupostos em função dos quais o ato em causa passaria a poder ser revogado, com o que se trata de reconhecer à Administração a possibilidade de se outorgar a si própria poderes de revogação para além dos limites que a lei impõe à revogação dos atos administrativos.

Em nosso entender, este entendimento é inadmissível porque a titularidade, por parte da Administração, de um tal poder não pode deixar de depender da necessária base normativa. Ora, sucede que, como vimos, o CPA optou, em termos gerais, por não fornecer essa base normativa. Com efeito, o artigo 121º não incluiu a reserva de revogação no elenco das suas previsões e, no silêncio deste artigo, o seu regime não se compagina com aquele que resulta do artigo 140º, sem que, nem este último artigo, nem qualquer outro daqueles que, no CPA, estabelecem o regime da revogação dos atos administrativos, contenham qualquer referência à reserva de revogação. A nosso ver, não pode deixar, por isso, de entender-se que, no vigente ordenamento jurídico português, não existe a base normativa indispensável ao reconhecimento da admissibilidade da figura com um âmbito de aplicabilidade geral.

Em nossa opinião, o legislador do CPA optou intencionalmente por limitar os poderes de revogação da Administração, cingindo-os àqueles que resultam da lei, sem lhe admitir a possibilidade de os ampliar para além desses limites. Por isso, através da previsão da alínea b) do nº 1 do artigo 140º, postergou a figura da reserva de revogação, à qual optou deliberadamente por não fazer qualquer referência em sentido que limitasse o alcance deste preceito.

91. Em nossa opinião, não procede nenhum dos argumentos que têm sido invocados na doutrina em sentido contrário ao entendimento que acabamos de exprimir. Senão, vejamos.

a) Não procede o argumento de que seria à Administração que, ao optar por introduzir ou não no conteúdo dos atos administrativos uma reserva de revogação, competiria, em última análise, decidir se e quando cada ato administrativo é constitutivo de direitos ou interesses legalmente protegidos, para os efeitos do disposto no artigo 140º do CPA, pelo que a Administração teria o poder de afastar liminarmente a qualificação de cada ato como constitutivo de direitos ou interesses legalmente protegidos, sempre que optasse por introduzir no conteúdo de cada ato uma reserva de revogação, que, precarizando o ato, teria o efeito de afastar a confiança que, na ausência da cláusula, o ato constituiria na esfera do respetivo destinatário ([427]).

Com efeito, não faz, a nosso ver, qualquer sentido a ideia de que o artigo 140º do CPA, que veio limitar a possibilidade de a Administração revogar os atos administrativos constitutivos de direitos e interesses legalmente protegidos, pudesse ter pretendido colocar a qualificação de cada ato administrativo, para esse efeito, na dependência de decisão da própria Administração de se submeter ou não a tal regime restritivo.

A nosso ver, a questão de saber se cada tipo de ato administrativo deve ou não ser qualificado como um ato constitutivo de direitos ou interesses legalmente protegidos, para o efeito de se reconhecer que ele se encontra submetido (ou subtraído) ao regime de estabilização do artigo 140º do CPA, não está e não pode estar na disponibilidade da Administração, mas, pelo contrário, deve ser aferida, em abstrato, por referência ao quadro normativo concretamente aplicável ao tipo de ato em causa. Para realizar tal operação, é, pois, necessário, em relação a cada tipo de ato atributivo de situações jurídicas de vantagem, analisar o quadro normativo que lhe é concretamente aplicável, para o efeito de apurar se esse quadro normativo configura essas situações jurídicas como verdadeiros direitos subjetivos ou interesses legalmente protegidos, ou apenas como situações jurídicas precárias.

No que diz respeito à questão da admissibilidade da introdução de reservas de revogação, a resposta que, a nosso ver, resulta do artigo 140º, nº 1, alínea b), do CPA, é, pois, a de que tal introdução só será

([427]) É o entendimento de MARCELLO CAETANO, *op. cit.*, pp. 542-543; ROBIN DE ANDRADE, *A Revogação...cit.*, p. 177; FILIPA CALVÃO, *Atos precários...cit.*, pp. 197 e 199; PEDRO GONÇALVES, *op. cit.*, p. 314.

admissível quando a lei concretamente aplicável ao tipo de ato em causa admitir expressamente a possibilidade da sua introdução no conteúdo do ato. Só nesse caso a lei admitirá a precarização, permitindo, assim, à Administração que, através da introdução da cláusula, não pratique o ato como um ato constitutivo de direitos ou interesses legalmente protegidos e, por conseguinte, o subtraia à aplicabilidade do regime do artigo 140º, nº 1, alínea b), do CPA. Na ausência de tal previsão legal, ou bem que o ato é apenas constitutivo de situações jurídicas precárias, porque a própria lei as precariza diretamente, e não se justifica a introdução da cláusula, ou, não sendo esse o caso, o ato é constitutivo de direitos ou interesses legalmente protegidos e, por conseguinte, está submetido ao regime do artigo 140º do CPA no que respeita à sua revogabilidade sem fundamento em invalidade, sem que a Administração o possa evitar através de uma reserva de revogação.

b) Também não procede o argumento de que, sempre que a Administração tenha o poder discricionário de recusar a prática de um ato administrativo constitutivo de situações de vantagem, também teria o poder de praticar esse ato a título precário, introduzindo no seu conteúdo uma cláusula de revogação, na medida em que quem pode o mais (que seria indeferir), também poderia o menos (que é deferir, mas com caráter precário) ([428]).

A nosso ver, o argumento não procede porque o sistema pode perfeitamente prever, pelas mais variadas razões, relacionadas com a multiplicidade de interesses públicos e privados que possam estar envolvidos, que um determinado tipo de ato, de conteúdo favorável para o destinatário, possa ser recusado segundo critérios discricionários; mas pode perfeitamente não admitir, no exclusivo interesse dos valores da segurança e da certeza jurídicas, que se encontram associados à função estabilizadora dos atos administrativos, que o mesmo tipo de ato possa ser praticado a título precário.

Na verdade, o deferimento com caráter precário de uma pretensão individual não é um *minus*, mas um *aliud* em relação ao eventual indefe-

([428]) Cfr. PEDRO GONÇALVES, *op. cit.*, p. 314.

rimento dessa pretensão ([429]). Com efeito, é completamente diferente a situação em que se encontram colocados o destinatário de um ato de indeferimento e o beneficiário de um ato favorável praticado a título precário, como também são diferenciados os interesses relacionados com cada um destes atos ([430]). Nada justifica, por isso, a parificação dos dois atos para o efeito que aqui nos interessa, da determinação do regime jurídico a aplicar a cada um deles, do ponto de vista da respetiva admissibilidade no silêncio da lei.

c) De igual modo, não procede o argumento que sustenta a legitimidade da introdução de reservas de revogação na concordância do destinatário do ato, com fundamento na previsão do nº 2 do artigo 140º do CPA, segundo a qual os atos constitutivos de direitos ou interesses legalmente protegidos são revogáveis com a concordância dos beneficiários, salvo se as situações jurídicas em causa estiverem subtraídas à disponibilidade destes.

Com efeito, a previsão do nº 2 do artigo 140º do CPA não cobre, a nosso ver, a hipótese de a concordância do interessado ser dada logo por ocasião da própria emissão do ato administrativo. Tudo leva, na verdade, a entender que o preceito assenta no pressuposto de que a eventual necessidade de revogar um ato administrativo, determinada pela evolução do interesse público, não se coloque logo no momento em que ele é praticado, mas só venha eventualmente a colocar-se em momento ulterior. Por esse motivo, o preceito visa proteger os benefi-

---

([429]) Neste sentido, cfr. FILIPA CALVÃO, *Atos precários...cit.*, pp. 175-176.

([430]) Na verdade, como muito pertinentemente observa MÁRIO ESTEVES DE OLIVEIRA, *Direito Administrativo*, p. 623, "é verdade que se o ato é discricionário, a Administração pode constituir ou deixar de constituir o direito subjetivo; mas a questão não está aí, mas em saber se a Administração pode constituir o direito de modo precário. Por outras palavras, a Administração pode não criar o direito subjetivo do particular, mas, criando-o (por ser essa a conduta mais adequada ao interesse público do poder discricionário), pode fazê-lo sem o caráter de estabilidade ínsito no regime legal da revogação? É que, são coisas diferentes recusar a constituição de um direito e constituí-lo pretendendo, depois, fazê-lo cessar: no primeiro caso não se altera a situação do particular, no segundo a sua esfera jurídica e de atuação alargou-se, assumiram-se com base no ato compromissos pessoais e patrimoniais e a revogação não pode, portanto, ser encarada como um ato correspondente à recusa inicial".

ciários dos atos constitutivos de direitos ou interesses legalmente protegidos, só admitindo a possibilidade da revogação sem fundamento em invalidade desse tipo de atos, *uma vez praticados,* mediante a concordância dos respectivos beneficiários.

Parece-nos, por isso, abusivo pretender extrair-se da previsão do nº 2 do artigo 140º do CPA a cobertura para um poder completamente distinto, que seria o poder de a Administração, num momento em que ainda não praticou o ato administrativo e, portanto, em que os beneficiários do ato ainda não foram constituídos na situação de vantagem a que aspiram, extorquir deles a concordância com uma cláusula que viesse precarizar a situação jurídica a constituir em seu benefício, submetendo o ato a poderes de revogação que, na ausência da cláusula, não poderiam ser exercidos.

É, na verdade, totalmente diferente a situação em que está colocado o beneficiário de um ato constitutivo de direitos ou interesses legalmente protegidos no momento a que se reporta a previsão do nº 2 do artigo 140º do CPA, em que ele é titular de uma situação jurídica que, em seu favor, foi constituída pela Administração e de que esta só pode dispor se obtiver a sua livre concordância, e aquela em que, em momento em que o ato administrativo ainda não foi praticado e, portanto, em que a situação jurídica em causa ainda não se encontra constituída em seu favor, ao beneficiário ainda apenas virtual do ato é proposta a renúncia antecipada à estabilidade da situação jurídica a constituir, como condição para que o ato seja praticado ([431]).

Como parece evidente, o preceito visa proteger os beneficiários dos atos constitutivos de direitos ou interesses legalmente protegidos: por isso, só admite a possibilidade da revogação, sem fundamento em invalidade, desse tipo de atos, mediante a concordância dos respetivos beneficiários, *desde que os atos já tenham sido praticados, e não em momento em que eles ainda não o tenham sido.*

E acrescente-se que, ao contrário do que porventura possa parecer, o argumento, a nosso ver, não ganha mais força na hipótese de se proceder à substituição do ato administrativo por um contrato adminis-

---

([431]) Neste sentido, cfr. ESTEVES DE OLIVEIRA/PEDRO GONÇALVES/PACHECO DE AMORIM, *op. cit.*, p. 680.

trativo, pelo facto de, no plano formal, existir, nesse caso, um acordo de vontades pelo qual a vontade da Administração de outorgar a situação jurídica ao particular com a cláusula precarizante se funde com a própria vontade do cocontratante, orientada no mesmo sentido ([432]).

Com efeito, seja no contexto da emissão de um ato administrativo, seja no contexto da celebração de um contrato substitutivo de ato administrativo, não pode deixar, a nosso ver, de entender-se que a Administração, enquanto titular do poder de definir a situação jurídica do interessado, não está colocada em posição equivalente ou sequer comparável à deste último, que se encontra submetido ao exercício dos poderes de definição jurídica da Administração, no quadro da relação jurídica de autoridade, que não de paridade, que estabeleceu com ela. Por conseguinte, pouco importa, na realidade, que esses poderes, no plano formal, se exprimam através da formalização de um ato administrativo unilateral ou através da celebração de um contrato. Em qualquer dos casos, a Administração, de quem depende a possibilidade de o interessado ascender à situação jurídica cuja titularidade pretende, está numa evidente posição de supremacia, que retira ao particular a possibilidade de agir, nesse contexto, de forma livre e esclarecida.

E, em sentido contrário, não nos parece invocável a previsão do artigo 278º do CCP, na medida em que não nos parece que à possibilidade da substituição de atos administrativos por contratos administrativos, por ele consagrada, deva ser imputado um alcance que, a nosso ver, ela não possui. Como é evidente, a alternatividade entre ato administrativo e contrato que do referido preceito decorre nada diz quanto às situações e termos em que, em cada tipo de situação, se há de poder processar a concreta substituição de um ato administrativo por um contrato e, portanto, dela não resulta de todo a total negociabilidade do conteúdo dos contratos substitutivos de atos administrativos. Ora, é este o aspeto que, no que respeita a este tipo de contratos, nos parece essencial.

([432]) Em sentido contrário, cfr. ROBIN DE ANDRADE, "Revogação administrativa e a revisão do Código do Procedimento Administrativo", pp. 40-41; PEDRO GONÇALVES, *op. cit.*, p. 316; FILIPA CALVÃO, "Revogação dos atos administrativos no contexto da reforma do Código do Procedimento Administrativo", p. 33; CARLA AMADO GOMES, *op. cit.*, pp. 630-631 e 713 segs..

Como, a nosso ver, parece resultar do inciso final do artigo 336º do CCP, isto há de valer para os fundamentos de resolução dos contratos substitutivos de atos administrativos, que, a nosso ver, não poderão ser, por conseguinte, estipulados no contrato com maior abertura do que aquela que a lei consentiria para o ato administrativo substituído — tal como, a nosso ver, também se deve entender, em termos gerais, que, para este tipo de contratos, ao regime substantivo da resolução dos contratos administrativos, que o CCP estabelece nos seus artigos 330º e segs., se sobrepõem, de harmonia com a ressalva desde logo enunciada no corpo do artigo 302º do CCP, as limitações decorrentes do regime próprio de extinção aplicável ao ato administrativo substituído ([433]).

d) Não se nos afigura, por último, fundado o entendimento dos Autores que, embora, no plano conceptual, não assimilem uma figura à outra, extraem da admissibilidade da condição resolutiva, que decorre do artigo 121º do CPA, a admissibilidade da reserva de revogação ([434]).
Com efeito, subjacente a tal entendimento está, a nosso ver, uma perspectiva que parece aproximar a reserva de revogação da condição resolutiva e, por conseguinte, os pressupostos de que deveria depender a possibilidade da utilização de cada uma das cláusulas, em termos que nos parecem incongruentes com a natureza diferenciada de cada uma delas. Na verdade, ao contrário do que sucede na condição resolutiva, o que está em causa na reserva de revogação não é a mera imputação de um efeito extintivo dos efeitos do ato à eventual ocorrência futura de determinados factos objetivos, que, sem a condição, não produziriam tal efeito: é a determinação dos termos em que a Administração poderá exercer no futuro um poder de autoridade, o poder de revogar o ato em causa, e, mais concretamente, a estipulação da possibilidade de a Administração revogar o ato em causa em ter-

---

([433]) Para mais detidas considerações quanto a este ponto, veja-se, no capítulo seguinte, a exposição sobre o regime de modificação dos contratos administrativos, no caso particular dos contratos sobre o exercício de poderes públicos (cfr. infra, nºs 108 segs.).
([434]) Nesse sentido, cfr. REBELO DE SOUSA/SALGADO DE MATOS, *op. cit.*, p. 155; PEDRO GONÇALVES, *op. cit.*, p. 314.

mos que vão para além daqueles que decorrem do regime legalmente estabelecido sobre a matéria ([435]).

A introdução da cláusula no conteúdo de um ato administrativo que, à face do quadro normativo concretamente aplicável ao tipo de ato em causa, deva ser qualificado como um ato constitutivo de direitos ou interesses legalmente protegidos, teria, por isso, o alcance de conferir à Administração o poder de vir a revogar o ato em causa em condições em que essa possibilidade não lhe é reconhecida pelas normas que excluem a possibilidade da revogação desses atos sem a concordância dos respetivos destinatários.

A reserva de revogação não é, assim, nem um *minus*, nem tão-pouco algo de equivalente à condição resolutiva: é um *aliud*, que, por isso, coloca, no silêncio da lei, questões bem diversas, no plano da sua conformidade com o princípio da legalidade, da condição resolutiva. A nosso ver, nenhuma incongruência existe, por isso, em admitir-se a possibilidade da introdução de condições resolutivas, e não de reservas de revogação, no conteúdo de certos tipos de atos administrativos.

Não podemos deixar, por outro lado, de acrescentar que o entendimento em referência também parece assentar numa perspetiva com a qual não podemos concordar da própria condição resolutiva e do regime que se lhe deve considerar aplicável, que parece pressupor que a mera previsão da condição no artigo 121º do CPA daria cobertura à livre precarização das situações jurídicas individuais constituídas por ato administrativo através da introdução de condições resolutivas.

Com efeito, a Administração não é livre de introduzir condições resolutivas no conteúdo dos atos administrativos constitutivos de situações jurídicas de vantagem que pratica. O artigo 121º do CPA só admite a sujeição dos atos administrativos a condições na medida em que estas não se mostrem contrárias à lei ou ao fim a que cada ato se destina ([436]). O preceito não pode ser, por isso, encarado como uma norma constitutiva de um poder genérico e indiscriminado de precarizar actos administrativos através da utilização de condições resolu-

---

([435]) Para a contraposição, cfr. a excelente síntese em ROBIN DE ANDRADE, *A Revogação... cit.*, p. 174.

([436]) Neste sentido, cfr. FILIPA CALVÃO, *Atos precários...cit.*, p. 177.

tivas: dele apenas resulta que, em cada caso, tal precarização será possível, na medida em que ela não esteja legalmente vedada em relação ao tipo específico de ato que estiver em causa.

De harmonia com o que atrás foi exposto, deve, por isso, entender-se que a legitimidade da introdução de condições resolutivas no conteúdo de atos constitutivos de situações jurídicas individuais depende da conformidade de tal solução com o concreto quadro normativo aplicável ao tipo de ato que estiver em causa, devendo, na dúvida, assumir-se que os atos constitutivos de direitos ou interesses legalmente protegidos beneficiam de uma garantia de estabilidade, decorrente do princípio do Estado de Direito, que não é compatível com a introdução de uma condição resolutiva, salvo quando o contrário decorra do quadro normativo concretamente aplicável.

III
Contratos administrativos

— I —
Âmbito da figura
do contrato administrativo

1. Contratos públicos e contratos administrativos

92. Com a entrada em vigor do CCP, encontrou consagração legal no ordenamento jurídico português a contraposição entre os conceitos de *contrato público* e *contrato administrativo*. Não obstante a formulação equívoca do nº 2 do artigo 1º do CCP, o sentido útil que, em nossa opinião, pode ser extraído, no plano doutrinal, da contraposição entre os dois conceitos está associado ao duplo objeto do CCP, que, por um lado, regula os procedimentos de formação da generalidade dos contratos públicos e, por outro lado, estabelece o regime aplicável à generalidade dos contratos administrativos.

Na senda do Direito da União Europeia, deve, assim, hoje, a nosso ver, entender-se que são *contratos públicos*, também à face do direito interno português, os contratos que são submetidos à aplicação de regimes procedimentais de formação regulados por normas de direito público — em primeira linha, para a generalidade dos contratos públicos, os regimes estabelecidos na Parte II do CCP, que, nos seus aspetos essenciais, se conformam com as Diretivas da União Europeia sobre a matéria (as Directivas 2004/17 e 2004/18), mas também os regimes procedimentais pré-contratuais públicos previstos em legislação especial ([437]).

O CCP identifica, por outro lado, no nº 6 do seu artigo 1º, os tipos de situações em que um contrato deve ser qualificado como *contrato administrativo*, para o efeito de ser submetido à aplicação de um regime substantivo próprio de Direito Administrativo.

Da contraposição dos conceitos de *contratos públicos* e *contratos administrativos* resulta, pois, que um contrato pode não ser um *contrato administrativo* e, no entanto, ser um *contrato público*. Isto sucederá quando, embora não seja, em si mesmo, submetido a um regime substantivo de Direito Administrativo, esse contrato seja submetido a um procedimento pré-contratual de formação regido por normas de Direito Administrativo. Como não se rege, em si mesmo, por normas de Direito Administrativo, esse contrato não é um contrato administrativo — e, por isso, pode ser qualificado, desse ponto de vista, como um *contrato de direito privado da Administração*, no sentido em que, tradicionalmente, esta expressão é utilizada. Mas como o contrato, ainda assim, tem relevância pública, pelo que é submetido a um procedimento de formação regulado por normas próprias de Direito Administrativo, ele é qualificado como um *contrato público*, no sentido em que o Direito da União Europeia, para esse efeito, utiliza esta expressão.

2. Âmbito da figura do contrato administrativo

93. Até à entrada em vigor do CCP, a definição legal de contrato administrativo resultava do artigo 178º do CPA, que o definia como "o acordo

---

([437]) O artigo 1º do CCP parece apontar noutro sentido, ao remeter a delimitação da categoria dos *contratos públicos* para um critério puramente subjetivo, reportado a todos os contratos celebrados pelas entidades adjudicantes previstas nos artigos 2º e 7º do CCP. Em termos doutrinais, não se vê, no entanto, qual pudesse ser a operatividade de uma tal categoria, à qual não estaria associado um único regime jurídico, uma vez que os contratos celebrados pelas entidades adjudicantes previstas no CCP tanto podem estar submetidos a regras de contratação pública, como podem não estar (cfr. artigos 4º a 6º e 9º e segs. do CCP), e tanto podem revestir a natureza de contratos administrativos, como podem não revestir (cfr. artigos 1º, nº 6, 3º e 8º do CCP).

de vontades pelo qual é constituída, modificada ou extinta uma relação jurídica administrativa".

A existência de uma definição legal de âmbito genérico de contrato administrativo constituía, porém, um dado recente, que não se inscreve na tradição do ordenamento jurídico-administrativo português. Foi, na verdade, o artigo 9º do ETAF de 1984 que pela primeira vez introduziu uma tal definição. Até aí, pelo contrário, o entendimento dominante era o de que só eram administrativos os contratos que correspondiam ao elenco limitado e taxativo de tipos contratuais que constava do artigo 815º do Código Administrativo ([438]).

Todos esses contratos correspondiam, entretanto, ao modelo, específico e paradigmático, dos chamados *contratos administrativos de colaboração subordinada* ([439]), no âmbito dos quais particulares estabeleciam uma relação duradoura com entidades públicas, mediante a qual se associavam à prossecução das atribuições destas, submetendo-se voluntariamente aos respetivos poderes de autoridade, através da assunção de um *estatuto de sujeição ou subordinação* ([440]). A consagração, na ordem jurídica portuguesa, de uma definição genérica de contrato administrativo representou, assim, a superação do *critério da sujeição ou*

([438]) Cfr. MARCELLO CAETANO, *Manual de Direito Administrativo*, vol. I, pp. 579 segs.

([439]) Para o conceito, cfr., por todos, SÉRVULO CORREIA, *Legalidade e autonomia contratual nos contratos administrativos*, Coimbra, 1987, pp. 418-420; DIOGO FREITAS DO AMARAL, *Curso de Direito Administrativo*, vol. II, 2ª ed., Coimbra, 2011, pp. 563 e 565; PEDRO GONÇALVES, *O contrato administrativo — uma instituição do nosso tempo*, Coimbra, 2003, pp. 64-65.

([440]) Para a caraterização do estatuto de sujeição ou subordinação do contraente privado no âmbito das relações emergentes dos contratos administrativos de colaboração subordinada e respetivo enquadramento no contexto mais vasto que, durante o período do Estado Novo, decorria da própria conceção (autoritária) à época prevalecente do Direito Administrativo, como um ramo de Direito cujo traço identitário residia, essencialmente, na instituição de relações de poder e sujeição entre as entidades públicas, enquanto *potentior personae*, e os particulares, cfr., por todos, SÉRVULO CORREIA, *op. cit.*, pp. 363 segs. e 731, onde, nesse sentido, o Autor recorda que é da vinculação da Administração ao interesse público que, nesse tipo de contratos, se entende resultar para o cocontratante uma *cláusula de sujeição*, mediante a qual ele "se compromete a acatar, como se fora a própria Administração, as leis, regulamentos e atos administrativos que durante a execução do contrato exprimam as exigências do interesse público servido quanto ao objeto nele estipulado".

subordinação como critério de delimitação da figura, identificada com o modelo do contrato de colaboração subordinada.

Nem outro caminho poderia ter sido seguido. Como, na verdade, em devido tempo explicou *Sérvulo Correia* ([441]), a voga que, pela mão de *Marcello Caetano*, o critério da sujeição ou subordinação teve em Portugal deveu-se à tentativa de uma síntese das características marcantes do regime aplicável aos tipos de contratos administrativos que, à época, eram consentidos pelo ordenamento jurídico português e que eram, todos eles, contratos de colaboração subordinada. Ora, como se afigura evidente, a adopção de tal critério seria, hoje, incompatível com o moderno entendimento das relações jurídico-administrativas e do papel que, nesse quadro, pode e deve desempenhar o recurso à via contratual. Nas palavras de *Sérvulo Correia* ([442]), "a adoção legislativa da figura do contrato administrativo por natureza veio tornar patente a insuficiência da teoria da sujeição, insuficiência cuja causa é a incapacidade desta concepção para servir de base à caracterização de todas as relações jurídicas administrativas" ([443]).

94. A introdução na ordem jurídica portuguesa de uma definição normativa genérica de contrato administrativo deu, contudo, origem a vários tipos de dificuldades.

Na verdade, foi só em 1991 que, no capítulo III da sua Parte IV, o CPA consagrou um punhado de regras de aplicabilidade geral à figura do contrato administrativo. O regime desse modo introduzido era, contudo, muito incipiente, deixando por regular ou regulando de modo ambíguo muitos aspetos importantes. Até ao surgimento do CCP, pode, por isso, dizer-se que, salvo no que respeita aos contratos administrativos típicos, objeto de regulação especial — que, em grande

---

([441]) Cfr. SÉRVULO CORREIA, *op. cit.*, p. 366.
([442]) Cfr. SÉRVULO CORREIA, *op. cit.*, p. 369.
([443]) E acrescentava o mesmo Autor, *op. loc. cits.*: "O critério da sujeição não basta para qualificar os contratos porque o Direito Administrativo não se esgota em relações de sujeição. A insistência na ideia de sujeição como pólo aglutinador representa ainda o uso, porventura inconsciente, de um instrumento do 'arsenal' novecentista, em termos que se não adequam à evolução constitucional entretanto verificada, que alargou não só quantitativa mas também qualitativamente o quadro da função administrativa".

medida, correspondiam aos tipos contratuais que já se encontravam tipificados no Estado Novo —, o contrato administrativo por natureza era, em Portugal, uma figura à procura do seu regime substantivo.

Por outro lado, a definição introduzida pelo artigo 9º do ETAF de 1984 e, mais tarde, retomada pelo artigo 178º do CPA, ao remeter, pura e simplesmente, para a natureza jurídico-administrativa das relações jurídicas que eram objeto do contrato, não podia deixar de conduzir à multiplicação de situações de ambiguidade na delimitação da figura ([444]), com as inevitáveis consequências: no plano substantivo, insegurança na determinação do regime jurídico a aplicar às relações entre as partes; no plano processual, insegurança na determinação da jurisdição competente para dirimir os eventuais litígios contratuais.

95. Os dados da questão começaram a alterar-se com a entrada em vigor, em 1 de Janeiro de 2004, do novo ETAF, que, por ter natureza processual, não tinha, naturalmente, a pretensão de operar qualquer transformação no plano do direito substantivo, mas assumiu, no plano processual, a necessidade de abandonar a definição de contrato administrativo que decorria do artigo 178º do CPA, para o efeito de delimitar o âmbito da jurisdição administrativa no que respeita à apreciação de litígios emergentes de contratos.

Com efeito, a razão pela qual, no artigo 4º, nº 1, alínea f), do ETAF de 2002, se optou por não remeter, sem mais, para o conceito de contrato administrativo do artigo 178º do CPA assentou no reconhecimento da inadequação desse conceito, em razão da sua demonstrada ambiguidade, para delimitar em termos minimamente precisos o âmbito da jurisdição administrativa em matéria de contratos.

([444]) Na verdade, o CPA consagrava o *critério do objeto*, de inspiração alemã. Ora, como nota SÉRVULO CORREIA, *op. cit.*, p. 378, também na Alemanha "a teoria do objeto tem sido criticada com razão por constituir uma mera plataforma de remissão para outros critérios. Com efeito, ela não contém em si mesma resposta para a questão de como se qualifica o objeto do contrato. Ao declarar que o contrato administrativo é aquele que constitui, modifica ou extingue uma relação jurídica de direito administrativo, o legislador aponta sem dúvida para o objeto imediato do contrato mas não fornece (nem isso lhe competiria) qualquer chave para a qualificação da relação jurídica de que depende a qualificação do contrato".

Ora, foi nessa mesma senda que, para efeitos substantivos, veio por sua vez a colocar-se o CCP, ao assumir também, no nº 6 do seu artigo 1º, a necessidade de densificar o conceito de contrato administrativo, substituindo a definição genérica que constava do artigo 178º do CPA por uma enumeração das categorias de situações contratuais que se entendeu deverem merecer a qualificação de administrativas. O CCP reconheceu, desse modo, que, também no plano substantivo, da delimitação das espécies contratuais a submeter a um regime de direito público, a definição do precedente artigo 178º do CPA não fornecia uma base segura, pelo que o critério legal carecia de ser densificado ([445]).

O CCP renunciou, entretanto, à pretensão de consagrar *um critério* do contrato administrativo, e, pelo contrário, reconhecendo a discutibilidade dos diferentes critérios que, ao longo dos tempos, foram sendo propostos, optou por proceder à *conjugação de vários critérios*, que não se excluem entre si, para delimitar a figura do contrato administrativo, sem que a qualquer desses critérios possam ser imputadas pretensões hegemónicas. Por este motivo, o nº 6 do artigo 1º do CCP, *no seu conjunto*, deve ser lido no sentido de atribuir a cada uma das previsões contidas nas suas diferentes alíneas o alcance que, de modo adequado, melhor permita harmonizá-las com as demais.

96. São cinco as categorias de situações contratuais a que, nas quatro alíneas do nº 6 do artigo 1º, o CCP faz corresponder a qualificação de contrato administrativo. Essas cinco categorias podem ser reconduzidas a três grandes grupos:

a) O primeiro grupo corresponde aos *contratos administrativos por natureza*, que não pode deixar de entender-se que estão submetidos a um regime de Direito Administrativo, em razão da natureza pública do seu objeto. Pode dizer-se que integram este grupo os contratos a que se referem as alíneas b), c) e d) do nº 6 do artigo 1º do CCP.

([445]) Para mais desenvolvimentos, cfr. MÁRIO AROSO DE ALMEIDA, "Contratos administrativos e poderes de conformação do contraente público no novo Código dos Contratos Públicos", in *Cadernos de Justiça Administrativa* nº 66, pp. 3 segs.

b) O segundo grupo corresponde aos tipos contratuais que, ainda que não sejam contratos administrativos por natureza, a própria lei diretamente qualifica como administrativos, submetendo-os a um regime substantivo de direito público (cfr. artigo 1º, nº 6, alínea a), do CCP). Integram este grupo (i) os contratos administrativos típicos previstos no Título II da Parte III do CCP e (ii) os demais contratos administrativos típicos ou nominados previstos em legislação avulsa.

c) O terceiro grupo corresponde aos contratos administrativos atípicos que poderiam ser contratos de direito privado (os chamados *contratos administrativos com objeto passível de contrato de direito privado*): trata-se de contratos que, não sendo administrativos por natureza, a lei também não qualifica como administrativos, mas que são administrativos por qualificação das partes, na medida em que a lei aceita que as próprias partes, desde que uma delas seja um contraente público, os qualifiquem como administrativos ou os submetam a um regime substantivo de direito público (cfr. artigo 1º, nº 6, alínea a), e artigos 3º, nº 1, alínea b), e 8º do CCP).

Vejamos, pois, quanto a cada uma das cinco categorias, por referência aos três grupos de contratos que acabam de ser identificados.

I) Contratos administrativos por natureza

1) — Na alínea b), o nº 6 do artigo 1º do CCP qualifica como administrativos os *contratos com objeto passível de ato administrativo e demais contratos sobre o exercício de poderes públicos*. Trata-se de contratos que têm por objeto a substituição de atos administrativos, determinando a resolução de questões prejudiciais ou o conteúdo da decisão final no âmbito de procedimentos administrativos dirigidos à emissão de atos administrativos; ou de contratos que têm por objeto a assunção de compromissos quanto aos termos do exercício futuro de poderes públicos ([446]). É evidente a natureza administrativa destes contratos, que

---

([446]) Sobre esta categoria de contratos, na doutrina portuguesa, cfr., por todos, SÉRVULO CORREIA, *op. cit.*, pp. 428 e 752; PEDRO GONÇALVES, *op. cit.*, pp. 76 segs; MARK BOBELA MOTA KIRKBY, *Contratos administrativos de subordinação (natureza, funções e limites)*, Lisboa, 2002,

decorre da natureza pública do seu objeto, que necessariamente implica a aplicabilidade de um regime de Direito Administrativo e não de Direito privado ([447]).

2) — Na alínea c), o nº 6 do artigo 1º do CCP qualifica também como administrativos os contratos que "confiram ao cocontratante direitos especiais sobre coisas públicas ou o exercício de funções do contraente público". A nosso ver, a maior parte dos contratos com este objeto correspondem a contratos típicos, como os contratos de concessão de obras públicas, de serviços públicos e de exploração de bens do domínio público. A previsão afigura-se, contudo, útil, pois que, através dela, se pretende dar expressão a uma categoria de contratos administrativos por natureza, em razão da natureza pública do seu objecto, que envolve a disposição de bens públicos ou implica a realização, pelo contraente privado, de atividades de natureza pública, por contraposição a contratos como os de empreitada de obras públicas ou de locação e aquisição de bens ou de aquisição de serviços, que se caracterizam por terem por objeto prestações que, à partida, poderiam ser, todas elas, objeto de contratos de direito privado, na medida em que se dirigem à realização, pelo contraente privado, de actividades de natureza privada, ainda que dirigidas à obtenção, pelo contraente público, de utilidades em princípio necessárias à prossecução dos seus fins ([448]).

3) — Na alínea d), o nº 6 do artigo 1º do CCP qualifica ainda como administrativos os "contratos que a lei submeta ou que admita que sejam submetidos a um procedimento de formação regulado por normas de direito público e em que a prestação do cocontratante possa condicionar ou substituir, de forma relevante, a realização das atribuições do contraente público".

Tal como sucede com as duas anteriormente mencionadas, também esta previsão parece ser inspirada pelo propósito de qualificar

---

pp. 75 segs., e, do mesmo Autor, por último, com maior desenvolvimento, *Contratos sobre o exercício de poderes públicos*, Coimbra, 2011.

([447]) No mesmo sentido, cfr. PEDRO GONÇALVES, *op. cit.*, p. 49.

([448]) Para a distinção, cfr., por todos, PEDRO GONÇALVES, *op. cit.*, pp. 71-75.

como contratos administrativos mais uma categoria de contratos administrativos por natureza, em razão da natureza pública do seu objeto, que, neste caso, decorrerá da circunstância de estar em causa a realização pelo cocontratante de prestações "que possam condicionar ou substituir, de modo relevante, a realização das atribuições do contraente público".

Em nossa opinião, é modesto o alcance que, na economia do nº 6 do artigo 1º do CCP, deve ser imputado à previsão da alínea d). É, em todo o caso, o alcance que, a nosso ver, corresponde ao próprio teor literal do preceito, e, por outro lado, aquele que permite conciliá-lo de modo mais equilibrado com o critério da qualificação pelas partes, consagrado na alínea a), e de que se falará a seguir, assim como com a previsão da alínea c) ([449]).

Com efeito, a previsão em análise não parece abranger, desde logo, os "chamados negócios auxiliares, que se destinam apenas a satisfazer requisitos materiais de funcionamento dos serviços administrativos, sem reflexo direto na específica prossecução de qualquer das atribuições da pessoa coletiva a que estes pertençam" ([450]) e, portanto, sem que a prestação do contraente privado interfira com o conteúdo do modo como se processa o exercício, pela entidade pública contratante, das funções públicas que lhe correspondem. E também não parece abranger as situações de delegação formal de funções públicas, em que o contraente privado é formalmente investido em poderes de exploração de bens ou serviços públicos, para o efeito de atuar no lugar da entidade pública na prossecução dos seus fins institucionais, na medida em que esse tipo de situações se encontra já coberto pela previsão da alínea c) do nº 6 do artigo 1º do CCP.

([449]) Parece estabelecer-se, na verdade, uma certa relação de afinidade entre o critério da alínea d) e o critério da alínea c) do nº 6 do artigo 1º: na verdade, em ambos parecem ter-se em vista, ainda que em graus diferenciados, contratos que implicam a realização, pelo contraente privado, de atividades que o envolvem de modo mais intenso no exercício das tarefas públicas a cargo do contraente público, por contraposição aos contratos meramente auxiliares, que apenas exigem do contraente privado a realização de atividades dirigidas a dotar o contraente público de meios instrumentais à prossecução dos seus fins.

([450]) Cfr. SÉRVULO CORREIA, *op. cit.*, pp. 379 segs.

A nosso ver, a previsão da alínea d) do nº 6 do artigo 1º do CCP reconduz-se, por isso, apenas às situações intermédias de *contracting out*, cujo enquadramento tem sido reconhecido como problemático pela doutrina e que se caracterizam por uma certa ambiguidade, que resulta da circunstância de que: (i) por um lado, supõem que a responsabilidade pelo exercício das funções públicas, em termos formais, permanece na titularidade da entidade pública, que, portanto, não delega esse exercício no contraente privado, sendo o contraente privado apenas chamado, como mero *agente auxiliar*, a ajudar a entidade pública no exercício, por si mesma, das suas funções; mas, (ii) por outro lado, consubstanciam-se numa *delegação fáctica de poderes públicos* no contraente privado, na medida em que têm por objeto incumbi-lo de pré-determinar o conteúdo de decisões (como um plano de ordenamento territorial ou a decisão de localização de um aterro sanitário ou de determinação do traçado de uma estrada) que o contraente público se limitará a assumir no exercício das suas funções ([451]).

Não podemos deixar de acrescentar que, a nosso ver, a previsão da alínea d) do nº 6 do artigo 1º do CCP se presta a importantes reparos ([452]): desde logo, porque conjuga, em termos que não se afiguram lógicos, um critério fundado na existência de um procedimento de formação do contrato regulado por normas de direito público com um critério substantivo, reportado ao próprio objeto do contrato ([453]); mas sobretudo em virtude da manifesta ambiguidade da formulação que nele é utilizada e que, não fazendo apelo a conceitos anteriormente utilizados pela legislação portuguesa ou que em Portugal tivessem alguma

---

([451]) Para a caracterização das situações em referência, nos termos utilizados no texto, cfr. PEDRO GONÇALVES, *op. cit.*, pp. 71-72 e 74.

([452]) Para a respetiva crítica, cfr. PEDRO GONÇALVES, "A relação jurídica fundada em contrato administrativo", in *Cadernos de Justiça Administrativa* nº 64, p. 39 e nota 13; MÁRIO AROSO DE ALMEIDA, "Contratos administrativos e poderes de conformação do contraente público no novo Código dos Contratos Públicos", pp. 7-9.

([453]) Como fizemos notar na obra citada na nota precedente, justifica-se, na verdade, perguntar por que razão devem os contratos "em que a prestação do cocontratante possa condicionar ou substituir, de forma relevante, a realização das atribuições do contraente público" ser qualificados como administrativos quando a lei os submeta ou admita que sejam submetidos a um procedimento de formação regulado por normas de direito público e já não o devem ser quando tal circunstância não se verifique.

vez sido objecto de elaboração jurisprudencial ou doutrinal, introduz, a nosso ver, no nosso ordenamento jurídico, um dispensável factor de incerteza na delimitação da figura do contrato administrativo (454).

Por outro lado, afigura-se legítimo perguntar se, a partir do momento em que o CCP, desde logo, tipifica como administrativos todos os contratos de locação e aquisição de bens e de aquisição de serviços celebrados por contraentes públicos, e, por outro lado, admite que, desde que uma das partes seja um contraente público, as próprias partes podem qualificar os contratos que celebram como administrativos ou submetê-los a um regime substantivo de direito público, ainda se justifica a previsão introduzida pelo preceito em referência. Pela nossa parte, permitimo-nos duvidar.

Em sentido contrário, foi alegado que, na ausência da previsão da alínea d) do nº 6 do artigo 1º do CCP, o ordenamento jurídico regressaria "a uma situação semelhante àquela que vigorou em Portugal, entre 1936 e 1984, sob a égide do § 2º do artigo 815º do Código Administrativo, do qual decorria um elenco de taxatividade do elenco dos contratos administrativos *por força de lei*" (455).

A afirmação é, porém, a nosso ver, manifestamente equivocada, porque de nenhum modo pode ser comparado o alcance do regime do CCP com aquele que, em tempos, correspondeu ao § 2º do artigo 815º do Código Administrativo de 1940.

Em primeiro lugar, porque o elenco dos contratos administrativos típicos que, hoje, resulta do CCP (para já não falar da significativa legislação avulsa) é incomparavelmente mais alargado do que aquele que resultava do § 2º do artigo 815º do Código Administrativo — incluindo, desde logo, como já foi notado, todos os contratos de locação e aquisição de bens e de aquisição de serviços celebrados por contraentes públicos, e este aspeto reveste-se, a nosso ver, de especial relevo, na medida em que, a partir do momento em que estes tipos

---

(454) Para a tentativa de explicação e defesa do preceito, cfr. MARK BOBELA-MOTA KIRKBY, "Conceito e critérios de qualificação do contrato administrativo", in *Estudos em Homenagem ao Prof. Doutor Sérvulo Correia*, vol. II, Coimbra, 2010, pp. 784 segs. e 798 segs.

(455) Cfr. MARK KIRKBY, "Conceito e critérios de qualificação do contrato administrativo", p. 786.

contratuais, desde que celebrados por contraentes públicos, passaram, hoje, a ser, só por isso, contratos administrativos típicos, torna-se difícil identificar outros tipos de situações contratuais a que a previsão da alínea d) do nº 6 do artigo 1º do CCP necessite de dar resposta.

Em segundo lugar, porque a alínea a) do nº 6 do artigo 1º do CCP consagra a vontade das partes como um critério de qualificação dos contratos administrativos, que o § 2º do artigo 815º do Código Administrativo de 1940 não contemplava e do qual resulta, como se verá de seguida, a possibilidade do alargamento virtualmente ilimitado da figura do contrato administrativo, quando existam razões de interesse público que o justifiquem. Ora, em nossa opinião, este aspeto reveste-se da maior importância para a caraterização do regime de delimitação do contrato administrativo que resulta do nº 6 do artigo 1º do CCP, no seu conjunto.

II) Contratos administrativos por determinação da lei

4) — Na alínea a), na parte em que se refere ao "presente Código" e à "lei", o nº 6 do artigo 1º do CCP qualifica como administrativos os *contratos típicos*, que determinação legal expressa, contida no Título II da parte III do Código ([456]) ou em lei avulsa, submeta a um específico regime substantivo de direito público, assim como os *contratos nominados,* que lei expressa qualifique como administrativos sem para eles prever um regime específico, desse modo os submetendo ao regime do Título I da Parte III do CCP.

Quanto a este ponto, justifica-se salientar que, independentemente do alcance das previsões contidas nas diferentes alíneas do nº 6 do artigo 1º, o CCP procedeu, no Título II da sua Parte III, a um muito significativo — e discutível — alargamento do âmbito da figura do contrato administrativo, que resulta da qualificação como contratos administrativos de todos os contratos de locação e aquisição de bens e de aquisição de serviços que sejam celebrados por contraentes

---

([456]) No Título II, o Código qualifica e regula — e, desse modo, tipifica — como administrativos os contratos de obras públicas e de concessão de serviços públicos, assim como, com caráter inovatório, os contratos de locação e aquisição de bens móveis e de aquisição de serviços que sejam celebrados por contraentes públicos.

públicos (⁴⁵⁷): na verdade, até ao CCP, estes tipos contratuais correspondiam ao paradigma dos contratos que, em princípio, seriam contratos de direito privado, mesmo quando celebrados pela Administração Pública, a menos que fossem qualificados como administrativos pelas partes, de acordo com o critério de qualificação a que nos referiremos de seguida, e que, deste modo, ficou, em grande medida, esvaziado de conteúdo.

III) Contratos administrativos por qualificação das partes

5) — Na alínea a), na parte em que se refere à "vontade das partes", o nº 6 do artigo 1º do CCP qualifica ainda como administrativos os contratos atípicos que as partes optem por qualificar, elas próprias, como administrativos ou por submeter a um regime substantivo específico instituído por normas de direito público.

O preceito tem em vista contratos que, em primeiro lugar, não são contratos administrativos por natureza, em razão da natureza pública do seu objeto, por não corresponderem a nenhum dos três primeiros tipos de situações que atrás foram enunciados; e, por outro lado, também não são administrativos por determinação da lei, por não corresponderem a qualquer tipo específico, legalmente previsto e regulado, de contrato administrativo, nem tão-pouco a um contrato administra-

---

(⁴⁵⁷) Aproveitamos a oportunidade para introduzir um esclarecimento relativamente às observações que, em 2008, formulámos a p. 4, nota 3, do já citado artigo "Contratos administrativos e poderes de conformação do contraente público no novo Código dos Contratos Públicos", a propósito dos contratos administrativos de locação e aquisição de bens móveis e de aquisição de serviços. Com efeito, o que escrevemos nessa nota assentava no pressuposto, aí explicitado, de que o CCP não forneceria, no Título II da sua Parte III, uma definição daqueles contratos. Quando tal escrevemos, reportávamo-nos, porém, a uma versão do CCP que se veio a verificar que tinha um conteúdo diferente, em múltiplos aspetos, daquela que veio, muito mais tarde, a ser publicada em *Diário da República*. Ora, um desses aspetos concretizou-se na introdução dos artigos 431º, 437º e 450º, que vieram definir os contratos em referência. Ficou, assim, prejudicado o que escrevemos na referida nota, na medida em que se tornou indiscutível que os contratos de locação e aquisição de bens móveis e de aquisição de serviços que sejam celebrados por contraentes públicos passaram a ser, só por esse facto, contratos administrativos típicos, como hoje claramente dispõe o CCP, em cada um daqueles três artigos.

tivo nominado. Na verdade, a qualificação como administrativos dos contratos administrativos típicos e dos contratos administrativos por natureza não depende da vontade das partes: só a qualificação como administrativos de contratos com objeto passível de contrato de direito privado pode estar na disponibilidade das partes ([458]).

O critério da qualificação pelas partes inscreve-se num contexto legislativo que, como vimos, não estabelece diretamente, em termos precetivos, um critério substantivo geral de qualificação dos contratos administrativos. É nesse contexto que o legislador faz recair sobre o contraente público o ónus de promover junto da outra parte a qualificação como administrativos dos contratos que, não sendo administrativos por natureza, nem por determinação da lei, ele ainda assim considere justificado qualificar desse modo, em função do juízo que, em cada caso, formule sobre a necessidade da submissão do contrato em causa a um regime próprio de Direito Administrativo ([459]).

([458]) A este respeito, cfr. SÉRVULO CORREIA, *op. cit.*, p. 404. No mesmo sentido, PEDRO GONÇALVES, *O contrato administrativo...cit.*, pp. 59-60, distingue precisamente as situações a que anteriormente nos reportámos no texto, dos "contratos cuja administratividade resulta de «condições externas» ao contrato", em que "a *relação jurídica administrativa* é, nesse caso, um «dado incontornável», no sentido em que se trata de uma relação regulada por normas de direito administrativo", da situação a que agora nos reportamos, em que "a *relação jurídica administrativa* é um «dado do contrato», no sentido em que é apenas por força da vontade das partes — e da *autonomia pública contratual da Administração* — que o contrato se apresenta como constitutivo de efeitos jurídicos de direito administrativo".

([459]) Como, na verdade, explica SÉRVULO CORREIA, *op. cit.*, p. 404, nota 119, "as partes só dispõem de opção entre a gestão pública e a gestão privada quando o contrato não é necessariamente administrativo pela natureza da relação jurídica que configura ou pela relevância que a lei confere à prossecução de fins de imediata utilidade pública". Por conseguinte, a pretender erigir-se o critério do fim de imediata utilidade pública em critério do contrato administrativo, consagrar-se-ia um sistema em que "a qualificação pelas partes é irrelevante", porque "a natureza jurídica do contrato é um momento objetivo do contrato. E ou as partes o qualificam corretamente, nada acrescentando, ou o qualificam erroneamente e tal qualificação não prevalece contra a verdadeira natureza do contrato". A nosso ver, um tal sistema é incompatível com a previsão da alínea a) do n° 6 do artigo 1º do CCP. Por isso não podemos subscrever a posição de MARCELO REBELO DE SOUSA/ANDRÉ SALGADO DE MATOS, *Direito Administrativo Geral*, vol. III, pp. 291-292, para quem a qualificação decorrente da vontade das partes deve funcionar como mero "índice presuntivo da administratividade do contrato", sendo "inoperante para transformar em

Na formulação desse juízo, o contraente público há de, naturalmente, orientar-se por critérios como o da maior ou menor intensidade da conexão do objeto do contrato em causa com a prossecução do interesse público, mas tais critérios intervirão, neste contexto, como critérios auxiliares, sendo, desse modo, ao contraente público que cumpre avaliar se se justifica submeter o contrato ao regime que o CCP faz corresponder ao contrato administrativo ou a qualquer outro regime substantivo de direito público.

5.1) São várias as questões que se colocam a propósito dos contratos administrativos por qualificação das partes.

A primeira respeita, desde logo, à questão de saber que configuração concreta deve assumir a estipulação das partes para que se deva entender que um contrato é qualificado como administrativo por vontade das partes.

A nosso ver, essa estipulação pode revestir formas diversificadas, mas todas elas devem ter um sentido inequívoco.

Uma das formas através das quais as partes poderão qualificar um contrato como administrativo passa, naturalmente, pela expressa qualificação do contrato como um contrato administrativo, na medida em que tal qualificação equivale a uma remissão para o regime da Parte III do CCP, ou, o que se reconduz ao mesmo, pela estipulação que

contrato de direito privado um contrato que deva ser administrativo, ou o inverso". Ao sobreporem, deste modo, um critério material que não encontra expressão no CCP ao critério da vontade das partes, que, pelo contrário, está expressamente consagrado na alínea a) do nº 6 do artigo 1º do CCP, mas que, desse modo, esvaziam de conteúdo, estes Autores adotam uma posição que, a nosso ver, se apresenta em desconformidade com o quadro legal introduzido pelo CCP. O entendimento destes Autores quanto a este ponto parece inscrever-se, em todo o caso, num contexto mais vasto, do qual parece resultar que, para os referidos Autores, a figura do contrato administrativo tem uma configuração que, resultando da natureza das coisas, transcenderia os poderes de conformação normativa do legislador do CCP (cfr. *op. cit.*, pp. 293 e 298); e que, numa perspetiva ainda mais ampla, se estende ao próprio entendimento, manifestamente *contra legem*, de que, também no âmbito das suas relações contratuais de direito privado, as entidades públicas, pelo simples facto de o serem (ou seja, enquanto *potentior personae*), seriam titulares, sem necessidade de atribuição normativa, dos mesmos poderes de que os contraentes públicos são investidos no âmbito das relações contratuais administrativas (cfr. *op. cit.*, p. 298).

determine a aplicação ao contrato do regime da Parte III do CCP, ou, pelo menos, de preceitos aí contidos. O mesmo sucede, naturalmente, com a estipulação que determine a aplicação ao contrato, no todo ou em parte, de outro qualquer regime normativo, mediante o qual a lei, dentro ou fora do CCP, regule qualquer contrato administrativo típico.

A remissão para regimes substantivos de Direito Administrativo pode passar pela incorporação no clausulado do contrato de estipulações que necessariamente envolv(eri)am a aplicação de normas de Direito Administrativo ([460]). Como tem sido tradicionalmente admitido, é o que, desde logo, sucederá quando, no clausulado do contrato, for reconhecida, de modo expresso e inequívoco, a possibilidade de o contraente público exercer específicos poderes de autoridade no âmbito da relação, através da prática de atos administrativos.

Importa, no entanto, sublinhar que o critério da vontade das partes não deve ser confundido com um critério de cláusulas exorbitantes, baseado numa ideia de sujeição do contraente privado ao poder do contraente público, na medida em que o modo pelo qual as partes podem incorporar no contrato a aplicação de regimes substantivos de direito público não tem de passar necessariamente pela estipulação de prerrogativas de autoridade do contraente público ([461]).

([460]) Referimo-nos às "cláusulas que só são concebíveis numa relação jurídica em que pelo menos uma das partes seja a Administração intervindo nessa qualidade", em que seria de Direito Administrativo uma norma de conteúdo correspondente ao da estipulação contratual, porque "os direitos e obrigações que estabeleça só possam, em abstrato, ter por titular uma pessoa coletiva integrada na Administração e agindo nessa qualidade": cfr., por todos, SÉRVULO CORREIA, op. cit., pp. 402 e 403; PEDRO GONÇALVES, O contrato administrativo...cit., p. 59.

([461]) Como faz notar SÉRVULO CORREIA, op. cit., p. 369, "o critério de sujeição não basta para qualificar os contratos porque o Direito Administrativo se não esgota em relações de sujeição. A insistência na ideia de sujeição como polo aglutinador representa ainda o uso, porventura, inconsciente, de um instrumento do «arsenal» novecentista, em termos que se não adequam à evolução constitucional entretanto verificada, que alargou não só quantitativa mas também qualitativamente o quadro da função administrativa". A remissão das partes para regimes substantivos de direito público também pode, por isso, passar pela submissão da relação contratual a estipulações que não se consubstanciem na outorga de poderes de autoridade ao contraente público: o que é determinante é que se trate de estipulações insuscetíveis de figurar em contratos privados.

Por outro lado, também importa notar que a mera estipulação num contrato celebrado por uma entidade pública da possibilidade do exercício, por essa entidade, de poderes ou faculdades passíveis de serem estipulados (e exercidos em moldes similares) no âmbito de relações de natureza privada não tem o alcance de tornar administrativo esse contrato. Por conseguinte, deve, por exemplo, entender-se que a mera estipulação de um direito de rescisão em favor do contraente público, sem outra referência que especifique que esse direito poderá ser exercido através de ato administrativo, não é suficiente para permitir afirmar que a entidade pública, por essa via, se encontra investida na titularidade de um poder público, pois ela apenas será titular, nesse caso, de um direito potestativo, a exercer nos mesmos moldes em que ele também poderia ser exercido no âmbito de uma relação contratual de direito privado. Na hipótese a que nos estamos a referir, tem, pois, de ser expressamente assumida, de forma inequívoca, a atribuição ao contraente público do poder de praticar atos administrativos no âmbito da relação. De outro modo, é de entender que as partes não pretenderam celebrar um contrato administrativo, mas um contrato de direito privado ([462]).

5.2) Uma outra questão delicada que se coloca a propósito dos contratos administrativos por vontade das partes é a de saber se o poder de qualificar um contrato como administrativo é de exercício inteiramente livre, ou se se impõem limites à liberdade de qualificação das partes neste domínio.

Quando pelo menos um dos contraentes seja uma entidade pública, pode admitir-se que essa qualificação depende de um elemento finalístico, concretizado na causa-função do contrato, que pode ser genericamente identificado por referência ao quadro das atribuições da entidade em causa e, portanto, que, nesses casos, a qualificação do contrato como administrativo ou de direito privado se encontra na livre disponibilidade das partes ([463]).

([462]) No mesmo sentido, cfr. PEDRO GONÇALVES, *op. cit.*, pp. 59-61.
([463]) Cfr., a propósito, SÉRVULO CORREIA, "Contrato administrativo" (separata do *Dicionário Jurídico da Administração Pública*), Coimbra, 1972, pp. 28-29, e *Legalidade...cit.*, pp. 562

O CCP admite, no entanto, que, para que um contrato possa ser qualificado como administrativo por vontade das partes, basta que pelo menos uma das partes seja uma entidade adjudicante, nos termos em que o CCP delimita o conceito, de harmonia com as Directivas 2004/17 e 2004/18 da União Europeia (cfr. artigos 1º, nº 6, 2º, 3º, 7º e 8º do CCP). Significa isto que o CCP não reconhece apenas às pessoas coletivas públicas o poder de optarem por qualificar os seus contratos como administrativos, mas também reconhece esse poder a entidades formalmente privadas, desde que abrangidas pelas previsões dos seus artigos 2º, nº 2, ou 7º ([464]).

Temos dificuldade em compreender esta solução, que, a nosso ver, estabelece um nexo artificial e injustificado entre o âmbito de aplicação das Directivas da União Europeia sobre os regimes procedimentais de formação dos contratos públicos e a questão da delimitação das entidades que podem ser parte num contrato administrativo e, como tal, ver-se investidas no estatuto de supremacia que corresponde aos contraentes públicos no âmbito desses contratos ([465]).

segs., 618 segs. e 676 segs. Na verdade, a liberdade que é reconhecida às pessoas coletivas de direito público de qualificar os seus contratos como administrativos ou como privados passa por um juízo de compatibilidade entre a causa-função do contrato e a sua sujeição aos princípios gerais do direito dos contratos administrativos, e se, nesse contexto, se admite, na tradição francesa, que as entidades públicas são livres de decidir colocar os contratos que celebram sob a égide do direito público ou do direito privado, é porque se entende que isso resulta da conjugação das normas que conferem aos órgãos administrativos o poder de celebrarem contratos administrativos atípicos com as normas que fixam as atribuições das pessoas coletivas públicas, colocando a seu cargo a satisfação de necessidades de interesse público, cuja eficiente prossecução pode, supostamente, justificar que a entidade pública se assegure a titularidade, no âmbito da relação contratual, das prerrogativas que decorrem da qualificação do contrato como administrativo.

([464]) O que, como assinala PEDRO FERNÁNDEZ SÁNCHEZ, *Os parâmetros de controlo da privatização administrativa*, Coimbra, 2008, p. 67, compreende "entidades *formal e materialmente privadas* que (por vezes primariamente) prosseguem uma atividade puramente privada e concorrencial e que (por vezes *incidentalmente*) também prosseguem a satisfação de uma determinada necessidade coletiva". Cfr. também JOÃO AMARAL E ALMEIDA, "Os «organismos de direito público» e o respetivo regime de contratação: um caso de levantamento do véu", in *Estudos em Homenagem ao Professor Doutor Marcello Caetano*, Coimbra, 2006, pp. 642-643.

([465]) Para mais desenvolvimentos, cfr. MÁRIO AROSO DE ALMEIDA, "Contratos administrativos e regime da sua modificação no novo Código dos Contratos Públicos", in *Estudos em*

Não nos parece, em todo o caso, que deva ser reconhecida às entidades em causa uma inteira liberdade quanto à qualificação como administrativos dos contratos que celebrem. Em nossa opinião, a entidades desta natureza só deve ser, na verdade, reconhecida a possibilidade de optarem por qualificar como administrativos os contratos que celebrem com outras entidades privadas quando os contratos em causa "visem a prossecução de interesses públicos em termos tais que este têm necessariamente que prevalecer sobre os interesses privados com ele eventualmente conflituantes" ([466]). A nosso ver, deve, pois, entender-se que os artigos 3º, nº 1, alínea b), e 8º do CCP só conferem a entidades privadas o poder de qualificarem como administrativos os contratos que celebrem na medida em que as entidades em causa estejam incumbidas de funções públicas e a celebração do contrato seja direcionada à prossecução dessas funções.

97. Não podemos concluir este ponto sem notar que, tudo visto e ponderado, não nos parece satisfatório o modo como o CCP procede à delimitação do âmbito da figura do contrato administrativo.

Com efeito, sobretudo em resultado da opção muito discutível de tipificar como administrativos todos os contratos de locação e aquisição de bens e de aquisição de serviços que sejam celebrados por contraentes públicos, o CCP procedeu a um muito significativo alargamento do âmbito da figura do contrato administrativo.

Ora, a partir do momento em que essa opção foi feita, ficou, a nosso ver, seriamente comprometida a tradicional distinção entre contratos

---

Homenagem ao Prof. Doutor Sérvulo Correia, vol. II, Coimbra, 2010, pp. 820-823. Também em sentido crítico, cfr. MARK KIRKBY, "Conceito e critérios de qualificação do contrato administrativo", pp. 808-809.

([466]) Para recorrer à formulação proposta por REBELO DE SOUSA/SALGADO DE MATOS, *Direito Administrativo Geral*, vol. III, p. 290, para descrever o *critério do grau de intensidade do interesse público prosseguido pelo contrato*, que estes Autores consideram corresponder à "aplicação do critério geral de distinção entre os atos de gestão pública e de gestão privada ao domínio da contratação administrativa e, como tal, do único critério *prima facie* aceitável à luz da teoria geral da atividade administrativa" de distinção entre contratos administrativos e contratos de direito privado, e que, por isso, nos parece adequado utilizar para o efeito a que nos reportamos no texto, em que não estão em causa pessoas coletivas de direito público.

administrativos e contratos de direito privado da Administração Pública e, em grande medida, esvaziado de conteúdo o critério da qualificação dos contratos como administrativos por vontade das partes, que, como vimos, se encontra previsto no artigo 1º, nº 6, alínea a), do CCP.

Na verdade, até à entrada em vigor do CCP, os contratos de locação e aquisição de bens e de aquisição de serviços correspondiam, como já atrás foi assinalado, ao paradigma dos contratos que, em princípio, seriam contratos de direito privado, mesmo quando celebrados pela Administração Pública, a menos que fossem qualificados como administrativos segundo o critério das partes. Ora, a partir do momento em que esses tipos contratuais foram tipificados como administrativos, sempre que celebrados por contraentes públicos, afigura-se, hoje, pertinente perguntar que contratos da Administração Pública ainda são contratos de direito privado e, portanto, em relação a que contratos ainda poderá vir, no futuro, a colocar-se a questão da sua qualificação como administrativos por vontade das partes, ao abrigo da previsão do artigo 1º, nº 6, alínea a), do CCP.

Note-se que, em abstrato, o alargamento da figura do contrato administrativo, em si mesmo, não nos suscita particulares reservas, e, a partir do momento em que o CCP tornou tão residual a categoria dos contratos de direito privado da Administração Pública, propendemos, mesmo, a concordar com aqueles que duvidam do sentido de se persistir na diferenciação de categorias [467]. Na verdade, o caminho trilhado pelo CCP parece ter ido ao encontro da posição daqueles que têm defendido a solução de qualificar como contratos administrativos todos os contratos celebrados pela Administração Pública, ou, em todo o caso, de estender a aplicabilidade do regime substantivo do contrato administrativo a todos eles. Só parece ter faltado o passo final. Ora, em coerência com isso, teria sido, talvez, clarificador ter dado esse passo, optando por qualificar como administrativos todos os contratos celebrados pela Administração Pública.

---

[467] De algum modo nesse sentido, REBELO DE SOUSA/SALGADO DE MATOS, *Direito Administrativo Geral*, vol. III, pp. 291 segs. e 302-303; JOÃO CAUPERS, *Introdução ao Direito Administrativo*, 10ª ed., Lisboa, 2009, pp. 302-303.

— II —
Regime dos contratos administrativos

1. O regime do Título I da Parte III do CCP: caracterização geral e âmbito de aplicação

98. Na sua Parte III, o CCP estabelece um regime normativo aplicável aos contratos administrativos. A Parte III do CCP possui, entretanto, um duplo objeto de regulação. Com efeito, integram-na um Título II, no qual se estabelece o regime aplicável a um conjunto específico de contratos administrativos, que, sem prejuízo da previsão de outros em lei avulsa, correspondem aos contratos administrativos típicos mais importantes; e um Título I, no qual se optou por estabelecer um regime que diz ser aplicável aos "contratos administrativos em geral", isto é, a todos os contratos que, nos termos dos artigos 1º, nº 6, 3º e 8º do CCP, devam ser qualificados como contratos administrativos.

O aspeto mais marcante do regime do Título I da Parte III reside nos poderes de conformação da relação contratual administrativa que o CCP confere aos contraentes públicos. O elenco desses poderes é enunciado no artigo 302º, esclarecendo os artigos 307º, nº 2, e 309º que o seu exercício se processa através da prática de atos administrativos dotados de força executiva. O regime aplicável a cada um desses poderes está consagrado nos artigos 304º a 306º (poderes de direção e de fiscalização), 311º a 314º (poder de modificação unilateral), 329º (poder sancionatório) e 333º e 334º (poder de resolução unilateral).

Referir-nos-emos adiante, em particular, ao mais relevante destes poderes, o poder de modificação unilateral, no âmbito da análise do regime da modificação dos contratos administrativos (cfr. nº 101 segs.).

Também merece referência, pelo seu conteúdo inovador e original, numa perspectiva de direito comparado, a configuração do próprio contrato administrativo como um título executivo, em termos de habilitar o contraente público à execução forçada, pelos seus próprios meios, das prestações em falta, no caso de incumprimento pela outra parte. Assim, o contraente público pode proceder à execução forçada de qualquer cláusula contratual, incluindo das cláusulas que ele próprio tenha modificado no exercício do seu poder de modificação unilateral [468].

Justifica-se ainda uma referência ao novo regime de invalidade dos contratos administrativos, introduzido nos artigos 283º a 285º. Nessa matéria, o CCP estabelece um regime diferenciado para as invalidades consequentes de ilegalidades cometidas no âmbito do procedimento pré-contratual e para as ilegalidades próprias do contrato.

No que respeita às invalidades consequentes, o CCP mantém-se fiel ao critério, já consagrado no artigo 185º, nº 1, do CPA, embora, a nosso ver, sem justificação lógica que o sustente, do *paralelismo das formas de invalidade*, do qual resulta que o contrato é nulo ou anulável, consoante seja nulo ou anulável o ato administrativo em que se fundou a sua celebração. A nulidade do ato pré-contratual só releva, no entanto, se for declarada, e recorde-se que, no que respeita aos contratos previstos no artigo 100º do CPTA, tem-se entendido que o pedido de declaração de nulidade tem de ser deduzido no prazo de um mês, sob pena de preclusão. O nº 1 do artigo 283º consagra, por isso, neste domínio, um *regime atípico de nulidade*, que em muito se aproxima do da anulabilidade.

Quanto à anulabilidade, o regime dos nºs 2 a 4 do artigo 283º e do artigo 283º-A, fortemente inspirado pela Diretiva 2007/66/CE, a cuja transposição parcial procede, é determinado pelo propósito de limitar

---

[468] Sobre este ponto, cfr. PEDRO GONÇALVES, "Cumprimento e incumprimento do contrato administrativo", in *Estudos de Contratação Pública*, tomo I, Coimbra, 2008, *maxime* a pp. 624-626.

os casos de anulação por razões pré-contratuais, possibilitando o afastamento da anulação, não só "quando se demonstre inequivocamente que o vício não implicaria uma modificação subjetiva no contrato celebrado nem uma alteração do seu conteúdo essencial", como parece lógico, mas também numa nebulosa de situações — à qual os tribunais administrativos, muito provavelmente, se encarregarão de conferir um alcance virtualmente inesgotável — em que, "ponderados os interesses públicos e privados em presença e a gravidade da ofensa geradora do vício do ato procedimental em causa, a anulação do contrato se revele desproporcionada ou contrária à boa fé" (cfr. artigo 283º, nº 4).

Nos casos abrangidos pela previsão do nº 1 do artigo 283º-A, esta solução normativa é matizada pelas previsões dos nºs 3, 4 e 5 do mesmo artigo, que decorrem da Diretiva e cujo conteúdo se afigura da mais elementar razoabilidade. Mas, por razões que não compreendemos, o CCP optou por circunscrever a aplicabilidade destes últimos preceitos às situações abrangidas pela previsão do nº 1 do artigo 283º-A, o que nos parece muito censurável. Fica, por outro lado, o contraste, também difícil de compreender, entre os regimes da nulidade e da anulabilidade, justificando-se, a esse propósito, pelo menos perguntar por que razão o contrato há de ser inválido, e ainda por cima nulo, em situações em que, embora o ato administrativo em que se fundou a sua celebração tenha sido declarado nulo, "se demonstre inequivocamente que o vício não implicaria uma modificação subjetiva no contrato celebrado nem uma alteração do seu conteúdo essencial".

Quanto ao regime das invalidades próprias, o nº 3 do artigo 284º e os nºs 1 e 2 do artigo 285º mantiveram o regime que já anteriormente resultava dos nºs 2 e 3 do artigo 185º do CPA. Dos inovadores preceitos dos nºs 1 e 2 do artigo 284º, resulta, no entanto, que, independentemente do contrato que esteja em causa, ele sempre será nulo ou anulável se, em relação a ele, ocorrerem circunstâncias que determinariam a nulidade ou a anulabilidade de um ato administrativo: pense-se, v.g., no contrato celebrado por autoridade sem competência para o efeito ou com objeto legalmente proibido. Nesse sentido parece dever ser, na verdade, interpretada a remissão implícita do nº 1 do artigo 284º para o artigo 135º do CPA e a remissão explícita do nº 2 do mesmo artigo para o artigo 133º do CPA. Por conseguinte, os contratos administrativos podem ser, desde logo, nulos ou anuláveis por vícios próprios, sempre que, em relação a eles, se verifiquem circunstâncias que também determinam a nulidade ou a anulabilidade dos atos administrativos (artigo 284º, nºs 1 e 2); e, além disso, também podem ser anuláveis por falta ou vícios da vontade, por aplicação do correspondente regime dos artigos 240.º a 257.º do Código Civil (artigo 284º, nº 3).

Quanto ao regime da invalidade, a que se refere o artigo 285º, não suscita dúvidas a remissão que, no nº 1, é feita para os artigos 134º e 136º do CPA. Já suscita, no entanto, as maiores dúvidas a remissão que, provavelmente por inércia, foi mantida no nº 2, da qual parece resultar a submissão dos contratos sem objecto passível de ato administrativo ao regime da nulidade e anulabilidade dos negócios jurídicos, consagrado nos artigos 285º a 291º do Código Civil. Com efeito, a solução não parece fazer grande sentido, na medida em que a remissão não se estende ao principal aspecto em que o regime da anulabilidade dos negócios jurídicos se diferencia do regime da anulabilidade dos atos administrativos, que resulta do nº 1 do artigo 287º do Código Civil, nos termos do qual "só têm legitimidade para arguir a anulabilidade as pessoas em cujo interesse a lei a estabelece, e só dentro do ano subsequente à cessação do vício que lhe serve de fundamento". Na verdade, a aplicabilidade deste regime neste domínio está afastada, por incompatibilidade com o regime próprio que os artigos 40º, nº 1, e 41º, nº 2, do CPTA estabelecem, indiferenciadamente, quanto à legitimidade activa e ao prazo de impugnação anulatória de quaisquer contratos perante os tribunais administrativos.

A nosso ver, a remissão para o regime de invalidade do Código Civil não devia ser determinada em função de categorias de situações contratuais, como fazem os nºs 1 e 2 do artigo 285º, mas em função das diferentes espécies de causas de invalidade. Nesse sentido, assim como o nº 3 do artigo 284º remete para o regime do Código Civil no que respeita ao regime das faltas e vícios da vontade, faria sentido que também fosse nesse domínio, e apenas nele, que, para todas as categorias de contratos administrativos, o artigo 285º remetesse para o regime da anulabilidade dos negócios jurídicos consagrado no Código Civil. O regime da invalidade dos contratos administrativos seria, assim, em geral, para todos eles, o dos artigos 134º e 136º do CPA, mas o regime do artigo 287º, nº 1, do Código Civil seria aplicável sempre que a impugnação de qualquer contrato nos tribunais administrativos se fundasse em anulabilidade por falta ou vícios da vontade ([469]).

99. Não podemos deixar de exprimir reservas em relação ao modo como o CCP, no Título I da Parte III, entendeu configurar o regime substantivo aplicável aos contratos administrativos, investindo o contraente público numa posição de supremacia cujos termos não só nos parecem, em si mesmos, excessivos ([470]), como também nos parecem desajustados à grande amplitude com que, como vimos, o CCP delimita a figura do contrato administrativo.

Na verdade, parecem-nos, desde logo, excessivos os termos em que o CCP configura a posição de supremacia em que investe o contraente público no âmbito da relação contratual administrativa.

Pela sua importância, destaca-se, desse ponto de vista, a já mencionada solução de se qualificarem como atos administrativos, salvo quando outra coisa resulte de lei especial ou da natureza do contrato, e de se dotarem de força executiva, com remissão para os termos pre-

---

([469]) Sobre a matéria do presente nº, cfr. RAQUEL CARVALHO, *As invalidades contratuais nos contratos administrativos de solicitação de bens e serviços*, Coimbra, 2010, pp. 471 segs.; JOÃO PACHECO DE AMORIM, "A invalidade e a (in)eficácia do contrato administrativo no Código dos Contratos Públicos", in *Estudos de Contratação Pública* (coordenação de Pedro Gonçalves), vol. I, Coimbra, 2008, pp. 627 segs.; FREITAS DO AMARAL, *Curso de Direito Administrativo*, vol. II, pp. 610 segs.; MARCELO REBELO DE SOUSA/ANDRÉ SALGADO DE MATOS, *Direito Administrativo Geral*, vol. II, pp. 394 segs., e, por último, RAQUEL CARVALHO, "O regime da invalidade derivada nos contratos administrativos. Da alteração operada pela transposição da Diretiva 2007/66", in *Revista de Contratos Públicos* nº 3. Sobre a questão por último abordada, da aplicabilidade do regime de invalidade dos negócios jurídicos consagrado no Código Civil, cfr. também MÁRIO AROSO DE ALMEIDA/CARLOS FERNANDES CADILHA, *Comentário ao Código de Processo nos Tribunais Administrativos*, 3ª ed., Coimbra, 2010, pp. 278-280.

([470]) Também em sentido crítico em relação ao que reputa de um retrocesso, no que respeita à regra, consagrada no artigo 307º, do exercício de poderes unilaterais de autoridade no âmbito das relações contratuais administrativas, concretizado na prática de atos administrativos impugnáveis pela via da ação administrativa especial, o que considera mesmo incompatível com verdadeiras relações jurídicas contratuais, cfr. JOÃO CAUPERS, *op. cit.*, pp. 307-308.

vistos no CPA, os atos que exprimam o exercício dos poderes que o Código confere ao contraente público no artigo 302º (cfr. artigos 307º, nº 2, e 309º).

Parece-nos, com efeito, discutível e passível de consequências perversas para a boa gestão de muitas relações contratuais administrativas, a solução de se qualificarem como atos administrativos, dotados de força executiva e submetidos ao ónus geral de impugnação, dentro dos prazos estabelecidos pela legislação processual, todas as manifestações de exercício dos poderes mencionados. Trata-se de uma solução inovadora no Direito português, de cariz autoritário, que não encontra expressão generalizada no direito comparado e que, mesmo em Portugal, não existia no âmbito dos contratos de empreitada de obras públicas e, mesmo nos restantes domínios, surgiu ao arrepio de uma tradição jurisprudencial de muitas décadas, que, na dúvida, tendia a qualificar como meras declarações negociais, e não como atos administrativos, as pronúncias proferidas pelo contraente público no âmbito da relação contratual ([471]) — tradição que nos parecia positiva, por ir ao encontro do entendimento que se nos afigura preferível das relações contratuais administrativas nos modernos Estados de Direito democráticos ([472]).

([471]) Para mais desenvolvimentos, com indicação de referências doutrinais e jurisprudenciais, cfr. MÁRIO AROSO DE ALMEIDA, "Contratos administrativos e poderes de conformação do contraente público no novo Código dos Contratos Públicos", pp. 10-12. Também em sentido crítico em relação à orientação assumida pelo CCP, cfr. VIEIRA DE ANDRADE, "A propósito do regime do contrato administrativo no Código dos Contratos Públicos", in *Estudos comemorativos dos 10 anos da Faculdade de Direito da Universidade Nova de Lisboa*, vol. I, Coimbra, 2008, pp. 348-349 e 361-362, e, já antes, na mesma linha, *A Justiça Administrativa*, 9ª ed., Coimbra, 2007, p. 194.

([472]) Embora este ponto não possa ser desenvolvido nesta sede, não deixaremos de referir que, em nossa opinião, mesmo no domínio dos contratos em que particulares se associam ao desempenho das atribuições de entidades públicas, a afirmação de um corpo de princípios aplicáveis às relações emergentes de contratos administrativos, num moderno Estado de Direito democrático, não deve ser dirigida ao exacerbamento do estatuto de autoridade do contraente público no âmbito da relação contratual administrativa, de acordo com um entendimento do contrato administrativo como um instrumento de subjugação dos particulares ao poder da Administração. Ainda que inconscientemente, tal solução assenta, na verdade, numa concepção autoritária das relações jurídico-

100. O regime do Título I da Parte III do CCP também nos parece criticável porque, ao centrar o regime substantivo aplicável aos contratos administrativos na atribuição ao contraente público de intensos poderes de autoridade, pretensamente justificados pela crucial necessidade de fazer prevalecer o interesse público na economia da relação contratual, não se mostra ajustado à grande amplitude com que, como vimos, o CCP delimita a figura do contrato administrativo. Impõe-se, por isso, chamar a atenção para a circunstância de que, apesar das aparências, o regime substantivo dos contratos administrativos que o CCP consagra no seu Título I não é, na realidade, um *regime substantivo geral, aplicável a todos os contratos administrativos*.

Com efeito, o Código, no essencial, consagrou, no Título I da sua Parte III, o "corpo de princípios do contrato administrativo", de elaboração jurisprudencial francesa, que, embora venha sendo abusivamente associado a um conceito pretensamente unitário de "contrato administrativo", foi construído pelo Conselho de Estado francês para conformar as relações jurídicas emergentes de um modelo específico de contratos, os contratos administrativos de colaboração subordinada, a que já atrás se fez referência, e, de entre eles, muito em particular, dos contratos de concessão ([473]).

-administrativas e do papel que às entidades públicas e aos particulares deve corresponder no quadro dessas relações e tem, a nosso ver, o inconveniente de cercear o papel que o recurso à via contratual pode e deve, hoje, desempenhar na construção de um Direito Administrativo mais paritário, em cujo quadro de relações as entidades administrativas só devem figurar como um Poder e ser, como tal, investidas na titularidade de poderes de autoridade quando isso seja indispensável à adequada prossecução dos seus fins. Nesta perspetiva, o contrato administrativo pode ser, assim, encarado como um instrumento privilegiado para fazer evoluir o modelo clássico (autoritário) de relacionamento da Administração com os particulares para um novo padrão de relacionamento, no qual só em circunstâncias excecionais, especificamente previstas pela lei consoante os concretos tipos de contratos, haja lugar à prática de atos administrativos no exercício de poderes de autoridade do contraente público sobre a contraparte no contrato. E a demonstrar o bem fundado deste entendimento, está a lição do direito comparado a evidenciar que a titularidade do poder de emitir actos administrativos no âmbito da relação contratual não decorre da natureza dos contratos administrativos, como algo de indispensável para que eles possam ser normalmente utilizados como uma forma de prossecução das atribuições das entidades públicas que os celebram.

([473]) Como judiciosamente faz notar CHRISTOPHE GUETTIER, *Droit des contrats administratifs*, Paris, 2004, pp. 27-28, o Conselho de Estado francês procedeu à construção de

Daí o especial enfoque colocado nas prerrogativas de autoridade que são conferidas ao contraente público no âmbito da relação contratual (cfr., em especial, os artigos 302º e 307º do CCP) ([474]): teve-se, na verdade, desse modo em vista consagrar "um regime jurídico que, na sua essência, se caracteriza por conferir à entidade pública uma posição de *supremacia jurídica* sobre o seu contratante", mediante a qual ela fica investida em prerrogativas que *"desigualizam* as posições em que as partes estão colocadas", no âmbito de "uma relação de *poder público vs. sujeição* (e não de direito vs. dever)" ([475]).

Ora, tivemos já oportunidade de ver que a figura do contrato administrativo não é, nem podia ser, hoje, delimitada no CCP por exclusiva referência ao modelo dos contratos de colaboração subordinada. Vimos, com efeito, que, para além dos contratos administrativos por natureza, cuja qualificação está subtraída à disponibilidade das partes em virtude da natureza pública do respectivo objeto, o CCP optou por ampliar, de modo muito relevante, o elenco dos contratos administrativos típicos, ao estendê-lo, no Título II da sua Parte III, aos contratos de aquisição ou locação de bens e de aquisição de serviços, desde que celebrados por contraentes públicos ([476]), com o que passou

uma pretensa "teoria geral do contrato administrativo" "generalizando ao conjunto dos contratos administrativos as soluções que tinham sido desenvolvidas até aí para 'o mais administrativo dos contratos administrativos', a saber a concessão de serviço público". E acrescenta, citando Hubrecht: "tudo leva a pensar que a doutrina clássica intitulou 'teoria geral do contrato administrativo' uma pura e simples transposição das regras que se impõem num contrato muito particular, porque é um contrato de serviço público, a concessão". Ora, como faz notar o mesmo Autor, desse modo "a árvore escondeu a floresta", dado que "com essa teoria geral o traço foi forçado porque existiam, de facto, na aplicação das regras desenvolvidas diferenças consoante a natureza dos contratos administrativos" — tanto mais que, "se a concessão de serviço público era o mais administrativo dos contratos administrativos, ela não era talvez o mais contratual desses contratos", por pertencer "a uma categoria toda particular", pelo que "podia configurar-se como bastante perigoso querer generalizar as soluções desenvolvidas".

([474]) Para uma apreciação crítica, cfr. MÁRIO AROSO DE ALMEIDA, "Contratos administrativos e poderes de conformação do contraente público no novo Código dos Contratos Públicos", pp. 9 segs.

([475]) Para recorrer à síntese de PEDRO GONÇALVES, *O contrato administrativo...cit.*, pp. 33-34.

([476]) Sobre a definição de *contraentes públicos* no CCP, cfr. GUERRA TAVARES/MONTEIRO DENTE, *Código dos Contratos Públicos — Âmbito da sua aplicação*, Coimbra, 2008, pp. 99 segs.

a tipificar como administrativos os tipos contratuais que, anteriormente, eram justamente apontados como o paradigma dos contratos de direito privado da Administração Pública; e, por outro lado, a qualificação de qualquer contrato como administrativo pode resultar da vontade das partes, indo o Código ao ponto de admitir, como também já vimos, que entidades privadas possam optar por qualificar os contratos que celebrem como administrativos.

O desajustamento radica na circunstância de que, como, no essencial, adota como referência o modelo emblemático dos contratos de colaboração subordinada, o estatuto em que o regime do Título I da Parte III do CCP investe os contraentes públicos é configurado como se todos os contratos que são reconduzidos a esta amplíssima categoria correspondessem necessariamente a esse modelo.

A verdade, porém, é que não podem deixar, neste domínio, de reconhecer-se as enormes diferenças que separam entre si as diferentes espécies de contratos administrativos ([477]), atribuindo a essas diferenças o devido relevo, quando se trata de determinar o conteúdo do regime jurídico a aplicar às correspondentes relações contratuais ([478]).

([477]) Como, na verdade, e com grande pertinência, notou SÉRVULO CORREIA, *Legalidade...cit.*, pp. 365-366 e 392, o "corpo de princípios do contrato administrativo" — historicamente construído por referência à *teoria da subordinação*, que *Marcello Caetano* tão bem sintetizou ao explicar que, no contrato administrativo, "o acordo tem como efeito principal (senão exclusivo) submeter o particular à vontade do Estado numa relação de subordinação especial" mediante a qual "o particular obriga-se a colaborar com o Estado em tudo quanto seja necessário para a realização de certo interesse público, sujeitando-se às ordens que para esse efeito receba, e o Estado em troca promete-lhe apoio, proteção jurídica e, normalmente, remuneração" (*Manual de Direito Administrativo*, vol. I, p. 576) — foi concebido por referência a um grupo reduzido de contratos, todos caracterizados pela associação de um particular à realização de atribuições da Administração. Questionava-se, por isso, o ilustre administrativista: "Está por verificar em que medida esses princípios serão aplicáveis a um conjunto muito mais amplo e diversificado de contratos".

([478]) Já neste sentido, cfr. MÁRIO AROSO DE ALMEIDA, "Contratos administrativos e poderes de conformação do contraente público no novo Código dos Contratos Públicos", pp. 9 segs. No mesmo sentido, escrevia também VIEIRA DE ANDRADE, "Princípio da legalidade e autonomia da vontade na contratação pública", in *La contratación pública en el horizonte de la integración europea*, Madrid, 2004, p. 69, que "a razão de ser da construção de uma figura específica de contratos de direito administrativo como «uma instituição do nosso tempo» — ao pressupor *poderes especiais* de autoridade, ao estabelecer *deveres especiais*

Por isso, não pode deixar de entender-se que, ao contrário do que à primeira vista poderia parecer, o regime do Título I não é aplicável, em toda a sua extensão, a todos os contratos administrativos.

É o que, desde logo, resulta, em termos gerais, das ressalvas incluídas no corpo do artigo 302º, que têm um alcance importante.

E é isto que, por outro lado, explica a existência, no Título I da Parte III do CCP, de um último capítulo IX, constituído por "regras especiais", que, nas duas primeiras secções, se reportam, respetivamente, aos contratos com objecto passível de ato administrativo e sobre o exercício de poderes públicos, e aos contratos interadministrativos. Com efeito, ambas as secções dizem respeito a categorias específicas de contratos administrativos que não correspondem ao modelo do contrato de colaboração subordinada, pelo que, embora por razões diferentes e, por isso, em medidas diferenciadas, se encontram subtraídos a alguns dos aspetos mais significativos do regime do Título I da Parte III do CCP.

É o que, desde logo, resulta do artigo 318º, respeitante aos contratos interadministrativos, que exclui a aplicabilidade das disposições da Parte III "aos contraentes públicos que contratam entre si num plano de igualdade jurídica, segundo uma ótica de harmonização do desempenho das respetivas atribuições", determinando, em contrapartida, a sua aplicabilidade "aos contratos celebrados entre contraentes públi-

perante os particulares (de imparcialidade, de legalidade, de garantia e proteção de direitos fundamentais), ao sujeitar a atuação das entidades públicas à *realização de interesses públicos* — impõe a conclusão de que não pode haver um regime único aplicável a todos os tipos de contratos. Na realidade, não se pode deixar de ter em conta as diferenças significativas existentes entre os contratos administrativos quanto a vários aspetos de que destacamos alguns: a medida da *densidade normativa legal* (a maior ou menor vinculação), o grau de importância da realização do *interesse público* (enquanto causa-função do contrato), as *partes* concretamente envolvidas (também há contratos administrativos entre entes administrativos e entre entes privados), a *posição relativa* das partes na relação jurídica tal como resulta das normas legais (se é passível de regulação por ato administrativo, se há subordinação efetiva), o *objeto* (se se visa a atribuição de direitos ou a colaboração em tarefas administrativas, se a prestação principal é a do particular ou a da Administração, qual o tipo de prestação, material ou intelectual), o *tipo de relação* contratual (se o contrato versa sobre um domínio em que haja liberdade dos particulares, se houve liberdade de estipulação, se a relação é duradoura ou instantânea".

cos pelos quais um deles se submeta ao exercício de poderes de autoridade pelo outro" (479).

Mas, a nosso ver, é igualmente o que sucede com os *contratos administrativos substitutivos de atos administrativos*, aos quais parece dever entender-se que o regime do Título I da Parte III do CCP não é, pelo menos, aplicável no que respeita aos poderes de modificação e resolução unilateral do contraente público, como adiante se verá com maior detalhe. Com efeito, esta categoria de contratos, proveniente de uma tradição completamente diferente da francesa, coloca questões específicas, das quais decorre a necessidade de soluções diferenciadas de regime, a que, a nosso ver, o CCP, apesar das disposições contidas nos artigos 336º e 337º, não dá, no Título I da sua Parte III, resposta adequada.

Infelizmente, continuam, por isso, a parecer-nos, em grande medida, procedentes, à face deste regime, os pertinentes reparos que, quanto a este particular, *Mark Kirkby* dirigia à legislação precedente, quando notava que o regime jurídico dos contratos administrativos que nela se encontrava consagrado "foi concebido de raiz para regular os contratos de colaboração e que o legislador [...] no momento em que entendeu alargar a autonomia pública contratual da Administração à capacidade para o exercício do poder administrativo através de contratos, limitou-se a remendar o regime jurídico dos contratos de colaboração, ou seja, daqueles contratos que sempre foram objecto de regulação expressa no plano do Direito Administrativo português", sendo disso sintomático "o facto de preceitos nucleares do regime jurídico supostamente unitário dos contratos administrativos disporem com a ressalva *de outra coisa resultar da natureza do contrato*" (480) — é o que hoje continua a suceder com o artigo 302º do CCP, tal como, *ipsis verbis*, sucedia antes com o artigo 180º do CPA.

À face, hoje, do regime da Parte III do CCP, não podemos deixar, por isso, de concordar com o referido Autor quando, já por referência ao regime normativo anterior, se perguntava "se não faria sentido que o Código, no capítulo dos contratos administrativos, contivesse uma

---

(479) Para a distinção, na doutrina, cfr. MÁRIO ESTEVES DE OLIVEIRA, *Direito Administrativo*, Coimbra, 1980, p. 651; SÉRVULO CORREIA, *Legalidade...cit.*, p. 419.

(480) Cfr. MARK KIRKBY, *Contratos administrativos de subordinação*, pp. 138 segs.

parte geral dirigida a regular os aspetos que são transversais a todos os contratos administrativos e que, subsequentemente, procedesse ao tratamento diferenciado" de categorias diferenciadas, como os contratos de colaboração subordinada e os contratos relativos ao exercício de poderes públicos ([481]).

2. Em particular, o regime da modificação dos contratos administrativos

2.1. Tipos de situações contempladas

101. No âmbito das relações contratuais privadas, contrapõem-se as hipóteses em que a conduta ilícita de uma das partes tem consequências lesivas sobre a posição da contraparte — hipóteses a enquadrar no domínio da responsabilidade civil por violação contratual — e as hipóteses em que a alteração anormal das circunstâncias que pode justificar a resolução ou a modificação do contrato se deve a ocorrências não imputáveis a qualquer das partes — hipóteses a enquadrar na previsão do artigo 437º do Código Civil, que, entre outros casos, compreendem as situações eventualmente decorrentes de alterações do quadro normativo, introduzidas pelos poderes públicos, que ponham em causa a racionalidade própria do contrato ([482]).

No contexto específico das relações contratuais administrativas, a fronteira não pode ser, contudo, traçada em moldes tão lineares, porque, entre um e o outro dos dois termos desta equação, há que intercalar as situações em que a alteração de circunstâncias que põe em causa o equilíbrio financeiro do contrato, em termos que se apresentam lesivos dos interesses do contraente privado, é imputável ao legítimo exercício de poderes públicos por parte do contraente público. Há, entretanto, ainda aqui que distinguir consoante o legítimo exercício

---

([481]) Cfr. MARK KIRKBY, *Contratos administrativos de subordinação*, p. 140.

([482]) Que é aquilo a que, em certos contextos, é qualificado, em direito privado, como *fait du prince, factum principis ou facto do príncipe*: cfr., por exemplo, a referência em LAURENT RICHER, *Droit des contrats administratifs*, 5ª ed., Paris, 2006, p. 287.

de poderes por parte do contraente público se consubstancia na introdução unilateral de modificações no conteúdo do contrato ou apenas na adopção de medidas que, sem serem determinadas pelo propósito de intervir sobre o contrato, se projetam indiretamente, mas em termos específicos, sobre o conteúdo da relação contratual.

Abstraindo das situações de responsabilidade contratual por facto ilícito e culposo, que não nos interessa analisar aqui, é, assim, possível distinguir, no domínio da nossa análise, três grandes tipos de situações:

a) Aquelas em que a alteração do equilíbrio financeiro do contrato, lesiva da situação contratual do contraente privado, resulta da imposição unilateral, por parte do contraente público, de modificações quanto ao conteúdo das prestações a realizar pelo contraente privado;

b) Aquelas em que a alteração do equilíbrio financeiro do contrato, lesiva da situação contratual do contraente privado, resulta da adoção, pelo contraente público, de medidas — normalmente, de caráter geral, mas que também podem ter caráter concreto — que, embora não imponham a introdução de modificações quanto ao conteúdo das prestações a realizar pelo contraente privado, se projetam indiretamente, mas em termos específicos, sobre o conteúdo da relação contratual;

c) Aquelas em que a alteração do equilíbrio financeiro do contrato, lesiva da situação contratual do contraente privado, resulta de uma alteração objetiva, anormal e imprevisível de circunstâncias, não imputável a qualquer das partes.

Procuremos caracterizar, nos seus traços gerais, cada uma das situações que acabam de ser enunciadas.

2.1.1. O poder de modificação unilateral

102. Pesem embora algumas particularidades do respetivo regime jurídico, mais evidentes em alguns tipos normativos do que noutros,

os contratos administrativos não deixam de ser contratos e, portanto, de se regerem pelo princípio *pacta sunt servanda*, do qual decorre o imperativo do respetivo cumprimento pontual ([483]). O incumprimento injustificado das obrigações decorrentes dos contratos administrativos é, portanto, passível de constituir qualquer das partes que nele incorra em responsabilidade contratual pelos danos que cause à contraparte, nos termos gerais do Direito das Obrigações ([484]).

A principal particularidade do regime jurídico aplicável aos contratos administrativos tem, contudo, que ver com os poderes de intervenção unilateral que o próprio contraente público pode exercer sobre a relação contratual. Ao contrário, com efeito, do que sucede no âmbito das relações contratuais de direito privado, a jurisprudência e a doutrina desde há muito reconhecem a existência de um princípio geral de Direito Administrativo segundo o qual as entidades públicas dispõem do poder de modificar unilateralmente o conteúdo das prestações que a contraparte se obrigou a realizar no âmbito das suas relações contratuais administrativas, desde que respeitem o objeto do contrato e o seu equilíbrio financeiro ([485]). A titularidade deste poder é justificada pela necessidade de assegurar a mais adequada prossecução do interesse público em cada momento ([486]).

([483]) Cfr., por exemplo, MARCELO REBELO DE SOUSA, *O concurso público na formação do contrato administrativo*, Lisboa, 1994, p. 54; PAULO OTERO, "Estabilidade contratual, modificação unilateral e equilíbrio financeiro em contrato de empreitada de obras públicas", separata da *Revista da Ordem dos Advogados*, Lisboa, 1996, pp. 11-12.

([484]) Cfr. ainda MARCELO REBELO DE SOUSA, *op. loc.últ. cits.*

([485]) Para a afirmação do poder de modificação unilateral como um princípio geral de Direito Administrativo, cfr., por exemplo, FREITAS DO AMARAL, *Curso...*, vol. II, pp. 625-626; MARCELLO CAETANO, *Princípios fundamentais do Direito Administrativo*, Coimbra, 1996, p. 197; ESTEVES DE OLIVEIRA, *Direito Administrativo*, p. 698; SÉRVULO CORREIA, *Legalidade...cit.*, pp. 731-732; PAULO OTERO, *op. cit.*, pp. 13 e 27; RENÉ CHAPUS, *Droit Administratif Général*, tomo 1, 15ª ed., Paris, 2001, p. 1209; LAURENT RICHER, *op. cit.*, pp. 252 segs.; ANDRÉ DE LAUBADÈRE, "Du pouvoir de l'administration d'imposer unilatéralement des changements aux dispositions des contrats administratifs", in *Revue du Droit Public*, 1954, p. 36. Para a exposição dos fundamentos da construção, cfr., por último, CARLA AMADO GOMES, *Risco e modificação do ato autorizativo concretizador de deveres de proteção do ambiente*, Coimbra, 2007, pp. 674 segs.

([486]) Embora o ponto seja, a nosso ver, hoje muito discutível entre nós, pelas razões que atrás foram expostas e decorrem da amplitude com que é delimitada a figura do contrato

O exercício do poder de modificação unilateral constitui o contraente público que o exerce no dever de restabelecer o equilíbrio financeiro entre as prestações correspectivas previstas no contrato, sempre que a modificação imposta ponha em causa esse equilíbrio ([487]). Em nossa opinião, a existência deste dever assenta na própria força vinculativa do contrato ([488]). O poder de modificação unilateral é uma derrogação ao princípio *pacta sunt servanda*. Representa, porém, uma compressão a este princípio, que, de harmonia com o princípio da proporcionalidade, deve ser mantida dentro dos mais estritos limites. Ora, como as obrigações reciprocamente assumidas pelas partes no contrato foram acordadas no propósito de assegurar a existência de um determinado equilíbrio financeiro entre elas, *não pode estar na disponibilidade do contraente público alterar esse equilíbrio financeiro*. Na verdade, as razões que justificam o reconhecimento do poder de modificação unilateral não legitimariam tal solução, que seria desproporcionada e subverteria a natureza contratual da relação ([489]). Impõe-se, portanto,

---

administrativo, cuja qualificação pode inclusivamente resultar, como vimos, da vontade de entidades privadas que o CCP parece admitir em amplos termos que se invistam na qualidade de contraentes públicos.

([487]) Sobre a reposição do equilíbrio financeiro do contrato, que hoje encontra expressão no artigo 282º do CCP, cfr., por todos, FREITAS DO AMARAL, *op. cit.*, pp. 632 segs.; ESTEVES DE OLIVEIRA, *op. cit.*, pp. 705 segs.; PEDRO GONÇALVES, *O contrato administrativo*, pp. 122-123.

([488]) É, na verdade, o raciocínio exposto no texto que, pesem embora as ambiguidades, se afigura ter estado subjacente, ao longo do tempo, às explicações ensaiadas pela doutrina francesa em torno da chamada *teoria do equilíbrio financeiro do contrato administrativo*. Cfr., a propósito, PAULO OTERO, *op. cit.*, pp. 27-28; ESTEVES DE OLIVEIRA, *op. cit.*, pp. 699, 705 e 662-664. Para uma interessante análise dessa teoria na doutrina portuguesa, cfr., entretanto, AUGUSTO DE ATHAYDE, "Para a teoria do contrato administrativo: limites e efeitos do exercício do poder de modificação unilateral pela Administração", in *Estudos de Direito Público em Honra do Professor Marcello Caetano*, Lisboa, 1973, pp. 91 segs.

([489]) Neste sentido, escreve MELO MACHADO, *Teoria jurídica do contrato administrativo*, Coimbra, 1935, p. 211, que "o concessionário se obriga a explorar o serviço tal como ele for organizado, técnica e financeiramente, pela administração, garantindo-lhe esta, como contrapartida, o equilíbrio entre as receitas e despesas. O equilíbrio financeiro da exploração parece ser, portanto, o objeto duma garantia contratual". Cfr. também SÉRVULO CORREIA, "Contrato administrativo", pp. 32 e 33.

que, quando haja lugar à modificação unilateral do conteúdo do contrato, esse equilíbrio seja restabelecido pelo contraente público.

Cumpre, aliás, notar que, quando implica uma alteração do equilíbrio financeiro do contrato, lesiva da situação contratual do contraente privado, o ato de exercício do poder de modificação unilateral possui um alcance expropriativo ([490]). Com efeito, como o exercício do poder de modificação unilateral assenta numa opção consciente e deliberada do contraente público, sempre que essa intervenção ponha em causa o equilíbrio financeiro do contrato em detrimento da posição do contraente privado, o dever que ao contraente público é imposto de restabelecer esse equilíbrio constitui uma manifestação do direito à justa indemnização que, nos termos da CRP, resulta de toda a ablação determinada por um ato de poder público de situações jurídicas privadas dotadas de valor patrimonial — que, para efeitos da sua proteção constitucional, integram, como é sabido, o (amplo) conceito de *direito de propriedade* que se encontra consagrado no artigo 62º da CRP ([491]).

2.1.2. As situações de *facto do príncipe* imputáveis ao contraente público

103. A nosso ver, faz todo o sentido distinguir o exercício do poder de modificação unilateral do chamado *fait du prince, factum principis* ou *facto do príncipe:* com efeito, enquanto o exercício do poder de modificação unilateral envolve a prática de um ato administrativo que tem o contrato por objeto, determinando a introdução de alterações ao seu

---

([490]) Neste sentido se orienta a doutrina espanhola, para a qual os casos de exercício do poder de modificação unilateral correspondem a um instituto que, por se consubstanciar na tomada de decisões de alcance expropriativo, dão lugar à atribuição de uma compensação pelo exercício do que é designado por *ius variandi*: cfr., por todos, EDUARDO GARCIA DE ENTERRÍA/TOMÁS RÁMON FERNANDEZ, *Curso de Derecho Administrativo*, vol. I, 8ª ed., Madrid, 1997, pp. 723 segs.; LUIS COSCULLUELA MONTANER, *Manual de Derecho Administrativo*, vol. I, 9ª ed., Madrid, 1998, pp. 429 segs. Deste modo se substitui, a nosso ver com vantagem, neste particular, a construção da responsabilidade por facto lícito, corrente na doutrina francesa e, entre nós, adotada, por exemplo, por AUGUSTO DE ATHAYDE, *op. cit.*, pp. 97-99, e, ainda que de modo implícito, por MARCELLO CAETANO, *op. últ. cit.*, p. 199.
([491]) Neste sentido, cfr. FREITAS DO AMARAL, *op. cit.*, p. 635; PAULO OTERO, *op. cit.*, pp. 32-34.

clausulado, o *facto do príncipe* concretiza-se numa alteração de circunstâncias decorrente de medidas adoptadas no exercício de poderes públicos, cujo alcance transcende o da concreta relação contratual em causa e que só indirectamente se repercute sobre ela, por não a ter directamente em vista, pelo que só eventualmente poderá exigir uma alteração do clausulado do contrato em conformidade ([492]).

Jurisprudência e doutrina são unânimes em impor ao contraente público o dever de restabelecer o equilíbrio financeiro do contrato, tanto no caso do exercício do poder de modificação unilateral, como no de alteração de circunstâncias decorrente de *facto do príncipe*. Entre nós, tem sido, contudo, afirmada a existência desse dever em toda e qualquer hipótese de *facto do príncipe,* independentemente da questão de saber se a actuação em causa é imputável ao contraente público ou a outra entidade ([493]). Ora, isto não se afigura razoável, no contexto da moderna Administração Pública descentralizada, em que não parece, por exemplo,

---

([492]) Cfr. RENÉ CHAPUS, *op. cit.,* pp. 1209-1211. No direito espanhol, a doutrina circunscreve o instituto do *factum principis* às situações que não se enquadram no exercício do poder de modificação unilateral propriamente dito: cfr., por todos, GARCIA DE ENTERRÍA//RÁMON FERNANDEZ, *op. cit.,* pp. 723 segs.; COSCULLUELA MONTANER, *op. cit.,* pp. 429 segs. No mesmo sentido, entre nós, cfr. PEDRO GONÇALVES, *O contrato administrativo,* p. 109; REBELO DE SOUSA/SALGADO DE MATOS, *Direito Administrativo Geral,* vol. III, pp. 421-422; e, agora, FREITAS DO AMARAL, *Curso...,* vol. II, p. 636. A tradição, entre nós, não era, em todo o caso, essa, mas antes, na senda da jurisprudência e doutrina francesas, da adoção de um conceito amplo de *facto do príncipe,* que compreendia o próprio exercício do poder de modificação unilateral dos contratos: cfr., por todos, MELO MACHADO, *op. cit.,* pp. 220-221; MARCELLO CAETANO, *op. últ. cit.,* p. 197; ESTEVES DE OLIVEIRA, *op. cit.,* p. 707; SÉRVULO CORREIA, "Contrato Administrativo", p. 34. Num novo sentido, que parece negar a autonomia do *facto do príncipe,* quando imputável ao próprio contraente público, que parece assimilar a uma modificação unilateral *lato sensu,* por contraposição à teoria da imprevisão, correspondente às alterações imputáveis a alteração legislativa, cfr., entretanto, CARLA AMADO GOMES, "A conformação da relação contratual no Código dos Contratos Públicos", in *Estudos de Contratação Pública* (coord. de Pedro Gonçalves), vol. I, Coimbra, 2008, pp. 533 segs. e 546-547.

([493]) Neste sentido, cfr., em particular, a circunstanciada explicação de MARCELLO CAETANO, *Manual de Direito Administrativo,* vol. I, pp. 620-622. Cfr. também ESTEVES DE OLIVEIRA, *op. cit.,* pp. 706 segs.; MARCELO REBELO DE SOUSA/ANDRÉ SALGADO DE MATOS, *Direito Administrativo Geral,* tomo III, 1ª ed., Coimbra, 2007, p. 359; SÉRVULO CORREIA, "Contrato Administrativo", pp. 34-35. Para a descrição das flutuações que, quanto a este

fazer sentido onerar uma pequena autarquia local com os encargos inerentes à reposição do equilíbrio financeiro perturbado por alterações impostas pela Administração central ou pelo próprio legislador. Afigura-se, por isso, mais adequado circunscrever o dever de reposição do equilíbrio financeiro do contrato decorrente de *facto do príncipe* às situações em que a quebra desse equilíbrio resulte de medidas imputáveis ao próprio contraente público. Só, na verdade, nesse caso, tal como no do exercício do poder de modificação unilateral, ao qual é, deste modo, equiparado para o efeito ([494]), se justifica onerar o contraente público com o dever de repor o equilíbrio financeiro do contrato ([495]).

O *facto do príncipe* pode resultar, como sucede com maior frequência, da adoção de uma medida de caráter geral ([496]), sendo, nesse caso, exigido que essa medida se projete especificamente sobre o *objeto* do contrato, sem, portanto, atingir o contraente privado apenas enquanto membro indiferenciado da comunidade ([497]). Mas também pode resultar da adoção de medidas concretas, hipótese na qual o nexo específico entre a medida e a situação contratual do privado afetado é mais fácil de estabelecer ([498]).

---

ponto, se podem, no entanto, descortinar no panorama francês, cfr. LAURENT RICHER, *op. cit.*, pp. 288-289.

([494]) Neste sentido, REBELO DE SOUSA/SALGADO DE MATOS, *Direito Administrativo Geral*, vol. III, 2ª ed., p. 422.

([495]) Neste sentido, infletindo a posição anterior referida na nota 440, em conformidade com o que hoje dispõe o CCP, cfr. REBELO DE SOUSA/SALGADO DE MATOS, *Direito Administrativo Geral*, vol. III, 2ª ed., pp. 422-423. Como sugere CARLA AMADO GOMES, "A conformação da relação contratual..."*cit.*, p. 549, excluímos, portanto, que o contraente público seja onerado com o dever de reposição do equilíbrio financeiro do contrato no caso de o contrato ter de ser eventualmente modificado para se ajustar a alterações decorrentes de medidas imputáveis a outras entidades administrativas ou ao próprio legislador. Na verdade, determinante, para este efeito, não é, quanto a nós, que seja o contraente público eventualmente a promover a modificação do contrato, quando o *facto do príncipe* porventura exija a eventual modificação do próprio clausulado do contrato, mas a quem é imputável a causa que determina essa eventual modificação do contrato.

([496]) Cfr. REBELO DE SOUSA/SALGADO DE MATOS, *Direito Administrativo Geral*, vol. III, p. 421.

([497]) Cfr., por todos, FREITAS DO AMARAL, *Curso...*, vol. II, 1ª ed., Coimbra, 2001, p. 627; ESTEVES DE OLIVEIRA, *op. cit.*, pp. 699-700.

([498]) Neste sentido, cfr. ANDRÉ DE LAUBADÈRE, JEAN-CLAUDE VENEZIA e YVES GAUDEMET, *Traité de Droit Administratif*, tomo 1, 15ª ed., Paris, 1999, p. 837, que escrevem: "Quando se

A nosso ver, o facto de, ainda neste caso, a alteração das circunstâncias ser imputável ao contraente público e se projetar de modo específico na situação contratual do contraente privado permite fundar o direito ao restabelecimento do equilíbrio financeiro na força vinculativa do contrato, a exemplo do que atrás se sustentou para as situações de exercício do poder de modificação unilateral do conteúdo das prestações, se a medida adotada tiver um alcance equivalente. O mesmo já não sucederá noutro tipo de situações, em que a intervenção imputável ao contraente público, ainda que com carácter concreto, não tenha o alcance de constituir o contraente privado no dever de realizar prestações adicionais, mas de introduzir outro tipo de condicionalismos, que, em todo o caso, dificultem ou agravem a situação contratual do contraente privado.

Cumpre, porém, notar que, ao contrário do que sucederia em direito privado, estas situações não têm, no Direito Administrativo português, de ser remetidas para o domínio de aplicação do instituto da alteração anormal e imprevisível de circunstâncias, a que nos referiremos no n.º seguinte. É evidente que elas poderiam ser aí enquadradas. No contexto específico a que nos reportamos, estão, porém, em causa alterações de circunstâncias imputáveis a uma das partes no contrato, em que o prejuízo para o contraente privado é imputável à conduta do contraente público, na prossecução de interesses que lhe são próprios. Ora, este facto justifica a imposição ao contraente público do dever de repor o equilíbrio financeiro do contrato e, portanto, um enquadramento diferente daquele que decorre do instituto da alteração anormal e imprevisível de circunstâncias, em que, como a alteração de circunstância não é imputável a qualquer das partes, mas a factos objetivos ou à eventual atuação de entidades terceiras, apenas há lugar à eventual modificação do contrato ou a uma compensação financeira, segundo critérios de equidade, *mas não à reposição do equilíbrio financeiro do contrato*.

trata de *medidas de alcance particular*, intervém a teoria [do facto do príncipe] e o cocontratante tem direito à indemnização: será por exemplo o caso de uma prescrição individual ou de uma operação material tornando mais onerosa a situação do cocontratante (Conseil d'État, 28 de abril de 1948, caso *Ville d'Ajaccio*, in *Revue du Droit Public* de 1948, p. 603)".

2.1.3. A alteração anormal e imprevisível das circunstâncias

104. É corrente, na doutrina francesa ([499]), a afirmação de que, enquanto, no âmbito das relações jurídicas privadas, os contratos seriam sagrados, não podendo a relevância de circunstâncias supervenientes sobrepor-se ao princípio *pacta sunt servanda*, o mesmo não sucederia no âmbito das relações jurídicas administrativas, na medida em que os contratos administrativos, como são celebrados em ordem à prossecução da satisfação de interesses públicos que devem ser, a todo o custo, salvaguardados, devem ter a capacidade de se adaptarem, quando necessário, à eventual evolução das circunstâncias ([500]). Isso explica, em todo o caso, os termos restritos em que, no Direito Administrativo francês, foi configurada a chamada *teoria da imprevisão*, cujo âmbito de intervenção foi limitado a situações extremas de convulsão, de elevado alcance económico ou social, em que a manutenção do contrato nos termos acordados conduziria à ruína do contraente privado e colocaria em causa o próprio princípio da continuidade dos serviços públicos ([501]).

Cumpre, porém, notar que a referida contraposição não corresponde desde há muito tempo à realidade do ordenamento jurídico português ([502]). Sendo embora tradicionalmente verdadeira no que respeita

---

([499]) Cfr., por todos, RENÉ CHAPUS, *op. cit.*, p. 1209.

([500]) Nas palavras de PEDRO GONÇALVES, *O contrato administrativo*, p. 104, resulta da "lógica da função" que "o interesse público não pode vergar-se diante do interesse particular". Como já atrás foi explicado e adiante será retomado (cfr. nºs 108 segs.), o ponto parece-nos muito discutível, atenta a amplitude da figura do contrato administrativo, tal como o CCP o configura, que vai muito para além da categoria dos clássicos contratos administrativos de colaboração subordinada, em função dos quais se forjou, na tradição francesa, um conjunto de princípios que dificilmente se harmonizam com um universo mais alargado de contratos.

([501]) Para a sumária descrição do panorama jurisprudencial francês nesta matéria, cfr., por todos, DE LAUBADÈRE, VENEZIA e GAUDEMET, *op. cit.*, pp. 838 segs. No mesmo sentido, entre nós, cfr. FREITAS DO AMARAL, *Curso...*, vol. II, 2ª ed., pp. 643 segs.; ESTEVES DE OLIVEIRA, *op. cit.*, pp. 711 segs. Por último, cfr. CARLA AMADO GOMES, *Risco e modificação... cit.*,, pp. 688 segs., e a síntese de MENEZES CORDEIRO, *Subsídios para a dogmática administrativa, com exemplo no princípio do equilíbrio financeiro*, Cadernos O Direito nº 2, Coimbra, 2007, pp. 83-85.

([502]) Assinalando já este ponto, cfr., de resto, MARCELLO CAETANO, *Princípios de Direito Administrativo*, p. 202.

ao Direito Civil francês, por razões que lhe são próprias ([503]), ela não encontra, na verdade, correspondência entre nós, na medida em que o Código Civil de 1966, designadamente no seu artigo 437º, admite, em amplos termos, a relevância de circunstâncias supervenientes no âmbito das relações contratuais privadas ([504]), com base em pressupostos que, a nosso ver, são extensíveis ao domínio dos contratos administrativos, sem motivo para especiais limitações, sempre que a base negocial seja posta em causa, por circunstâncias anormais e imprevisíveis não imputáveis a qualquer das partes, em termos suficientemente graves para justificar, de acordo com o princípio da boa fé, a modificação ou a resolução do contrato ([505]).

De harmonia com as construções doutrinais que, com formulações diversificadas e, entre si, controvertidas, fazem apelo ao conceito da *base negocial dos contratos* ([506]), cumpre, pois, reconhecer que o equilíbrio financeiro dos contratos administrativos, atenta a relevância que, para diversos efeitos, o próprio ordenamento jurídico positivo atribui ao conceito, é um dado objetivo que é assumido pelas partes como determinante da decisão de contratarem nos termos em que o fazem, exprimindo, assim, a base de valoração contratual correspondente ao

---

([503]) Cfr., a propósito, MENEZES CORDEIRO, *Da Boa Fé no Direito Civil* (reimpressão), Coimbra, 1997, *maxime* a p. 964, e *Subsídios...cit.*, pp. 52-53.

([504]) Para a desenvolvida análise do tema, cfr., por todos, MENEZES CORDEIRO, *Da Boa Fé... cit.*, pp. 903 segs., *maxime* pp. 1098 segs.

([505]) No mesmo sentido, cfr. PEDRO GONÇALVES, *O contrato administrativo*, pp. 126 e 128-129; CARLA AMADO GOMES, *Risco e modificação...cit.*, p. 706; REBELO DE SOUSA/SALGADO DE MATOS, *Direito Administrativo Geral*, vol. III, p. 420. Note-se, aliás, que, no Direito Administrativo português, a relevância da alteração anormal e imprevisível de circunstâncias é, desde há muito, reconhecida, tanto pela jurisprudência, como pela própria legislação, designadamente no âmbito das empreitadas de obras públicas, sem as limitações que tradicionalmente caracterizam a teoria da imprevisão do Direito Administrativo francês: já nesse sentido, cfr. as referências em SÉRVULO CORREIA, "Contrato Administrativo", p. 38. Para a explicação do fenómeno, que se deve à influência do direito alemão, decorrente da evolução nesse sentido ocorrida no nosso Direito Civil, que o distanciou do francês, cfr. MENEZES CORDEIRO, *Subsídios...cit.*, p. 87.

([506]) Cfr., a propósito, ANTUNES VARELA, *Das Obrigações em geral*, vol. II, 7ª ed., Coimbra, 1998, p. 282, com outras referências. Para a circunstanciada apreciação crítica destas teorias, cfr. MENEZES CORDEIRO, *Da Boa Fé...cit.*, pp. 967 segs., e, por último, *Subsídios... cit.*, pp. 60-62.

projeto inicial de que partem. Os factos essenciais em que assenta o equilíbrio financeiro do contrato não podem deixar, portanto, de ser reconhecidos como a *base negocial* em que, objetivamente, se fundou a celebração do contrato ([507]), no sentido de que se trata do conjunto das circunstâncias cuja existência ou manutenção é necessária para a salvaguarda do sentido contratual e do seu escopo e, portanto, cuja alteração imprevista pode conduzir à perturbação da equivalência das prestações (= relação de valor existente entre prestação e contraprestação) para além do risco próprio do contrato ([508]).

Por conseguinte, quando uma alteração anormal e imprevisível das circunstâncias, não imputável a qualquer das partes, puser em causa a base negocial do contrato, em termos tais que a exigência da execução do contrato, nos moldes em que tinha sido celebrado, se torne contrária ao princípio da boa fé, justifica-se que se possa proceder à modificação do contrato segundo critérios de equidade. Cumpre, em todo o caso, recordar que, neste domínio, não assiste ao contraente privado um direito ao reequilíbrio financeiro do contrato: como apenas estão em causa situações em que uma das partes se vê confrontada com graves dificuldades decorrentes de circunstâncias supervenientes que a nenhuma das partes podem ser imputadas, só é de admitir a partilha entre as partes, segundo critérios de equidade, do anormal agravamento dos custos envolvidos no cumprimento do contrato por parte do contraente privado ([509]).

([507]) No mesmo sentido, cfr. MARCELLO CAETANO, *Princípios de Direito Administrativo*, p. 203.
([508]) Para a terminologia utilizada, cfr. a referência à construção de *Larenz* em MENEZES CORDEIRO, *op. cit.*, pp. 1046-1047.
([509]) Neste sentido, para a contraposição entre as situações de *facto do príncipe*, que dão direito ao reequilíbrio financeiro do contrato, e as situações de alteração objetiva de circunstâncias, que não asseguram esse direito, mas apenas a partilha entre as partes dos novos encargos, cfr., por todos, DE LAUBADÈRE, VENEZIA e GAUDEMET, *op. cit.*, pp. 836 e 842; e, entre nós, FREITAS DO AMARAL, *Curso...*, vol. II, 2ª ed., pp. 636-637; ESTEVES DE OLIVEIRA, *op. cit.*, pp. 711-715.

2.2. Regime aplicável

2.2.1. Enquadramento: modificação e resolução do contrato

105. Nos seus traços essenciais, é em conformidade com o conjunto de ideias que acabam de ser enunciadas que, a nosso ver, o CCP regula a matéria da modificação dos contratos administrativos.

Com efeito, o CCP introduz, com caráter inovatório, a regulação dos fundamentos e condições em que, tanto o contraente público, como o contraente privado, podem promover, seja a modificação, seja a resolução do contrato, no caso de alteração anormal e imprevisível das circunstâncias, separando, entretanto, esse caso daqueles em que há direito à reposição do equilíbrio financeiro do contrato, por facto imputável ao contraente público. Desse modo se estende aos contratos administrativos a aplicabilidade de um regime equivalente àquele que o artigo 437º do Código Civil estabelece para os contratos de direito privado, sem deixar, entretanto, de regular de modo próprio as situações específicas de modificação do contrato ou de alteração de circunstâncias imputáveis ao contraente público.

Ao contrário, porém, do que faz o referido artigo do Código Civil, o CCP optou por não regular em conjunto, num único artigo (porventura do capítulo I do Título I da Parte III), a matéria da alteração das circunstâncias e respetivas consequências, mas por distribuir a respetiva regulação por diversos preceitos, tanto do capítulo V (respeitante às modificações objetivas do contrato), como do capítulo VIII (respeitante à extinção do contrato) do Título I da Parte III, consoante se trate de *modificar* ou de *resolver* o contrato em razão da alteração das circunstâncias, e, também, consoante seja ao contraente público ou ao seu cocontratante que interesse a modificação ou a resolução.

A solução não se apresenta, quanto a nós, isenta de reparos, porque dá origem a dificuldades de interpretação que poderiam ter sido de outro modo evitadas. A título ilustrativo, limitar-nos-emos, aqui, a dar conta das duas principais dificuldades.

a) A primeira, tem que ver com a caracterização da situação em que se encontra colocado o contraente público quando pretenda fazer valer a alteração anormal e imprevisível das circunstâncias para resolver o contrato.

Como adiante se verá, o contraente público só pode exercer o poder de modificação unilateral do contrato, a que se referem a alínea c) do artigo 302º e a alínea b) do nº 2 do artigo 307º, com fundamento em razões de interesse público, como estabelecem o nº 2 do artigo 311º e a alínea b) do artigo 312º, e não com fundamento na alteração anormal e imprevisível de circunstâncias, a que se refere a alínea a) do artigo 312º. O mesmo não resulta, porém, com igual clareza, no que respeita à resolução do contrato por alteração anormal e imprevisível de circunstâncias.

Com efeito, o artigo 334º reconhece ao contraente público o *poder* de resolver o contrato por razões de interesse público. Este poder apresenta um claro paralelismo com o poder de modificação unilateral por razões de interesse público, a que se referem o artigo 311º, nº 2, e o artigo 312º, alínea b). Em separado, o artigo 335º reconhece, entretanto, ao contraente público o *direito* à resolução do contrato com fundamento na alteração anormal e imprevisível das circunstâncias, remetendo para o disposto na alínea a) do artigo 312º quanto aos termos em que este direito pode ser exercido.

O nº 1 do artigo 335º estabelece, pois, um paralelismo entre este direito e o direito à modificação do contrato por alteração anormal e imprevisível das circunstâncias, a que se refere a alínea a) do artigo 312º, o que parece sugerir que o artigo 335º é um segmento do regime da alteração anormal e imprevisível de circunstâncias, que o legislador do CCP separou, no plano sistemático, dos restantes aspectos daquele regime, mas que, apesar disso, se rege pelos mesmos princípios, nesse sentido apontando a remissão do artigo 335º para a alínea a) do artigo 312º.

Daí resulta o entendimento de que, tal como sucede com o disposto na alínea c) do artigo 302º e na alínea b) do nº 2 do artigo 307º, dos quais decorre que o contraente público só pode exercer o poder de modificação unilateral do contrato com o fundamento previsto na alínea b) e não com o fundamento previsto na alínea a) do artigo 312º, também se deve entender que, tanto a previsão da alínea e) do artigo 302º, como a previsão da alínea d) do nº 2 do artigo 307º, apenas se referem ao poder de resolução unilateral por razões de interesse público, que o artigo 334º confere ao contraente público. E, por conseguinte, o entendimento de que o contraente público só pode exercer o poder de resolução unilateral do contrato com o fundamento previsto no artigo 334º, em evidente paralelismo com o poder de modificação unilateral da alínea b) do artigo 312º: por razões de interesse público; e de que o contraente público não dispõe, pelo contrário, desse poder na situação prevista no artigo 335º, como resulta do paralelismo com a hipótese de modificação do contrato a que se refere a alínea a) do artigo 312º, que resulta da remissão do artigo 335º para este último preceito ([510]).

Em sentido contrário a este entendimento, não pode deixar, no entanto, de notar-se que, tanto a alínea e) do artigo 302º, como a alínea d) do nº 2 do artigo 307º, se referem genericamente a um poder do contraente público de resolução unilateral do contrato, sem especificar que esse poder só se pode fundar em razões de interesse público; e, por outro lado, a alínea c) do artigo 330º, ao referir-se às hipóteses em que a resolução do contrato resulta de decisão do contraente público, não remete apenas para os artigos 333º e 334º, mas também para o artigo 335º.

Estes últimos dados não podem deixar de causar perplexidade, na medida em que, se não forem objecto de uma interpretação cuidadosa, ainda que porventura controversa, parecem sugerir, como já atrás foi dito, que o CCP veio, de modo tão inovador quanto imprevisível, conferir aos contraentes públicos o poder de, por ato unilateral de autoridade, dotado de força executiva, resolverem os contratos administrativos com fundamento em alterações anormais e imprevisíveis

---

([510]) No sentido de que, à face do CCP, o contraente público não pode proceder, através de ato administrativo, à resolução unilateral do contrato por alteração anormal e imprevisível das circunstâncias, cfr. REBELO DE SOUSA/SALGADO DE MATOS, *Direito Administrativo Geral*, vol. III, pp. 420-421; MÁRIO AROSO DE ALMEIDA, "Contratos administrativos e poderes de conformação do contraente público no novo Código dos Contratos Públicos", pp. 14-15. No contexto normativo anterior ao CCP, era também essa a orientação de PEDRO GONÇALVES, *O contrato administrativo*, pp. 126 e 136, que, nesse sentido, distinguia o *poder* de resolução unilateral, por razões de interesse público, do eventual *direito* à resolução do contrato, por alteração anormal e imprevisível de circunstâncias, que, na ausência de acordo, qualquer das partes poderia fazer valer pela via judicial.

de circunstâncias que não permitam sustentar uma resolução fundada em razões de interesse público.

b) Também nos parece resultar das inadequadas opções adotadas no plano da arrumação sistemática da disciplina respeitante à alteração anormal e imprevisível de circunstâncias o facto de, no n.º 2 do artigo 335.º, só parecer reconhecer-se ao contraente privado o direito ao pagamento da justa indemnização, quando a resolução do contrato por alteração anormal e imprevisível das circunstâncias decorra de *facto do príncipe* imputável ao contraente público, nos casos em que a resolução seja promovida pelo contraente público, ao abrigo do disposto no n.º 1 do mesmo artigo.

Em nossa opinião, o n.º 2 do artigo 335.º tem, no entanto, por objeto afirmar um princípio de âmbito mais vasto, que, por isso, não deveria, quanto a nós, acompanhar apenas a previsão do n.º 1 do artigo 335.º, mas deveria ser consagrado num artigo que reunisse todas as soluções normativas atinentes ao regime da alteração anormal e imprevisível de circunstâncias. O princípio é o de que, sempre que a alteração de circunstâncias imputável ao contraente público vá ao ponto de impedir a própria subsistência do contrato, conduzindo à sua resolução, não assiste ao contraente privado o direito à reposição do equilíbrio financeiro — que, nesse contexto, não faz sentido, pois o contrato não pode subsistir —, mas o seu sucedâneo, que é o direito à justa indemnização devida pelo facto da extinção do contrato.

Como estabelece o artigo 334.º, este direito existe quando o contraente público resolve o contrato por razões de interesse público ([511]). Faz sentido que também exista sempre que a alteração de circunstâncias que conduz à resolução seja imputável ao contraente público — e isto, quer na hipótese, que o n.º 2 do artigo 335.º tem diretamente em vista, de ser o contraente público quem promove a resolução do contrato, seja, como dizemos, na hipótese de, nos termos do artigo 332.º, ser o próprio contraente privado a, sempre por razões imputáveis ao contraente público, se ver forçado a promover a resolução. Pese

---

([511]) Já nesse sentido, tradicional e pacífico antes do CCP, cfr., por todos, FREITAS DO AMARAL, *Curso...*, vol. II, 1ª ed., p. 650; PEDRO GONÇALVES, *O contrato administrativo*, p. 134.

embora a sua inadequada localização sistemática, não pode deixar, pois, de aplicar-se também a esta última hipótese o disposto no nº 2 do artigo 335º ([512]). Só a resolução determinada por razões não imputáveis a qualquer das partes não dá, portanto, direito ao pagamento de qualquer indemnização, tal como também não o dá, naturalmente, a resolução sancionatória.

2.2.2. *Facto do príncipe* e alteração de circunstâncias

106. Passando agora a analisar as disposições em que, no capítulo V do Título I da Parte III, o CCP estabelece o regime da modificação dos contratos administrativos, começaremos por notar que o Código consagra a regra de que a alteração anormal e imprevisível das circunstâncias, decorrente de razões não imputáveis a qualquer das partes, pode dar lugar à modificação do contrato ou à atribuição de uma compensação financeira à parte por ela onerada, segundo critérios de equidade, quando se preencham pressupostos equivalentes àqueles que se encontram previstos no artigo 437º do Código Civil: é o que resulta do disposto na alínea a) do artigo 312º e no nº 2 do artigo 314º.

Por conseguinte, o contrato pode ser modificado, com fundamento na existência de uma alteração anormal e imprevisível de circunstâncias, tanto por iniciativa do contraente privado, como do contraente público. Essa modificação só pode ter, contudo, lugar, em qualquer caso, por acordo das partes ou decisão jurisdicional, não podendo ser unilateralmente determinada pelo contraente público, através da emissão de um ato administrativo: é o que claramente resulta do confronto do nº 1 com o nº 2 do artigo 311º ([513]).

([512]) No mesmo sentido, cfr. REBELO DE SOUSA/SALGADO DE MATOS, *Direito Administrativo Geral*, vol. III, p. 422.

([513]) Neste sentido, cfr. REBELO DE SOUSA/SALGADO DE MATOS, *Direito Administrativo Geral*, vol. III, pp. 420-421; e, no contexto normativo anterior ao CCP, PEDRO GONÇALVES, *O contrato administrativo*, pp. 109 e 126, que, nesse sentido, distinguia o *poder* de modificação unilateral, por razões de interesse público, do eventual *direito* à modificação do contrato, por alteração anormal e imprevisível de circunstâncias, que, na ausência de acordo, qualquer das partes poderia fazer valer pela via judicial.

Quando a alteração de circunstâncias for, porém, "imputável a decisão do contraente público, adotada fora do exercício dos seus poderes de conformação da relação contratual, que se repercuta de modo específico na situação contratual do cocontratante", a modificação do contrato concretizar-se-á necessariamente na própria reposição do respectivo equilíbrio financeiro: é o que determina o artigo 314º, nº 1, al. a). Por se estar, nesse caso, perante uma situação de *facto do príncipe* imputável ao próprio contraente público, justifica-se, na verdade, que sobre ele recaia o dever de suportar por inteiro a maior onerosidade que da alteração de circunstâncias resultou para a contraparte, nos termos previstos no artigo 282º.

Como foi assinalado pela doutrina, aliás sem êxito, durante o longo período de discussão pública do anteprojeto do CCP ([514]), cumpre, em todo o caso, notar, a este propósito, que a redação do nº 1 do artigo 314º não se afigura feliz, podendo suscitar dificuldades de interpretação ([515]).

Em nossa opinião, na interpretação do preceito não deve, no entanto, deixar de se assumir que, só por si, qualquer alteração anormal

---

([514]) Cfr. PEDRO GONÇALVES, "A relação jurídica fundada em contrato administrativo", in *Cadernos de Justiça Administrativa* nº 64, p. 41. Em sentido igualmente crítico, cfr., entretanto, VIEIRA DE ANDRADE, "A propósito do regime do contrato administrativo no Código dos Contratos Públicos", pp. 357-358.

([515]) Como, com efeito, assinalam os Autores indicados na nota precedente, o nº 1 do artigo 314º mistura indevidamente a hipótese em que a modificação do contrato perturba o seu equilíbrio financeiro — caso do exercício do poder de modificação unilateral por razões de interesse público, a que se refere a alínea b), em que há lugar a uma dupla modificação, na medida em que à modificação unilateralmente imposta pelo contraente público se vai ter de seguir a modificação das cláusulas financeiras do contrato, em ordem à reposição do equilíbrio financeiro desse modo perturbado — e aquela em que a modificação do contrato se limita a restabelecer o seu equilíbrio financeiro — caso do *facto do príncipe*, a que se refere a alínea a), na medida em que, por regra, o *facto do príncipe*, embora afete as circunstâncias envolventes do contrato, não se consubstancia numa modificação do seu clausulado, precisamente porque não tem o texto do contrato diretamente em vista: como, portanto, neste caso, é apenas eventual qualquer modificação do clausulado do contrato dirigida a dar corpo ao *facto do príncipe*, a única modificação que tem necessariamente de ocorrer é aquela que se dirige a repor o equilíbrio financeiro perturbado pelo *facto do príncipe*.

e imprevisível de circunstâncias imputável ao contraente público deve dar lugar ao restabelecimento do equilíbrio financeiro do contrato, independentemente da questão de saber se a alteração em causa se consubstanciou ou não na alteração do clausulado do contrato ([516]).

Na verdade, o *facto do príncipe*, mesmo quando imputável ao contraente público, caracteriza-se pelo facto de se limitar a alterar as circunstâncias que o contrato pressupõe, nisso se diferenciando, como atrás foi dito, do exercício do poder de modificação unilateral, que, por definição, se projeta, necessariamente e de modo imediato, sobre o clausulado do contrato ([517]).

Em nosso entender, o artigo 314º, no seu conjunto, visa, pois, dar resposta a dois grupos distintos de situações de alteração do equilíbrio financeiro do contrato. Resulta do nº 1 que, quando a alteração do equilíbrio financeiro do contrato resulte, ou de *facto do príncipe* imputável ao contraente público, a que se refere a alínea a), ou de uma modificação unilateral do contrato imposta pelo contraente público por razões de interesse público, a que se reporta a alínea b), há lugar à reposição do respectivo equilíbrio financeiro. Em contraponto, estabelece, entretanto, o nº 2 que os demais casos de alteração anormal e imprevisível das circunstâncias, porque não são imputáveis ao contraente público, não dão lugar à reposição do equilíbrio financeiro do contrato, mas apenas à sua modificação segundo critérios de equidade ou a uma compensação financeira da parte onerada pela alteração ocorrida.

([516]) A observação compagina-se com o entendimento, atrás expresso, de que a imposição ao contraente público do dever de repor o equilíbrio financeiro não deve depender de saber se ele promoveu a modificação do contrato. Na verdade, o contraente público pode ter de promover a modificação do contrato sem que lhe seja imputável a causa que determina a introdução dessa modificação; e também pode, a nosso ver, dar causa a uma alteração de circunstâncias exteriores relevantes para a manutenção do equilíbrio do contrato sem, por esse motivo, promover nem ter de promover a introdução de qualquer modificação no clausulado do contrato. No primeiro caso, o contraente público não deve ser, quanto a nós, onerado com o dever de repor o equilíbrio financeiro do contrato, mas já o deve ser no segundo caso.

([517]) Neste preciso sentido, cfr. REBELO DE SOUSA/SALGADO DE MATOS, *Direito Administrativo Geral*, vol. III, p. 421.

2.2.3. Modificação unilateral do contrato

107. De um modo geral, a modificação de um contrato administrativo pode ser determinada por ato administrativo, no exercício do poder de modificação unilateral do contraente público. Como resulta do disposto, tanto na alínea c) do artigo 302º, como na alínea b) do nº 2 do artigo 307º, o contraente público pode exercer o poder de modificação unilateral com o fundamento previsto na alínea b) do artigo 312º, isto é, por razões de interesse público, que, no entanto, tanto podem decorrer do surgimento de necessidades novas, como de uma nova ponderação das circunstâncias existentes. O poder de modificação unilateral não se confunde, portanto, com o instituto da alteração anormal e imprevisível de circunstâncias, a que, em contraponto, se refere a alínea a) do artigo 312º ([518]).

Não pode deixar, em todo o caso, de notar-se que os limites dentro das quais é hoje admissível o exercício deste poder são muito apertados, podendo mesmo questionar-se, à face da mais recente jurisprudência do Tribunal de Contas, se o poder de modificação unilateral dos contratos administrativos, tal como o conhecemos, não será uma

---

([518]) Já antes do CCP, a doutrina mais recente defendia que o poder de modificação unilateral do contrato devia poder ser exercido sem que se encontrassem preenchidos os pressupostos do instituto da alteração anormal e imprevisível das circunstâncias, diferenciando, desse modo, as situações de exercício do poder de modificação unilateral daquelas em que qualquer das partes e, portanto, também o contraente público poderia lançar mão do referido instituto, tal como regulado no artigo 437º do Código Civil: cfr. PEDRO GONÇALVES, *O contrato administrativo*, p. 109. A autonomização expressa dos dois tipos de situações, em cada uma das alíneas do artigo 312º, e os termos precisos em que se encontra redigida a alínea b), parecem confirmar essa diferenciação. Com efeito, decorre do teor desta alínea que, ao contrário do que sucede com a modificação fundada no instituto da alteração anormal e imprevisível de circunstâncias, o exercício do poder de modificação unilateral não tem de se fundar numa modificação objetiva, anormal e imprevisível da base negocial, mas pode basear-se na superveniência de circunstâncias desde o início previsíveis ou, pura e simplesmente, no facto de o contraente público, em resultado de uma reavaliação discricionária do quadro (inalterado) das circunstâncias existentes e, portanto, com base numa nova interpretação do modo como se perfilam as exigências do interesse público no caso concreto, ter alterado o seu entendimento sobre o modo como deve ser prosseguido o interesse público

figura em vias de extinção ([519]). O artigo 313º estabelece, na verdade, com caráter inovatório, importantes limites à modificação dos contratos administrativos. Esses limites, importa sublinhá-lo, impõem-se, quer ao caso de a modificação ser determinada por ato unilateral do contraente público, quer ao caso de a modificação ser determinada por acordo entre as partes. No contexto da presente análise, interessa, contudo, analisá-los por referência ao poder de modificação unilateral a que nos estamos a referir. E, desse ponto de vista, a consequência mais importante que decorre do artigo 313º é a de que, ao lado dos limites que já tradicionalmente eram reconhecidos ao exercício daquele poder, e que se concretizam na afirmação da intangibilidade do objeto do contrato e das cláusulas atinentes aos direitos e deveres recíprocos das partes ([520]), ele introduz a imposição de novos limites, determinados pelo propósito de impedir que, na vigência do contrato, as partes defraudem as regras que impõem às entidades adjudicantes submetidas à aplicação da Parte II do CCP a adoção de procedimentos concorrenciais na seleção das entidades com quem contratam ([521]).

Nos casos em que o interesse público exigiria que o contrato fosse modificado para além dos limites estabelecidos no artigo 313º, mais não resta ao contraente público do que promover a celebração de um novo contrato, precedido do procedimento pré-contratual legalmente exigido, como, no âmbito do regime respeitante aos trabalhos a mais nos contratos de empreitada, expressamente refere o nº 5 do artigo 370º. Em situações limite, os limites impostos pelo artigo 313º podem, pois, determinar que o contraente público proceda à resolução do

---

([519]) Sobre o tema, veja-se o Acórdão do Tribunal de Contas nº 20/10, Proc. 108/2010 e, a propósito, TIAGO DUARTE, "Os eléctricos de Marselha não chegaram a Sintra: o Tribunal de Contas e os limites à modificação dos contratos", in *Revista de Contratos Públicos*, nº 3.
([520]) Sobre esse aspeto, cfr., por todos, FREITAS DO AMARAL, *Curso...*, vol. II, 2ª ed., pp. 628 segs.; ESTEVES DE OLIVEIRA, *op. cit.*, pp. 699-702; LAURENT RICHER, *op. cit.*, pp. 254-255.
([521]) Chamando já a atenção para este ponto, ainda antes do CCP, cfr. FREITAS DO AMARAL, *op. cit.*, 1ª ed., p. 620. Com referência à jurisprudência do Tribunal de Justiça da União Europeia, cfr., entretanto, PEDRO GONÇALVES, "Acórdão Pressetext: modificação de contrato existente vs. adjudicação de novo contrato", *Cadernos de Justiça Administrativa* nº 73, pp. 16-17.

contrato por razões de interesse público, nos termos do artigo 334º, em ordem à celebração de um novo contrato, destinado a substituir aquele que estava em vigor.

Note-se que os limites previstos no artigo 313º se reportam ao objeto do contrato e aos aspetos essenciais do clausulado atinentes aos critérios de adjudicação e aos termos da proposta que tinha sido apresentada pelo contraente privado. Existe, assim, uma evidente conexão entre o regime do artigo 313º e os limites que o artigo 99º impõe aos próprios ajustamentos que podem ser introduzidos no clausulado dos contratos públicos ainda na fase de aprovação da respetiva minuta. Mas, na economia do artigo 313º, não se atende apenas ao interesse dos concorrentes que participaram no procedimento adjudicatório do contrato que se pretende modificar, mas também ao interesse dos potenciais interessados em participar num novo procedimento, dirigido à adjudicação de um novo contrato, que podem, naturalmente, não ter participado do procedimento precedente. Este interesse releva, desde logo, no exemplo paradigmático da concessão por trinta anos que se pretenda renovar por mais dez, vinte ou trinta anos com o mesmo cocontratante, sem a realização do necessário procedimento de contratação pública [522].

Relacionado com o regime do artigo 313º, está o do artigo 315º, que se destina a possibilitar o controlo da conformidade com os limites impostos das modificações contratuais que sejam eventualmente introduzidas. E também aqui é evidente o paralelismo funcional existente entre o regime do artigo 315º e as regras de publicitação dos contratos celebrados por ajuste direto, que constam do artigo 127º, na medida em que uma eventual modificação do contrato em violação dos limites do artigo 313º equivale à celebração de um novo contrato por ajuste direto com convite a uma única entidade [523]. Como dispõe o artigo

---

[522] A propósito, cfr. as referências indicadas nas notas 519 e 521.
[523] Acrescente-se que, no âmbito dos contratos de empreitada de obras públicas, o CCP também estabelece limites quanto à realização de trabalhos a mais, que, nos nºs 2 e 3 do artigo 370º, confina ao montante de entre 5% e 25% do preço contratual. O CCP é, entretanto, muito permissivo, nessa sede, na definição do regime do suprimento de erros e omissões, que não inclui nos trabalhos a mais e, em última análise, admite, na alínea d) do nº 2 do artigo 370º, que possa ascender a 50% do preço contratual. E o

40º, nº 1, alínea c), do CPTA, o novo contrato daí resultante é passível de impugnação direta por quem seja lesado pelo facto de, na sua celebração, ter sido totalmente preterido o procedimento pré-contratual legalmente exigido ([524]).

No que respeita às consequências decorrentes do poder de modificação unilateral, o seu exercício dá direito à reposição do equilíbrio financeiro do contrato. É o que resulta do disposto na alínea b) do nº 1 do artigo 314º, pese embora o modo deficiente como, a nosso ver, o preceito se encontra redigido. Parece-nos, na verdade, que o disposto na alínea b) do nº 1 do artigo 314º deve ser lido em conjugação com o disposto no nº 2 do artigo 311º e na alínea b) do artigo 312º. Não cobre, pois, genericamente, qualquer eventual circunstância em que razões de interesse público poderiam hipoteticamente justificar a reposição do equilíbrio financeiro dos contratos, mas reporta-se especificamente às consequências do exercício do poder de modificação unilateral, por razões de interesse público, a que aqueles dois preceitos se referem, para o efeito de estabelecer apenas que, quando haja lugar a tal exercício, assiste ao contraente privado o direito à reposição do equilíbrio financeiro do contrato, nos termos previstos no artigo 282º.

2.2.4. O caso particular do regime aplicável aos contratos substitutivos de atos administrativos

108. O Título I da Parte III do CCP reúne um conjunto de disposições normativas que o nº 1 do artigo 280º afirma serem aplicáveis, na falta de lei especial, às relações contratuais administrativas em geral. Como já atrás foi assinalado, a verdade, porém, é que foi fundamentalmente a pensar nos tradicionais contratos administrativos de colaboração subordinada — os únicos contratos, aliás, aos quais, como vimos, até há relativamente pouco tempo (mais precisamente, até à entrada em

---

mesmo estabelece, no artigo 454º, para os serviços a mais nos contratos administrativos de aquisição de serviços, o que se afigura muito discutível.

([524]) A propósito, cfr., por todos, MÁRIO AROSO DE ALMEIDA, *Manual de Processo Administrativo*, Coimbra, 2010, pp. 231-232, e MÁRIO AROSO DE ALMEIDA/CARLOS ALBERTO FERNANDES CADILHA, *Comentário ao Código de Processo nos Tribunais Administrativos*, 3ª ed., Coimbra, 2010, pp. 265-266.

vigor do artigo 9º do ETAF de 1984), a jurisprudência e a doutrina dominantes reconheciam, na ordem jurídica portuguesa, o qualificativo de contratos administrativos ([525]) — que o CCP estabeleceu o regime consagrado no referido Título I da Parte III ([526]). Evidenciam-no os regimes especiais que, no artigo 338º, o CCP estabelece para os contratos interadministrativos, e, nos artigos 336º e 337º, para os contratos sobre o exercício de poderes públicos, assim como as ressalvas contidas em algumas das mais relevantes disposições do Título I da Parte III, a começar por aquelas que, desde logo, constam do corpo do artigo 302º.

Ora, este ponto reveste-se, em nossa opinião, de especial importância, na medida em que justifica que se coloque a questão de saber se o poder de modificação unilateral (e o mesmo vale para o poder de resolução unilateral) por razões de interesse público, que o CCP confere aos contraentes públicos, também existe no âmbito dos contratos administrativos substitutivos de atos administrativos ([527]).

Cumpre recordar, a este propósito, que se têm multiplicado, na doutrina, as vozes que questionam o regime restritivo do artigo 140º do CPA, em matéria de revogação dos atos administrativos constitutivos de direitos ou interesses legalmente protegidos, designadamente com o argumento de que esse regime é incoerente com aquele que seria alegadamente aplicável quando esses atos são substituídos por contratos administrativos. E isto, afirma-se, porque bastaria que o ato administrativo fosse substituído por um contrato para que o contraente público se visse subtraído à aplicação das regras que limitam os poderes de disposição da Administração Pública sobre os atos admi-

---

([525]) Para uma síntese, cfr., por todos, SÉRVULO CORREIA, "Contrato administrativo", pp. 16 segs.

([526]) Assinalando precisamente o ponto, cfr. REBELO DE SOUSA/SALGADO DE MATOS, *Direito Administrativo Geral*, vol. III, p. 402; e, por referência ao quadro normativo anterior ao CCP, SÉRVULO CORREIA, *Legalidade...cit.*, p. 731; PEDRO GONÇALVES, *O contrato administrativo*, pp. 101-102 (e 36).

([527]) Para o conceito dos *contratos administrativos com objeto passível de ato administrativo e outros contratos sobre o exercício de poderes públicos*, categoria na qual se inscrevem os contratos que são praticados em substituição de atos administrativos, cfr. as referências indicadas *supra*, na nota 446.

nistrativos constitutivos de direitos ou interesses legalmente protegidos, para dispor dos amplos poderes, designadamente de modificação e resolução unilateral, que aos contraentes públicos são reconhecidos no âmbito dos contratos administrativos, o que evidenciaria a inadequação daquelas regras ([528]).

Em nossa opinião, porém, o argumento não procede porque a opção pela substituição de um ato administrativo por um contrato não pode ter o propósito ou o alcance de afastar a aplicabilidade ao contrato do regime normativo aplicável ao correspondente ato administrativo, designadamente no que respeita às normas dirigidas a salvaguardar a estabilidade das situações jurídicas favoráveis que são constituídas em benefício dos particulares pelos atos administrativos constitutivos de direitos ou interesses legalmente protegidos ([529]). Por conseguinte, o contraente público não pode, a nosso ver, introduzir modificações num contrato administrativo que tenha celebrado em substituição de um ato administrativo (ou resolvê-lo), por razões de interesse público, em circunstâncias que não seriam conformes à lei se o ato administrativo não tivesse sido substituído por um contrato e, por conseguinte, se os efeitos jurídicos resultantes do contrato tivessem sido introduzidos por um ato administrativo constitutivo de direitos ou interesses legalmente protegidos para os respetivos beneficiários.

A nosso ver, num contrato substitutivo de ato administrativo, deve ser possível introduzir as mesmas cláusulas que seriam legalmente admissíveis no correspondente ato administrativo. Por conseguinte, a opção pela celebração de um contrato em substituição da prática

---

([528]) Cfr. ROBIN DE ANDRADE, "Revogação administrativa e a revisão do Código do Procedimento Administrativo", *Cadernos de Justiça Administrativa* nº 28, pp. 40-41; PEDRO GONÇALVES, "Revogação (de atos administrativos)", in *Dicionário Jurídico da Administração Pública*, vol. VII, p. 316; FILIPA URBANO CALVÃO, "Revogação dos atos administrativos no contexto da reforma do Código do Procedimento Administrativo", in *Cadernos de Justiça Administrativa* nº 54, p. 33; CARLA AMADO GOMES, *Risco e modificação...cit.*, pp. 630-631 e 713 segs..

([529]) Sobre o tema, cfr. MARK KIRKBY, *Contratos administrativos de subordinação*, pp. 96 segs.; SÉRVULO CORREIA, *Legalidade...cit.*, pp. 715-719, onde se faz notar que o consentimento do particular não é relevante para o efeito de dispensar a Administração do dever de observar as vinculações legais decorrentes do quadro normativo conformador do ato administrativo substituído.

de um ato administrativo não pode investir o contraente público em poderes acrescidos em relação àqueles que seriam legalmente admissíveis no correspondente ato administrativo, através da introdução de cláusulas acessórias ao conteúdo do ato ([530]).

Ora, como vimos atrás (cfr. nº 87), estabelece o nº 2 do artigo 140º do CPA que a Administração só pode privar os beneficiários de atos administrativos válidos dos efeitos constituídos em seu benefício desde que estes exprimam a sua concordância e apenas na medida em que os correspondentes direitos ou interesses não estejam subtraídos à sua disponibilidade ([531]). A nosso ver, esta previsão não cobre a hipótese de a concordância do interessado ser dada logo por ocasião da própria emissão do ato administrativo. Com efeito, entendemos que o preceito assenta no pressuposto de que a eventual necessidade de revogar um ato administrativo, determinada pela evolução do interesse público, não se coloque logo no momento em que ele é praticado, mas só venha eventualmente a colocar-se em momento ulterior.

Na verdade, e como já foi notado no capítulo anterior, a propósito da questão da admissibilidade geral da introdução de reservas de revogação no conteúdo de atos administrativos de conteúdo favorável para os destinatários (cfr. *supra*, nº 91, alínea c)), é totalmente diferente a situação em que está colocado o beneficiário de um ato constitutivo de direitos ou interesses legalmente protegidos no momento a que se reporta a previsão do nº 2 do artigo 140º do CPA, em que ele é titular de uma situação jurídica que, em seu favor, foi constituída pela Administração e de que esta só pode dispor se obtiver a sua livre concordância, e aquela em que ao beneficiário ainda apenas virtual do ato é proposta a renúncia antecipada à estabilidade da sua situação jurídica, em

---

([530]) Cfr., por exemplo, MARK KIRKBY, *op. cit.*, p. 100; MÁRIO ESTEVES DE OLIVEIRA/PEDRO GONÇALVES/JOÃO PACHECO DE AMORIM, *Código do Procedimento Administrativo comentado*, 2ª ed., Coimbra, 1997, p. 819; PEDRO GONÇALVES, *O contrato administrativo*, pp. 97-98; FILIPA URBANO CALVÃO, "Contratos sobre o exercício de poderes públicos", in *Estudos de Contrstação Pública — I* (organização de Pedro Gonçalves), Coimbra, 2008, pp. 356-357, com outras referências.

([531]) A análise do preceito legal em referência interessa, na medida em que ele se deve considerar aplicável a eventuais modificações que ponham em causa situações jurídicas constituídas em benefício de particulares.

momento em que o ato administrativo ainda não foi praticado e, portanto, em que a situação jurídica em causa ainda não se encontra constituída em seu favor [532]. O preceito visa proteger os beneficiários dos atos constitutivos de direitos ou interesses legalmente protegidos: por isso, só admite a possibilidade da revogação, sem fundamento em invalidade, desse tipo de atos, mediante a concordância dos respectivos beneficiários, *desde que os atos já tenham sido praticados, e não em momento em que eles ainda não o tenham sido.*

Parecer-nos-ia, assim, abusivo extrair da previsão do nº 2 do artigo 140º do CPA a cobertura para um poder completamente distinto, que seria o poder de a Administração, num momento em que ainda não praticou o ato administrativo e, portanto, em que os beneficiários do ato ainda não foram constituídos na situação de vantagem a que aspiram, extorquir deles a concordância com uma cláusula que viesse precarizar a situação jurídica a constituir em seu benefício, submetendo o ato a poderes de revogação que, na ausência da cláusula, não poderiam ser exercidos. Como escreveu *Diogo Freitas do Amaral*, "um contrato substitutivo de ato administrativo não pode ser utilizado para pressionar o particular a aceitar contratualmente encargos que não lhe podiam ser demandados sequer por intermédio de um ato administrativo" [533]. É o que, a nosso ver, sucede no plano da nossa análise.

Acrescente-se que, no contexto em que vivemos, em que tende mesmo a ser reconhecida a necessidade de assegurar a proteção dos particulares em posição mais vulnerável, no próprio plano das relações de poder que estabelecem com outros particulares dotados de poderes especiais de caráter privado, que tanto podem ser poderes jurídicos, como poderes de facto objetivamente determináveis [534], não pode deixar de considerar-se paradoxal que, só porque nesse contexto se passou a admitir a possibilidade da utilização do instrumento contratual, se pretenda ignorar a radical desigualdade que separa a

---

[532] Neste sentido, cfr. ESTEVES DE OLIVEIRA/PEDRO GONÇALVES/PACHECO DE AMORIM, *op. cit.*, p. 680.
[533] Cfr. FREITAS DO AMARAL, *Curso...cit.*, vol. II, 1ª ed., p. 562.
[534] Para um ponto atualizado da situação, cfr., por todos, VIEIRA DE ANDRADE, *Os Direitos Fundamentais na Constituição Portuguesa de 1976*, 4ª ed., Coimbra, 2009, pp. 247 segs.

posição das partes no âmbito das clássicas relações de poder que se estabelecem entre os particulares e a Administração Pública, da qual decorre a necessidade de todo um instrumentário jurídico dirigido a assegurar a proteção dos particulares, designadamente no plano da estabilização das situações jurídicas cuja constituição na respectiva esfera jurídica depende do exercício dos poderes da Administração.

109. A nosso ver, é de harmonia com o que acaba de ser dito que, para os efeitos que interessam à presente análise, devem ser interpretadas as ressalvas enunciadas no corpo do artigo 302º. Com efeito, essas ressalvas têm em vista a heterogeneidade do universo dos contratos administrativos e, entre elas, não podem deixar de ter em vista as especificidades que diferenciam os contratos substitutivos de atos administrativos dos contratos de colaboração subordinada, que, como vimos, o artigo 302º tem primacialmente em vista. Na verdade, os poderes consagrados no artigo 302º ajustam-se mal às relações jurídicas emergentes dos contratos sobre o exercício de poderes públicos. E, no que especificamente respeita aos poderes de modificação e resolução unilateral, é, em todo o caso, a específica natureza e o correspondente enquadramento normativo dos contratos substitutivos de atos administrativos constitutivos de direitos ou interesses que, a nosso ver, impede o reconhecimento da sua titularidade na esfera do contraente público ([535]).

Em nossa opinião, não pode, na verdade, aceitar-se que, através da substituição do ato administrativo por um contrato, a Administração se possa outorgar livremente a titularidade dos amplos poderes de modificação e resolução unilateral que o CCP consagra nos seus artigos 302º e 311º e seguintes. Impede-o a circunstância de não estarmos, aqui, a falar de contratos de colaboração subordinada, em que o contraente privado voluntariamente se associa ao desempenho regular das atribuições de um ente público, mas de contratos que, porventura

---

([535]) Em idêntico sentido, cfr. REBELO DE SOUSA/SALGADO DE MATOS, *Direito Administrativo Geral*, vol. III, p. 425, e JORGE ANDRADE DA SILVA, *Código dos Contratos Públicos comentado e anotado*, Coimbra, 2008, p. 785. No mesmo sentido, à face do quadro normativo anterior ao CCP, cfr. MARK KIRKBY, *Contratos administrativos de subordinação*, p. 136.

porque a Administração assim o exigiu, são celebrados em substituição de atos administrativos que, na maioria dos casos, os particulares são legalmente obrigados a obter para poderem exercer actividades de natureza privada, como sucede no âmbito das autorizações e das licenças. Neste sentido deve ser, portanto, interpretada a ressalva contida no corpo do artigo 302º.

A entender-se de outro modo, estaria, aliás, na prática, a admitir-se que o princípio *"volenti non fit iniuria"* pudesse prevalecer sobre o princípio da legalidade administrativa, reconhecendo-se legitimidade aos particulares para deferirem à Administração poderes que a lei não lhe confere, através da manifestação da sua concordância em submeterem-se a esses poderes. A nosso ver, não pode, no entanto, reconhecer-se à concordância dos interessados virtualidade substitutiva da legalidade administrativa, para mais num domínio em que "a desproporção real entre as partes cria riscos de coerção numa celebração aparentemente livre" ([536]).

Como, na verdade, ensina *Sérvulo Correia*, no moderno Estado Social de Direito, a legalidade administrativa não pode ser vista como um bem colocado na disponibilidade dos particulares, de acordo com uma perspetiva estritamente garantística das normas que ignore a dimensão de legalidade objetiva que lhes é inerente, enquanto "garantes de que a actividade administrativa prossegue racionalmente o interesse e respeita a igualdade dos cidadãos" ([537]). Por isso, conclui o insigne Autor, a aplicação das normas jurídico-administrativas só pode ser substituída por preceitos contratuais de conteúdo diferente quando elas possam ser qualificadas como dispositivas ([538]). Ora, não vemos

---

([536]) Cfr. SÉRVULO CORREIA, *Legalidade...cit.*, p. 565. No mesmo sentido, reconhecendo que "a circunstância de a Administração se apresentar "à mesa" de negociações no exercício dos seus poderes administrativos acarreta uma particular fragilidade do administrado no processo negocial", cfr. MARK KIRKBY, *Contratos administrativos de subordinação*, p. 99.
([537]) Cfr., a propósito, a circunstanciada exposição de SÉRVULO CORREIA, *Legalidade... cit.*, pp. 715 segs.
([538]) Cfr. SÉRVULO CORREIA, *Legalidade...cit.*, p. 719. No mesmo sentido, a propósito do poder de a Administração impor contrapartidas aos particulares nos contratos substitutivos de atos administrativos, cfr. MARK KIRKBY, *Contratos administrativos de subordinação*, p. 126.

que o nº 2 do artigo 140º do CPA possa, em si mesmo, ser interpretado no sentido de colocar na disponibilidade das partes num eventual contrato substitutivo de ato administrativo a estipulação, em benefício do contraente público, de poderes de modificação ou resolução do contrato que a Administração não poderia exercer sobre o ato administrativo substituído.

110. A nosso ver, neste mesmo sentido deve, pois, ser interpretado o artigo 336º do CCP, que admite que, nos contratos substitutivos de ato administrativo, as partes possam fixar livremente "os pressupostos da sua modificação, caducidade, revogação ou resolução, salvo quando se trate de direitos ou interesses legalmente protegidos indisponíveis, ou quando outra coisa resultar da lei ou da natureza do poder exercido através do contrato".

Com efeito, não vemos que o sentido do preceito possa ser o de tornar supletivas, para os contratos a que se refere, as disposições do CCP sobre modificação e extinção dos contratos administrativos, atribuindo às partes um poder dispositivo sobre a matéria, na ausência do exercício do qual se cairia na aplicação do regime dos artigos 302º e seguintes [539]. Pelo contrário: a redação da norma evidencia, quanto a nós, a plena consciência, por parte do legislador do CCP, das importantes limitações que o direito positivo vigente impõe à modificação e revogação dos atos administrativos, resultem essas limitações do próprio regime geral do artigo 140º do CPA ou da legislação concretamente aplicável a cada tipo concreto de ato administrativo.

Em nossa opinião, o regime do artigo 336º do CCP pressupõe, por isso, a inaplicabilidade aos contratos substitutivos de atos administrativos do regime do Título I da Parte III, pelo menos na parte em que confere aos contraentes públicos o poder de modificação e resolução unilateral dos contratos administrativos por razões de interesse público, sem dependência de qualquer estipulação no próprio clausulado do contrato. E, a nosso ver, é precisamente por esse motivo que

---

[539] Em sentido contrário, cfr. FILIPA CALVÃO, "Contratos sobre o exercício de poderes públicos", p. 366.

institui um regime próprio para a modificação e extinção desta categoria específica de contratos.

Quanto ao conteúdo desse regime, em nossa opinião, o artigo em análise faz depender a titularidade, pelo contraente público, de eventuais poderes de modificação ou resolução unilateral da prévia concordância do contraente privado, a assumir formalmente através da estipulação no contrato dos pressupostos de que dependerá a respetiva modificação ou resolução. O princípio é, portanto, o de que, nos contratos substitutivos de ato administrativo, os poderes de modificação e resolução unilateral só existirão se forem estipulados no contrato e só poderão ser legitimamente exercidos em conformidade com os pressupostos desse modo estipulados.

Subjacente à solução, no que respeite aos direitos ou interesses constituídos pelo contrato em benefício do contraente privado, parece estar, em todo o caso, o entendimento de que tal solução é compatível com o disposto no n.º 2 do artigo 140.º do CPA, parecendo assumir-se que a estipulação contratual dos pressupostos da modificação ou resolução funciona, nesse contexto, como uma manifestação antecipada de concordância do beneficiário, para os efeitos do disposto naquele preceito.

Pelas razões que já foram expostas, não podemos subscrever esse entendimento. Com efeito, é, para nós, inaceitável que a Administração possa, legitimamente, fazer depender a emissão de um ato administrativo da prévia aceitação, pelo beneficiário desse ato, da inclusão no ato de cláusulas dirigidas a precarizar os direitos ou interesses a constituir em seu benefício. A nosso ver, a previsão do n.º 2 do artigo 140.º do CPA não se compadece, como já explicámos, com a possibilidade de a concordância do beneficiário do ato quanto às condições da sua modificação ou revogação ser obtida, porventura sob chantagem, em momento prévio ao da emissão do ato, mas antes exige que o consentimento do beneficiário seja pedido e emitido no momento concreto em que o interesse público possa vir a colocar a questão da necessidade da modificação ou revogação do ato administrativo. O mesmo deve valer, portanto, para os contratos substitutivos de atos administrativos constitutivos de direitos ou interesses legalmente protegidos, que, a nosso ver, não devem poder ser, por isso, submetidos a um regime de modificação ou extinção mais permissivo do que aquele que valeria para o ato administrativo substituído.

Em nossa opinião, o regime do artigo 140º do CPA constitui, portanto, um obstáculo intransponível à aplicação do regime do artigo 336º do CCP, na parte em que porventura se pretendam precarizar as situações subjetivas de vantagem a constituir na esfera do contraente privado ([540]).

([540]) Aparentemente no mesmo sentido, cfr. REBELO DE SOUSA/SALGADO DE MATOS, *Direito Administrativo Geral*, vol. III, p. 425, e JORGE ANDRADE DA SILVA, *op. cit.*, p. 785.

ÍNDICE

NOTA PRÉVIA — 7
ABREVIATURAS — 9

INTRODUÇÃO
DIREITO ADMINISTRATIVO, ADMINISTRAÇÃO PÚBLICA E FUNÇÃO ADMINISTRATIVA

I. DIREITO ADMINISTRATIVO, ADMINISTRAÇÃO PÚBLICA E FUNÇÃO ADMINISTRATIVA — 13

II. PRINCÍPIO DA LEGALIDADE E BOA ADMINISTRAÇÃO: DIFICULDADES E DESAFIOS — 33
  1. Princípio da legalidade e controlo principialista da atividade administrativa — 33
  2. Princípio da legalidade e boa administração — 47
    1. Conceito tradicional de boa administração — 47
    2. Conceito de boa administração no âmbito do Direito da União Europeia — 49
    3. Apreciação crítica — 52
    4. Por um novo conceito de boa administração — 62
      4.1. Contra um conceito estritamente jurídico de boa administração — 62
      4.2. Por um conceito amplo de boa administração, integrado por componentes jurídicos e não jurídicos — 66
      4.3. Eficiência e legalidade da atuação administrativa — 71

I. REGULAMENTOS

1. Conceito de regulamento – regulamento e ato administrativo — 79
2. Fundamento do poder regulamentar: lei e regulamento — 86
3. Titularidade do poder regulamentar — 96
4. Forma e publicidade dos regulamentos — 97
5. Classificação dos regulamentos: regulamentos de execução e regulamentos independentes — 98

II. ATO ADMINISTRATIVO

I. ÂMBITO DO CONCEITO E CATEGORIAS DE ATOS ADMINISTRATIVOS — 109
1. Enquadramento — 109
2. A questão à face do regime do Código do Procedimento Administrativo — 113
   - 2.1. O ato administrativo como ato de conteúdo decisório — 115
   - 2.2. O problema da eficácia externa do ato administrativo — 122
3. Ato administrativo e atos instrumentais — 131
4. Tipologia de efeitos dos atos administrativos — 135
5. Em particular, os atos administrativos tácitos — 152
6. Ato administrativo e meras declarações da Administração Pública — 155

II. FORÇA JURÍDICA E EXECUÇÃO DO ATO ADMINISTRATIVO — 167
1. Força jurídica do ato administrativo — 167
   - 1.1. A obrigatoriedade do ato administrativo — 167
   - 1.2. O problema da *presunção de legalidade* do ato administrativo — 173
2. Execução do ato administrativo — 186

III. INVALIDADE E ILICITUDE DOS ATOS ADMINISTRATIVOS — 191
1. Existência, validade e eficácia dos atos administrativos — 191
2. Invalidades dos atos administrativos — 200
   - 2.1. Sujeito do ato administrativo: usurpação de poderes, incompetência e faltas de legitimação do sujeito — 202
   - 2.2. Procedimento administrativo: vícios de procedimento e meras irregularidades não invalidantes — 206
   - 2.3. Forma: vícios de forma — 210
   - 2.4. Objeto do ato administrativo: a "violação de lei" por vício quanto ao objeto — 212
   - 2.5. Pressupostos do ato administrativo: vícios quanto aos pressupostos — 214

2.6. Conteúdo: a chamada "violação de lei" em matéria vinculada e os vícios do exercício de poderes discricionários	218
3. O problema da ilicitude dos atos administrativos ilegais	224

IV. ESTABILIDADE E REVOGAÇÃO DOS ATOS ADMINISTRATIVOS — 237

1. Regime geral da revogabilidade dos atos administrativos — 237
2. Em particular, o problema da admissibilidade geral da introdução de cláusulas acessórias de reserva de revogação no conteúdo dos atos administrativos favoráveis para os seus destinatários — 250

III. CONTRATOS ADMINISTRATIVOS

I. ÂMBITO DA FIGURA DO CONTRATO ADMINISTRATIVO — 265
1. Contratos públicos e contratos administrativos — 265
2. Âmbito da figura do contrato administrativo — 266

II. REGIME DOS CONTRATOS ADMINISTRATIVOS — 285
1. O regime do Título I da Parte III do CCP: caraterização geral e âmbito de aplicação — 285
2. Em particular, o regime da modificação dos contratos administrativos — 296
   2.1. Tipos de situações contempladas — 296
      2.1.1. O poder de modificação unilateral — 297
      2.1.2. As situações de *facto do príncipe* imputáveis ao contraente público — 300
      2.1.3. A alteração anormal e imprevisível das circunstâncias — 304
   2.2. Regime aplicável — 307
      2.2.1. Enquadramento: modificação e resolução do contrato — 307
      2.2.2. *Facto do príncipe* e alteração de circunstâncias — 311
      2.2.3. Modificação unilateral do contrato — 314
      2.2.4. O caso particular do regime aplicável aos contratos substitutivos de actos administrativos — 317